21 世纪高等职业教育财经类规划教材
财务会计类

工业和信息化高职高专“十三五”
规划教材立项项目

会计信息化实务——用友 ERP- U8 V10.1 版

Accounting Information Practice—UFIDAERP-U8 V10.1

◎ 张芳丽 侯国栋 主编 ◎ 刘亚男 刘兴超 王琪 凤艳 王宁 副主编

人民邮电出版社
北京

图书在版编目（CIP）数据

会计信息化实务 ：用友ERP-U8 V10.1版 / 张芳丽，侯国栋主编. -- 北京 ：人民邮电出版社，2016.7（2020.9重印）
21世纪高等职业教育财经类规划教材. 财务会计类
ISBN 978-7-115-42534-8

Ⅰ. ①会… Ⅱ. ①张… ②侯… Ⅲ. ①财务软件一高等职业教育一教材 Ⅳ. ①F232

中国版本图书馆CIP数据核字(2016)第123635号

内 容 提 要

本书以职业阶梯为背景、岗位任务为载体、工作流程为主线，精选学习项目，优化教学模式，依托直观的财务业务案例，采用循序渐进的项目式设计，将会计信息化的知识体系划分为8个主要项目，满足会计主管、总账会计、出纳、报表会计、薪资核算等各个岗位的会计信息化需求。

本书既可作为高等职业院校会计、经济管理等专业“会计信息化”“会计信息系统”“会计电算化”课程的教材，还可作为会计电算化上岗培训、函授和自学教材。

◆ 主　编　张芳丽　侯国栋
副 主 编　刘亚男　刘兴超　王　琪　凤　艳　王　宁
责任编辑　李育民
责任印制　焦志炜

◆ 人民邮电出版社出版发行　北京市丰台区成寿寺路11号
邮编　100164　电子邮件　315@ptpress.com.cn
网址　http://www.ptpress.com.cn
涿州市京南印刷厂印刷

◆ 开本：787×1092　1/16
印张：18.25　2016年7月第1版
字数：472千字　2020年9月河北第4次印刷

定价：42.80元

读者服务热线：(010)81055256　印装质量热线：(010)81055316
反盗版热线：(010)81055315
广告经营许可证：京东市监广登字20170147号

前言

高等职业教育培养的是应用型人才，本书针对财经类专业所需会计信息化技能编写，努力使教材从内容选取到表现形式更贴近学生，贴近会计实务，力求更好地为应用型人才的培养服务。

本书遵循理论与实务相结合、案例和上机练习相结合的原则，既注重会计信息系统的基础理论和基本知识的讲解，又注重软件的实际操作和对会计信息系统管理工作的介绍。本书以新会计准则为依据，以用友 ERP-U8 最新的版本 V10.1 管理软件为平台，将最新的会计知识融合于财务软件，内容新颖、全面，设计周密，实验完备，覆盖面广泛，涵盖了一般企业的经济活动，实用性强，真实易懂，便于学生掌握会计实际操作技能，可以满足教学与实训需求。项目配有周密设计的实验及指导，实验内容之间相互关联、前后衔接，适应不同层次教学的需要。

本书的特色如下。

1．依据会计信息化工作岗位设计项目，突出岗位技能的培养

教材明确会计信息化各岗位的目标责任和技能要求，强化岗位技能，突出实践教学，使教学内容与岗位需要相适应。教材组织了会计主管岗位、系统主管岗位、会计核算岗位、出纳岗位、工资管理岗位、固定资产管理岗位等与会计岗位相互对应的教学模块，弥补了传统课程对技能重视的不足，加强了学生职业能力的培养。

2．结构设计新颖，凸显实务

本书按工作岗位分 8 个项目，每个项目包括面向岗位、技能要求、项目导入、项目学习、项目训练、项目思考 6 部分，凸显实务，强调技能的培养。同时，有两个附录：“附录一　综合训练”有利于进行分岗位、分角色的综合模拟实训，增强了学生对职责、权限的体会，培养团队协作意识；“附录二　企业会计信息化工作规范”，为学生走向工作岗位做准备。

3．表现形式支持项目导向教学

本书以提高学生的实践能力、创新能力、就业能力和创业能力为目标，融“教、学、做”于一体，体现了“工学交替”“项目导向”的教学思路，重点培养学生对软件操作与实务分析的能力；同时本书按课程的知识点和会计岗位与工作流程精心设计了各项目的学习内容，配套设计了具有高仿真度的项目训练，还配套了项目思考，可作为学生结合实务的拓展内容。合理的项目设计和丰富的项目实训，可以帮助教师讲解相关知识和技能，有助于学生掌握课程知识和技能。

4．配套资料丰富，方便教学

本书配套资料包括教案、PPT 课件、操作演示视频、企业信息化应用案例、综合训练等，教学资料丰富，方便教师授课教学。各项目的仿真实训资料，能够提高学生解决实际问题的能力。

前言

本书的参考学时为 64～80 学时，各项目的参考学时参见下面的学时分配表。

项目	课程内容	学时
项目一	会计信息化认知	3～5
项目二	企业建账	3
项目三	基础设置	5
项目四	总账管理	16～24
项目五	报表管理	7～11
项目六	薪资管理	9
项目七	固定资产管理	9
项目八	往来账款管理	8
综合训练		4～6
课时总计		64～80

本书由山东农业工程学院张芳丽、侯国栋任主编；六安职业技术学院刘亚男，山东农业工程学院刘兴超、王琪，宣城职业技术学院凤艳和山东农业工程学院王宁任副主编。项目一和项目四由张芳丽、李秀萍编写，项目二、项目三和综合训练由侯国栋、吴翠翠编写，项目五、项目八由王琪、王宁编写，项目六、项目七由刘兴超、崔冉编写，刘梦扬、徐海玲负责配套资料整理，张冉、张彬彬负责文字整理。

在本书编写过程中，用友集团山东新道公司总经理于美玲女士、山东高速公路集团高级会计师、全国会计领军人才李奎先生参与了教材的课程整体设计，并对编写提供了有益的资料和宝贵的建议，在此表示衷心的感谢。

由于编者水平有限，书中难免存在错误和不妥之处，敬请广大读者批评指正。

编　者

2016 年 5 月

目 录

目　录

项目一

会计信息化认知

面向岗位

- ✧ 会计信息化主管
- ✧ 财务主管

技能要求

- ✧ 了解会计信息系统的含义
- ✧ 了解国内、外会计信息系统的发展
- ✧ 掌握会计信息系统的应用结构和功能结构
- ✧ 了解目前 ERP 软件市场产品

项目导入

山东创新笔业有限公司是一家以生产圆珠笔为主的中型企业。为适应日益多变的经营环境和日趋紧张激烈的市场竞争，公司准备购买一套会计信息化软件，由财务总监宁杰负责实施。但什么是会计信息化？信息化能解决哪些问题？能给企业带来什么变化？会计信息化和手工会计有什么联系与区别？企业如何购买商品化会计软件？硬件平台如何选择？这些问题使宁杰非常头疼。项目一作为本书的开篇，为山东创新笔业有限公司的会计信息化之路奠定良好的基础，将从会计信息系统的基础知识入手，详细介绍会计信息系统的含义、发展、应用体系结构、功能结构，介绍目前会计软件市场及主要产品与选择策略，使大家对会计信息化有深入、系统的了解。

项目学习

1.1 了解会计信息系统

1.1.1 基础概念认知

1. 信息系统与会计信息系统

系统是由一些相互联系、相互作用的若干要素，为实现某一目标而组成的具有一定功能的有机整体。相互联系的若干部分称为系统的子系统，它们是系统内能实现某种功能的单元。例如，计算机系统由硬件和软件两个子系统构成。

信息系统是以信息基础设施为基本运作环境，由人、信息技术设备、运行规程组成的，以信息处理为对象，进行信息的收集、传递、存储、加工，辅助组织进行各项决策的人机结合的系统。

会计信息系统（Accounting Information System，AIS）有狭义与广义之分。狭义的 AIS 是指计算机会计信息系统，它是基于计算机，利用现代信息技术进行会计数据的采集、存储和处理以完成会计核算任务，并能提供为进行会计管理、分析、决策所用的辅助信息的系统；广义的 AIS 既可指手工环境下的也可指信息技术（Information Technology，IT）环境下的，它是一个面向价值信息的信息系统，是从企业价值运动进行反映和监督的角度提出信息需求的信息系统，是组织处理会计业务、为各级管理人员提供会计信息和辅助决策、有效地组织和运用会计信息、改善经营管理、提高经济效益所形成的会计活动的有机整体。它是企业管理信息系统的一个重要子系统，可以分解为若干子系统。按管理职能可将会计信息系统分为核算子系统、管理子系统和决策子系统三个部分。这三部分既相互独立，又相互联系。其中，会计核算系统主要进行会计工作中的事后核算，它记录、反映经济业务的发生及其后果，反映和监督企业的经营活动情况；管理子系统用于会计工作中的事中控制，主要对购、销、存等环节发生的业务进行追踪管理；决策子系统用于事中控制和事前决策，主要对会计核算产生的数据加以分析，进行相应的财务预测、管理和控制活动。

2. 会计信息系统的基本组成

基于计算机的会计信息系统是一个人机结合的系统，其基本构成包括硬件资源、软件资源、信息资源和会计人员等基本要素。

（1）硬件资源。硬件资源是指会计信息系统进行会计数据输入、处理、存储、输出和传输的各种电子设备，主要包括以下各项。

① 输入设备：键盘、光电扫描仪、条形码扫描仪等。

② 数据处理设备：计算机终端、服务器等。

③ 存储设备：磁盘机、光盘机等。

④ 输出设备：打印机、显示器等。

⑤ 各种网络设备：网卡、集线器、中继器、网桥、网关、路由器等。

要使会计信息系统能够有效地运作，必须根据会计信息系统的目标配置硬件资源，并建立相应的硬件平台。

（2）软件资源。软件资源是保证会计信息系统能够正常运行的核心和灵魂。软件资源又分为系统软件和会计软件。

系统软件主要包括以下内容。

① 操作系统，即对计算机资源进行管理的系统软件，如 Windows NT。

② 数据库管理系统，即对数据进行管理的系统，如甲骨文数据库管理系统等。

会计软件是专门用于会计核算和会计管理的软件，是会计信息系统的一个重要组成部分。没有会计软件的信息系统就不能称为会计信息系统，拥有会计软件是会计信息系统区别于其他信息系统的主要因素。目前会计软件非常多，国内会计软件有上百种，如用友公司、浪潮公司、金蝶公司、安易公司等都推出了不同版本的会计软件；国外会计软件在中国销售的也非常多，如甲骨文公司、SAP 公司、JDE 公司、D&B 公司等。

（3）信息资源。数据文件是一种非常重要的信息资源，是用来存储会计信息系统中数据和信息的磁性文件，主要包括以下三类。

① 基础数据文件，如会计科目、人员档案、客户档案、组织结构档案等。

② 经过会计信息系统加工后生成的文件，如总账文件、应收账款文件等。

③ 临时文件，即在信息系统运行过程中存放临时信息的文件。

会计规范也是一种非常重要的信息资源，它是指保证会计信息系统正常运行的各种制度和控制程序，如硬件管理制度、数据管理制度、会计人员岗位责任制度、内部控制制度、会计制度等。会计规范可以保存在数据文件中，也可以保存在纸张文件中。

（4）会计人员。会计人员与会计信息系统之间有着密切的联系。会计人员既是会计信息系统的组成要素，又是会计信息系统的管理者，由其确定会计信息系统采用何种会计模式，并制定会计信息系统的运行规程，特别是会计信息系统的内部控制问题。会计信息系统应该服务于会计人员，帮助会计人员更有效地处理有关信息，并向其提供满足需要的、高质量的会计信息。

1.1.2 会计信息系统的特点

1. 综合性

会计信息是全面反映企业供、产、销各个环节，并全面参与企业管理的综合信息。企业的活动通常分为两大类：一类是生产或服务活动；另一类是管理活动。在生产服务活动的过程中，各部门会有会计数据的发生，而在管理活动中又会有会计信息的利用。可见，会计信息系统能够综合地反映、控制和监督整个企业生产经营活动，是实现企业管理目标——股东财富最大化的有利工具。

2. 复杂性

会计信息系统本身是一个独立的整体，由许多子系统组成，如账务处理子系统、报表处理子系统、薪资核算子系统、固定资产核算子系统、成本核算子系统等，内部结构较为复杂，各子系统在运行过程中进行信息的收集、加工、传送、使用，结合成为一个有机的整体。另外，会计信息系统跟其他管理子系统和企业外部的联系也十分复杂，会计信息系统从其他管理信息子系统中获取信息，全面地反映企业各个环节的信息，并将处理结果提供给有关系统，使得系统外部接口较为复杂。

3. 信息的准确性

会计信息直接关系到国家、企业及个人的经济利益，因此应该符合一定的质量要求，保证连续、完整、真实、准确地反映经济业务，而且要合法、可靠，严格遵守有关财务会计制度、法规和计算规程。

4. 信息的信息量大

会计要对生产经营过程进行连续、系统、综合的反映和监督，因此会计信息系统要收集、处理、存储和提供大量的经济信息。

5. 内部控制严格

会计信息系统中的数据不仅在处理时要层层复核，保证其正确，还要保证可在任何条件下以任何方式进行检查核对，留有审计线索，防止犯罪破坏，为审计工作的开展提供必要的条件。

1.2 会计信息系统的发展

管理水平的提高和科学技术的进步对会计理论、会计方法和会计数据处理技术提出了更高的要求，使会计信息系统由简单到复杂、由落后到先进、由手工到机械、由机械到计算机。会计信息系统的发展是一个不断发展、不断完善的过程。

从数据处理技术来看，会计信息系统的发展可分为三个阶段。

1.2.1 手工会计信息系统阶段

手工会计信息系统阶段是指财会人员以纸、笔、算盘等工具，实现对会计数据的记录、计算、分类、汇总并编制会计报表，这一阶段历史漫长，直至今天，仍有很多单位停留在手工阶段。

1.2.2 机械会计信息系统阶段

19 世纪末 20 世纪初，随着科学管理理论与实务的发展和应用，会计更加受到重视，出现了相应的改进，对会计数据的处理提出了更高的要求，因而不得不用机械化核算代替手工操作。财会人员借助穿孔机、卡片分类机、机械式计算机、机械制表机等机械设备，实现会计信息的记录、计算、分类、汇总和编表工作。但是，在计算机出现后这种方式很快就消失了，国外只有少数大型组织在会计中用过机械装置。我国几乎没有经历这一阶段。

1.2.3 基于计算机的会计信息系统阶段

第二次世界大战后，资本主义社会竞争日益激烈，单靠垄断已难以维持资本家的高额利润，不得不转向通过加强管理来增加产量、提高质量、降低成本、提高竞争能力，所以会计成为加强内部管理的重要手段，而计算机的产生为会计数据的处理带来了根本性的变革。采用计算机进行会计信息处理后，会计数据的主要处理过程全部由计算机系统自动完成，如数据检验、分类、记账、算账、编制会计报表等，并能准确、高效地完成任务。

1. 国外会计电算化的发展

1954 年 10 月，美国通用电器公司率先使用计算机计算职工工资，开创了电子计算机进入会计数据处理领域的先河。60 多年来，随着社会经济活动对会计工作本身要求的不断提高和计算机软件、硬件技术的飞速发展，电子计算机在会计及相关领域的应用也逐步普及和深入发展，纵观西方发达国家会计电算化的发展历程，计算机在会计中的应用大致经历了以下 4 个阶段。

（1）单项数据处理阶段。这一阶段的大致时间是从 20 世纪 50 年代中期到 60 年代中期，是会计电算化的萌芽和发育阶段，是一个不断摸索、积累经验的初级阶段，是仅仅能简单模仿手工处理方式的低水平阶段。这一阶段的电算化工作主要是完成某一方面的核算业务，如工资计算、材料核算等。

由于当时计算机成本高、价格贵，且界面较原始，需要由计算机专业人员操作，因此会计电算化的发展比较缓慢。该阶段会计信息系统的特点如下。

① 会计信息的采集、输入和处理是后台批处理。

② 各项业务中的会计信息处理大都独立进行，没有形成整体的会计信息系统。

③ 会计信息核算方式和基本流程模拟人工方式，是一种基于输出视角的处理模式，重点服务于满足外部会计或财务会计的需求。

（2）会计综合数据处理阶段。这一阶段从20世纪60年代中期到70年代初期，是会计电算化迅速成长、初步成熟的阶段，是会计数据处理方式发生本质性变化的阶段。这一阶段，计算机技术迅速发展，一些发达国家开发了许多处理会计业务的应用软件，数据处理进入实时处理阶段。

该阶段，会计信息系统的设计目标是综合处理发生在企业各业务环境中的各种会计信息，并为企业管理部门提供一定的管理和辅助决策信息，实现部门内的信息集成。其主要特点如下。

① 会计信息的采集、输入和处理虽然是后台批处理，但会计信息系统突破了传统的数据处理范围，开始形成整体性的会计信息系统。会计信息系统中的各子系统有机地结合在一起，实现了它们之间的信息传递、共享以及部门内的信息集成。

② 会计信息系统的结构打破了手工方式的一些模式，在实现信息共享的基础上重视会计数据的综合加工、分析和深层次的应用，为财务部门和企业其他管理部门提供辅助管理信息。

③ 会计信息系统功能较为完备，包括账务处理、应收应付、成本核算、预算和资金管理、财务分析等诸多子系统。

④ 会计信息系统是企业财务部门专用的信息系统，是独立于企业其他部门的信息系统。它对管理决策的支持只能提供事后的统计、分析、评价，无法有效地进行事中控制。

⑤ 会计信息系统与其他业务系统之间形成相互独立的"信息孤岛"，这是面向事务处理阶段的信息系统的固有特征。如果企业缺乏一个长期和统一的信息系统发展规划，在建立不同业务信息系统时不考虑将来可能的集成，那么这些"信息孤岛"的消除就相当困难；反之，"信息孤岛"就能在信息系统向更高阶段跳跃时自然消除。

（3）面向企业整体管理的阶段。20世纪70年代中后期开始，由于微型计算机的出现，计算机的价格不断下降，相关系统软件不断改进和提高，软件的可操作性越来越强，电算化会计出现了普及之势。企业越来越深刻地认识到：要提高企业的市场竞争力，单纯地提高某个职能部门的工作效率是远远不够的，只有业务过程中涉及的各个职能部门紧密协同，才能从整体上提高企业效率和效益。"整体大于部分之和"的管理思想日益受到重视。

在这个阶段，会计信息系统作为整个企业管理信息系统的一个有机子系统，已经与企业管理信息系统高度集成，因此其设计目标充分考虑了企业整体管理和决策的要求。该阶段的信息系统具有如下特点。

① 全面改造企业的业务流程，实现了企业业务流程、会计工作流程和信息流程的集成，从而使企业的物流、资金流、信息流和业务流整合为一体；实现了企业内的信息和过程集成，消除了"信息孤岛"的现象，大大提高了信息的共享性。

② 这个阶段的企业信息系统是事件驱动型的信息系统。所谓事件驱动，是指会计信息的采集、存储、处理、传输嵌入在业务处理系统中，或者说管理信息系统和企业的业务执行系统融为一体，能够实时采集详细的业务和财务信息，执行处理和控制规则。会计信息的采集和处

理的实时性，使会计信息系统不仅能执行事后的统计、分析、评价，而且能够进行有效的事中控制。这种系统的核心是集成，即集成业务处理和信息处理、集成财务信息和非财务信息、集成核算与管理。

③ 会计工作的重点由财务会计转向同时重视财务会计和管理会计，使会计信息系统的应用价值大大提高。

④ 在高度集成的环境下，会计信息系统能实时地采集到各种经济事件的财务信息，不仅可以做到事后分析和决策，还可以进行有效的事中控制。同时，利用已有业务和财务的综合信息和决策模型，可以建立决策支持系统，以协助管理者解决具有多样化和不确定性的综合问题，有利于制定高层管理决策和企业发展策略。

（4）面向企业间价值链决策管理的阶段。20 世纪 90 年代开始，随着计算机、数据库技术和网络技术的发展，计算机在会计上的应用有了新的发展。从信息系统转向企业资源计划（Enterprise Resource Planning，ERP）、供应链管理（Supply Chain Management，SCM）和客户关系管理（Customer Relationship Management，CRM）。

在这一阶段，企业不仅需要合理规划和运用自身各项资源，还需要将经营环境的各方面，如客户、供应商、分销商、各地制造工厂等经营资源紧密结合起来，并准确、及时地反映各方的动态信息，监控经营成本和资金流向，提高企业对市场的灵活性和财务效率。于是，价值链管理理念和理论应运而生。价值链管理把企业资源的范畴从过去的单个企业扩大到整个价值链的企业群。企业所关心的将不仅仅是企业自身，而是它所置身其中的整个价值链的集成利益和发展能力。

价值链会计管理的核心是如何实现快速和准确地反映整个价值链的会计核算与管理，包括如何产生、采集、记录、核算、反映、控制和分析价值链上的会计和财务信息；如何执行价值链上各成本中心、利润中心、物料中心等的会计管理和监控作用等。要达到上述目标，价值链会计管理信息系统是最重要的技术基础和赖以生存的环境。因为只有在价值链企业群中实现整体信息化后，在现代信息技术包括网络技术、计算机硬件技术、软件技术、分布式技术、数据库技术、数据仓库技术、数据挖掘技术和会计信息化应用系统的支持下，才能在整个价值链上实现信息的实时、准确的采集、记录、核算、集成、共享、跟踪和反馈，并有效地实现各中心的会计管理和监控工作，进而提高整个价值链上会计管理工作的含金量。

2. 我国会计电算化的发展

我国会计电算化起步较晚，开始于 20 世纪 70 年代末，从发展历程看，大致经历了以下三个阶段。

（1）缓慢发展阶段（1979～1983 年）。我国第一台计算机诞生于 1957 年，从那时到 1983 年，我国计算机的应用发展一直比较缓慢。我国基于计算机的会计信息系统工作始于 1979 年，其代表项目是 1979 年由财政部支持并直接参与的在长春第一汽车制造厂进行的会计信息化试点工作。1981 年 8 月，中国会计学会在长春召开了“财务、会计、成本应用计算机问题研讨会”，会上王景新教授正式提出“会计电算化”的概念，在当时，它是“电子计算机在会计工作中的应用”的简称。

当时，一些大、中型企业会计业务日益繁多，开始尝试单项会计业务的电算化处理。这期间，由于计算机价格昂贵，专业人员缺乏，尤其是既懂会计又懂计算机的复合型人才稀少，再加上会计软件本身也存在一些问题，会计电算化只能在少数企业中完成某一方面的核算业务，如工资计算、固定资产管理等。同时，会计电算化问题没有得到有关政府部门的重视，从而限制了会计电算化的发展。

（2）自发发展阶段（1983～1989年）。为了迎接新技术革命的挑战，1983年，以国务院成立电子振兴小组为标志，会计电算化工作进入了一个新的阶段。从1983年下半年开始，全国掀起了一个应用电子计算机的热潮，微型计算机在全国各个部门得到了广泛应用。然而，由于应用电子计算机的经验不足，理论准备与人才培训不够，单位内部缺少配套的管理制度和控制措施，宏观上缺乏统一的规划和管理，造成在会计电算化的过程中出现了许多盲目的低水平重复开发的现象，开发的软件通用性弱、实用性差，浪费了许多人力、物力和财力。

（3）普及与提高发展阶段（1989年以后）。随着会计电算化工作的深入发展，财政部和各地区、各部门逐步开始加强对会计电算化工作的组织和管理。1989年12月，财政部颁发了我国第一个关于会计电算化管理方面的行政法规《会计核算软件管理的几项规定（试行）》，这是我国会计电算化发展的一个里程碑，它对于推进会计电算化的发展，提高软件的开发质量，形成我国会计软件商品市场等具有现实意义和长远意义。会计软件的开发向着通用化、规范化、专业化的方向发展，出现了一批开发和经营会计软件的公司，形成了商品化会计软件开发市场，使我国会计电算化工作步入有组织、有规划的发展阶段。

1994年5月，财政部印发了《关于大力发展我国会计电算化事业的意见》的通知，明确了我国会计电算化事业的发展目标，有力地推动了我国会计电算化事业的发展，从根本上扭转了基层单位会计信息处理手段落后的状况。此后，为了规范会计电算化管理工作，财政部于1994年6月30日发布了《会计电算化管理办法》《商品化会计核算软件评审规则》《会计核算软件基本功能规范》等制度和规章。

20世纪90年代是我国会计电算化工作大发展的十年，主要表现在以下几个方面。

① 大、中型企业的会计电算化工作进一步得到普及。

② 会计电算化软件的开发，从单项向系统化发展。

③ 在硬件方面，从单项应用开始向网络化发展。

④ 会计软件的研制，从单纯的数据处理开始向管理控制和预测、决策系统发展。

⑤ 商品化会计软件进一步得到发展，并逐步成为国内最成功和最大的软件产业。

进入2000年以后，随着互联网应用的迅速发展，会计软件开始向基于互联网的网络会计信息系统（也称网络财务）发展。网络财务不仅具有传统会计软件的所有功能，还能实现与业务一体化处理、远程处理在线实时监控、集团财务集中管理的功能，是互联网和电子商务时代的会计软件。

另外，会计信息化的发展还可以从应用层级、业务处理、操作系统、网络技术以及数据库技术等层面综合体现出来，如表1-1所示。

表1-1 会计信息系统发展一览表

层面	发展
应用层级	岗位级→部门级→企业级→供应链级
业务处理	单项业务→全面核算→会计管理→面向决策
操作系统	DOS→Windows 95/98/NT/XP→Browser
网络技术	F/S→C/S→B/S
数据库	文件系统→小型数据库→大型数据库

2013年12月6日，财政部以财会〔2013〕20号印发《企业会计信息化工作规范》。该规范

分总则、会计软件和服务、企业会计信息化、监督、附则 5 章 49 条，自 2014 年 1 月 6 日起施行，1994 年 6 月发布的《商品化会计核算软件评审规则》与《会计电算化管理办法》予以废止。

1.2.4 会计信息系统的发展趋势

展望未来，随着互联网应用的迅速发展，包括财务管理、生产管理、人力资源管理、供应链管理、客户关系管理、电子商务应用在内的完整的企业管理信息系统将会得到全面发展。对供应链管理（SCM）系统的重视将逐渐超过财务系统；以提高客户满意度、快速扩张市场份额为目标的客户关系管理（CRM）系统将成为热点；企业资源计划（ERP）系统将得到广泛应用，将由财务专项管理向全面企业管理转变，从而实现对企业物流、资金流和信息流一体化、集成化的管理。

虽然不同规模和不同类型的企业发展很不平衡，但是主要发展趋势是向着集成化、网络化、智能化方向发展。

1．集成化

做好财务管理工作，不仅需要财会数据，而且还必须有供、产、销、劳资、物资、设备等多方面的经济业务信息。因此，不仅要有会计核算系统，还必须建立以财务管理为核心的企业全面管理信息系统，同时还要建立决策支持系统等。集成化是将一些具有多种不同功能的系统，通过系统集成技术组合在一起，形成一个综合化与集成化统一的信息系统，实现互相衔接、数据共享。

2．网络化

目前在我国的会计电算化工作中，已经广泛地应用了局域网，实现了会计数据处理并发操作、统一管理和数据共享。随着互联网在会计中的广泛应用，一方面，会计信息处理将基于网络计算技术；另一方面，财务人员的工作方式将发生巨大的变化。

网络化体现在实现在线办公，互联网上的计算机就是财务人员的工作台，大部分工作均在互联网环境下的计算机上完成；实现移动办公，不管在哪里，不管在何时，只要将计算机连接到互联网上，就可以向公司发订单，查看上级的工作安排，了解市场行情；实现远程传输和查询，远程查账、远程报账、远程审计变得日益简单。

3．智能化

随着市场经济的发展，影响企、事业单位生产经营活动的因素越来越复杂，预测、决策、控制、分析和管理的难度越来越大，除了要加大数据的采集和运用，不断提高数据处理、分析、判断能力外，还要逐步实现信息系统的智能化。要利用人工智能研究的新成果，采集专家的经验和智慧，归类存入计算机。在预测与决策过程中，当决策目标确定以后，利用专家系统中的专家经验和智慧，进行辅助决策，以提高决策的可靠性。

1.3 会计信息系统的应用结构

会计信息系统是一个人机结合的系统，它由硬件资源、软件资源、数据文件、会计规范和会计人员等基本要素组成。然而，不是将这些要素任意堆砌就能构建起会计信息系统，而是必须将关键要素有机地集成。因此，会计信息系统的应用结构就是指硬件资源、软件资源、数据文件等集成后的结构模式。

随着以计算机网络为代表的信息技术的发展，国内、外信息系统应用体系结构也经历了发展和变迁的过程：从文件/服务器（File/Server，F/S）、客户端/服务器（Client/Server，C/S）到浏览器/服务器（Browser/Server，B/S）。目前，C/S 结构在企业中应用得较多，但是，B/S 结构由于具有更多的优点，已经成为主流。

1.3.1　客户端/服务器（C/S）结构

1. C/S结构的工作原理

随着网络技术、数据库技术的发展，20 世纪 90 年代一种新的分布式结构——客户端/服务器（C/S）结构受到越来越多企业的欢迎。这种结构的硬件环境与文件/服务器（F/S）结构基本相同，即通过选择一台或多台处理能力较强的计算机作为服务器，并在数据库中存放共享数据，根据业务处理和管理的需要，设置若干工作站并把应用系统全部放在各个工作站上，构建一个局域网环境。但会计管理软件的分布结构及数据库对共享数据管理的结构是不同的。C/S 结构不仅在服务器上存放了共享信息资源及数据库管理系统（Database Management System，DBMS），而且将部分会计管理软件（对数据库中共享数据的增、删、改等操作）也放在了服务器上；在客户终端也存放了部分会计管理软件，主要是会计管理软件中对共享数据操作以外的其他操作部分（如输入/输出界面操作等）。当客户发出请求时，客户端会计管理软件对其进行处理，并将请求传送到服务器端；服务器端对其进行处理并将结果传送到工作站；客户端会计管理软件完成显示、打印或对结果数据的进一步处理工作。

2. C/S结构的主要优点

（1）提高了系统的安全性和可靠性。对共享的数据进行集中管理，增强了数据的安全性、可靠性、一致性控制，增加了系统的稳定性。

（2）提高了系统的运行效率。在网络通信上只传递请求服务和结果数据的信息，大大减轻了通信线路的负荷，提高了系统的运行效率。

（3）具有较强的开放性。客户端与服务器端可以选择不同的平台。例如，在客户端可以选择 Windows 环境下的各种软件工具，如 Visual Basic，Visual C++等；而在服务器端可以选择各种 DBMS，如 Foxpro，Access，Oracle 等。

3. C/S结构的主要缺点

随着应用的深入，人们发现 C/S 结构也有不少致命的缺点。

（1）在实施两层 C/S 结构（只有客户端和服务器端）时，如何在客户机和服务器之间合理分工，以提高整体性能、降低网络传输的负荷，是一个十分复杂的问题。如果会计管理软件中大量的处理程序留在客户端，在处理复杂应用时，客户端就显得臃肿，当访问数据量增大和业务复杂时，客户端往往就会变成瓶颈。若将太多的应用放在服务器上，则会影响响应速度，当大量用户访问时，将造成网络瓶颈。

（2）维护成本高。在两层 C/S 结构方式下，当客户机很多时，系统的维护和升级相当复杂。维护人员需要维护、升级所有客户机上的会计管理软件，成本很高。

（3）应用局限性大。在两层 C/S 结构方式下，客户端配置复杂。客户软件随服务器软件的不同而不同，访问不同的服务器需要不同的客户软件。随着功能的扩展，客户端变得越来越复杂，系统的维护管理也越来越复杂，广泛应用的局限性大，限制了大企业、大集团数据实时传递和共享的程度。

（4）灵活性、扩展性差。由于用户界面与业务处理是做在一起的，其中有一方发生改变，客户端会计软件就需要重做，而且该结构不支持 Internet。

1.3.2 浏览器/服务器（B/S）结构

为了改进结构，不断完善 IT 环境，在两层 C/S 结构的基础上，又研制出两层 B/S 结构，较好地克服了两层 C/S 结构的缺点。随后，研究人员在客户端采用了 Internet 浏览器，后台增加 Internet 服务器，推出浏览器/服务器（B/S）结构并使其成为 IT 环境中的主流。在迈进 21 世纪之际，德国 SAP 公司、美国甲骨文公司、中国用友软件公司等都推出了基于 B/S 结构的会计管理软件。

1. B/S结构的工作原理

B/S 结构是目前世界范围内最先进的网络结构模式，它配合 Internet/Intranet 建设的最佳方案，最大限度地方便了用户部署和维护大型软件系统，大大降低了用户目标系统的总体拥有成本（Total Cost of Ownership，TCO）。

可以看到，B/S 结构从逻辑上讲分为 4 个层次：客户端、网络服务器、应用服务器和数据服务器。

（1）客户端。客户端是指与服务器相对应，为客户提供本地服务的程序，主要负责人机交互，包括一些与数据和应用有关的图形和界面运算。

（2）网络服务器。网络服务器主要负责对客户端应用的集中管理。

（3）应用服务器。应用服务器主要负责会计管理软件中逻辑结构和数据关系等的事务处理。应用服务器又可以根据其处理的具体业务的不同分为多个。

（4）数据服务器。数据服务器主要负责数据的存储和组织、分布式管理、备份和同步等。

2. B/S结构的优点

B/S 结构与 C/S 结构相比，主要优点如下。

（1）实施速度快且易部署。在实施两层 C/S 结构（只有客户端和服务器端）时，如何在客户端和服务器之间合理分工，以提高整体性能、降低网络传输的负荷，是一个十分复杂的问题。而 B/S 结构下，客户端、应用服务器、数据库服务器之间分工清楚、合理，解决了 C/S 结构的上述问题，同时服务器安装完成后，客户端没有实施的工作量，因此，B/S 结构模式实施速度快且易部署。

（2）维护成本低。C/S 结构的维护工作量等于（服务器＋n×客户端）的维护量，即维护工作主要集中在客户端，客户端越多，维护量越大，维护量是随着客户端的增加而增加的。B/S 结构的维护工作量主要在服务器端，而客户端的维护可以称得上零成本维护，在大规模应用 B/S 结构模式时，节约的维护成本相当可观。

（3）点对点的实时通信。B/S 结构模式提供了点对点的通信方式，即支持分布在不同地区和城市的客户端进行业务数据的输入、输出和处理请求，并通过点对点的通信方式把信息实时传递到服务器，实现了数据实时、动态、自动的传递。

（4）数据集中存储。C/S 结构是共享数据存放在服务器中，而在 B/S 结构下，客户端能够通过网络、点对点通信将全部数据都集中在数据库服务器中。

对于大企业、企业集团来说，无论组织成员在何处，当经济业务发生时，业务及财会人员在客户端利用会计管理软件直接将业务信息送入同一数据库中，使得网络中的成员共享数据更加全面，做到“数出一门，信息集中”，有力地支持了实时控制对数据共享的需求；各级管理者无论在何处，都可以从同一数据库中实时获取数据，自动生产出“信息产品”支持决策，控制组织成员的经济活动，做到“集中于咫尺之内，监控于天涯之外”。此外，B/S 结构实施速度快、易部署和维护成本低等优点保证了企业所有成员的投入成本都低，因此 B/S 结构是支持协同商务集中管理的基础。

在会计信息系统的建设过程中，需要构建会计信息系统运行的 IT 平台，此时就需要根据会计核算、控制和管理的需要确立其应用体系结构及会计软件和数据文件的配置策略。

目前，管理软件高端市场基本都采用了 B/S 结构，如用友的 NC、浪潮的 ERP-GS、金蝶的 EAS 等。

1.4　会计信息系统的功能结构

会计信息系统的功能结构主要描述会计信息系统的核心，即由哪几个子系统组成，以及每个子系统的基本功能。

会计信息系统是随着信息技术革命和会计学科的发展逐步发展和完善的。早期的会计信息系统所包含的子系统非常少，主要是工资核算、总账、报表等子系统。每个子系统的功能相对比较简单，主要是帮助财会人员完成记账、算账、报账等基本核算业务。随着信息技术的革命和会计学科的发展，越来越多的新信息技术应用于会计信息系统；与此同时，随着会计改革的不断深入，越来越多的先进会计管理理论和管理方法也不断加入会计信息系统，使得会计信息系统的功能不断丰富和完善。

目前，会计信息系统已经从核算型发展成为管理型，它涵盖了供、产、销、人、财、物以及决策分析等企业经济活动的各个领域，并与管理信息系统中的其他子系统有机融合，共同为提高组织运作效率和效益服务。

由于企业性质、行业特点以及会计核算和管理的需求不同，会计信息系统所包含的内容不尽相同，其子系统的划分也不尽相同。

下面从总体角度出发，阐述较完整的会计信息系统应该具备的基本功能。其功能结构如图 1-1 所示。

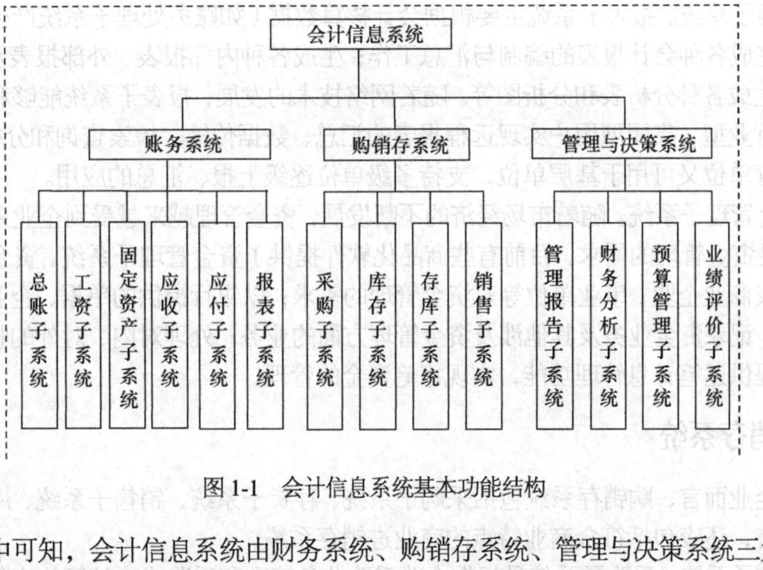

图 1-1　会计信息系统基本功能结构

从图 1-1 中可知，会计信息系统由财务系统、购销存系统、管理与决策系统三大系统组成，每个系统又进一步分解为若干子系统。

1.4.1 财务系统

财务系统主要包括总账子系统、工资子系统、固定资产子系统、应收子系统、应付子系统、成本子系统、报表子系统、资金管理子系统等。

（1）总账子系统。总账子系统是以凭证为原始数据，通过凭证的输入和处理，完成记账和结账、银行对账、账簿查询及打印输出，以及系统服务和数据管理等工作。近年来，随着用户对会计信息系统需求的不断提高和软件开发公司对总账子系统的不断完善，许多商品化总账子系统还增加了个人往来款核算和管理、部门核算和管理、项目核算和管理及现金管理等功能。

（2）工资子系统。工资子系统是以职工个人的原始工资数据为基础，实现计算职工工资，汇总和分配工资费用，计算个人所得税，查询、统计和打印各种工资表，自动编制工资费用分配转账凭证传递给账务处理等功能。工资子系统实现了对企业人力资源的部分管理。

（3）固定资产子系统。固定资产子系统主要是对设备进行管理，即存储和管理固定资产卡片，灵活地进行增加、删除、修改、查询、打印、统计与汇总；进行固定资产的变动核算，输入固定资产的增减变动或项目内容变化的原始凭证后，自动登记固定资产明细账，更新固定资产卡片；完成计提折旧和分配，产生折旧计提及分配明细表、固定资产综合指标统计表等，费用分配转账凭证可自动转入账务处理等子系统；灵活地查询、统计和打印各种账表。

（4）应收子系统。应收子系统完成对各种应收账款的登记、核销工作；动态地反映客户信息及应收账款信息；进行账龄分析和坏账估计；提供详细的客户和产品的统计分析，帮助财会人员有效地管理应收款项。

（5）应付子系统。应付子系统完成对各种应付账款的登记、核销以及分析、预测工作；及时分析各种流动负债的数额及偿还流动负债所需的资金；提供详细的客户和产品的统计分析，帮助财会人员有效地管理应付款项。

（6）成本子系统。成本子系统是根据成本核算的要求，通过用户对成本核算对象的定义、对成本核算方法的选择，以及对各种费用分配方法的选择，自动从其他系统传递的数据或用户手工录入的数据进行汇总计算，输出用户需要的成本核算结果。

（7）报表子系统。报表子系统主要根据会计核算数据（如账务处理子系统产生的总账及明细账等数据）完成各种会计报表的编制与汇总工作；生成各种内部报表、外部报表及汇总报表；根据报表数据生成各种分析表和分析图等。随着网络技术的发展，报表子系统能够利用现代网络通信技术，为行业型、集团型用户实现远程报表的汇总、数据传输、检索查询和分析处理等功能，既可用于主管单位又可用于基层单位，支持多级单位逐级上报、汇总的应用。

（8）资金管理子系统。随着市场经济的不断发展，资金管理越来越受到企业采购管理者的重视，为了满足资金管理的需求，目前有些商品化软件提供了资金管理子系统。资金管理子系统实现工业企业或商业企业、事业单位等对资金管理的需求；以银行提供的单据、企业内部单据、凭证等为依据，记录资金业务及其他涉及资金管理方面的业务；处理对内、对外的收款、付款、转账等业务；提供逐笔计息管理功能，实现每笔资金的管理。

1.4.2 购销存系统

对工业企业而言，购销存系统包括采购子系统、存货子系统、销售子系统、库存子系统；对商业企业而言，还应包括符合商业特点的商业进销存系统。

（1）采购子系统。采购子系统是根据企业采购业务管理和采购成本核算的实际需要，制定采购计划，对采购订单、采购到货以及入库状况进行全程管理，为采购部门和财务部门提供准确、及时的信息，辅助管理决策。

很多商品化会计软件将采购子系统和应付子系统合并为一个子系统——采购与应付子系统，以更好地实现采购与应付业务的无缝连接。

（2）存货子系统。存货子系统主要针对企业存货的收、发、存业务进行核算，掌握存货的耗用情况，及时、准确地把各类存货成本归集到各成本项目和成本对象上，为企业的成本核算提供基础数据；动态地反映存货资金的增减变动，提供存货资金周转和占用的分析，为降低库存、减少资金积压、加速资金周转提供决策依据。

（3）销售子系统。销售子系统是以销售业务为主线，兼顾辅助业务管理，实现销售业务管理与核算一体化。销售子系统一般和存货中的产成品核算相联系，实现对销售收入、销售成本、销售费用、销售税金、销售利润的核算，生成产成品收发结存汇总表等表格，生成产品销售明细账等账簿；自动编制机制凭证供总账子系统使用。

（4）库存子系统。库存子系统主要对企业存货进行管理，接收在采购和销售子系统中填制的各种出入库单；向存货核算子系统传递经审核后的入库单和盘点数据；接收存货核算子系统传递过来的入库存货成本。

1.4.3　管理决策系统

随着会计管理理论的不断发展及其在企业会计实务中的不断应用，人们越来越意识到会计管理的重要性，对会计信息系统提出了更高的要求，要求它不仅能够满足会计核算的需要，还应该满足会计管理的需要，即在经济活动的全过程进行事前预测、事中控制、事后分析，为企业管理和决策提供支持。因此，应将信息技术与管理会计方法有机融合，增加管理决策与报告子系统，不断丰富和完善会计信息系统。

管理决策子系统可以归纳为三个层级的功能：经营监控层、报告与分析层、业绩评价层。

（1）经营监控层。为了更好地发挥财会人员的控制职能，要应用各种先进的管理工具，如全面预算管理和责任中心管理等。因此，在会计信息系统中增加了预算管理和责任中心管理子系统。

（2）报告与分析层。各级管理者为了动态了解业务进展情况、分析业务发展趋势，每天都需要查看各类管理信息。因此，在会计信息系统中，增加了管理报告子系统。

（3）业绩评价层。业绩评价的目标是实施企业战略，业绩评价的核心是将企业实际的结果与其计划目标相比较。因此，会计信息系统增加了杜邦分析、经济增加值分析、平衡记分卡等功能模块，为企业提供综合、全面的业绩评价信息。

此外，会计决策支持子系统也将纳入会计信息系统中。会计决策支持子系统是利用现代计算机技术、通信技术和决策分析方法，通过建立数据库和决策模型，向企业的决策者提供及时、可靠的财务、业务等信息，帮助决策者对未来的经营方向和目标进行量化分析和论证，从而对企业生产经营活动做出科学的决策。

1.5　会计软件市场及产品

会计软件是指专门用于财务会计工作的计算机软件。财会人员借助会计软件可完成会计核算与管理工作。

1.5.1　会计软件的分类

会计软件按其适用范围不同，可划分为通用会计软件和专用会计软件；按提供信息的层次不同，可分为核算型会计软件和管理型会计软件。

1. 通用会计软件与专用会计软件

通用会计软件是指在某一特定范围内普遍适用的会计软件，通常又分为适用于各行各业的全通用会计软件和适用于某一行业的行业通用会计软件。通用会计软件的特点是含有较少的会计核算规则和管理方法，需由单位根据具体情况自行设定，较为灵活。但是，由于通用会计软件没有考虑不同用户的会计核算个性，企业初始化的工作量较大，且操作起来有一定的难度，需要得到软件开发商的帮助才能顺利实施。

专用会计软件是指仅适用于处理个别单位会计业务的会计软件。专用会计软件通常是由企业根据自身会计核算和经营管理的特点，自行开发或委托他人开发研制的，将会计核算规则和管理方法固化在程序中。其优点是适合本单位会计电算化的工作需要，针对性强。但是，灵活性较差，如会计政策变更就需要通过修改程序才能满足会计工作的需求。

2. 核算型会计软件与管理型会计软件

核算型会计软件是指专门用于完成会计核算工作的应用软件。它面向事后核算，通过采用专门的会计核算方法，实现会计数据处理的电算化，提供会计信息资料，从而完成会计电算化的基础工作。核算型会计软件的主要功能包括对账务、工资、固定资产、成本、应收款、应付款、存货、往来账款等内容的核算以及会计报表处理等。

管理型会计软件是对核算型会计软件功能的延伸。它利用会计核算软件所提供的信息以及其他生产经营活动资料，采用各种管理模型和方法，对企业的经营状况进行分析和评价，具有事前预测、事中控制和辅助决策等功能。在核算型会计软件完成会计核算基本任务的基础上，管理型会计软件具有分析、预算和控制等扩展功能。其中，分析功能主要包括对各种财务报表和预算报表的财务结构、财务指标进行定比和环比等多项比较分析；预算功能提供从一般经营活动到投资、筹资、资本支出、收入、成本和现金流量等方面的预算；控制功能包括对固定成本、变动成本、预计流动比率、预计投资收益率、保本点等的计算控制，通过预算报表和实际执行的反馈结果进行控制。管理型会计软件是会计软件的必然发展方向。

1.5.2 目前国内、国外的会计软件及厂商简介

从 1956 年美国通用电气公司（General Electric Company，GE）使用计算机进行员工工资计算开始，会计信息化已经诞生了半个多世纪，其中比较著名的厂商有德国的 SAP、美国的 Oracle，以及国内的用友、金蝶、浪潮、神州数码、和佳、金算盘、速达等。

1. 国外会计信息化软件公司及其产品

（1）SAP。SAP（Systems Applications and Products in Data Process）是世界上最大的企业管理软件厂商、世界三大独立软件提供商、欧洲最成功的软件公司。SAP R/3 系统是目前在中国应用比较普遍的一套产品，其系统构成如表 1-2 所示。

表 1-2　SAP R/3 的系统构成

SAP 的系统构成	具体描述
数据库	IBM/DB2，Informix，MS，SQL Server，Oracle
客户端	Win95+中文平台、WinNT 工作站+中文平台
语言	ABAP/4（高级企业应用编程）
R/3 版本	服务器端：R/3 4.08；客户端：SAP GUI4.6

R/3 系统的 4 大类模块为后勤（Logistics）、财务（Accounting）、人力资源（Human Resources）和其他。

（2）Oracle。Oracle 是世界第二大独立软件供应商，公司主要的会计信息化软件产品为 Oracle E-Business Suite。

其他的国外会计信息化厂商有从人力资源管理转型的 ERP 厂商 PeopleSoft、IBM 机器上的 ERP 软件厂商 J.D. Ediwards、从 Boeing 腾飞的 ERP 厂商 BAAN 等。

2. 国内会计信息化软件公司及其产品

（1）用友集团。用友软件是亚太本土最大的管理软件供应商，是中国最大的管理软件、ERP 软件、财务软件及独立软件供应商。在中国 ERP 软件市场，用友软件市场的份额最大、产品线最丰富、成功应用最多、行业覆盖面最广、服务网络最大、交付能力最强。用友软件已形成 NC、ERP-U8、“通”三条产品和业务线，分别面向大、中、小型企业提供软件和服务；还拥有丰富的企业应用软件产品线，覆盖了企业 ERP（企业资源计划）、SCM（供应链管理）、CRM（客户关系管理）、HR（人力资源管理）、OA（办公自动化）等业务领域，可以为客户提供完整的企业应用软件产品和解决方案。

① 面向大型集团企业：用友 NC。

多年来，用友 NC 对标国际，持续创新，已经发展成为我国应用最成熟、最完整、最适用的企业集团管理软件。用友 NC 拥有 4 000 家企业集团客户，拥有 3 000 多人的高端人才队伍和 300 多家高端产业链伙伴，为客户提供专业的服务。用友 NC 是以“全球化集团管控、行业化解决方案、全程化电子商务、平台化应用集成”的管理业务理念而设计，采用 J2EE 架构和先进、开放的集团级开发平台 UAP（Unified Application Platform），形成了集团管控 8 大领域 15 大行业 68 个细分行业的解决方案，是中国大企业集团管理信息化应用系统的首选。

作为引领应用全球最新技术、第一款全面支持云计算、通过全球 SOA（Service-Oriented Architecture）解决方案顶级认证、全球首家实现大型系统动态监控平台的本土管理软件，用友 NC 以自主研发为主，集成了全球智慧。用友最新产品 NC5.6，更是凸显出中国高端管理软件在技术上的后发优势。它以“高性能、高智能”亮剑于企业集团管理软件市场，融合了 4 000 多家集团企业独特的商业模式、信息化成功应用模式，以及众多行业领先企业的最佳业务实践，深入应用 SOA 架构，支持企业进行“应用云”和“高性能云”平台部署，率先引领企业集团的管理信息化进入高性能时代。

包含模块：统一应用平台 UAP、应用集成平台、财务管理、资金管理、预算管理、供应链管理、分销管理、资产管理、企业治理、流程制造管理以及人力资源管理等应用。

② 面向中型企业：用友 ERP-U8。

用友 ERP-U8 是一套企业级的解决方案，满足不同的竞争环境下，不同的制造、商务模式下，以及不同的运营模式下的企业经营，实现从企业日常运营、人力资源管理到办公事务处理等全方位的产品解决方案。用友 ERP-U8 是以集成的信息管理为基础，以规范企业运营、改善经营成果为目标，帮助企业“优化资源，提升管理”，实现面向市场的赢利性增长。

用友 ERP-U8 是一个企业经营管理平台，用以满足各级管理者对信息化的不同要求：为高层经营管理者提供大量收益与风险的决策信息，辅助企业制定长远发展战略；为中层管理人员提供企业各个运作层面的运作状况，帮助其做到各种事件的监控、发现、分析、解决、反馈等处理流程，做到投入产出最优配比；为基层管理人员提供便利的作业环境和易用的操作方式，实现工作岗位、工作职能的有效履行。

包含模块：企业门户、财务会计、管理会计、供应链管理、生产制造、分销管理、零售管理、决策支持、人力资源管理、办公自动化、集团应用、企业应用集成。

③ 面向小型企业：用友 T 系列。

经济危机影响下的中、小企业暴露出基础管理薄弱、业务流程无序、抗风险能力弱的管理瓶颈。一旦外部政策或经济环境发生重大变化，企业随时有可能陷入经营困境。只有强化基础管理，建立业务流程管控体系，实现管理升级，才能保障企业的健康成长。

用友公司为了帮助成长型企业应对当前的经济寒冬，推出了“健康成长计划”，通过管理体检帮助企业突破管理困局，并以长期关注企业成长与服务为信念，专为中、小型企业量身研制了 T6 企业管理软件，以解决企业发展过程中的核心管理问题，以其灵活、易用、高性价比的可交付性，为企业带来快速、实际、高效的应用价值。

（2）浪潮集团。浪潮 ERP 是中国较早基于大型关系型数据库开发的企业级管理软件，也是率先支持国内和国际两种会计准则的管理软件。浪潮是国内最早涉足集团管理信息化应用领域的软件厂商之一，目前已经开发出功能完备、稳定的集团管理信息系统产品。在国内集团管理软件应用市场领域，浪潮 ERP 连续 7 年被信息产业部计算机与微电子发展研究中心（简称 CCID）列第一位，成功应用于中国航天科技、中国航空工业、中国兵器装备、大连船舶、中国中铁、中国交通建设等大型企业集团，成功帮助国内 20%的上市公司、38%的国资委所属企业实施了信息化。

浪潮 ERP 由三大系列组成，分别是易系列，ERP-PS 和 ERP-GS，分别面向小、中、大型企业提供软件和服务，基本信息如表 1-3 所示。

表 1-3　浪潮管理软件系列

推出时间	产品系列	客户群	操作系统	包含的模块	产品简介	数据库	应用模式
2002 年	浪潮 ERP-GS	集团型企业、大型企业	Win32/64	基础数据业务开发平台、会计核算、财务管理、全面预算、资金管理、商务智能、供应链管理	浪潮 ERP-GS 是浪潮基于多年服务于大型集团企业信息化建设的经验，并充分吸取国内、外著名管理软件的设计思想，专为集团型客户量身定制的一套数据集中、管理集中、决策集中的全面解决方案	SQL Server，Oracle	Smart Client，Browser/Server
1995 年	浪潮 ERP-PS	大、中型企业	Win32	基础数据、财务会计、供应链管理、管理会计、人力资源管理、分析报告、业务开发平台	浪潮 ERP-PS 是浪潮结合多年来的项目管理和开发经验，采用先进的管理思想和先进的开发工具，鼎力向企业推出的一套 ERP 全面解决方案。浪潮 ERP-PS 解决方案主要从企业比较关心的财务、物流、生产管理、人力资源等入手，以企业工作流程为基础，对企业工作流程中每个节点的质量、进度和成本进行有效的管理和控制，使企业能够充分利用一切内部和外部资源，来提高企业的销售收入和利润，增强企业的国际竞争力	SQL Server，Oracle，Sybase	Client/Server

续表

推出时间	产品系列	客户群	操作系统	包含的模块	产品简介	数据库	应用模式
2004 年	浪潮易系列	中、小型企业	Win32	账务处理 固定资产 票据打印 报表管理 现金流量 工资管理 维护工具 环境配置 账套管理	浪潮易系列是浪潮集团面向中、小型企业推出的专用管理软件，源于 1992 年开发并得到广泛应用的浪潮 ERP-PS 大、中型企业管理软件。易系列借鉴了众多大型企业的成功管理经验，同时又高度紧贴中、小型企业的管理实践，其产品设计以“易学、易用、易扩展”为理念，以精细的会计模块为核心，以精简的物流模块为辅助，帮助中、小型企业实现“轻松理财、提升管理”的应用目的	SQL Server，Oracle，Sybase	Client/Server

（3）金蝶公司。金蝶国际软件集团有限公司作为中国软件产业的领导厂商之一，是亚太地区的管理软件龙头企业及全球领先的中间件软件、在线管理及全程电子商务服务商。金蝶以帮助顾客成功、让中国管理模式在全球崛起为使命，为世界范围内超过 80 万家企业和政府组织成功提供了管理咨询和信息化服务。金蝶公司产品简介如下。

① 面向大型集团企业：金蝶 EAS（Enterprise Application Suite，企业应用套件）。金蝶 EAS 是集团企业的一体化全面管控解决方案，适应于资本管控型、战略管控型及运营管控型的集团企业。金蝶 EAS 为资本管控型的多元化企业集团提供财务、预算、资金和高级人才的管控体系，为战略管控型的集团企业提供集团财务、企业绩效管理、战略人力资源、内控与风险的全面战略管控，为营运管控的集团企业提供战略采购、集中库存、集中销售与分销、协同计划及其复杂的内部交易和协同供应链的集成管理。

② 面向中型企业：金蝶 K/3。金蝶 K/3（Kingdee/anyone，anytime，anywhere）是中型企业财务业务一体化的精细管理解决方案，适用于制造业、金融业、批发与零售等不同行业的中、小型企业。金蝶 K/3 涵盖原料采购、生产运作、市场销售、售后服务等业务环节，涉及计划、成本、财务、人力资源、协同办公等管理领域，可以实现业务运作、管理控制和决策分析三个层面的完整 ERP 应用。

③ 面向小型企业：金蝶 KIS。金蝶 KIS（Keep It Simple）是小型企业以低成本、高效率、快速入门的方式实现管理信息化的解决方案。金蝶 KIS 以“让管理更简单”为核心设计理念，适用于小型企业。金蝶 KIS 旨在提高管理能力，完善、规范业务流程，全面覆盖小型企业管理的 5 大关键环节：老板查询、财务管理、采购管理、销售管理和仓库管理。

④ 金蝶 GAS。金蝶 GAS（Government Application Suite，政府应用套件）是在政府公共财政管理框架体系和政府财政全局管理的基础上，建立面向政府及部门财务管理和财政业务的综合解决方案。金蝶 GAS 适用于政府及非盈利性组织。

金蝶 GAS 应对政府层次横向财务集中监管和部门层次垂直财务集中监管，实现核算、管理和监督一体化，同时在核算的基础上强化业务全面、信息完整、数据集中和管控集中，全面协同部门预算、国库支付、政府总账、工资、审计和资产清查。

⑤ 金蝶 BOS。金蝶 BOS（Business Operation System，企业操作系统）是一个开放的集成与应用平台，是金蝶 ERP 解决方案、合作伙伴解决方案以及客户制定应用的技术平台。金蝶 BOS 适用于不同应用阶段、需定制化开发的不同行业企业。金蝶 BOS 能够为企业灵活而迅速

地设计、构建、实施和执行一套随需应变的 ERP 系统，并能够与现有的 IT 基础设施无缝地协同运作。

金蝶 ERP 具备各种先进的技术特性和各种解决系统重构、系统集成的工具与平台。这些特性和工具能够帮助金蝶 ERP 快速实施、快速配置、快速应用、快速见效，有效地缩减了金蝶 ERP 的应用实施周期和成本。

1.5.3 会计软件的选择策略

随着业务的不断开展，越来越多的企业管理者感觉到需要一个强大的会计信息系统，以满足加快信息交流与分析、降低成本、强化资金管理与财务管理等至关重要的目标。会计软件（财务软件）是会计信息系统的核心。为了建立自己的会计信息系统，企业有两种策略选择会计软件：一是自行开发会计软件；二是外购会计软件。

1. 自行组织开发会计软件策略

自行组织开发会计软件策略是指企业自身组织会计信息系统的开发队伍，并完成从需求分析到程序设计等工作，最终交付会计软件。

（1）自行组织开发会计软件的优点分析。

① 多方组成的软件开发人员参与业务需求调研、业务流程优化与重组，有利于业务流程优化与重组在具体软件中的实现。

② 从企业最需要信息化的环节出发，可以只进行必要功能模块的开发，使新系统更有针对性。

③ 充分考虑企业自身业务需求，而不必考虑作为通用软件而增加很复杂的设置与配置功能，从而使软件更加切合企业发展需要，简单易操作。

④ 企业内部 IT 人员参与了会计信息系统的开发全过程，所以一旦系统出现问题或需改进，企业内部人员能够进行快速的自我支持与维护。

⑤ 企业 IT 部门锻炼了一支队伍，人员素质在计算机应用、管理水平、团队协作等方面都会有较大的提升。

（2）自行开发会计软件的风险分析。

① 资金投入不足的风险。企业信息化建设是“一把手“工程，领导层的全力支持是必不可少的。由于自行开发软件需要相当长的一段时间，企业不能在短时间内看到明显的效益和回报。所以，领导层可能会在中途对自行参与开发的方案产生怀疑，在资金、人力的持续投入方面力度不足，导致软件开发风险增加。

② 项目负责人的协调能力制约软件的开发。会计软件开发是一项非常复杂的系统工程项目，在开发过程中需要多个部门的各种人员如会计人员、软件技术人员、业务管理人员的共同参与。但是，由于企业各部门工作非常多，特别是会计人员工作非常繁重，因此，当项目负责人的协调能力不强时，会计软件开发过程受挫，最终会导致项目流产。

③ 软件开发人员的流失风险。软件开发是一项系统工程，项目周期一般都比较长，软件开发人员经过一段时间的训练后，综合分析问题和解决问题的能力普遍增强。由于软件设计与开发人员的稀缺，导致企业的软件设计与开发骨干人员被商品化软件公司挖走，带来软件开发人员流失的风险，导致软件开发受阻。

④ 软件升级方面存在较大风险。随着 IT 技术的发展和应用平台的升级，软件升级换代是企业今后必然会遇到的问题。自行开发的软件升级工作需要由企业自身 IT 人员来完成。但是，由

于软件开发不是企业的主营业务，软件开发人员 IT 知识的更新受到制约；与此同时，随着企业管理的变革和创新，开发人员如果不能与时俱进，则会导致软件升级方面的风险。

综上所述，自行组织开发会计软件需要企业自身有很强的 IT 队伍，而且要保持人员长期的相对稳定，只有这样才有可能保证软件开发、运行和升级维护的正常进行。这对大多数企业而言都是难以做到的。如果进一步考虑自行开发项目的投入成本，实际上远远高于购买商品化软件的费用。因此，目前大部分企业集团都不采用自行组织开发会计软件的策略。

2. 购买商品化会计软件策略

大多数专业化软件公司开发的会计软件产品既通用，又比较稳定、实用。因此，购买成型的商品化通用会计软件，已成为企业会计信息系统建设的一种重要方式。然而，用户在面对众多的商品化会计软件时，怎样选择最适合自己需要的会计软件呢？

一般说来，用户在购买商品化会计软件时，应主要考虑以下几个方面的因素。

（1）了解软件功能能否满足本企业业务处理的要求。明确企业业务处理要求并了解软件功能能否满足这些要求，是企业选择合适的会计软件最重要的一个方面。不仅要了解软件是否具备期望的功能，还要了解软件功能的实现是否准确。

在选择软件时，要关注软件如何支持行业特征。在对本企业的行业特征进行需求分析后，认真分析所选择的软件是否能够满足本企业行业特征的需求。目前，市场上销售的软件，大的方面的功能都具备，只是在功能细节方面各有不同。企业的行业功能需求主要体现在功能细节方面，这就要求企业在选购软件时，应了解软件功能细节上能否满足自己的特殊要求或侧重点，并判断软件在功能实现的准确性方面是否到位。

在选择软件时要了解软件功能的完整性。企业可能分阶段完成会计信息系统的建立，可以先实施总账、报表、工资、固定资产，再实施采购与付款、存货、销售与收款，最后实施人力资源管理系统。在这种情况下，企业购买某一软件时，应考虑该软件是否具有这些功能，能否满足分阶段实施计划。

（2）考察软件系统设置的灵活性、开放性与可扩展性。会计信息系统的建立实际上是在现代管理理论的指导下，用现代技术加强、改造、完善或建立全新的信息管理系统。因此，在应用软件系统运行后还必须考虑由于信息技术的飞速发展所引起的商业活动方式的变化对企业经营管理方式提出的要求，包括机构和业务流程的重整，以及随着经营活动范围的扩大和方式的多样化，产生了许多新的市场机会。企业抓住这些机会的必要条件之一就是要进一步调整、增强和完善信息管理系统的功能。这就要求软件系统的设置要具有一定的灵活性，以便调整软件操作规程和适应新的业务处理流程的变化。同时，软件在与其他信息系统进行数据交换及二次开发方面的功能，对于适应企业不断变化的管理工作是非常重要的。

（3）考察会计软件运行的稳定性与易用性。软件运行稳定性是软件质量和技术水平的体现，如果软件在运行时经常死机或非法中断，势必影响会计信息系统的运行效果和数据的安全性。一般而言，软件开发至少需要一年以上的时间才能形成产品，而在软件推向市场时，还需要半年时间的磨合，经过众多用户的实际运行考验才能趋向稳定，需要半年至一年的时间才能趋向成熟。用户可以从软件开发与投放市场的时间长短初步判断软件的稳定性，再通过一些实际操作或试运行进一步确定其稳定性程度。

软件的易学易用性对人员培训工作量以及软件系统的应用效果也是有影响的。这也是企业在选购软件时应该考虑的。

（4）了解会计软件对计算机性能的要求及其运行效率。企业应尽可能选购与网络硬件平台无关的应用软件，即除非是专业应用，尽量不选用专用系统。专用系统在某一方面或某一时期可能是有特色的，但一旦采用，势必会牺牲系统的通用性，使应用软件系统的二次开发和运行局限在某一特定的范围内，很难与其他应用系统进行数据交换等。例如，某企业购买的会计软件只能在苹果机或 OS400 计算机上运行，而本企业根本就没有这些类型的计算机，即便为了会计软件的运行而购置这类计算机，也会由于企业的其他应用系统，如办公自动化系统不能在这些计算机上运行而造成数据交换上的困难。另外，在长期的系统运行与二次开发过程中，应用软件系统的更新换代以及厂家的前途等问题都有可能影响企业会计信息系统的建设。

此外，会计软件的运行对计算机硬件的性能都有一定的要求。有些软件对计算机硬件性能的要求比较高，如果用户的计算机性能不高，也不准备更新设备，购买的软件就有可能不能在自已的计算机上运行。因此，企业在购买软件时一定要考虑本企业计算机硬件的性能以及可以在该硬件上运行的会计软件。

另外，软件在投入正常运行后，软件的运行效率或运行速度可能会因数据量过大而不断下降。为此，在选择软件时要了解其他企业在使用该软件时，数据量的大小对运行速度的影响。

（5）从开发商的发展前景和售后服务体系上选择。软件开发商的技术实力和发展前景也是企业在选择会计软件时应该考虑的一个重要方面。如果软件开发商的技术实力有限或者根本没有稳定的技术开发队伍，则今后软件功能的改进和版本升级都会存在问题或没有保障。如果企业选择由这样的开发商开发出的软件，则只能是一种短期行为。为此，企业在选择小公司开发的会计软件时要特别谨慎，虽然小公司开发出的软件由于用户数量少而在技术支持和服务上更让用户满意，但小公司一旦倒闭，用户购买的软件就将得不到长期后续技术支持。

此外，某一软件的售后服务体系是否健全、服务水平的高低以及服务态度的好坏，对于选用的软件能否顺利投入实际使用、今后软件运行过程中出现问题能否得到及时解决是至关重要的。如果售后服务和技术支持得不到保证，软件在投入实际运行后迟早都会被终止使用。特别需要注意的是，选用的软件在企业所在城市或地区已设立了售后服务机构，对于该软件的长期运行是一个重要保障，也就是说，如果购买的软件虽为名牌软件，但在本地区没有售后服务机构，则软件运行出现问题时将很难及时得到解决。

1.5.4 硬件平台的选择

硬件平台是会计软件运行的基础，随着计算机技术的发展，计算机的性能/价格比日趋合理，因此，硬件的选择不限于讨论单机如何选型、如何配置，而是更侧重于计算机网络的规划和建设。

企业会计信息系统网络硬件平台建设时应该考虑以下原则。

（1）先进性原则。从发展的角度出发，网络建设应采用先进的计算机技术、通信技术、网络设计思想和网络技术；做网络方案要有一定的前瞻性，今年建成的网络明年就要做大的调整，这样的网络方案就是失败的；反之，如果对这种前瞻性提出不切实际的要求，也是不现实的。

（2）实用性原则。采用成熟的技术和高质量的网络设备，应能适应企业财务、业务、管理一体化的信息服务，特别是网络带宽应足够大、传输延迟应尽量小。

（3）可维护性原则。作为一个系统，整个网络是由多种设备组成的较为复杂的系统，因此必须着重考虑所选产品具有良好的可管理性和可维护性。

（4）安全性原则。安全性原则表现在两个方面：一是采用各种有效的安全措施，如防火墙、加密、认证、数据备份和镜像等，确保网络的安全性，保证内部网不受攻击；二是对网络的关键设备，如服务器、交换机等，要采取备份措施，保证网络能不间断地工作。

（5）经济性原则。通过高度可伸缩的、灵活的互联解决方案，使网络能够平滑过渡到未来的优化网络，从而能够有效地保护现有的投资。建网要面向应用、面向需求，照顾到前、后步骤的衔接。既要充分利用现有资源，又要使现在的投入成为明天的有机组成部分。在满足上述要求的前提下，追求最小投资额。

（6）开放性原则。网络设备的选择应基于开放的标准和协议，应具有良好的兼容性和可扩展性。

（7）标准化原则。网络设备和服务应能提供单一来源的、标准的、开放的技术，以满足高性能、可用性和可操作性的需求。

项目思考

1. 如果你所在的企业是集团型企业，子公司遍及全国各地，想实现统一、实时管理，应该如何选择会计信息化软件？

2. 用友、浪潮、金蝶分别针对大、中、小型企业有哪些相应的ERP管理软件？三大软件巨头分别有哪些典型客户？

项目二

企 业 建 账

面向岗位

- ✧ 会计信息化主管
- ✧ 财务主管

技能要求

- ✧ 掌握企业职责与权限设置
- ✧ 能够建立和管理账套、年度账
- ✧ 能够进行数据的备份和恢复
- ✧ 能够处理操作异常业务

项目导入

山东创新笔业有限公司拥有多个专业的生产基地；专业的销售部门负责所有产品的销售和管理，覆盖全国的营销网络；专业的财务部门负责整个公司的财务与会计工作。公司一直致力于信息化的建设，各部门都使用了计算机系统进行信息管理，但是这些信息系统各自独立，形成了“信息孤岛”，不能为企业的决策提供更有效的信息支持。因此，公司决定建立现代化的信息管理平台。2014 年，公司开始为实施 ERP 系统进行广泛的市场调研，经过多方考察于 2015 年引进用友 ERP-U8 管理系统。由此，山东创新笔业有限公司新型 ERP 管理时代来临了。但如何进行建账操作、如何进行操作员的职责权限分配、如何让企业的整个流程透明起来成为公司遇到的难题。本项目将详细讲解企业建账过程中的相关知识。

项目学习

2.1 用友ERP-U8简介

用友 ERP-U8 企业应用套件（简称用友 ERP-U8）是中国 ERP 普及旗舰产品，是中国用户量最大、应用最全面、行业实践最丰富的 ERP，并与中国企业最佳业务实践相结合，形成了中国企业最佳经营管理平台。

用友 ERP-U8 定位于中国企业管理软件的中端应用市场，可以满足不同的竞争环境下，不同的制造、商务模式下，以及不同的运营模式下的企业经营，提供从企业日常运营、人力资源管理到办公事务处理等全方位的企业管理解决方案。

2.1.1 ERP-U8的总体结构

ERP-U8 管理软件的总体结构如表 2-1 所示。

表 2-1 用友 ERP-U8 管理软件的总体结构

财务管理（FM）	供应链管理（SCM）	生产制造（PM）	客户关系管理（CRM）	人力资源（HR）	决策支持（DSS）	集团应用（GA）	零售管理（RM）	分销管理（DM）	系统管理集成应用	办公自动化（OA）
成本管理	GSP 管理	设备管理	客户调查	绩效管理	管理驾驶舱	专家分析	零售收款	通路管理	零售接口	网络调查
资金管理	质量管理	工程变更	统计分析	宿舍管理	专家财务评估	行业报表	零售开单	供应商自助	PDM 接口	内部论坛
项目管理	出口管理	车间管理	市场管理	培训管理		合并报表	日结管理	客户商务端	企业门户	档案管理
预算管理	库存管理	生产订单	费用管理	人事合同		结算中心	店存管理	综合管理	金税接口	信息管理
网上银行	委外管理	需求规划	活动管理	保险福利		集团账务	价格管理	业务记账	Web 应用	车辆管理
UFO 报表	采购管理	产能管理	商机管理	经理查询		集团预算	折扣管理	分销业务	EAI 平台	物品管理
网上报销	销售管理	主生产计划	客户管理	考勤管理			VIP 管理		系统管理	会议管理
固定资产	合同管理	物料清单		薪资管理			门店业务管理			教育培训
存货核算	售前分析			招聘管理			数据交换			知识中心
应付管理				人事信息						个人办公
应收管理										事件处理
总账管理										工作流程

从表 2-1 可见，用友 ERP-U8 管理软件提供了企业信息化全面解决方案，它对应了现今高等教育的多个专业方向，如企业管理、物流管理、会计、人力资源管理等。如果全面展开上述所有内容，对于教学学时而言无异于无法承受之重。因此，在综合考虑教学对象、教学内容、教学学时的基础上，在此选择了其中的财务管理和供应链管理两部分中的常用模块搭建本教材的骨架，以支撑企业财务业务的一体化管理。财务管理中选择了总账管理、UFO 报表、固定资产、应收

管理、应付管理等主要模块。供应链管理中选择了采购管理、销售管理、库存管理等主要模块。另外，还包括人力资源管理中的薪资管理。

2.1.2 ERP-U8数据流程

为了对账务一体化运行模式有直观的了解和认识，现以数据流程图列示，如图 2-1 所示。

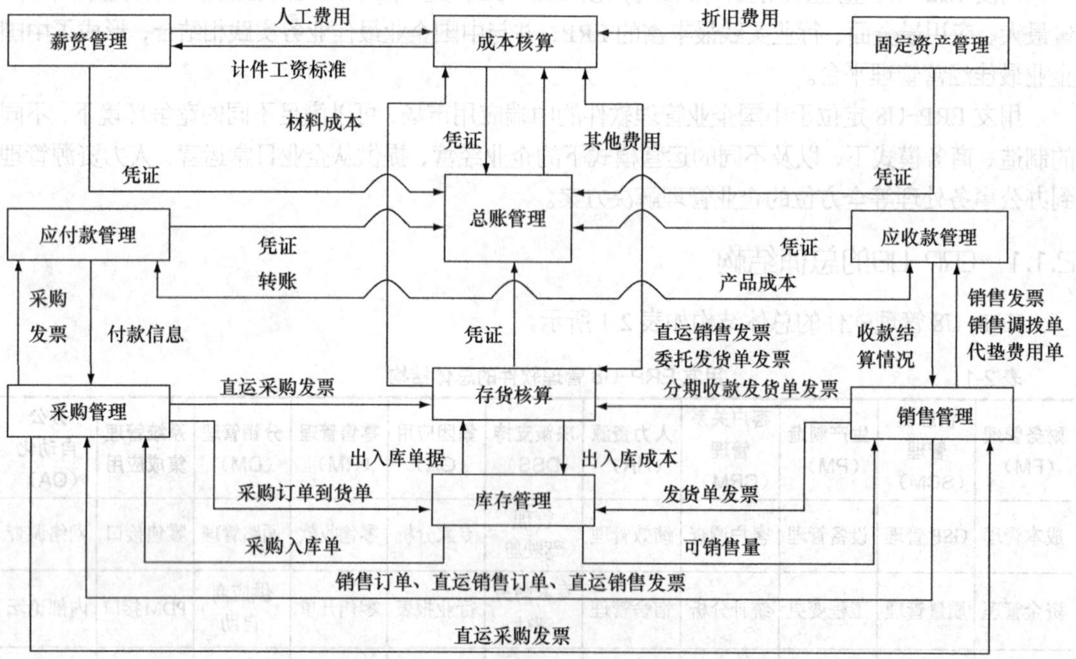

图 2-1　模块间的数据关系

2.2 软件安装

2.2.1 环境准备

1. 安装用户

安装软件的过程中，一般都要更改相关的环境设置，因此具有管理员权限的用户才能安装，最好安装时使用超级用户。

2. 更改计算机名称

在用友 ERP-U8 系统中，计算机名不能使用有“-”（减号）特殊字符。若需要更改，可右键单击桌面上的“计算机”，选择“属性”，单击“更改设置”，在“计算机名”选项卡下单击“更改”，将计算机名修改成符合规范的名称，再单击“确定”，如图 2-2 所示。

3. 设置日期分隔符

用友 ERP-U8 系统中，要求将日期分隔符号设置为“-”。设置方法为：进入 Windows 7 控制面板，选择“时钟、语言和区域”，再选择“更改日期、时间或数字格式”，设置短日期的格式（设置为 yyyy-mm-dd 格式）即可，如图 2-3 所示。

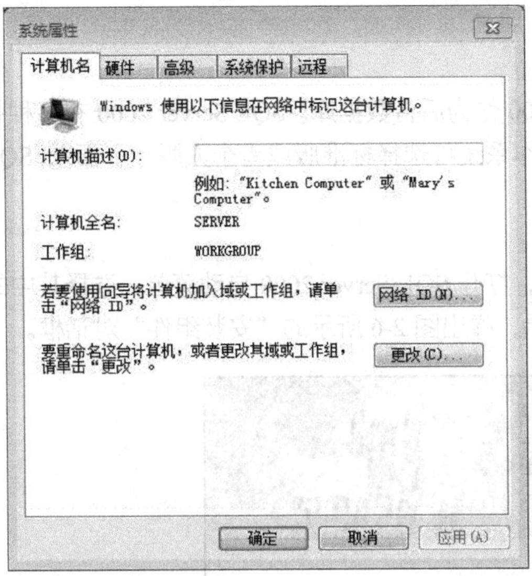

图 2-2 计算机名

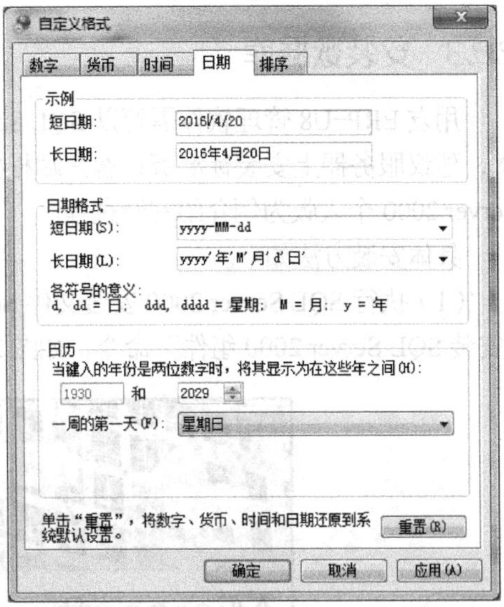

图 2-3 日期的设置

2.2.2 安装信息服务

用友 ERP-U8 管理软件需要安装互联网信息服务（IIS，Internet Information Services）。IIS 是由微软公司提供的基于运行 Windows 的互联网基本服务。

IIS 的默认安装不完全，需要用户自己手动添加进行安装，具体步骤如下。

（1）进入控制面板后，选择“程序”，并选择“程序和功能”中的“打开或关闭 Windows 功能”。

（2）选择“Internet 信息服务”，进入后，要把每个模块后的加号都点开，简单的做法是选取可选的全部项目。

进行相关设置后，单击“确定”按钮，系统会自动完成 IIS 的安装，然后重新启动计算机，如图 2-4 所示。

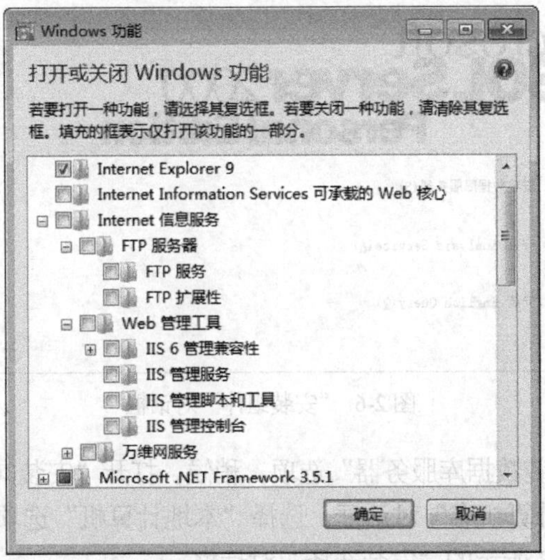

图 2-4 安装 IIS

2.2.3 安装数据库

用友 ERP-U8 管理软件需要以 SQL Server 2000 作为后台数据库。SQL Server 2000 有多种版本，建议服务器上安装标准版；客户端根据其操作系统可选择标准版或者个人版。下面以 SQL Server 2000 个人版为例介绍安装过程。

具体安装方法如下。

（1）执行 SQL Server 2000 安装文件 Setup 后，打开 SQL Server 2000 自动菜单，选择其中的“安装 SQL Server 2000 组件”命令，如图 2-5 所示，弹出图 2-6 所示的“安装组件”对话框。

图 2-5　安装 SQL Server 2000 组件

图 2-6　“安装组件”对话框

（2）选择其中的“安装数据库服务器”选项，稍候，打开“安装向导 - 欢迎”对话框，单击“下一步”按钮，弹出“计算机名”对话框，选择“本地计算机”选项，单击“下一步”按钮，如图 2-7 所示，弹出图 2-8 所示的“安装选择”对话框。

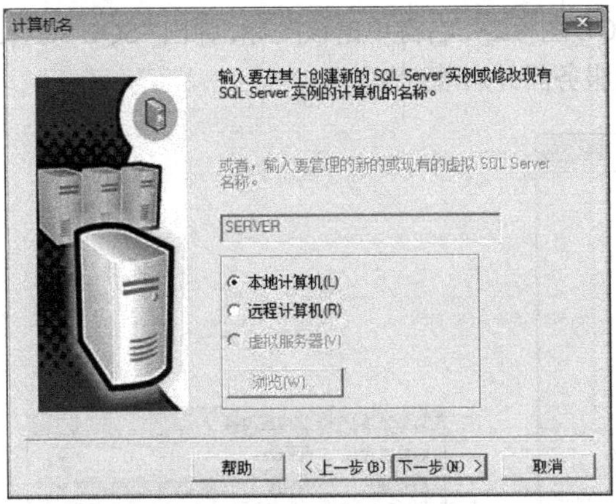

图 2-7 “计算机名”对话框

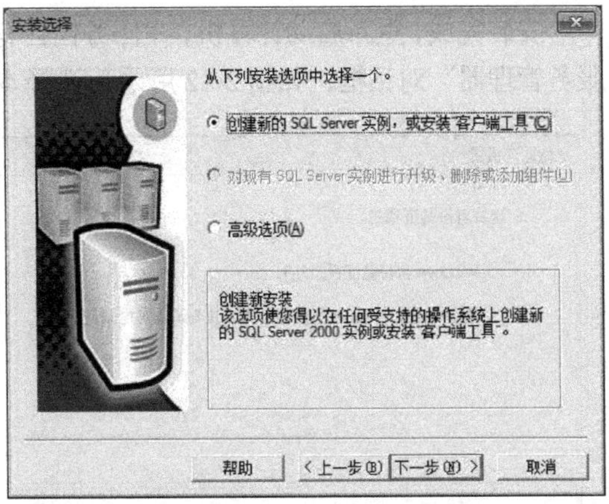

图 2-8 “安装选择”对话框

（3）选择“创建新的 SQL Server 实例，或安装客户端工具”选项，单击“下一步”按钮，打开“用户信息”对话框。输入姓名，单击“下一步”按钮，打开“软件许可证协议”对话框。阅读后，单击“是”按钮，打开图 2-9 所示的“安装定义”对话框。

（4）选择“服务器和客户端工具”选项，单击“下一步”按钮，打开“实例名”对话框。采用系统默认，单击“下一步”按钮，打开“安装类型”对话框。选择“典型”选项，并选择文件安装路径，单击“下一步”按钮，打开“选择组件”对话框。采用系统默认，单击“下一步”按钮，打开图 2-10 所示的“服务账户”对话框。

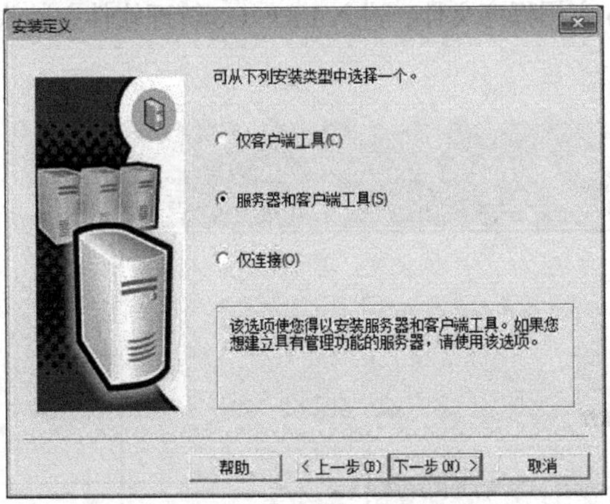

图 2-9 “安装定义”对话框

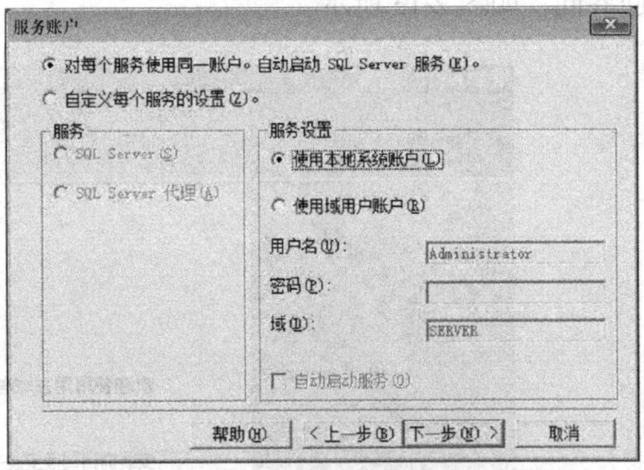

图 2-10 “服务账户”对话框

（5）选择“对每个服务使用同一账户。自动启动 SQL Server 服务”选项，将服务设置为“使用本地系统账户”，单击“下一步”按钮，打开图 2-11 所示的“身份验证模式”对话框。

（6）为了加强系统安全性，选择“混合模式（Windows 身份验证和 SQL Server 身份验证）”，选中“空密码”复选框，单击“下一步”按钮，打开“开始复制文件”对话框。

（7）稍候片刻，系统安装结束，显示“安装结束”对话框，单击“完成”按钮，结束 SQL Server 2000 的安装。

（8）SQL Server 2000 安装完成后，再安装 SQL Server 2000 SP4 升级文件，根据向导一步步完成安装。

安装完成，重新启动计算机，在任务栏会有 SQL 图标，右键单击该图标，弹出“SQL Server 服务管理器”对话框，如图 2-12 所示，选择本机服务器并启动。

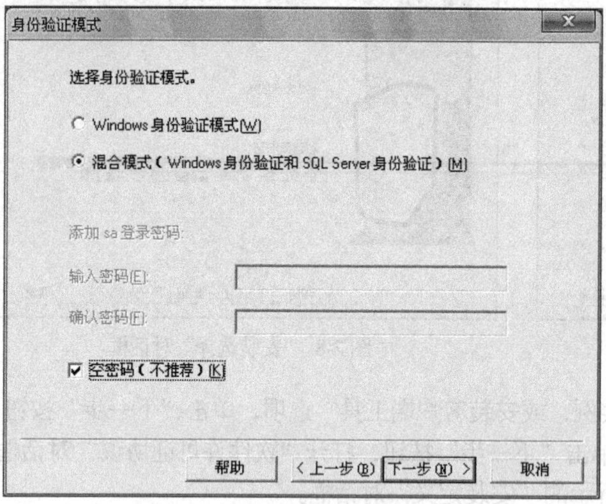

图 2-11 “身份验证模式”对话框

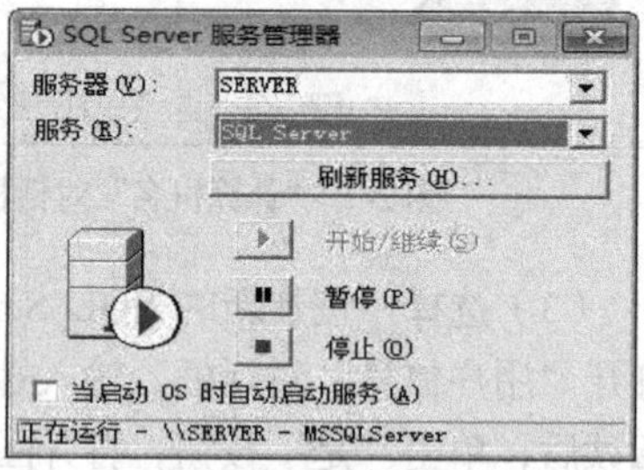

图 2-12 “SQL Server 服务管理器”对话框

2.2.4 安装用友U8-V10.1

（1）以系统管理员 Administrators 身份注册进入系统，将用友 ERP-U8 管理软件光盘放入服务器的光盘驱动器中，打开光盘目录，双击 Setup 应用程序文件，进入 ERP-U8 管理软件安装欢迎界面，如图 2-13 所示。

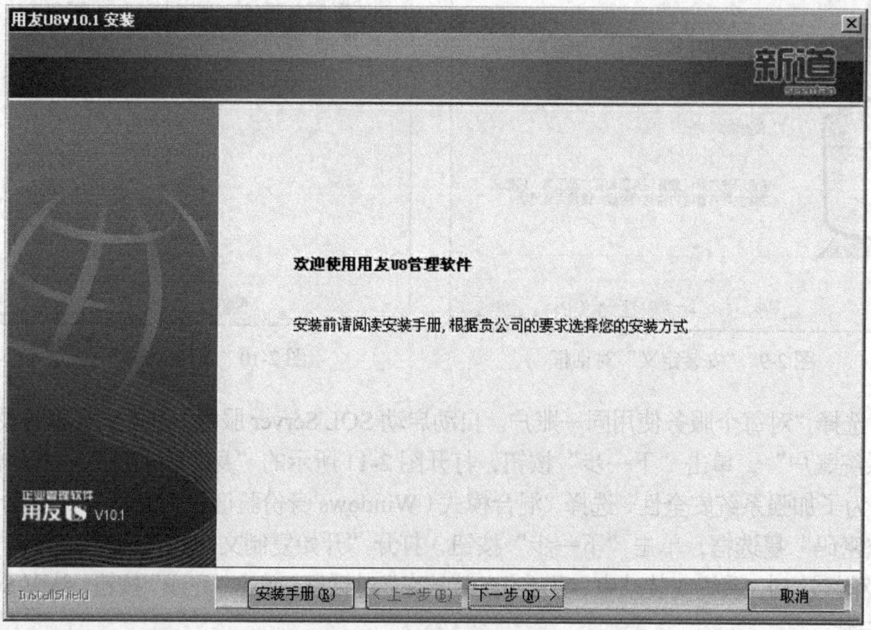

图 2-13 ERP-U8 管理软件安装欢迎界面

单击“下一步”按钮，打开安装授权“许可证协议”对话框，如图 2-14 所示。

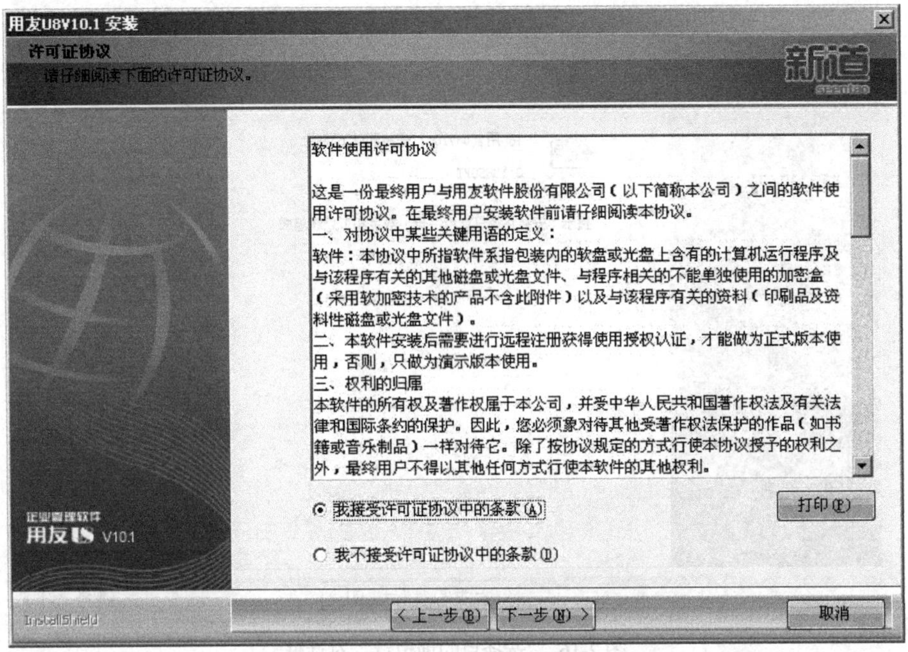

图 2-14　安装授权“许可证协议”对话框

（2）选择“我接受许可证协议中的条款”，单击“下一步”按钮，接受协议内容，系统进行历史版本检测与清理，完成检测与清理后，进入“客户信息”对话框，如图 2-15 所示。

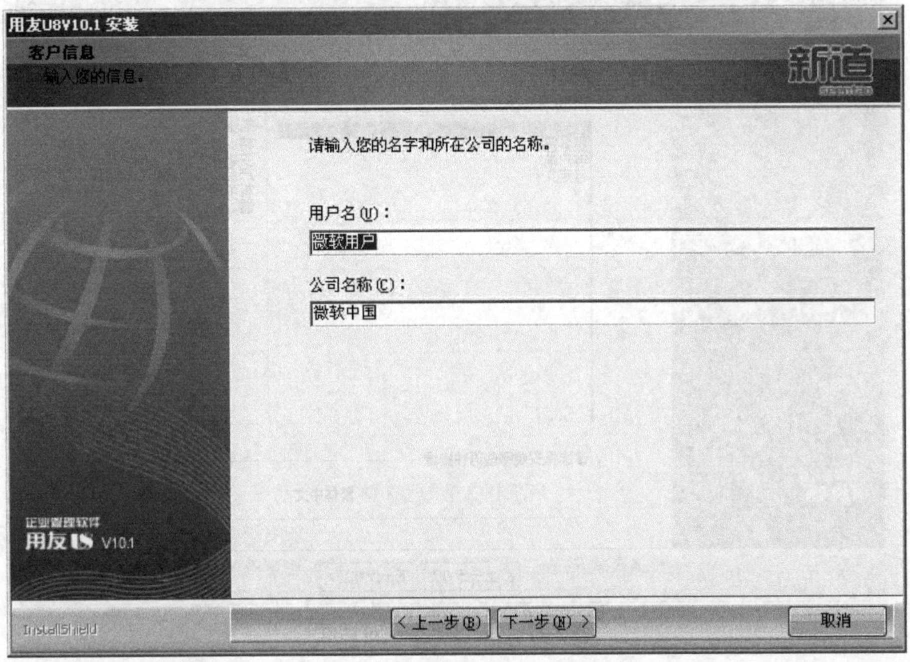

图 2-15　“客户信息”对话框

（3）输入用户名和公司名称，单击“下一步”按钮，打开“选择目的地位置”对话框，如图 2-16 所示。

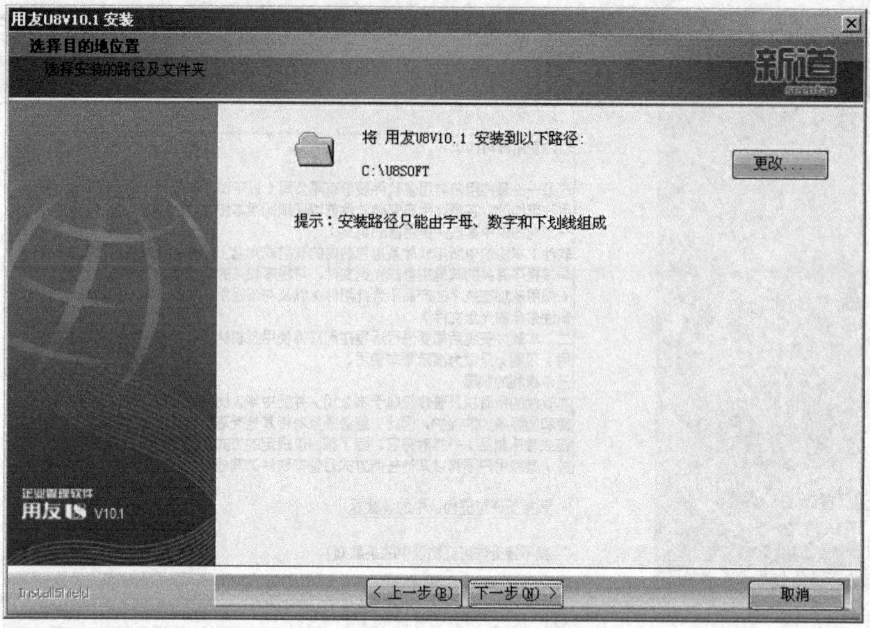

图 2-16 “选择目的地位置”对话框

单击“更改”按钮可以修改安装位置，在此保持默认设置，直接单击“下一步”按钮，打开“安装类型”对话框，如图 2-17 所示。

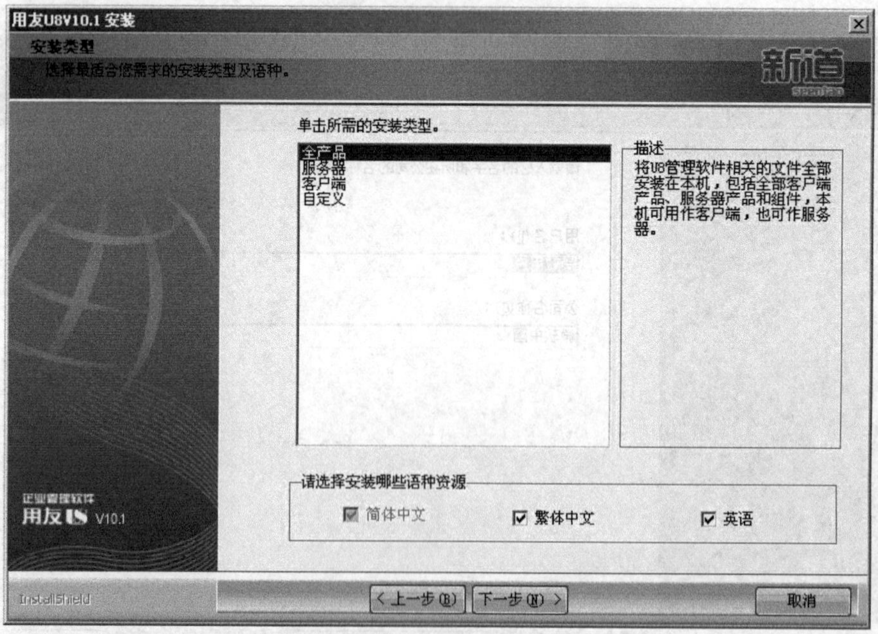

图 2-17 “安装类型”对话框

（4）系统提供了 5 种安装类型，选择不同的安装类型，安装模块就不同，安装进程也存在一定的差异。本书中选择“自定义安装”类型，取消“繁体中文”和“英语”的语种资源安装，单击“下一步”按钮，打开“选择功能”对话框，如图 2-18 所示。

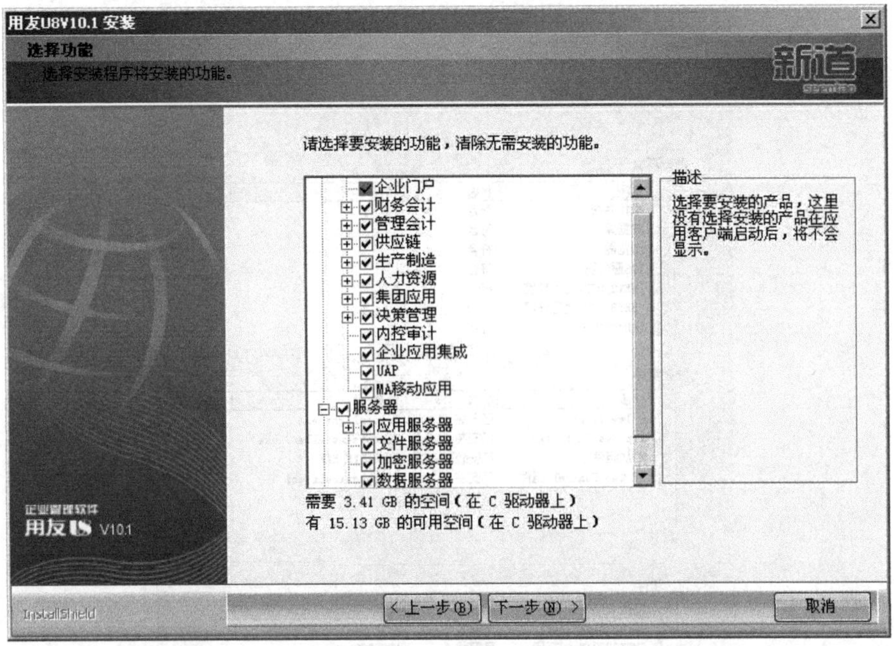

图 2-18 “安装功能”对话框

（5）选择所需的安装模块，单击“下一步”按钮，进入“环境检测”界面，如图 2-19 所示。

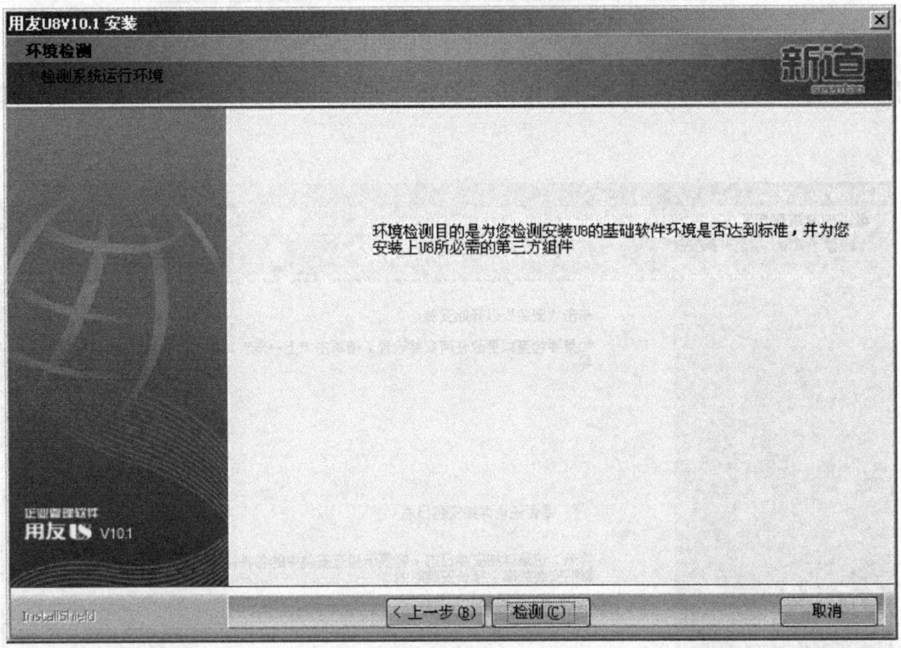

图 2-19 “环境检测”界面

（6）在图 2-20 所示的“系统环境检查”对话框中，如果缺省组件未安装，可单击“安装缺省组件”按钮安装系统运行所必需的组件；如果基础环境不符合要求，将无法进行软件安装，单击“确定”按钮退出安装程序。

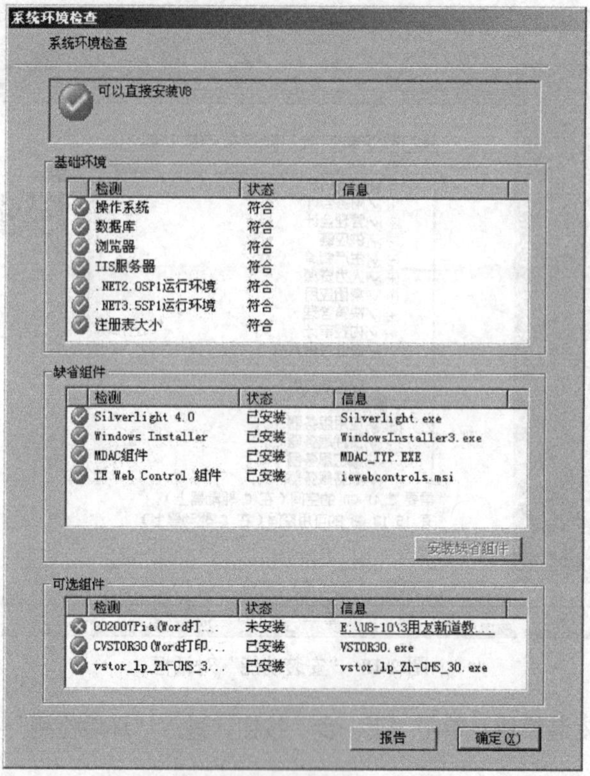

图 2-20 “系统环境检查”对话框

只有当所需环境全部符合要求时，单击“确定”按钮，系统才能进行后续安装，如图 2-21 所示。

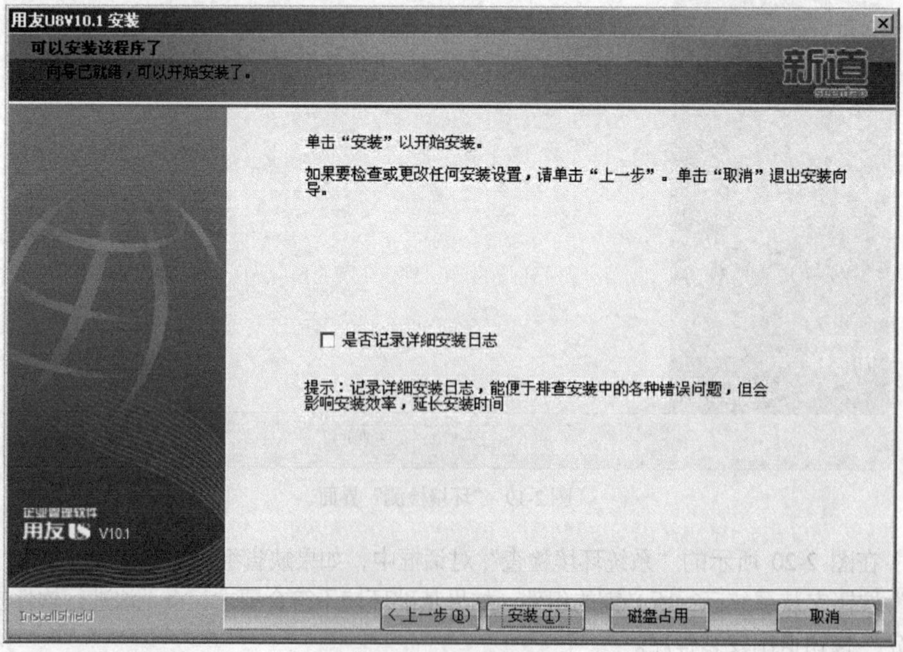

图 2-21 安装准备就绪

（7）单击“安装”按钮，系统开始安装用友 ERP-U8-V10.1，并显示安装进程，如图 2-22 所示。

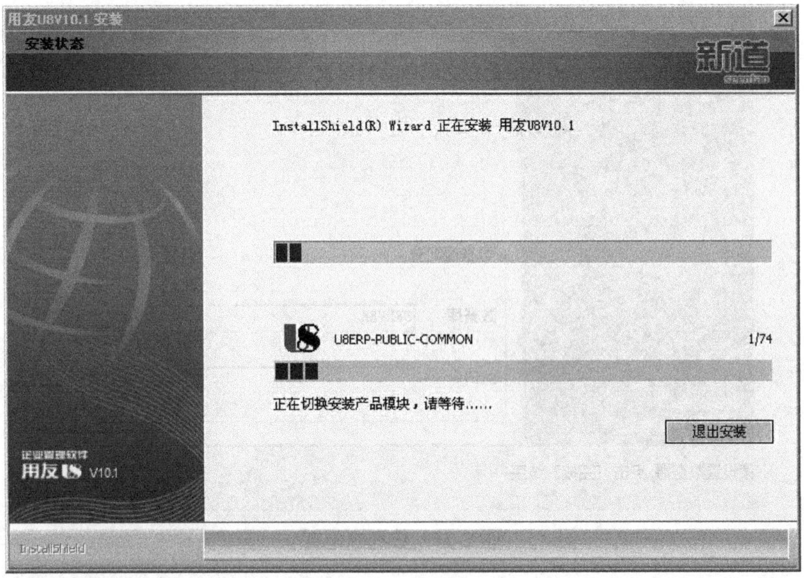

图 2-22　安装过程

小贴士

➢ 此处安装时间较长，请耐心等待。

（8）用友 U8-V10.1 安装完毕后，进入提示是否立即重新启动计算机的界面，如图 2-23 所示。

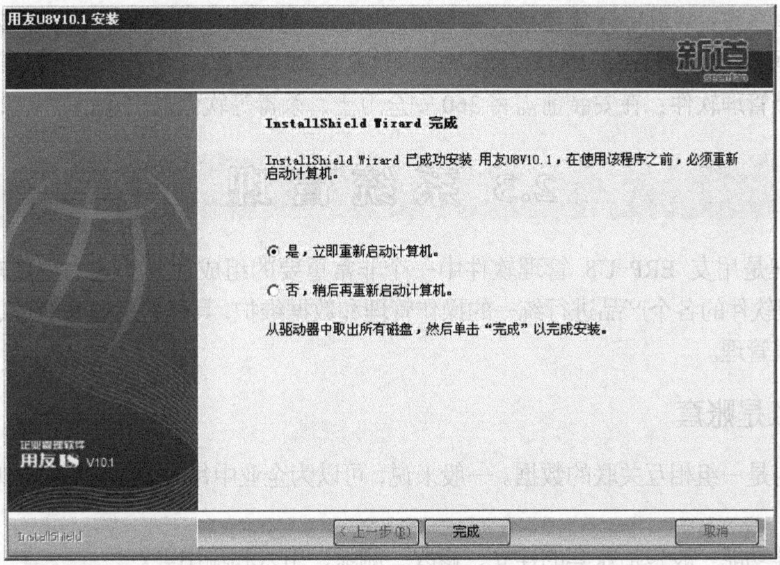

图 2-23　安装结束重启计算机

（9）重新启动计算机进入 Windows 操作平台，系统提示“正在完成最后的配置”，稍候，出现“数据源配置”对话框，在“数据库”后的文本框中输入数据服务器的计算机名或 IP 地址，再输入数据库管理员 SA 的密码，单击“测试连接”按钮，系统提示“连接串测试成功”信息，表示数据源配置成功。再单击“完成”按钮，完成配置，如图 2-24 所示。

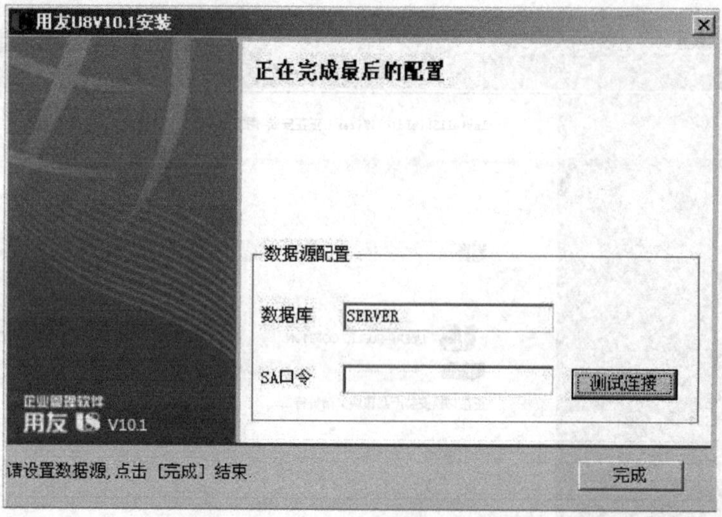

图 2-24　数据源配置

如果安装成功，在右下角的任务栏会显示图标，表示 U8 应用服务管理器安装成功。

安装完成后，执行“开始”|“程序”|“用友 U8 V10.1”|“系统服务”|“系统管理”命令，启动系统管理，创建系统数据库。

2.2.5　特殊事项

在单机上安装用友 U8 V10.1 版软件，操作系统使用 Windows 7 时，应注意以下问题。

（1）操作系统：Windows 家庭版、高级家庭版都不能安装，只能是旗舰版和专业版。

（2）数据库：SQL Server 2000 安装完成后要安装 SP4 补丁。

（3）安装管理软件：在安装前需将 360 安全卫士、杀毒等软件退出运行。

2.3 系统管理

系统管理是用友 ERP-U8 管理软件中一个非常重要的组成部分。它的主要功能是对用友 ERP-U8 管理软件的各个产品进行统一的操作管理和数据维护，具体包括账套管理、年度账管理、操作员及权限管理。

2.3.1　什么是账套

账套指的是一组相互关联的数据。一般来说，可以为企业中每一个独立核算的单位建立一个账套。

账套管理功能一般包括账套的建立、修改、删除、引入和输出等。

2.3.2　账套库

企业是持续经营的，因此企业的日常工作是一个连续性的工作，用友 ERP-U8 支持在一个账套库中保存连续多年的数据，理论上一个账套可以在一个账套库中一直使用下去。但是由于某些原因，如需要调整重要基础档案、调整组织机构、调整部分业务等，或者一个账套库中数据过多影响业务处理性能，需要使用新的账套库并重置一些数据，这样就需要新建账套库。

1. 新账套库的建立

账套库的建立是在已有账套库的基础上，通过建立新账套库，自动将老账套库中的基本档案信息结转到新的账套库中，对以前业务产品余额等信息需要在账套库初始化操作完成后，由老账套库自动转入新账套库的下年数据中。

操作步骤如下。

用户首先要以账套主管的身份登录，选定需要进行建立新库的账套和上年的时间，进入系统管理界面。例如，需要建立 999 演示账套的 2011 年新账套库，就要登录 999 账套中包含 2010 年数据的那个账套库。

然后，用户在系统管理界面单击“账套库” | “建立”菜单，进入建立账套库的功能。

系统弹出建立账套库的界面，显示当前账套、将要建立的新账套库的起始年度、本账套库内业务产品所在会计期间清单和建立新库的主要步骤及其进度。这些项目都是系统默认的显示内容，不可修改，便于用户确认建库的信息。如果需要调整，可单击“放弃”按钮重新注册登录。如果确认可以建立新账套库，则单击“确定”按钮；如果放弃账套库的建立，则单击“放弃”按钮。

2. 账套库初始化

新建账套库后，为了支持新、旧账套库之间的业务衔接，可以通过账套库初始化功能将上一个账套库中相关模块的余额及其他信息结转到新账套库中。为了统计分析的规整性，每个账套库包含的数据都以“年”为单位，上一账套库的结束年＋1 就是新账套库的开始年。

用户以账套主管的身份注册进入系统管理，选择“账套库”菜单中的“账套库初始化”，进入账套库初始化的功能。

操作步骤如下。

（1）系统显示将要初始化的账套，以及数据结转的年度，这些都是用于确认、不可修改的。

（2）选择需要结转的业务档案和余额信息，已结转过的产品显示为粉红色，如图 2-25 所示。

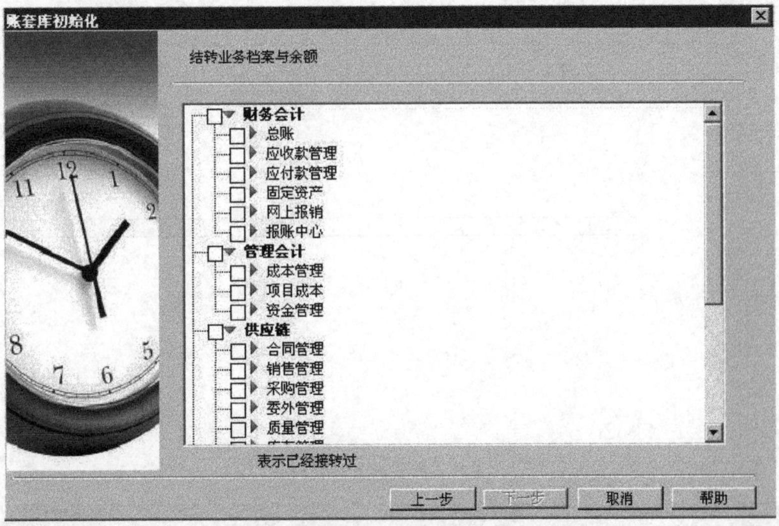

图 2-25 账套库初始化

（3）根据选择内容进行数据检查，系统将分别检查上一账套库中的数据是否满足各项结转要求，并列出详细检查结果。如果有产品不满足结转要求，则不允许继续结转。

（4）如果检查全部通过，单击“下一步”按钮可以看到待结转产品的列表，单击“结转”按钮，开始按照列表逐项结转。

（5）如果第（3）步没有全部选择结转，以后还可以再次进入本功能结转其他数据，或清空对应业务产品的数据后再次结转。

2.3.3 操作员及其角色管理

为了保证系统及数据的安全与保密，系统管理提供了操作员及操作权限的集中管理功能。通过对系统操作分工和权限的管理，一方面可以避免与业务无关的人员进入系统；另一方面可以对系统所含的各个模块的操作进行协调，以保证各负其责、流程顺畅。

1. 启动系统管理

为了加强系统的总体控制，系统增设了一个系统管理员 admin，用于管理该系统中的所有账套。

系统允许以两种身份注册进入系统管理进行授权：一种是以系统管理员的身份，另一种是以账套主管的身份。系统管理员负责整个系统的总体控制和数据维护工作，他可以管理该系统中所有的账套。以系统管理员身份注册进入，可以进行账套的建立、引入和输出，设置角色和用户，指定账套主管，设置和修改用户的密码及其权限等。

在单位第一次运行财务软件时，由于尚未为单位建立核算账套，因此，只能以默认的管理员 admin 进行登录，其登录密码为空。为确保系统安全，应及时为 admin 设置登录密码。

【例 2-1】 以系统管理员身份启动系统管理模块并进行注册。

操作步骤如下。

（1）执行“开始”|“程序”|“用友 U8 V10.1”|“系统服务”|“系统管理”命令，进入“用友 ERP-U8【系统管理】”界面，如图 2-26 所示。

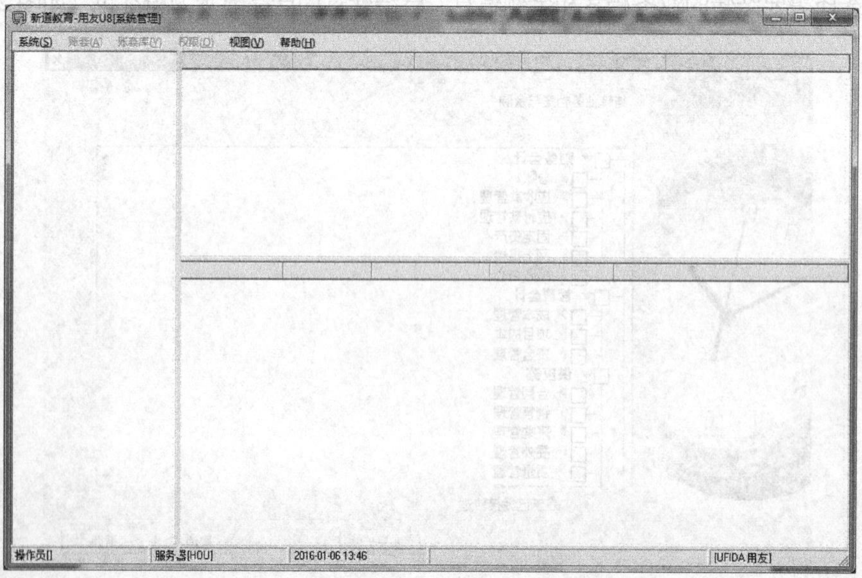

图 2-26 “用友 ERP-U8【系统管理】”界面

(2) 单击“系统”菜单下的“注册”命令，打开“登录”界面，如图 2-27 所示。选择“登录到”的服务器名称，输入操作员注册名称“admin”，密码为空，并在“账套”处选择之前增加的新的数据源“（default）”。单击“登录”按钮进入系统管理模块。

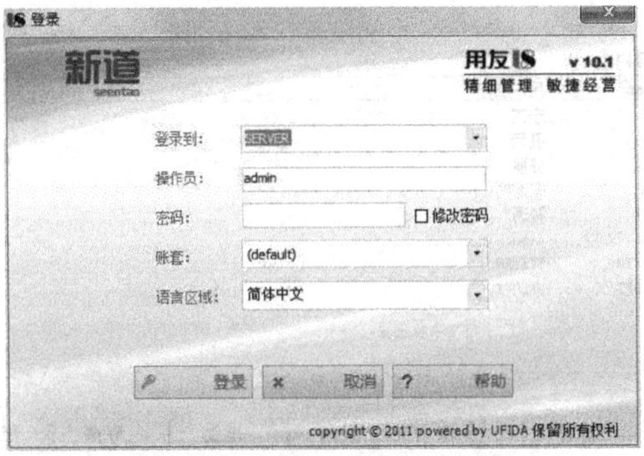

图 2-27 系统管理“登录”界面

2. 设置操作员

操作员的设置分为两个层次：角色和用户。角色即岗位的名称，如财务总监、主管会计等，用户即具体的操作人员，如宁杰、孔芳、张丽等。

由于公司内部岗位变动时常发生，操作员岗位变动后，需重新设定操作权限。为解决这一问题，用友财务管理软件提出“角色”的概念，可以通过预先给角色设定好权限，之后在设置用户时，指定用户归属角色，这时，用户便自动继承了角色的权限。当然，也可以单独为用户赋予权限，用户可以不属于任何角色。

【例 2-2】 设置“财务核算”角色，编号为“CW001”。

操作步骤如下。

(1) 在“用友 ERP-U8【系统管理】”界面中单击“权限”菜单下的“角色”命令进入“角色管理”对话框，如图 2-28 所示。

(2) 在“角色管理”窗口中，单击“增加”按钮，进入“角色详细情况”设置界面。输入角色的相关信息，若已有用户，可按要求将其指定为该角色的用户，录入完毕后，单击“增加”按钮对输入的信息进行保存，同时进入下一角色录入界面，全部录入完毕后，单击“取消”按钮，返回“角色管理”界面后退出即可，如图 2-29 所示。

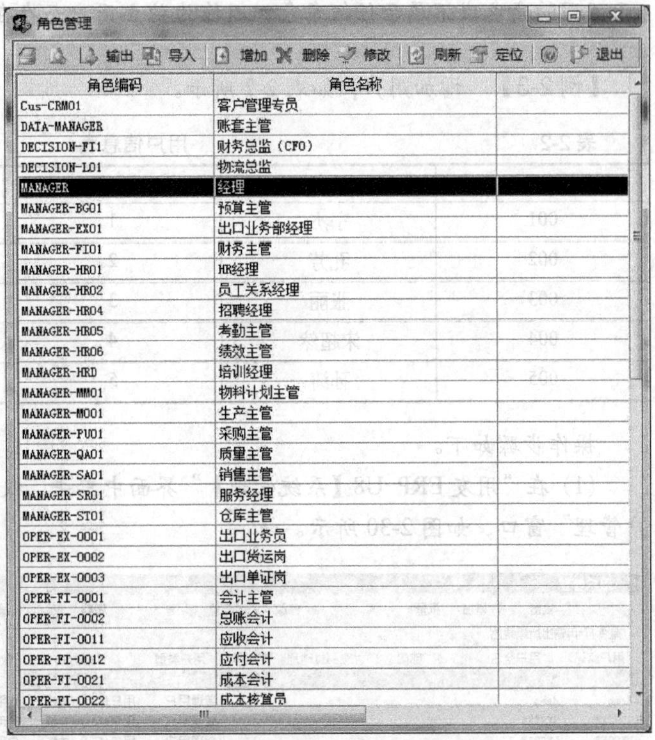

图 2-28 “角色管理”对话框

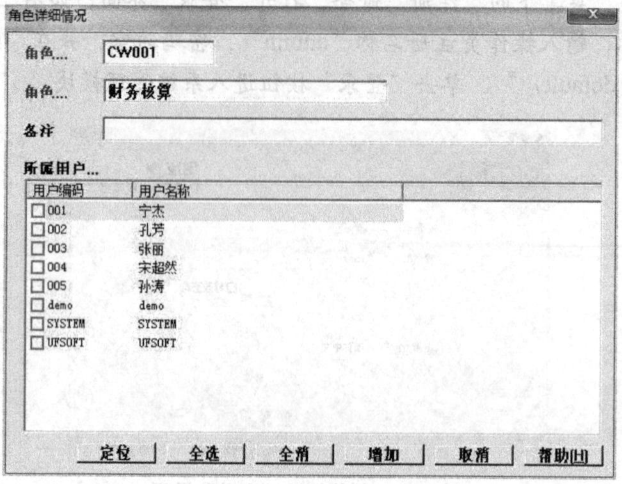

图 2-29 增加角色

小贴士

➢ 在“角色管理”窗口中可进行角色的增加、删除和修改等管理工作。

➢ 增加角色时，角色编码不能为空，最大不能超过 10 位；角色名称不能为空，最大不能超过 30 位。

➢ 系统对用户的设置个数没有限制，一个角色可以拥有多个用户，一个用户也可以分属于不同的角色或不属于任何角色，以作为独立用户而存在。

【例 2-3】 增加用户，如表 2-2 所示。

表 2-2 用户信息表

编号	姓名	口令	所属部门	所属角色
001	宁杰	1	财务部	账套主管
002	孔芳	2	财务部	财务核算
003	张丽	3	财务部	财务核算
004	宋超然	4	销售部	销售主管
005	孙涛	5	采购部	采购主管

操作步骤如下。

(1) 在“用友 ERP-U8【系统管理】”界面中单击“权限”菜单下的“用户”命令，进入“用户管理”窗口，如图 2-30 所示。

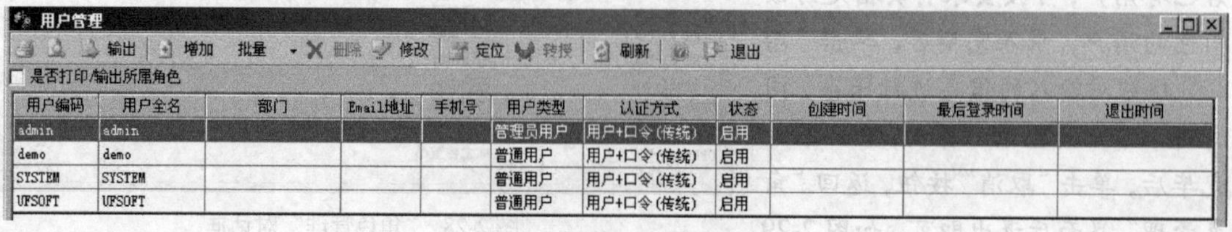

图 2-30 “用户管理”窗口

(2) 在"用户管理"窗口中单击"增加"按钮，进入"操作员详细情况"设置界面，输入有关信息，如图 2-31 所示。录入完毕后，单击"增加"按钮进行保存，同时进入下一用户录入界面。全部录入完毕后，单击"取消"按钮，返回"角色管理"界面后退出即可。

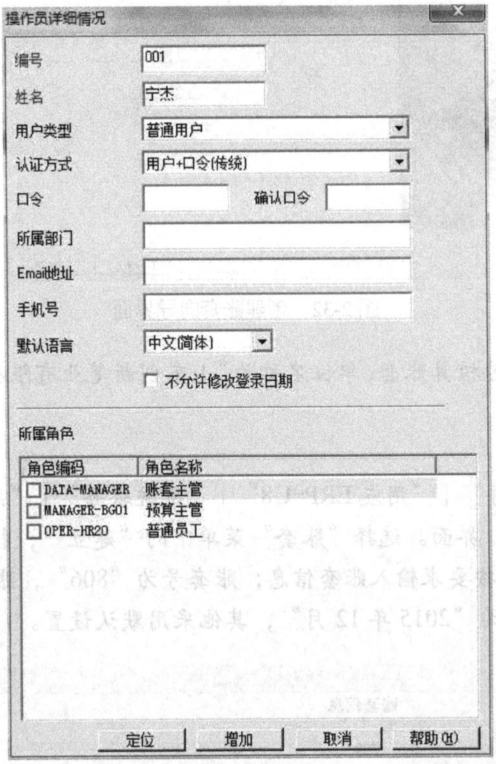

图 2-31　增加用户

小贴士

➢ 在"角色管理"窗口中可进行用户的增加、删除和修改等管理工作。

➢ 增加角色时，角色编码不能为空，最大不能超过 10 位；角色名称不能为空，最大不能超过 30 位。出于安全考虑，口令最好不为空。

➢ 若用户已指定为某一角色或用户已被启用，则该用户不能被删除。对于已离开工作岗位且已启用的用户，可单击"修改"按钮，在"操作员详细情况"界面单击"注销当前用户"按钮取消其登录权限。

➢ 只有系统管理员 admin 才有权限对用户和角色进行设置。

2.3.4 建立账套

账套是用于存放独立核算单位全部会计数据的实体，这些数据主要包括会计科目、记账凭证、会计报表等。一个账套只能保存一个公司或一个独立核算单位的会计资料。

为了方便操作，会计软件中都设置了建账向导，用来引导用户建立账套。企业建立账套时，只需根据自身的具体情况设置基础参数，软件将按照这些基础参数自动建账。

创建账套向导界面如图 2-32 所示。

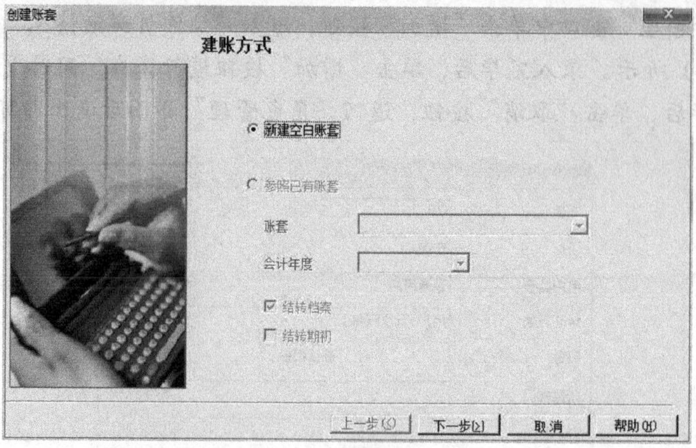

图 2-32　创建账套向导界面

【例 2-4】 创建 806 号核算账套，单位名称为“山东创新笔业有限公司”，启用会计期为“2015 年 12 月 1 日”。

操作步骤如下。

执行“开始”|“程序”|“用友 ERP-U8”|“系统服务”|“系统管理”命令，进入“用友 ERP-U8【系统管理】”界面。选择“账套”菜单下的“建立”，打开“创建账套|账套信息”界面，如图 2-33 所示。按要求输入账套信息：账套号为“806”，账套名称为“山东创新笔业有限公司”，启用会计期为“2015 年 12 月”，其他采用默认设置。

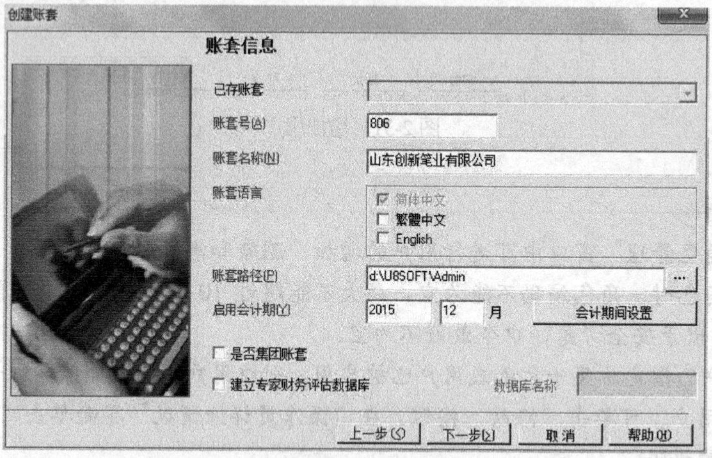

图 2-33　“创建账套 | 账套信息”

小贴士

➢ 新建账套号不能与已存账套号重复，用户必须输入账套号。

➢ 用户必须输入账套名称。

➢ 账套路径，用户可以参照修改，设置新的存放路径。

➢ 启用会计期为启用财务软件处理会计业务的日期，具体到月，用户必须输入，不能设在计算机系统日期之后。

➢ 如果要进行财务评估与分析，则需要建立专家财务评估数据库。

【例 2-5】 山东创新笔业有限公司的单位信息如下。

单位名称：山东创新笔业有限公司（简称：创新笔业）。

单位地址：济南市开发区产业园 999 号。

邮政编码：250100。

法人代表：于天齐。

联系电话和传真：05318569336。

税号：531283783927877。

操作步骤如下。

在“创建账套 | 账套信息”界面中单击“下一步”按钮，打开“单位信息”界面，如图 2-34 所示，输入有关单位信息。

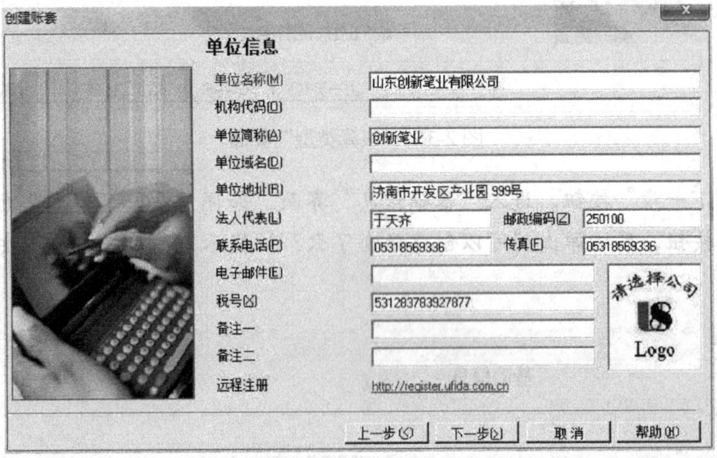

图 2-34 “单位信息”界面

【例 2-6】 山东创新笔业有限公司基本信息如下。

记账本位币：人民币（RMB）。

企业类型：工业。

行业性质：2007 年新会计制度科目。

账套主管：宁杰。

按行业性质预置科目。

基础信息：存货、客户、供应商分类，有外币核算。

编码方案：科目编码级次为 4222，存货分类编码级次为 222，客户编码级次为 222，其他采用系统默认。

数据精度：采用系统默认。

操作步骤如下。

(1) 在“单位信息”界面单击“下一步”按钮，打开“核算类型”界面，输入有关内容，如图 2-35 所示。

小贴士

- 行业性质是系统用来明确核算单位采用何种会计制度的重要信息。
- 除本币代码和本币名称外，其余各项必须从下拉列表框中选择输入。

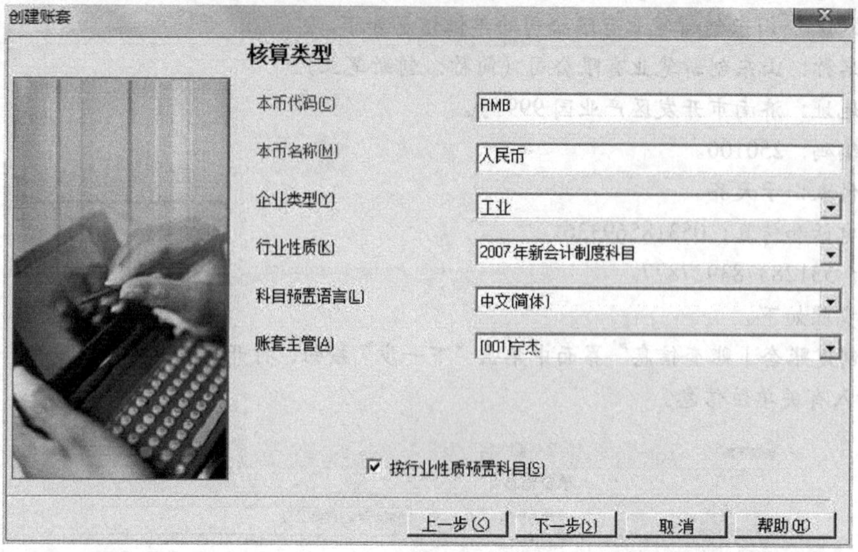

图 2-35 “核算类型”界面

（2）单击“下一步”按钮，进入“基础信息”界面，如图 2-36 所示，设置所列基础信息后单击“下一步”按钮，系统弹出“可以创建账套了么？”提示框，单击“是”按钮，系统自动创建账套。

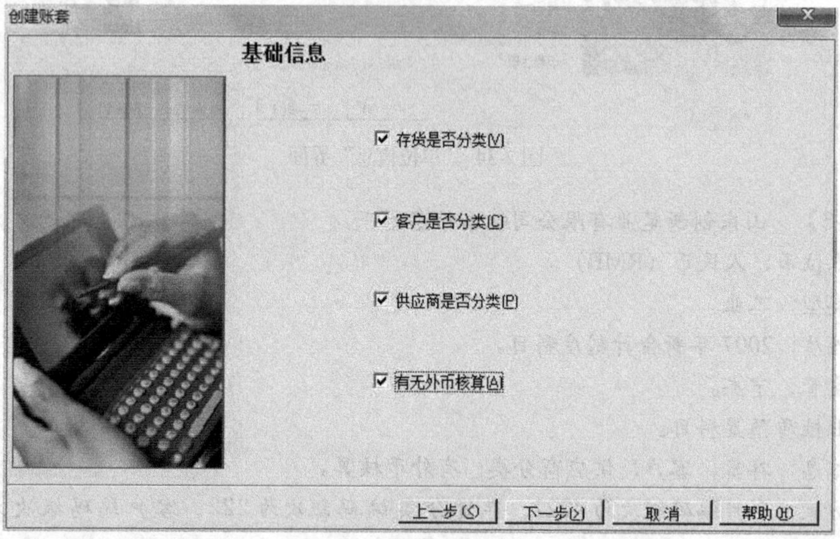

图 2-36 “基础信息”界面

（3）根据经济业务特点，修改相关项目编码级次方案，如图 2-37 所示，修改完毕后，单击“确定”按钮对修改信息进行保存，然后单击“取消”按钮，弹出“数据精度”对话框。

（4）根据业务数据处理要求，设置数据小数位数，如图 2-38 所示，设置完毕后，单击“确定”按钮，系统弹出“创建账套”对话框，如图 2-39 所示。

（5）系统启用可以在新账套创建完成后进行，也可以在基础设置中通过系统启用模块进行。在“创建账套|系统启用”对话框中单击“是”按钮进入“系统启用”界面，如图 2-40 所示，选择启用总账系统，此时系统弹出“请进入企业应用平台进行业务操作”提示框，单击“确定”按

钮，完成账套的创建操作。

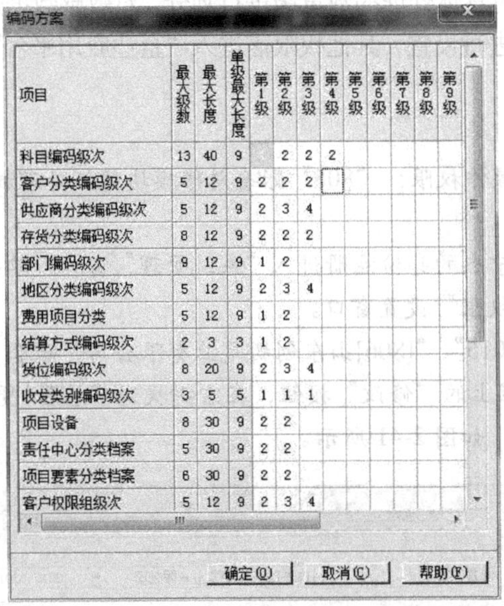

图 2-37 修改编码级次方案

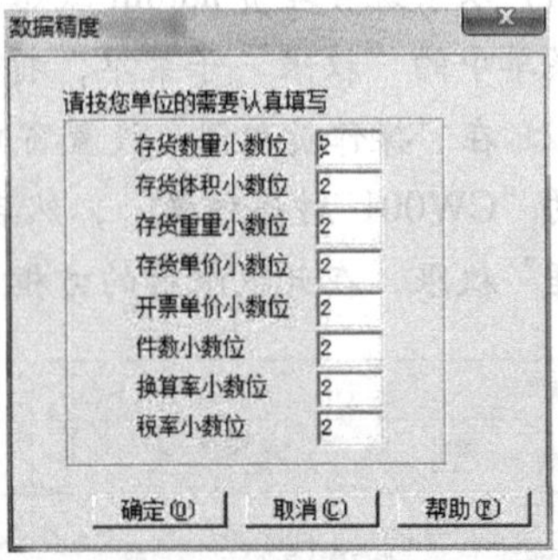

图 2-38 “数据精度”对话框

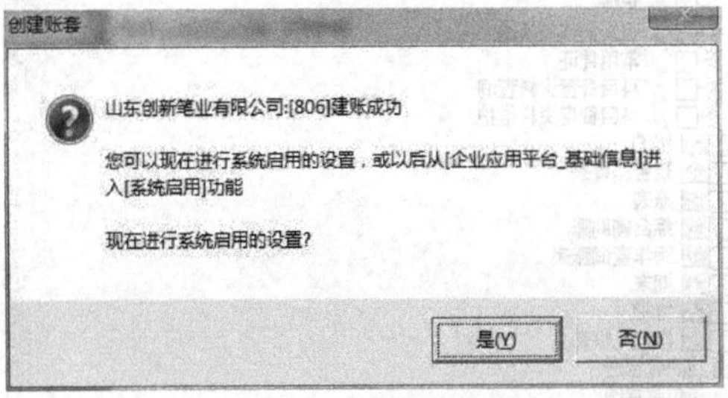

图 2-39 “创建账套”对话框

图 2-40 “系统启用“界面

小贴士

> ➢ 只有系统管理员 admin 和账套主管具有系统启用权限。
>
> ➢ 各系统的启用会计期间均必须不早于账套的启用日期。

2.3.5 权限管理

一个公司的财务管理系统，必须按照内部控制制度的要求，对财务管理人员进行严格的岗位分工，严禁越权操作。因此，企业财务管理软件要求对操作员的操作权限进行限制。

操作员的操作权限划分可以实现三个层次上的权限管理。

第一，功能级权限管理，该权限包括功能级权限的查看和分配。

第二，数据级权限管理，该权限可以通过字段级和记录级两个方面进行权限控制。

第三，金额级权限管理，该权限主要实现对具体处理的数量级进行划分，对敏感数据进行集中控制。其中，功能级权限在系统管理模块中进行设置，其他权限需进入"企业应用平台"的权限管理模块或在总账设置模块中进行设置。

1. 功能级权限管理

【例 2-7】 为角色 CW001 财务核算设定操作权限："806"账套总账模块凭证处理权限。

操作步骤如下。

(1) 以系统管理员 admin 或账套主管 001 宁杰的身份注册进入"系统管理"窗口，单击"权限"菜单中的"权限"子菜单，打开"操作员权限"设置窗口。

(2) 在"操作员权限"设置窗口中选择"2015""[806]山东创新笔业有限公司"账套，选定左侧的"CW001 财务核算"，然后单击工具栏上的"修改"按钮，在右侧找到"总账|凭证|凭证处理"权限，在此权限前的方框内打"√"，如图 2-41 所示。

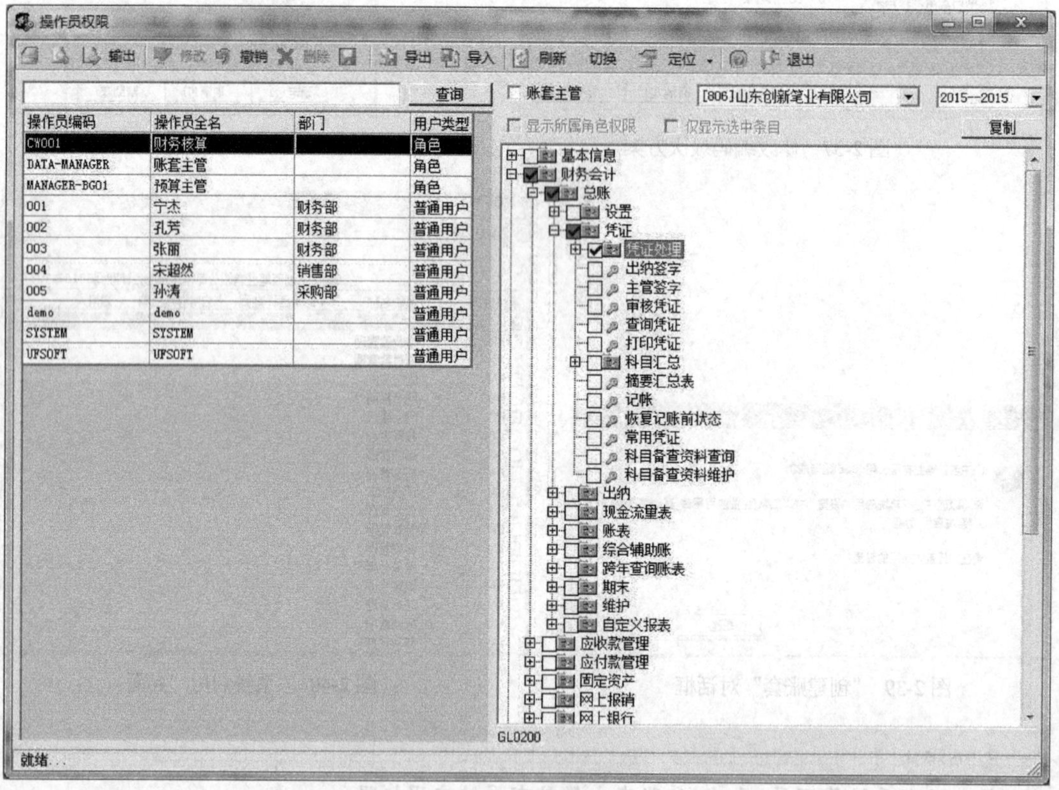

图 2-41 角色授权

(3) 选择完成后，再在左侧框内选择下一角色进行授权，弹出提示对话框，单击"是"按钮完成对 CW001 权限的保存，如图 2-42 所示。

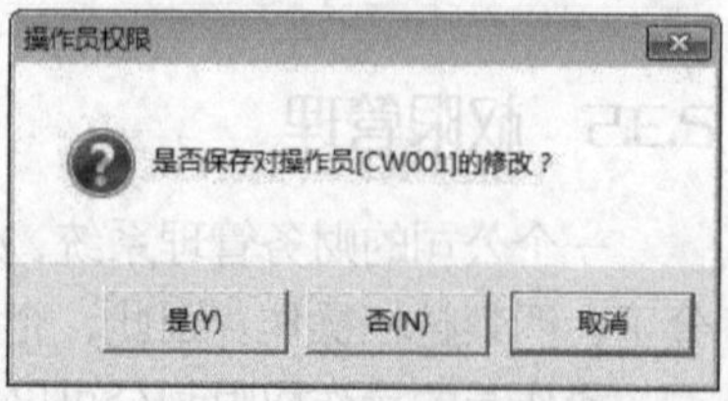

图 2-42 保存修改权限

【例 2-8】 为操作员 002 孔芳赋予"806"账套的总账(除审核凭证和恢复记账前状态外)、薪资管理、公用目录设置、固定资产、应付款管理、应收款管理、采购管理、销售管理、库存管理、存货核算的所有权限。为 003 张丽赋予总账系统中出纳签字以及出纳的所有权限。

操作步骤如下。

(1) 以系统管理员 admin 或账套主管 001 宁杰的身份注册进入“系统管理”窗口，单击“权限”菜单中的“权限”子菜单，打开“操作员权限”设置窗口，如图 2-43 所示。

(2) 在“操作员权限”设置窗口中选择“2015”“[806]山东创新笔业有限公司”账套，选定左侧的“002 孔芳”，然后单击工具栏上的“修改”按钮，在右侧找到例题中所示的权限，在其前面的方框内打“√”。

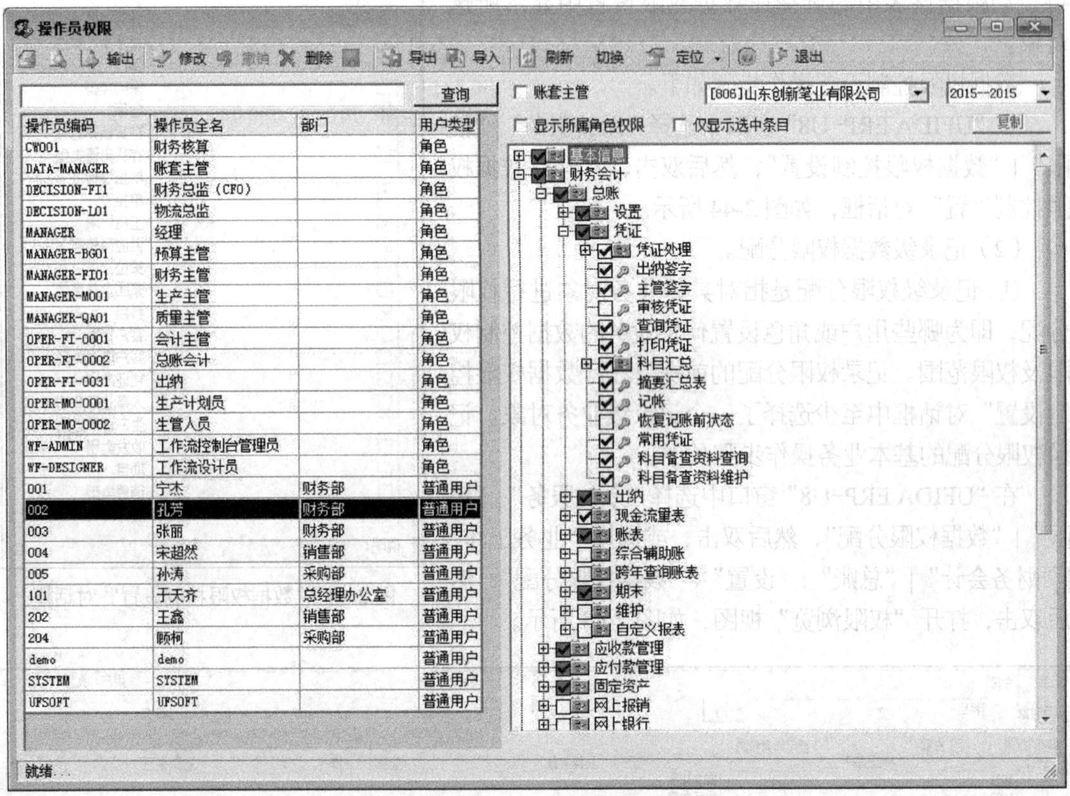

图 2-43 授予用户部分权限

(3) 选择完成后，再在左侧框内选择下一用户进行授权，弹出提示对话框，单击“是”按钮完成对 002 权限的保存。003 张丽的授权过程同上。

小贴士

➢ 单击工具栏中的“删除”按钮，则将该操作员的所有权限设置为非选中状态。

➢ 单击“仅显示选中条目”，只显示该用户有权限的部分，无权限的部分不显示。

➢ 对于账套主管的分配，只需要将“□”选中即可。只有以系统管理员 admin 的身份才能进行账套主管的权限分配。如果以账套主管的身份注册，只能分配子系统的权限。但需要注意的是，系统一次只能对一个账套的某一个年度账进行分配，一个账套可以有多个账套主管。

➢ 正在使用或已经启用的用户权限不能进行修改、删除的操作。

2. 数据级权限管理

操作员必须在系统管理中定义角色或用户，并分配完功能级权限后才能在这里进行数据权限分配。数据级权限管理包括数据权限控制设置、记录级数据权限分配和字段级数据权限分配。

（1）数据权限控制设置。数据权限控制的设置是数据权限设置的前提，用户可以根据需要先在数据权限默认设置表中选择需要进行权限控制的对象。数据权限的控制分为记录级和字段级两个层次，对应系统中的“记录级”和“字段级”两个页签，系统将自动根据该表中的选择在数据权限设置中显示所选对象。

数据权限控制设置操作步骤如下。

在“UFIDA ERP-U8”窗口中选择“系统服务”|“权限”|“数据权限控制设置”，然后双击，打开“数据权限控制设置”对话框，如图 2-44 所示。

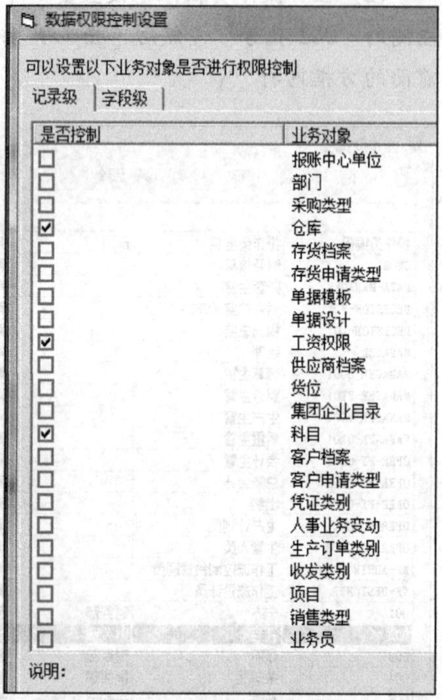

图 2-44 “数据权限控制设置”对话框

（2）记录级数据权限分配。

① 记录级权限分配是指对具体业务对象进行权限分配，即为哪些用户或角色设置何种业务的数据控制权限及权限范围。记录权限分配的前提是在“数据权限控制设置”对话框中至少选择了一个记录级业务对象。记录权限分配的基本业务操作步骤如下。

在“UFIDA ERP-U8”窗口中选择“系统服务”|“权限”|“数据权限分配”，然后双击，或选择“业务工作”|“财务会计”|“总账”|“设置”|“数据权限分配”，然后双击，打开“权限浏览”视图，如图 2-45 所示。

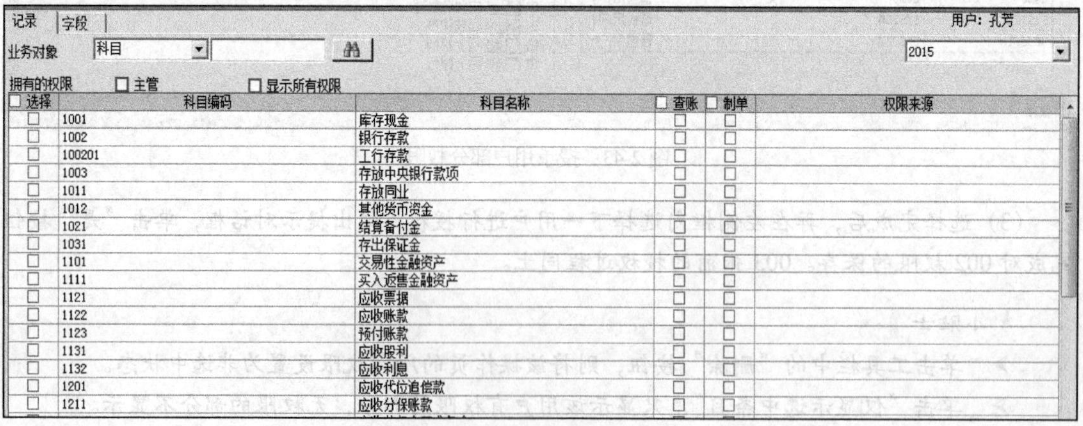

图 2-45 “权限浏览”视图

② 在“权限浏览”视图中选择“记录”级权限，然后选择要分配权限的用户或角色名称，选中的用户或角色名称将显示在界面的右上角。

③ 单击工具栏上的“授权”按钮，打开“记录权限设置”对话框。

④ 选择“业务对象”，再在需要的功能权限上进行选择，如“科目”对象的功能权限有“查账”和“制单”两项，系统将根据当前所选的用户或者角色，按“用户或角色＋业务对象”的方式进行明细数据权限分配。例如，为操作员孔芳设置“库存现金”科目的“查账”和“制单”权限，其基本操作方式为，选择业务对象“科目”，选择功能权限“查账”和“制单”，在“禁区”区选择会计科目“库存现金”并将其添加到“可用”区。

⑤ 完成对当前操作员所有权限的设置后，单击“保存“按钮，对操作结果进行保存，系统弹出保存信息对话框。

⑥ 单击“确定”按钮，再关闭“记录权限设置”对话框，返回“权限浏览”视图。

⑦ 重复第②～⑥步，完成对其他操作员明细权限的设置。

⑧ 完成所有操作员数据权限的设置后，单击“权限浏览”视图工具栏上的“退出”按钮结束数据权限分配操作。

小贴士

➢ 可供分配的数据权限依在“数据权限控制设置”对话框中选定的内容而定，一般情况下包括科目权限分配、客户权限分配、部门权限分配等。

➢ 权限类型的使用执行如下规则：如果科目的权限类型只设置为录入权限，则该用户只有制单权限，但没有查询该科目任何账簿的权限（即浏览权限和录入权限不存在包含关系）；如果设置部门（客户、供应商、仓库、业务员、货位、存货）权限类型为录入权限，则该用户既可以录入该部门的所有单据信息，又可以查询该部门的所有数据信息（即录入权限中包含浏览权限）。

（3）字段级数据权限分配。字段权限级数据分配是对单据中包括的字段进行权限分配。它是出于安全保密性考虑而设置的。有的信息属于企业严格控制的内容，在使用时这些信息应限制查看权限，如应限制仓库保管员看到出入库单据上的有关产品（商品）价格信息。字段级权限分配的前提是在“数据权限控制设置”对话框中至少选择了一个字段级业务对象。具体操作步骤和记录级数据权限的分配类似。

3. 金额级权限管理

金额权限的分配主要用于控制操作员进行账务处理时金额的处理额度大小，主要包括采购订单的金额审核额度和科目的制单金额额度。在设置这两个金额权限之前必须先设定对应的金额级别。

（1）设置科目和采购订单的金额级别。对操作员进行金额额度控制是通过划分金额级别来体现的。当为一个操作员设置一个科目的金额级别后，该操作员只能使用该级别额度以内的金额，一旦金额超过该额度，该操作员将无法直接使用该科目进行业务处理。设置科目和采购订单金额级别的操作步骤如下。

① 在“UFIDA ERP-U8”窗口中选择“系统服务”|“权限”|“金额权限分配”然后双击，或选择“业务工作”|“财务会计”|“总账”|“设置”|“金额权限分配”然后双击，打开“金额权限设置”窗口。

② 在“金额权限分配”窗口中单击工具栏上的“级别”按钮，显示“金额级别设置”窗口，如图 2-46 所示。

③ 选择业务对象的“科目级别”或“采购订单级别”，然后单击工具栏上的“增加”按钮，直接输入或参照选择会计科目，录入各级别金额，输入完毕后单击工具栏上的“保存”按钮，再

单击“退出”按钮，返回“金额权限设置”界面。

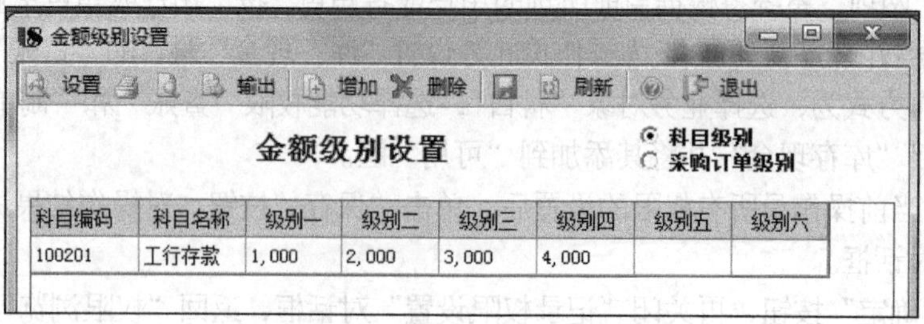

图 2-46 “金额级别设置”窗口

小贴士

➢ 设置科目金额级别时，上、下级科目不能同时出现。例如，已经设置了“1002 银行存款”科目的金额级别，则不能再设置“1002 银行存款”明细科目的金额级别，此时设置的“1002”科目的金额级别对其下级科目全部适用，即所有“1002 银行存款”的下级科目都拥有相同的金额级别。

➢ 设置科目级别时，当对一个用户设置了一个级别后，相当于该用户对所有的科目均具有相同的级别，若该科目没有设置金额级别，即表示该科目不受金额级别控制。

➢ 设置金额授权前需要先分别设置金额级别，级别共分 6 级。对于科目来说，可以根据需要设置对应科目的金额级别，可以直接对上级科目设置级别，也可以明细到末级进行级别设置，但不允许对有上、下级关系的科目同时进行级别设置。采购订单的金额审核级别设置一个记录即可。

➢ 从级别 1 到级别 6，金额必须逐级递增，不允许中间有为空的情况存在，但允许最后有不设置的级别。

➢ 一个科目只能选择一个级别，可以输入的级别只能是 1～6。

➢ 若对一个用户授权的级别没有对应的金额，但是该级别前面的级别有对应的金额，则对于该用户来说表示其拥有无穷大的权限。

➢ 在需要进行金额权限控制时，若申请权限的用户还没有金额权限记录，则作为没有任何金额权限处理。

➢ 金额权限控制中，下述三种情况不受控制：调用常用凭证生成的凭证、期末转账结转生成的凭证、在外部系统生成的凭证。如果超出金额权限，保存凭证时不受限制。

➢ 可对“科目”和“采购订单”设置不同的级别，分别保存。

（2）分配操作员科目和采购订单金额权限。分配操作员科目和采购订单金额权限，即为操作员划分其可用的金额级别。其操作步骤如下。

① 在“金额权限设置”视图中，选择业务对象的“科目级别”或“采购订单级别”，然后单击工具栏上的“增加”按钮，在“用户编码”栏中双击，直接输入或参照选择用户编码，用户名称将自动显示；再在“级别”栏中双击，选择金额级别，如图 2-47 所示。

② 单击“增加”按钮，完成其他操作员金额权限的设置，设置完毕后，单击工具栏上的“保存”按钮对录入的内容进行保存，再单击“退出”按钮结束金额权限设置操作。

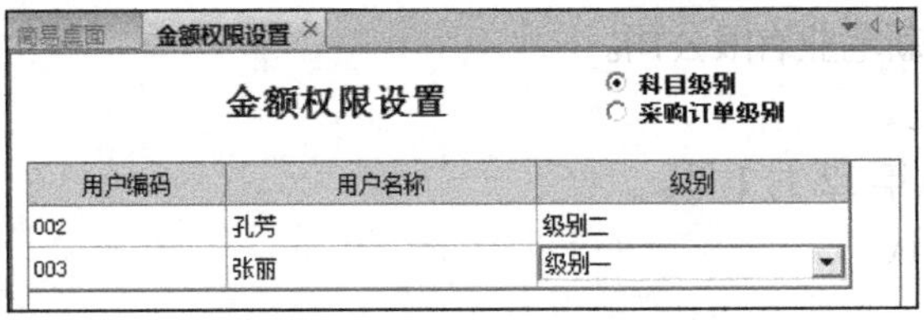

图 2-47 “金额权限设置”视图

小贴士

> ➢ 只能直接对用户进行授权，对于一个对象，一个用户只能有一条记录存在。
>
> ➢ 若对一个用户授权的级别没有对应的金额，但是该级别前面的级别有对应的金额，则对于该用户来说表示其拥有无穷大的权限。
>
> ➢ 在需要进行金额权限控制时，若申请权限的用户还没有金额权限记录，则作为没有任何金额权限处理。
>
> ➢ 调用常用凭证生成的凭证、期末转账结转生成的凭证、在外部系统生成的凭证不受金额权限控制。

项目思考

1. 账套主管与系统管理员的权限和职责有什么不同?
2. 如果建账时忘记启用总账了，怎么办?

实训一　系统管理

实训目的：

（1）掌握用友 ERP-U8 V10.1 管理软件中系统管理的相关内容；

（2）理解系统管理在整个系统中的作用及重要性。

实训内容：

（1）建立单位账套；

（2）增加操作员；

（3）进行财务分工；

（4）备份账套数据；

（5）修改账套参数。

实训准备：

（1）已正确安装用友 ERP-U8 V10.1 管理软件；

（2）设置系统日期格式。

实训资料与要求

1. 建立新账套

（1）账套信息。

账套号：806。

账套名称：山东创新笔业有限公司。

采用默认账套路径。

启用会计期：2015 年 12 月 1 日。

会计期间设置：默认。

（2）单位信息。

单位名称：山东创新笔业有限公司。

单位简称：创新笔业。

单位地址：济南市开发区产业园 999 号。

法人代表：于天齐。

邮政编码：250100。

联系电话及传真：05318569336。

税号：531283783927877。

（3）核算类型。

企业记账本位币：人民币（RMB）。

企业类型：工业。

行业性质：2007 年新会计制度科目。

账套主管：宁杰。

按行业性质预置科目。

（4）基础信息。该企业有外币核算，进行经济业务处理时，需要对存货、客户、供应商进行分类。

（5）分类编码方案。该企业的分类方案如下。

科目编码级次：4222。

客户和供应商分类编码级次：222。

存货分类编码：222。

部门编码级次：122。

地区分类编码级次：223。

结算方式编码级次：12。

收发类别编码级次：12。

其他采用系统默认。

（6）数据精度。该企业将存货数量小数位和单价小数位设置为 2 位。

（7）系统启用。启用总账系统，启用时间为 2015-12-01。

2. 财务分工

（1）001　宁杰（口令：1）。

角色：账套主管。

具有系统所有模块的全部操作权限。

（2）002　孔芳（口令：2）。

角色：出纳。

具有出纳签字和出纳的全部操作权限。

（3）003　张丽（口令：3）。

角色：总账会计、应收会计、应付会计。

具有总账管理、应收款管理、应付款管理的全部操作权限。

（4）004　孙涛（口令：4）。

角色：采购主管、仓库主管、存货核算员。

具有公共单据、公用目录设置、应收款管理、应付款管理、总账管理、采购管理、销售管理、库存管理、存货核算的全部操作权限。

（5）005　宋超然（口令：5）。

角色：销售主管、仓库主管、存货核算员。

主要负责销售业务处理，权限同孙涛。

> **注意**
>
> 以上权限的设置只是为了在实验中学习，与企业实际分工可能有所不同。企业相关操作员比较多，分工比较细致。

实训要求：

（1）以系统管理员 admin 的身份进行增加操作员、建立账套、财务分工、备份账套的操作；

（2）以账套主管宁杰的身份进行系统启用、账套数据修改的操作。

操作指导

1. 启动系统管理

执行“开始”|“程序”|“用友 U8 V10.1”|“系统服务”|“系统管理”命令，启动系统管理。

2. 以系统管理员身份登录系统管理

（1）执行“系统”|“注册”命令，打开“登录”系统管理对话框。

（2）系统中预先设定了一个系统管理员 admin，第一次运行时，系统管理员密码为空，选择系统默认账套（default），单击“确定”按钮，以系统管理员的身份进入系统管理。

> **注意**
>
> ☆　一定要牢记设置的系统管理员密码，否则无法以系统管理员的身份进入系统管理，也就不能执行账套数据的引入和输出。
>
> ☆　考虑到实际教学环境，建议不要设置系统管理员密码。

3. 增加操作员

（1）执行“权限”|“用户”命令，进入“用户管理”窗口。

（2）单击工具栏上的“增加”按钮，打开“增加用户”对话框，按实训资料中的财务分工输入操作员。

（3）单击“取消”按钮，返回“用户管理”窗口，所有用户以列表方式显示。再单击工具栏上的“退出”按钮，返回“系统管理”窗口。

> **注意**
>
> ☆　只有系统管理员才有权限设置角色和用户。
>
> ☆　用户编号在系统中必须唯一，即使是不同的账套，用户编号也不能重复。
>
> ☆　所设置的操作员用户一旦被引用，就不能被修改和删除。
>
> ☆　如果操作员调离企业，可以通过“修改”功能注销当前用户。
>
> ☆　在“增加用户”对话框中，蓝色字体标注的项目为必输项，其余项目为可选项。这一规则适用于所有界面。

4. 建立账套

（1）创建账套。执行“账套”|“建立”命令，打开“创建账套”对话框。

（2）输入账套信息。

已存账套：系统中已存在的账套在下拉列表框中显示，用户只能查看，不能输入或修改。

账套号：输入账套号“806”。

账套名称：输入“山东创新笔业有限公司”。

账套路径：采用系统的默认路径。

启用会计期：必须输入。系统默认为计算机的系统日期，更改为“2015 年 12 月”。

是否集团账套，是否使用， OA：不选择。

输入完成后，单击“下一步”按钮，进行单位信息的设置。

（3）输入单位信息。参照实验资料输入即可。输入完成后，单击“下一步”按钮，进行核算类型的设置。

（4）输入核算类型。

账套主管：必须从下拉列表框中选择输入，选择“001 宁杰”。

其他参照实验资料输入即可，输入完成后，单击“下一步”按钮，进行基础信息的设置。

（5）确定基础信息。按照要求，选中“存货是否分类”“客户是否分类”“供应商是否分类”和“有无外币核算”4 个复选框，单击“完成”按钮，系统提示“可以创建账套了吗?”，单击“是”按钮，稍候，系统打开“编码方案”对话框。

> **注意**
>
> 此处创建账套的时间较长，请耐心等待。

（6）确定编码方案。按实验资料所给内容修改系统默认值，单击“确定”按钮，再单击“取消”按钮，打开“数据精度”对话框。

> **注意**
>
> 科目编码级次中第 1 级、第 2 级、第 3 级科目编码的长度根据建账时所选的行业性质自动确定，此处显示为灰色，不能修改，只能设定第 4 级之后的科目编码长度。

（7）数据精度定义。本例采用系统默认值，单击“确定”按钮，再单击“取消”按钮，系统弹出“创建账套”系统提示对话框，单击“否”按钮，暂不进行系统启用的设置。

（8）退出。单击工具栏上的“退出”按钮，返回系统管理。

> **注意**
>
> 编码方案、数据精度、系统启用项目可以由账套主管在“企业应用平台”|“设置”|“基本信息”中进行修改。

5. 财务分工

（1）执行“权限”|“权限”命令，进入“操作员权限”窗口。

（2）选择“806”账套，“2015”年度。

（3）从窗口左侧操作员列表中选择“001 宁杰”，选中“账套主管”复选框，确定宁杰具有账套主管权限。

注意

☆ 在增加用户和建立账套时已设定宁杰为账套主管，此处无需重复设置。如果在建账时未设定宁杰为账套主管，则可以在此处进行指定。

☆ 一个账套可以设定多个账套主管。

☆ 账套主管自动拥有该账套的所有权限。

（4）选择“孔芳”，“806”账套。单击工具栏上的“修改”按钮，打开“增加和调整权限”对话框，选中“GL 总账”前的“+”图标，展开“总账”“凭证”项目，选中“出纳签字”权限，再选中“总账”下的“出纳”权限，单击“确定”按钮返回。

（5）同理，设置其他用户的操作权限。单击工具栏上的“退出”按钮，返回系统管理。

6. 系统启用

（1）登录“企业应用平台”。以账套主管的身份登录“企业应用平台”。

（2）系统启用。在“企业应用平台”中，单击“基础设置”|“基本信息”|“系统启用”选项，打开“系统启用”对话框。启用总账，启用日期为“2015-12-01”。

7. 备份账套数据

（1）执行“账套”|“输出”命令，打开“账套输出”对话框，选择需要输出的账套“806”，单击“确认”按钮，稍候，系统弹出“请选择账套备份路径”对话框。

（2）选择需要将账套数据输出的驱动器及所在目录，单击“确定”按钮。

（3）备份完成后，系统弹出“输出成功!”信息提示对话框，单击 “确定”按钮返回。

8. 修改账套

修改账套需要以账套主管的身份注册进入系统管理。

（1）在系统管理窗口中执行“系统”|“注册”命令，打开“登录”系统管理对话框。

注意

如果此前是以系统管理员的身份注册进入系统管理的，则需要首先执行“系统”|“注销”命令，注销当前系统操作员，再以账套主管的身份登录。

（2）在“操作员”文本框中输入“001”或“宁杰”；在“密码”文本框中输入“1”，选择“806 山东创新笔业有限公司”，会计年度为“2015”。

（3）单击“确定”按钮，进入“系统管理”窗口，菜单中显示为黑色字体的部分为账套主管可以操作的内容。

（4）执行“账套”|“修改”命令，打开“修改账套”对话框，可修改的账套信息以白色字体显示，不可修改的账套信息以灰色字体显示。

（5）修改完成后，单击“完成”按钮，系统提示“确认修改账套了吗?”信息，单击“是”按钮，确定“编码方案”和“数据精度”，单击“确认”按钮，系统提示“修改账套成功!”信息。

（6）单击“确定”按钮，返回系统管理。

注意

账套中的很多参数不能修改。若这些参数错误，则只能删除此账套，再重新建立。因此，建立账套时，设置参数一定要小心。

项目三

基础设置

面向岗位

- ✧ 会计信息化主管
- ✧ 财务主管

技能要求

- ✧ 熟练操作“企业应用平台”
- ✧ 能够进行各系统的启用
- ✧ 能够进行数据权限、金额权限的设置
- ✧ 熟练进行财务、业务的基础字典设置

项目导入

山东创新笔业有限公司在建完账套后，开始组织大家进行初始设置。在整理相关资料的时候财务人员发现，部门档案需要系统梳理；冗繁的员工资料需要进一步整理；同时，由于公司业务范围广泛、生产内容多样，客户、供应商资料也是一团乱。如果一个单位既是客户又是供应商该怎么设置呢？在会计科目的设置中，科目录入应注意哪些问题？如何设置明细科目？如何设置辅助核算？如何设置项目目录？这些都成为让公司财务人员头疼的问题。为了帮助企业解决账套基础设置时出现的问题，我们将在本项目中对这些难题进行详细介绍。

项目学习

3.1 了解基础设置

为使企业能够存储企业内部和外部的各种信息，使企业员工、用户和合作伙伴能够从单一的渠道访问其所需的个性化信息，用友 ERP-U8 为用户提供了“企业应用平台”。企业员工可以通过单一的访问入口访问企业的各种信息，定义自己的业务工作，并设计自己的工作流程。

3.1.1 企业平台简介

日常使用时，不同操作人员各自通过身份注册登录“企业应用平台”，所看到的窗口是相同的，但每个操作人员所能进入的模块是不同的，这源自上一阶段所做的权限设置，因此在一方面也实现了企业的内部控制。

基础信息设置是企业应用平台中的一项主要内容，其中许多项目的设置将直接影响到财务管理软件系统应用方案的选择和使用。新账套建立以后，首先要对各模块共用的基础信息进行设置。基础设置的内容较多，主要分为 7 大类：基本信息（包括系统启用、编码方案、数据精度）、基础档案（包括机构人员、客商信息、存货、财务、收付结算、业务、生产制造、对照表和其他）、业务参数（视安装时选择功能的多少而有所区别）、个人参数（包括个人选项）、单据设置（包括单据格式设置、单据编号设置、单据打印控制）、档案设置（包括档案编码设置）和变更管理（包括数据变更日志）。部分基础信息也可通过其他相关功能模块进行设置。本部分主要介绍客商信息以及机构人员等基础档案的设置方法。

3.1.2 登录“企业应用平台”

“企业应用平台”集中了用友 ERP-U8 应用系统的所有功能，为各个子系统提供了一个交流的公共平台，成为用友 ERP-U8 管理系统的控制台和工作中心。

【例 3-1】　以账套主管 001 宁杰的身份注册进入“企业应用平台”，操作日期为 2015 年 12 月 1 日。

选择“开始”|“程序”|“用友 U8 V10.1”|“企业应用平台”，以账套主管的身份登录，如图 3-1 所示。

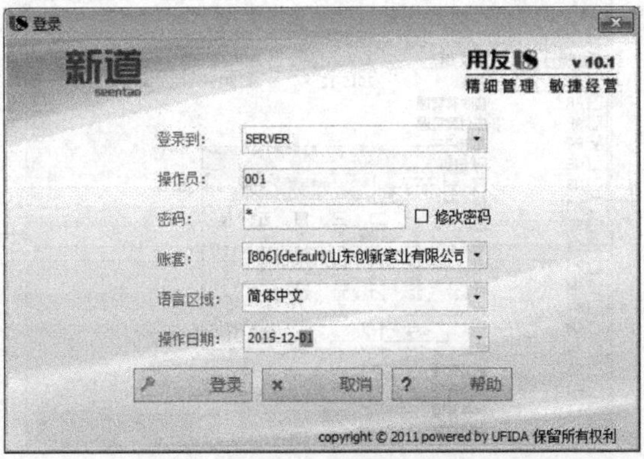

图 3-1　以账套主管的身份登录

进入后，“企业应用平台”界面如下，如图 3-2 所示。

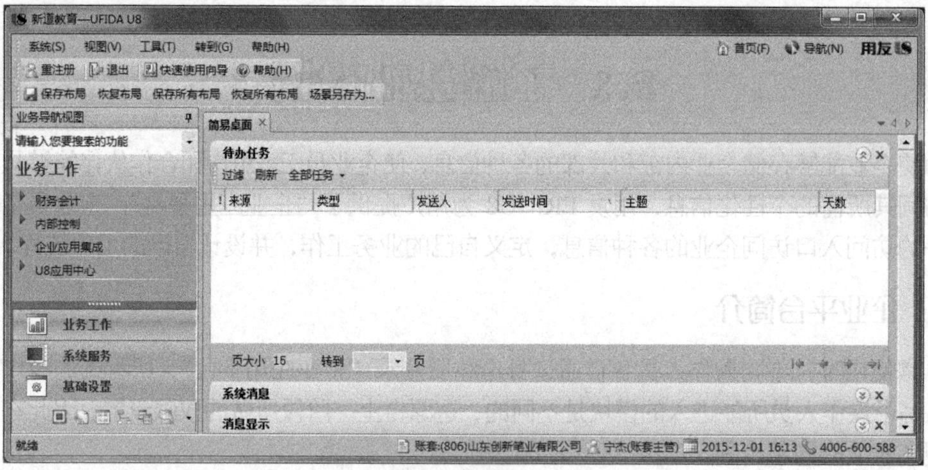

图 3-2 “企业应用平台”界面

3.2 基础档案设置

3.2.1 基本信息

1．系统启用

系统启用功能设定用友 U8 V10.1 各个子系统开始使用的日期，只有启用子系统后才能登录。

系统启用的方法主要有以下两种。

（1）创建账套时启用。该方法在前面建立账套时已经介绍过。

（2）在“企业应用平台”中启用，具体操作方法如下。

① 选择“开始”|“程序”|“用友 U8 V10.1”|“企业应用平台”，以账套主管的身份登录。

② 登录后选择左下方的“基础设置”，再选择左上方的“基本信息”|“系统启用”，然后双击“系统启用”，设定所要启用的模块，如图 3-3 所示。

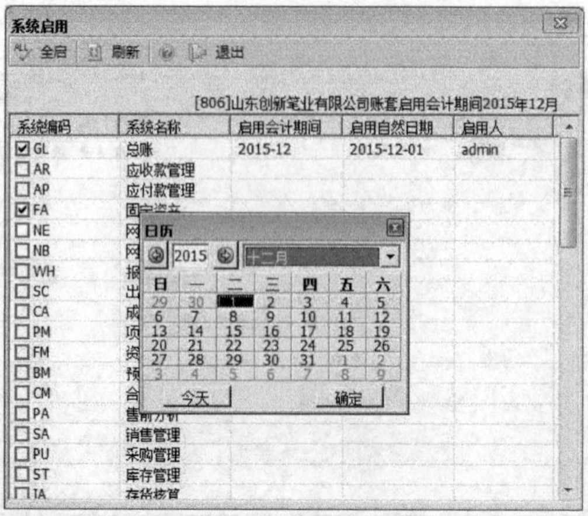

图 3-3 系统启用

2. **编码方案**

为了便于对经济业务数据进行分级核算、统计和管理，系统要求预先设置某些基础档案的编码规则，即规定各种编码的级次及各级的长度。其设置方法与建立账套时的设置方法一致。

3. **数据精度**

数据精度是指定义数据的小数位数，如果要进行数量核算，则需认真填写该项。其设置方法与建立账套时的设置方法一致。

3.2.2 机构人员

1. **本单位信息**

本单位信息是用于维护企业本身的一些基本信息的功能，包括企业的名称、英文名称、法人代表、联系电话等。此信息可以在系统建账时输入。在“企业应用平台”中增加此功能，方便用户修改、维护。在系统管理中，只有账套主管可以修改此信息；在“企业应用平台”中，只有账套主管才能查看和修改此信息。用户在系统管理建账时输入本单位信息，然后进入此功能可以修改和完善本单位信息。其中，单位名称为必输项。如图 3-4 所示。

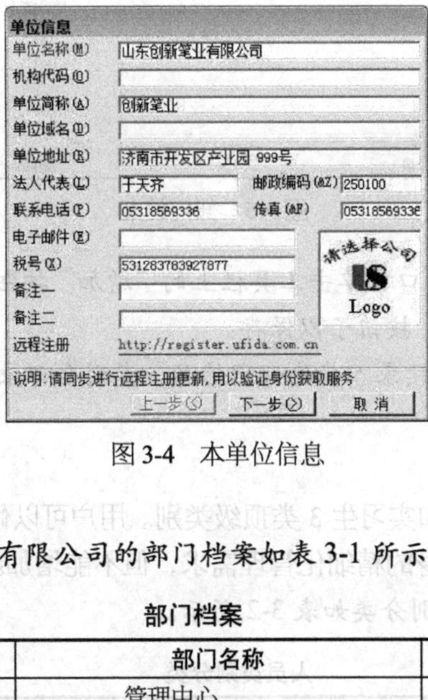

图 3-4　本单位信息

2. **部门档案**

【例 3-2】　山东创新笔业有限公司的部门档案如表 3-1 所示。

表 3-1　**部门档案**

部门编码	部门名称	部门属性
1	管理中心	管理部门
101	总经理办公室	综合管理
102	财务部	财务管理
2	供销中心	供销管理
201	销售部	市场营销
202	采购部	采购供应
3	制造中心	生产部门
301	一车间	生产制造
302	二车间	生产制造
4	物流中心	物流管理
401	仓储部	库房管理
402	运输部	运输管理

操作步骤如下。

(1) 在 ERP-U8 的业务导航中选择“基础设置”中的“基础档案”|“机构人员”|“部门档案”双击，打开“部门档案”设置窗口，如图 3-5 所示。

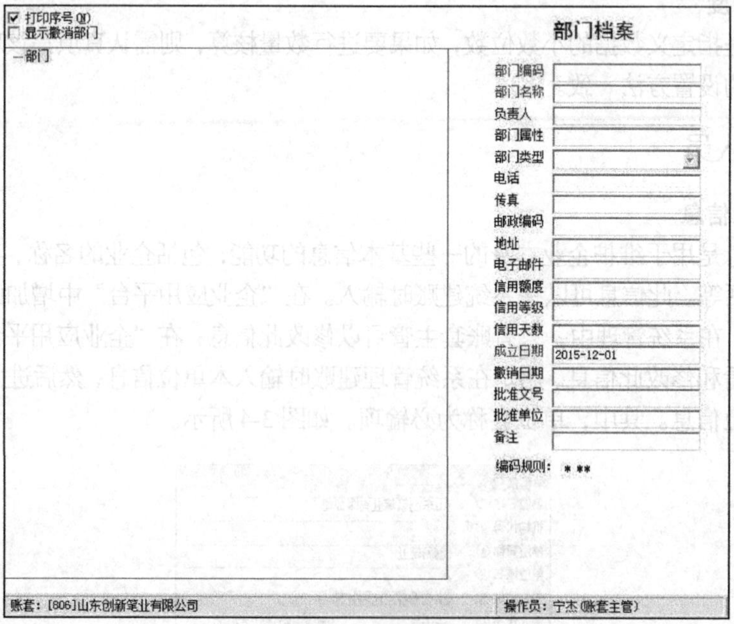

图 3-5 部门档案

(2) 在“部门档案”设置窗口中单击工具栏上的“增加”按钮，依次录入表 3-1 中所示信息。输入完毕后，再次单击“保存”按钮予以保存。

(3) 重复第 (2) 步操作继续录入其他部门信息，直到全部录入完毕后，单击“退出”按钮，返回“ERP-U8”窗口。

3. 人员类别

系统预置正式工、合同工和实习生 3 类顶级类别。用户可以修改顶级类别，也可以自定义扩充人员子类别，以满足企业自身的精细化管理需求，但不能增加新的顶级类别。

【例 3-3】 本企业人员类别分类如表 3-2 所示。

表 3-2 人员类别分类

分类编码	分类名称
101	正式工
102	合同工
103	实习生

具体操作步骤如下。

(1) 在 ERP-U8 窗口中选择“基础设置”中的“基础档案”|“机构人员”|“人员类别”双击，打开“人员类别”设置窗口。

(2) 单击“正式工”，然后单击工具栏中的“增加”按钮，打开“增加档案项”对话框。输入档案编码和档案名称等信息后，单击“确定”按钮进行保存，如图 3-6 所示。

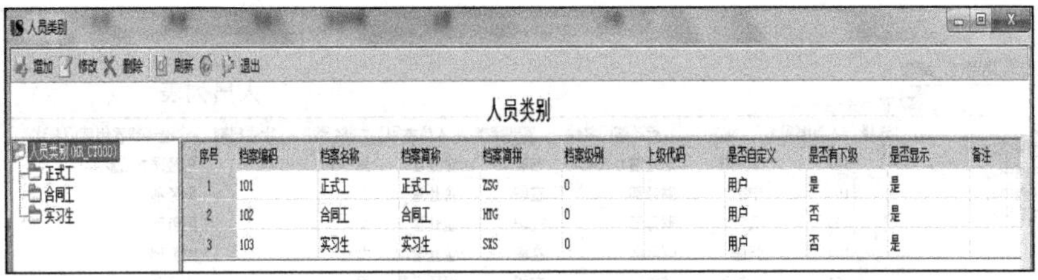

图 3-6 人员类别设置

4. 人员档案

【例 3-4】 本企业的人员档案如表 3-3 所示。

表 3-3 企业人员档案

人员编号	人员姓名	性别	行政部门	人员类别	是否业务员	是否操作员	对应操作员编码
101	于天齐	男	总经理办公室	企业管理人员	是	是	
102	宁杰	女	财务部	企业管理人员	是	是	001
103	孔芳	女	财务部	企业管理人员	是	是	002
104	张丽	女	财务部	企业管理人员	是	是	003
201	宋超然	男	销售部	经营人员	是	是	004
202	王鑫	男	销售部	经营人员	是	是	
203	孙涛	女	采购部	经营人员	是	是	005
204	顾柯	男	采购部	经营人员	是	是	

具体操作步骤如下。

在用友 ERP-U8“企业应用平台”中，选择“基础设置”|“基础档案”|“机构人员”，然后单击“增加”按钮，录入人员的相关信息，如图 3-7 所示。一个人员信息录入完成后，单击“保存”按钮完成设置。

图 3-7 增加人员档案

人员档案增加完成后如图 3-8 所示。

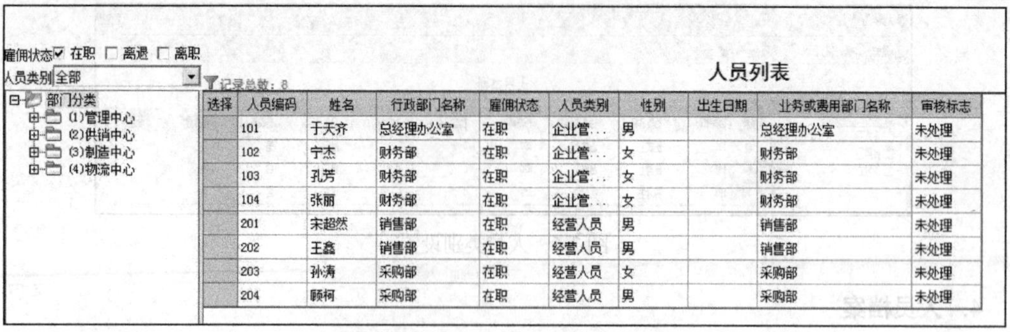

选择	人员编码	姓名	行政部门名称	雇佣状态	人员类别	性别	出生日期	业务或费用部门名称	审核标志
	101	于天齐	总经理办公室	在职	企业管…	男		总经理办公室	未处理
	102	宁杰	财务部	在职	企业管…	女		财务部	未处理
	103	孔芳	财务部	在职	企业管…	女		财务部	未处理
	104	张丽	财务部	在职	企业管…	女		财务部	未处理
	201	宋超然	销售部	在职	经营人员	男		销售部	未处理
	202	王鑫	销售部	在职	经营人员	男		销售部	未处理
	203	孙涛	采购部	在职	经营人员	女		采购部	未处理
	204	顾柯	采购部	在职	经营人员	男		采购部	未处理

图 3-8　设置完成后的人员档案信息

小贴士

➢ 人员编码必须输入，必须唯一。
➢ 人员类别必须录入，可以重复。
➢ 行政部门只能选定末级部门。
➢ 单击“搜索”按钮时应先去除文本框中的关键字。
➢ 人员档案资料一旦被使用将不能被修改或删除。

3.2.3 客商信息

1. 地区分类

企业可以根据自身管理要求对客户、供应商的所属地区进行相应的分类，建立地区分类体系，以便对业务进行数据统计和分析。使用用友 ERP-U8 产品中的采购管理、销售管理、库存管理和应收应付款管理系统都会用地区分类。

【例 3-5】 本企业的地区分类如表 3-4 所示。

表 3-4　地区分类

地区分类	分类名称
01	北方
02	南方

操作步骤如下。

在“企业应用平台”中选择“基础设置”|“基础档案”|“客商信息”|“地区分类”，然后单击“增加”按钮，录入地区相关信息，然后单击工具栏中的“保存”按钮（或按 F6 键）进行保存，录入完所有地区信息后单击“退出”按钮，返回 ERP-U8 窗口，如图 3-9 所示。

图 3-9　地区分类

2. 供应商分类

当往来供应商较多时，企业可以根据自身管理的需要对供应商进行分类管理，建立供应商分类体系。没有对供应商进行分类管理需求的用户可以不使用本功能。供应商分类信息包括类别编码和类别名称两部分。

【例 3-6】 供应商分类如表 3-5 所示。

表 3-5 供应商分类

分类编码	分类名称
01	原料供应商
02	产品供应商

操作步骤如下。

(1) 在“ERP-U8”窗口中选择“基础设置”中的“基础档案”|“客商信息”|“供应商分类”双击，打开“供应商分类”窗口。

(2) 在“供应商分类”设置窗口中单击工具栏中的“增加”按钮，依次录入分类编码“01”、分类名称“原料供应商”，然后单击工具栏中的“保存”按钮（或按 F6 键）进行保存。同样，依次录入其他供应商分类信息，录入完成后单击“退出”按钮，返回 ERP-U8 窗口，如图 3-10 所示。

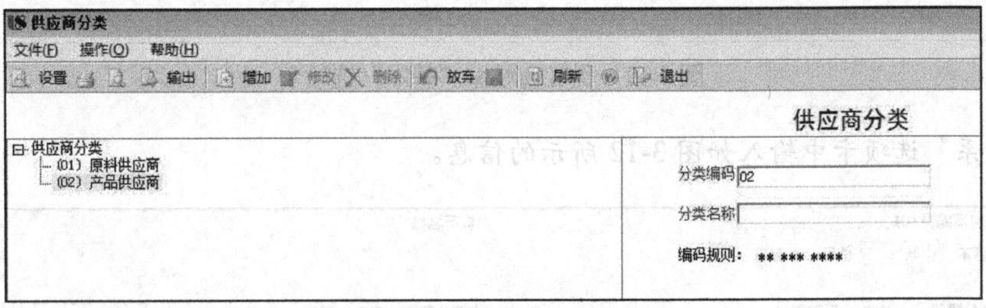

图 3-10 供应商分类

3. 供应商档案设置

建立供应商档案主要是为企业的采购管理、库存管理、应付账管理服务的。在填制采购入库单、采购发票和进行采购结算、应付款结算和有关供货单位的统计时都会用到供货单位档案，因此必须应先设立供应商档案，以便减少工作差错。在输入单据时，如果单据上的供货单位不在供应商档案中，则必须在此建立该供应商的档案。其具体操作方法和客户档案相同。

【例 3-7】 本企业供应商档案如表 3-6 所示。

表 3-6 供应商档案

供应商编号	供应商名称	所属分类码	所属地区	税号	开户银行	银行账号	邮编	地址	分管部门	分管业务部
001	如意公司	01	01	110567453123456	中行	48723367	100895	北京市朝阳区七大街 8 号	采购部	孙涛
002	奇美公司	01	01	110998789234567	中行	76473293	103746	北京市海淀区南京路 108 号	采购部	孙涛
003	易得商行	02	02	320993347584437	工行	55561278	230187	南京市创新路 100 号	采购部	顾柯
004	楚云公司	02	02	310103690993842	工行	88065076	200232	上海市浦东新区红枫路 99 号	采购部	顾柯

操作步骤如下。

(1) 在 ERP-U8 窗口中选择“基础设置”中的“基础档案”|“客商信息”|“供应商档案”双击，打开“供应商档案”窗口。

(2) 在“供应商档案”设置窗口中单击工具栏中的“增加”按钮，依次录入客户编码“001”、客户简称“如意公司”等基本信息，如图 3-11 所示。

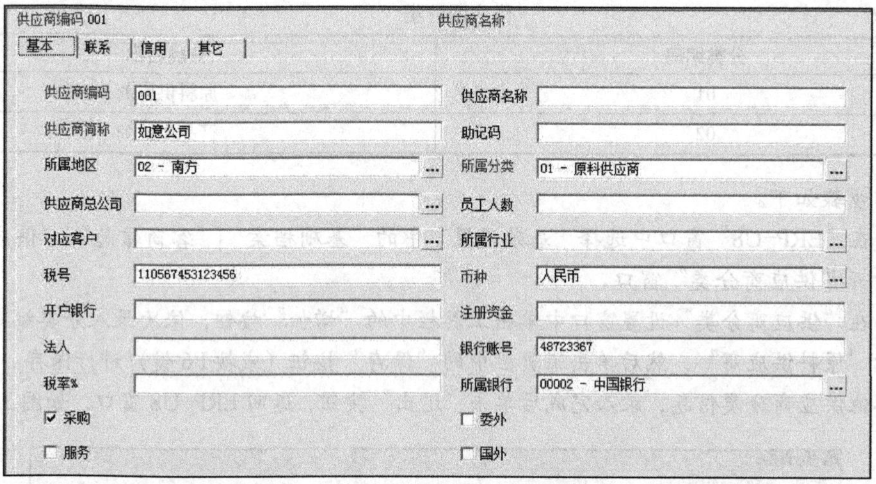

图 3-11　供应商档案“基本”选项卡

在“联系”选项卡中输入如图 3-12 所示的信息。

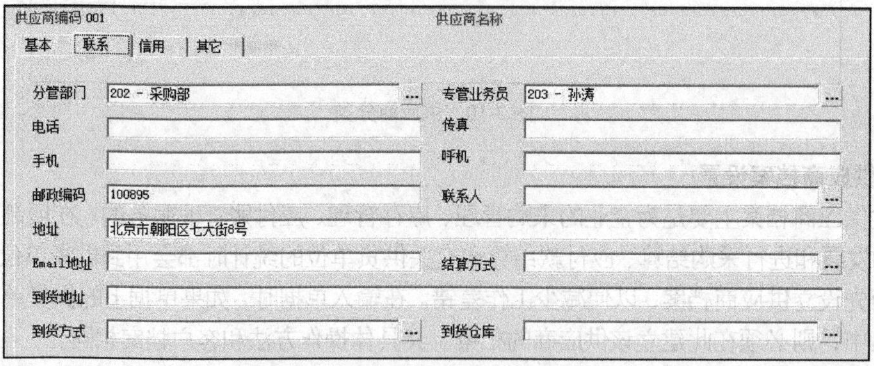

图 3-12　供应商档案“联系”选项卡

设置完成的供应商档案如图 3-13 所示。

图 3-13　设置完成的供应商档案

4. 客户分类

【例 3-8】　企业的客户分类如表 3-7 所示。

表 3-7 客户分类表

分类编码	分类名称
01	批发
02	零售
03	代销
04	专柜

操作步骤如下。

(1) 在 ERP-U8 窗口中选择“基础设置”中的“基础档案”|“客商信息”|“客户分类”双击，打开“客户分类”窗口。

(2) 在“客户分类”设置窗口中单击工具栏中的“增加”按钮，依次录入分类编码“01”、分类名称“批发”，然后单击工具栏中的“保存”按钮（或按 F6 键）进行保存。同样，依次录入其他客户分类信息，录入完毕后单击“退出”按钮，返回 ERP-U8 窗口，如图 3-14 所示。

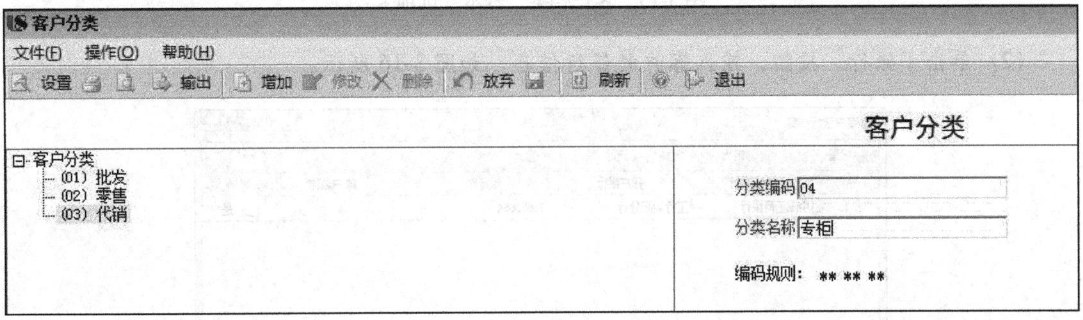

图 3-14 客户分类

5. 客户档案设置

建立客户档案可以对客户的数据进行分类、汇总和查询，以便于加强往来管理。使用客户档案管理往来客户时，应首先收集、整理与本单位有业务往来关系的客户的基本信息，以便信息录入及时、准确。客户档案所需基本信息主要包括客户编码、客户名称、客户所属分类、开户银行名称、账号、税号等。

【例 3-9】 本企业的客户档案如表 3-8 所示。

表 3-8 客户档案

客户编号	客户名称（简称）	所属分类码	所属地区	税号	开户银行（默认值）	银行账号	地址	邮政编码	扣率	分管部门	专管业务员
001	力宏公司	01	01	120009999343221	工行朝阳分行	73853654	北京市朝阳区朝阳路 999 号	108067	5	销售部	宋超然
002	隆鑫公司	01	01	120009991234567	工行南开分行	69325581	天津市南开区咸阳路 999 号	300310		销售部	宋超然
003	华亿公司	02	02	310106756748993	工行徐汇分行	36542234	上海市徐汇区复兴路 8 号	200032		销售部	王鑫
004	建华公司	02	01	120099321456678	中行和平分行	43810548	天津市和平区和平路 116 号	300308	10	销售部	王鑫

操作步骤如下。

(1) 在 ERP-U8“企业应用平台”中，选择“基础设置”|“基础档案”|“客商信息”|“客户档案”，然后单击“增加”按钮，录入客户的相关信息，如图 3-15 所示。

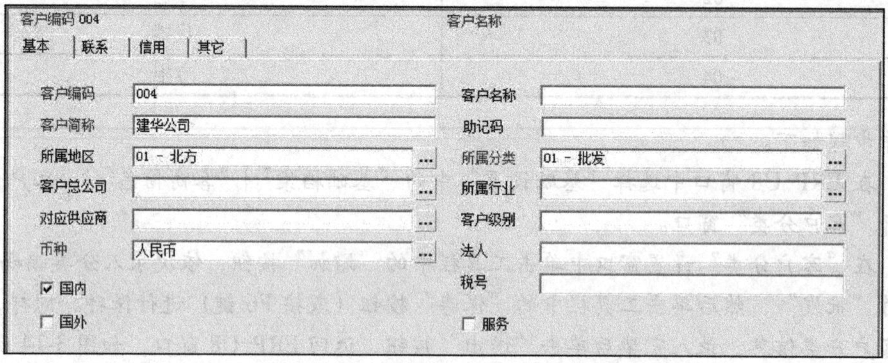

图 3-15 客户档案“基本”选项卡

(2) 单击“银行”按钮，输入客户的银行信息，如图 3-16 所示。

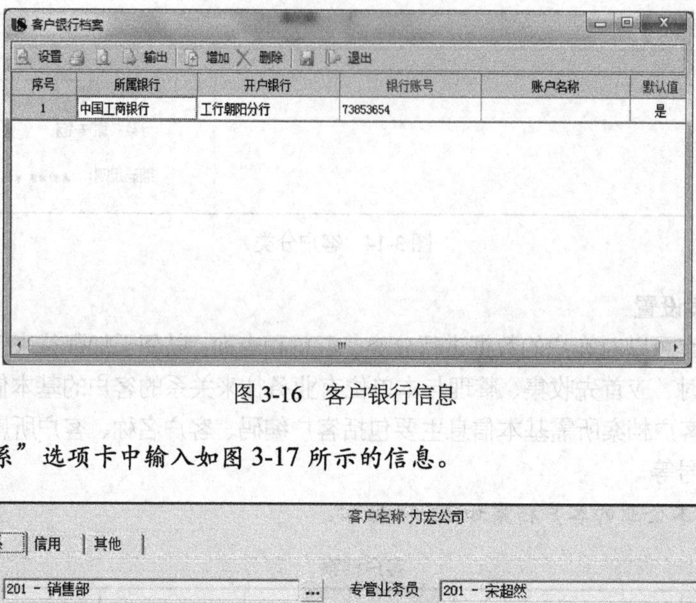

图 3-16 客户银行信息

(3) 在“联系”选项卡中输入如图 3-17 所示的信息。

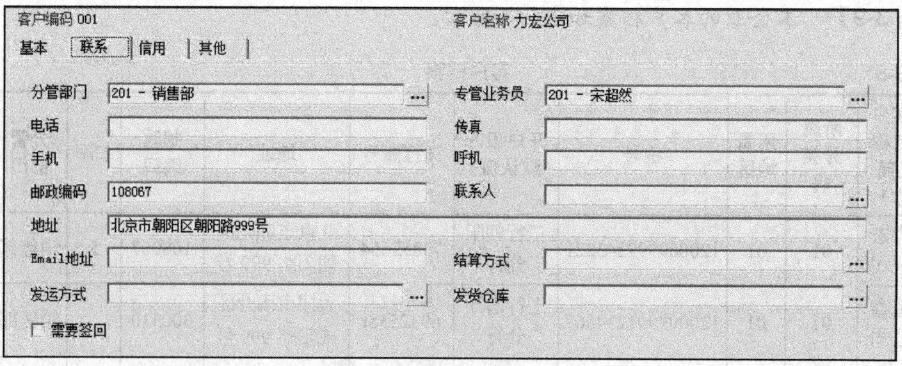

图 3-17 客户档案“联系”选项卡

(4) 选择“基础设置”|“基础档案”|“客商信息”|“客户档案”，即可查看设置完成后的客户档案，如图 3-18 所示。

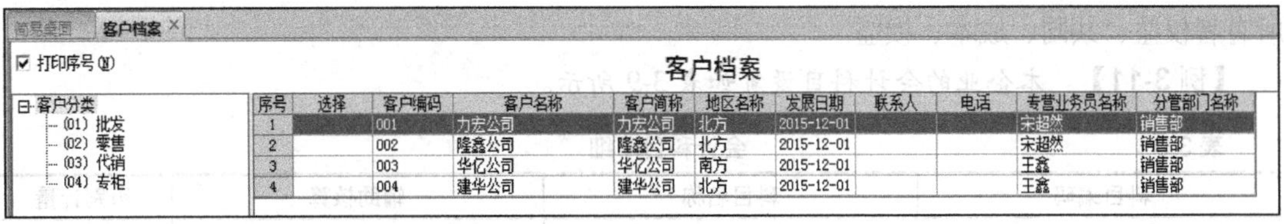

图 3-18 设置完成后的客户档案

3.2.4 财务基础设置

1. 外币的设置

汇率管理是专为外币核算服务的。企业如果存在外币业务时，需要在此处对本账套所使用的外币进行定义。

【例 3-10】 本公司存在外币核算业务：企业采取固定汇率记账，币符为 USD，币名为美元，汇率为 1：6.36。

操作步骤如下。

(1) 在 ERP-U8 窗口中选择“基础设置”|“基础档案”|“财务”|“外币设置”双击，打开“外币设置”对话框。

(2) 输入币符“USD”，币名“美元”，单击“确认”按钮，完成外币的增加操作。

(3) 选择汇率方式与折算方式后，在“2015.12”月份的记账汇率中输入“6.36”，输入完毕后单击“确定”按钮保存，如图 3-19 所示。

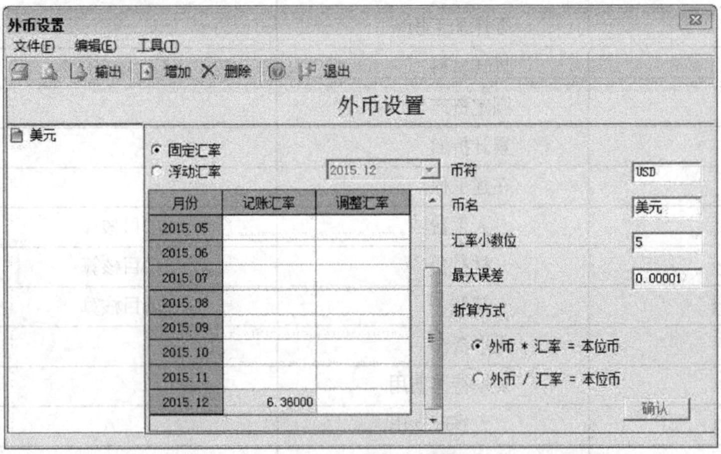

图 3-19 外币的设置

2. 会计科目

会计科目是填制会计凭证、登记会计账簿、编制会计报表的基础。会计科目是对会计对象具体内容分门别类进行核算所规定的项目。它是一个完整的体系，是区别于流水账的标志，是复式记账和分类核算的基础。会计科目设置的完整性影响着会计过程的顺利实施，设置的层次深度直接影响着会计核算的详细、准确程度。

根据每个会计科目核算的经济内容的不同，可将会计科目分为几类。具体说来，在行政事业单位中，会计科目分为资产、负债、净资产、收入、支出；在企业中，会计科目分为资产、负债、所有者权益、共同、成本、损益。

【例 3-11】 本企业的会计科目设置如表 3-9 所示。

表 3-9 会计科目明细

科目编码	科目名称	辅助核算	币别计量
1001	库存现金	日记	
1002	银行存款	银行日记	
100201	工行存款	银行日记	
100202	中行存款	银行日记	美元
1122	应收账款	客户往来	
1123	预付账款	供应商往来	
1221	其他应收款		
122101	应收单位款	客户往来	
122102	应收个人款	个人往来	
1231	坏账准备		
1401	材料采购		
1403	原材料		
140301	笔芯	数量核算	支
1404	材料成本差异		
1405	库存商品	项目核算	
140501	圆珠笔	项目核算	
1408	委托加工物资		
1411	周转材料		
1601	固定资产		
1602	累计折旧		
1604	在建工程		
160401	人工费	项目核算	
160402	材料费	项目核算	
160403	其他	项目核算	
1701	无形资产		
1801	长期待摊费用		
180101	大修理支出		
1901	待处理财产损溢		
190101	待处理流动资产损溢		
190102	待处理固定资产损溢		
2001	短期借款		
2202	应付账款	供应商往来	
2211	应付职工薪酬		
221101	应付工资		
221102	应付福利费		
2221	应交税费		

续表

科目编码	科目名称	辅助核算	币别计量
222101	应交增值税		
22210101	进项税额		
22210102	销项税额		
2231	应付利息		
223103	借款利息		
2241	其他应付款		
4001	实收资本		
4103	本年利润		
4104	利润分配		
410401	未分配利润		
5001	生产成本	项目核算	
500101	直接材料	项目核算	
500102	直接人工	项目核算	
500103	制造费用	项目核算	
500104	折旧费	项目核算	
500105	其他	项目核算	
5101	制造费用		
510101	工资		
510102	折旧费		
6001	主营业务收入		
6051	其他业务收入		
6401	主营业务成本		
6402	其他业务成本		
6403	营业税金及附加		
6601	销售费用		
6602	管理费用		
660201	薪资	部门核算	
660202	福利费	部门核算	
660203	办公费	部门核算	
660204	差旅费	部门核算	
660205	招待费	部门核算	
660206	折旧费	部门核算	
660207	其他	部门核算	
6603	财务费用		
660301	利息支出		

（1）增加科目。该功能允许增加一个新的会计科目，增加时要进行合法性和正确性检查，保持科目代码的唯一性，即不能有相同的科目代码出现。

操作步骤如下。

① 在 ERP-U8 窗口中选择"基础设置"｜"基础档案"｜"财务"｜"会计科目"双击，打开"会计科目"对话框。

② 单击工具栏中的"增加"按钮，打开"新建会计科目"对话框。

③ 在"新增会计科目"对话框中依次录入科目编码、科目中文名称等信息，设置完毕后单击"确定"按钮保存，保存完毕后"确定"按钮转换成"增加"按钮。单击"增加"按钮可继续增加会计科目，如图 3-20 所示。

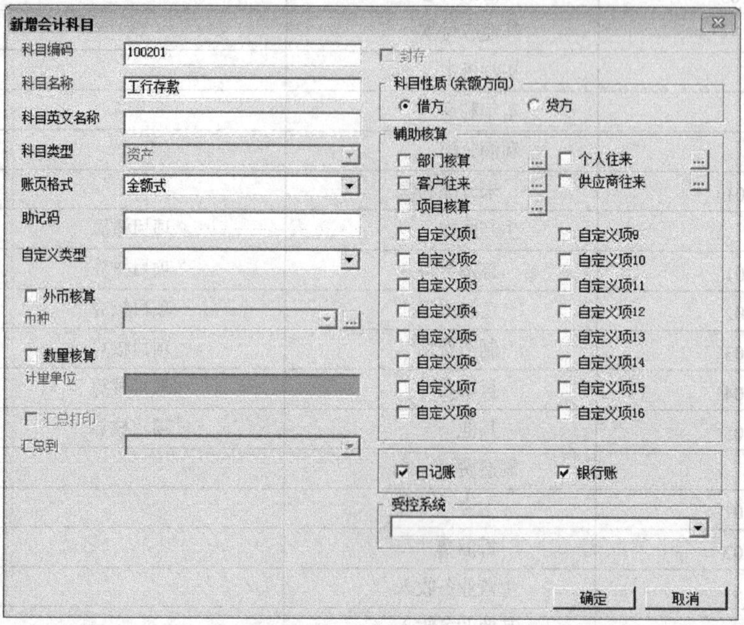

图 3-20　增加会计科目

(2) 修改科目。当科目属性有错误时，可以对错误属性进行修改。但是如果某科目已被制过单或已录入期初余额，则不能修改该科目。如要修改该科目，必须先删除所有与该科目有关的凭证，并将该科目及其下级科目的余额清零后，再修改。

待修改会计科目资料如表 3-10 所示。

表 3-10　　待修改会计科目

科目编码	科目名称	辅助账类型
1001	库存现金	日记账
1122	应收账款	客户往来
2202	应付账款	供应商往来

若要修改应收账款，操作步骤如下。

① 在 ERP-U8 窗口中选择"基础设置"｜"基础档案"｜"财务"｜"会计科目"双击，打开"会计科目"对话框。

② 在"会计科目"对话框中选择要修改的会计科目"1122 应收账款"后，单击工具栏中的"修改"按钮，弹出相应的修改对话框。

③ 单击"会计科目-修改"对话框右下角的"修改"按钮，激活对话框，将科目设置为客户往来辅助核算，如图 3-21 所示。如果选择受控系统为应收系统，则总账中不能做应收账款的凭

证，只能从应收系统中生成；受控系统也可以选择为空，即不受控。

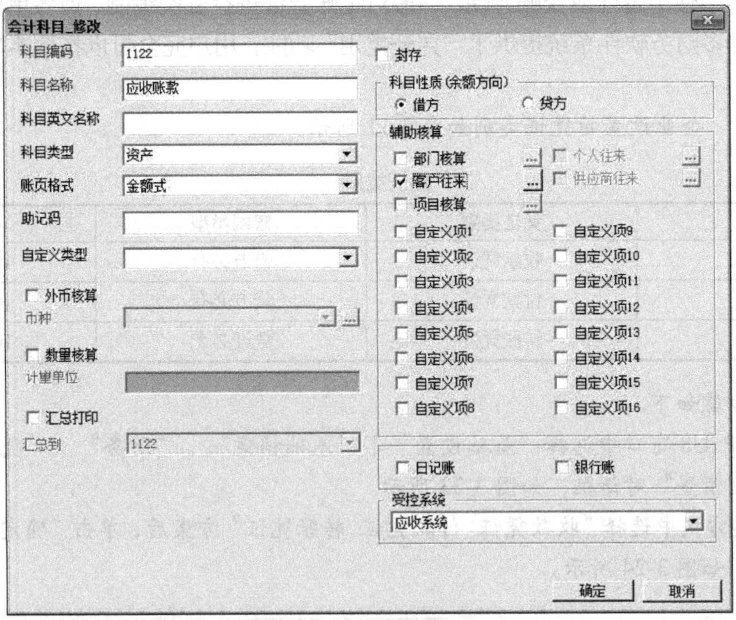

图 3-21 修改应收账款

(3) 指定科目。指定科目即由用户指定适用于某一特殊功能的会计科目。系统中只有指定科目后，才能执行出纳签字，从而实现库存现金、银行存款管理的保密性。

将系统中“1001 库存现金”指定为现金总账科目，“1002 银行存款”指定为银行总账科目。操作步骤如下。

① 在“会计科目”设置窗口中单击“编辑”菜单中的“指定科目”，打开“指定科目”对话框。

② 选中“现金科目”单选按钮，将“1001 库存现金”科目从“待选科目”添加到“已选科目”中。选中“银行科目”单选按钮，将“1002 银行存款”科目从“待选科目”添加到“已选科目”中，如图 3-22 所示。

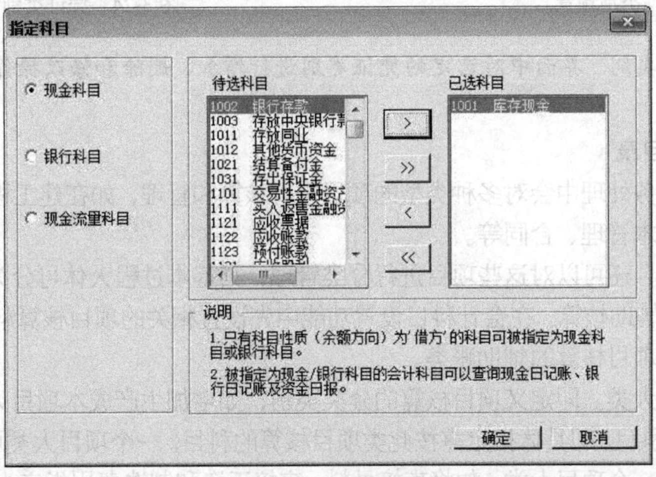

图 3-22 指定科目

3. 凭证类别

许多单位为了便于管理或登账方便，一般对记账凭证进行分类编制，但各单位的分类方法不尽相同，所以许多财务软件系统提供了“凭证类别”功能，用户完全可以按照本单位的需要对凭证进行分类。

【例 3-12】 企业设置的凭证类别如表 3-11 所示。

表 3-11 凭证类别

类别字	凭证类别	限制类型	限制科目
收	收款凭证	借方必有	1001，1002
付	付款凭证	贷方必有	1001，1002
转	转账凭证	凭证必无	1001，1002

具体操作步骤如下。

(1) 在 ERP-U8 窗口中选择“基础设置”｜“基础档案”｜“财务”｜“凭证类别”双击，打开“凭证类别预置”对话框，如图 3-23 所示。

(2) 在分类方式中选择“收款凭证 付款凭证 转账凭证”方案后，单击“确定”按钮进入“凭证类别”界面，如图 3-24 所示。

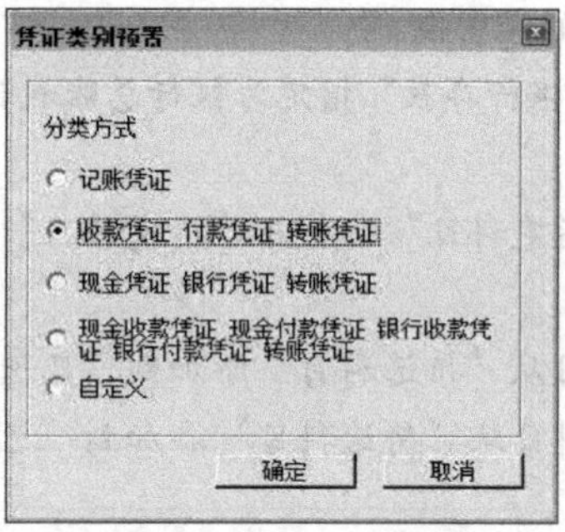

图 3-23 凭证类别预置

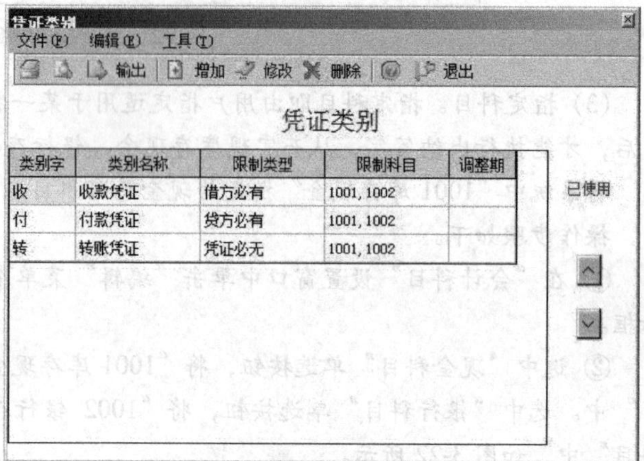

图 3-24 凭证类别

(3) 在“凭证类别”界面中对选定的凭证类别进行增加、删除和修改操作，并设置限制类型和限制科目。

4. 设置项目目录

企业在实际业务处理中会对多种类型的项目进行核算和管理，如在建工程、对外投资、技术改造项目、项目成本管理、合同等。

为了便于管理，还可以对这些项目进行分类管理，其基本过程大体可分为以下 5 个步骤。

(1) 设置科目辅助核算。在会计科目设置功能中先设置相关的项目核算科目，如对生产成本及其下级科目设置项目核算的辅助账类。

(2) 定义项目大类。即定义项目核算的分类类别，如增加生产成本项目大类。

(3) 指定核算科目。即具体指定需按此类项目核算的科目。一个项目大类可以指定多个科目，一个科目只能指定一个项目大类，如将直接材料、直接工资和制造费用指定为按生产成本项目大类核算的科目。

（4）定义项目分类。为了便于统计，可将同一项目大类下的项目进一步划分，如将生产成本项目大类进一步划分为自行开发项目和委托开发项目。

（5）定义项目目录。即将各个项目大类中的具体项目输入系统。

【例 3-13】 本单位项目核算大类项目为“圆珠笔成本核算”，无项目分类，如表 3-12 所示。

表 3-12 项目目录

项目设置步骤	设置内容
项目大类	圆珠笔成本核算
核算科目	生产成本（5001） 直接材料（500101） 直接人工（500102） 制造费用（500103） 库存商品（1405） 圆珠笔（140501） 主营业务收入（6001） 圆珠笔业务收入（600101） 主营业务成本（6401） 圆珠笔业务成本（640101）
项目分类	无分类
项目名称	001 单色圆珠笔 所属分类码 无分类 002 双色圆珠笔 所属分类码 无分类 003 三色圆珠笔 所属分类码 无分类

操作步骤如下。

(1) 设置科目辅助核算。选择“基础设置”｜“基础档案”｜“财务”｜“会计科目”，修改生产成本、库存商品、主营业务收入、主营业务成本等科目及下级科目的属性，将其设置为项目辅助核算。

(2) 设置项目大类。选择“基础设置”｜“基础档案”｜“财务”｜“项目目录”，进入“项目档案”窗口，单击“增加”按钮，输入新项目大类名称为“圆珠笔项目核算”，如图 3-25 所示。

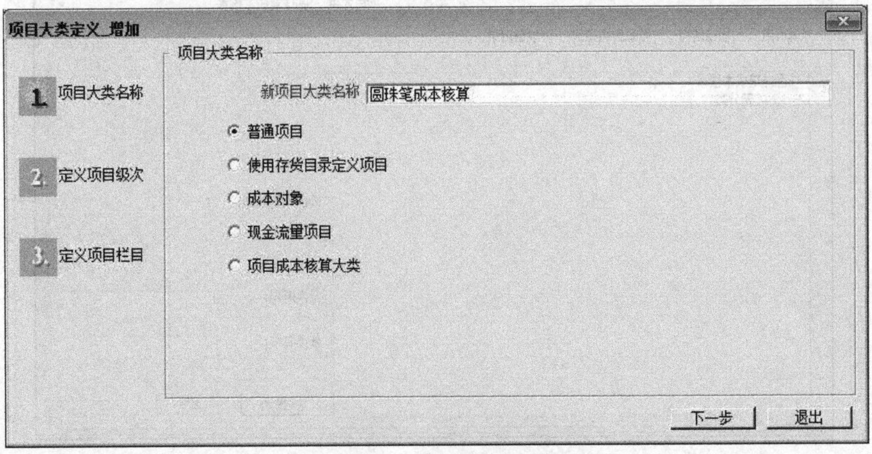

图 3-25 增加项目大类

单击“下一步”按钮，定义项目级次，采用默认值，即只有1级。再单击“下一步”按钮，定义项目栏目，也采用默认值。单击“完成”按钮结束项目大类的定义。

（3）在项目档案窗口中，先选择项目大类为“圆珠笔项目核算”，然后选择“核算科目”选项卡，将待选科目选入（待选科目需在“会计科目”设置中将其属性修改为“项目核算”），单击右下角的“确定”按钮完成，如图3-26所示。

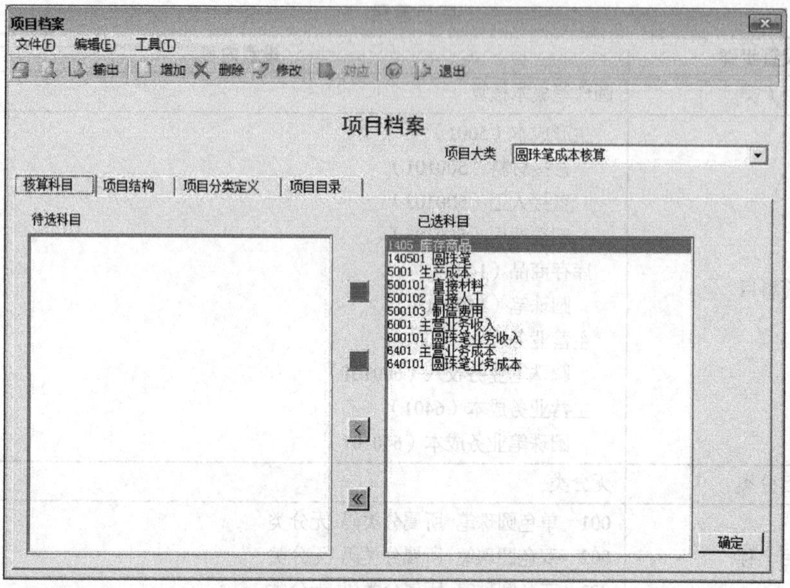

图3-26　指定项目大类的核算科目

（4）先选择项目大类中的“圆珠笔成本核算”，再选择“项目分类定义”选项卡，单击右下角的“增加”按钮，输入项目信息，输入一个项目后单击“确定”按钮完成，如图3-27所示。

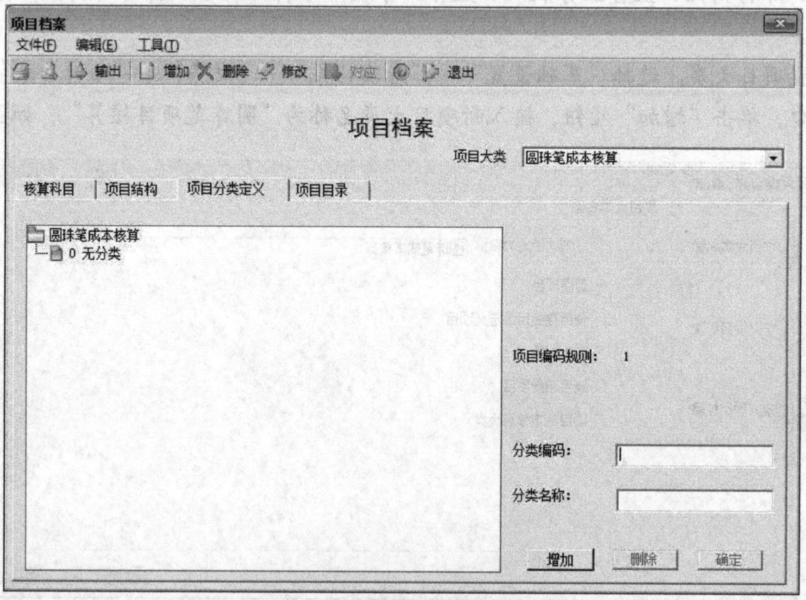

图3-27　增加项目分类

(5) 定义项目目录。选择“项目目录”选项卡，单击右下角的“维护”按钮，进入“项目目录维护”窗口。然后，单击“增加”按钮输入项目信息，如图 3-28 所示。若“是否结算”中为“Y”，则表明该项目已结算将不能再使用。

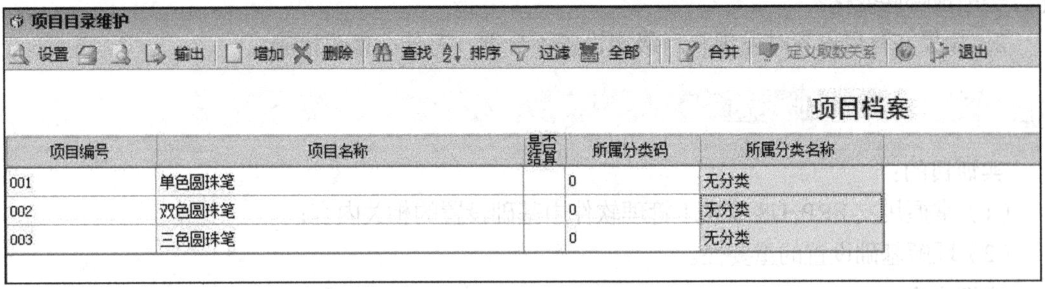

图 3-28　项目目录维护

3.2.5　收付结算

该功能用来建立和管理在经营活动中所涉及的货币结算方式。结算方式最多可以分为 2 级。结算方式一旦被引用，便不能进行修改和删除。

【例 3-14】　该企业的结算方式如表 3-13 所示。

表 3-13　结算方式

结算方式编码	结算方式名称	票据管理
1	现金结算	否
2	支票结算	否
201	现金支票	是
202	转账支票	是
9	其他	否

操作步骤如下。

选择“基础设置”|“基础档案”|“收付结算”|“结算方式”，单击“增加”按钮，输入结算方式，如图 3-29 所示。

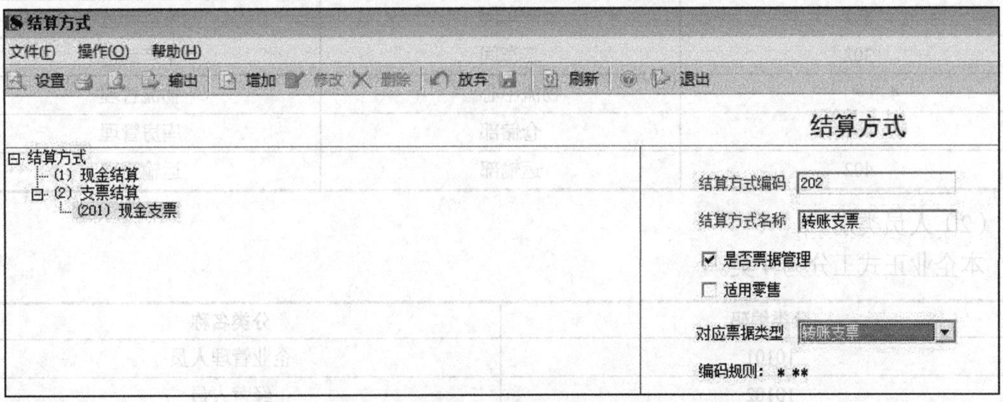

图 3-29　结算方式

项目思考

1. 创新笔业设置部门核算、客户往来、供应商往来、个人往来后，业务与原来传统方式相比，会出现哪些变化?

2. 如果在科目设置时发现科目级次设置不合理，有什么修改措施?

实训二　基础设置

实训目的：

（1）掌握用友 ERP-U8 V10.1 管理软件中基础设置的相关内容；

（2）理解基础设置的重要性。

实训内容：

根据企业资料输入基础信息。

实训准备：

（1）已经建立好企业账套；

（2）操作员有对应的权限。

实训资料与要求

山东创新笔业有限公司分类档案资料如下。

（1）部门档案。

部门编码	部门名称	部门属性
1	管理中心	管理部门
101	总经理办公室	综合管理
102	财务部	财务管理
2	供销中心	供销管理
201	销售部	市场营销
202	采购部	采购供应
3	制造中心	生产部门
301	一车间	生产制造
302	二车间	生产制造
4	物流中心	物流管理
401	仓储部	库房管理
402	运输部	运输管理

（2）人员类别。

本企业正式工分为 4 类。

分类编码	分类名称
10101	企业管理人员
10102	经营人员
10103	车间管理人员
10104	生产人员

（3）人员档案。

人员编号	人员姓名	性别	行政部门	人员类别	是否业务员	是否操作员	对应操作员编码
101	于天齐	男	总经理办公室	企业管理人员	是	否	
102	宁杰	女	财务部	企业管理人员	是	是	001
103	孔芳	女	财务部	企业管理人员	是	是	002
104	张丽	女	财务部	企业管理人员	是	是	003
201	宋超然	男	销售部	经营人员	是	是	004
202	王鑫	男	销售部	经营人员	是	否	
203	孙涛	女	采购部	经营人员	是	是	005
204	顾柯	男	采购部	经营人员	是	否	

（4）客户分类。

分类编码	分类名称
01	批发
02	零售

（5）供应商分类。

分类编码	分类名称
01	原料供应商
02	产品供应商

（6）地区分类。

地区分类	分类名称
01	北方
02	南方

（7）客户档案。

客户编号	客户名称（简称）	所属分类码	所属地区	税号	开户银行（默认值）	银行账号	地址	邮政编码	扣率	分管部门	专管业务员
001	力宏公司	01	01	120009999343221	工行朝阳分行	73853654	北京市朝阳区朝阳路 999 号	108067	5	销售部	宋超然
002	隆鑫公司	01	01	120009991234567	工行南开分行	69325581	天津市南开区咸阳路 999 号	300310		销售部	宋超然
003	华亿公司	02	02	310106756748993	工行徐汇复兴分行	36542234	上海市徐汇区复兴路 8 号	200032		销售部	王鑫
004	建华公司	02	01	120099321456678	中行和平分行	43810548	天津市和平区和平路 116 号	300308	10	销售部	王鑫

（8）供应商档案。

供应商编号	供应商名称（简称）	所属分类码	所属地区	税号	开户银行	银行账号	邮政编码	地址	分管部门	分管业务部
001	如意公司	01	01	110567453123456	中行	48723367	100895	北京市朝阳区七大街 8 号	采购部	孙涛
002	奇美公司	01	01	110998789234567	中行	76473293	103746	北京市海淀区南京路 108 号	采购部	孙涛
003	易得商行	02	02	320993347584437	工行	55561278	230187	南京市创新路 100 号	采购部	顾柯
004	楚云公司	02	02	310103690993842	工行	88065076	200232	上海市浦东新区红枫路 99 号	采购部	顾柯

（9）外币及汇率。

币符为 USD；币名为美元；固定汇率为 1：6.36（此汇率只供演示使用）。

（10）会计科目。

科目编码	科目名称	方向	辅助核算	币别计量
1001	库存现金	借	日记	
1002	银行存款	借	银行日记	
100201	工行存款	借	银行日记	
100202	中行存款	借	银行日记	美元
1122	应收账款	借	客户往来	
1221	其他应收款	借		
122101	应收单位款	借	客户往来	
122102	应收个人款	借	个人往来	
1231	坏账准备	贷		
1123	预付账款	借	供应商往来	
1401	材料采购	借		
1403	原材料	借		
140301	笔芯	借	数量核算	支
140302	笔壳	借		
140303	笔帽	借		
140304	弹簧	借		
1411	周转材料	借		
1404	材料成本差异	借		
1405	库存商品	借	项目核算	
140501	圆珠笔	借	项目核算	
1408	委托加工物资	借		
1601	固定资产	借		
1602	累计折旧	贷		
1604	在建工程	借		
160401	人工费	借	项目核算	

续表

科目编码	科目名称	方向	辅助核算	币别计量
160402	材料费	借	项目核算	
160403	其他	借	项目核算	
1801	长期待摊费用	借		
180101	大修理支出	借		
1901	待处理财产损溢	借		
190101	待处理流动资产损溢	借		
190102	待处理固定资产损溢	借		
1701	无形资产	借		
2001	短期借款	贷		
2202	应付账款	贷	供应商往来	
2211	应付职工薪酬	贷		
221101	应付工资	贷		
221102	应付福利费	贷		
2221	应交税费	贷		
222101	应交增值税	贷		
22210101	进项税额	贷		
22210102	销项税额	贷		
2231	应付利息	贷		
223103	借款利息	贷		
2241	其他应付款	贷		
4001	实收资本	贷		
4103	本年利润	贷		
4104	利润分配	贷		
410401	未分配利润	贷		
5001	生产成本	借	项目核算	
500101	直接材料	借	项目核算	
500102	直接人工	借	项目核算	
500103	制造费用	借	项目核算	
500104	折旧费	借	项目核算	
500105	其他	借	项目核算	
5101	制造费用	借		
510101	工资	借		
510102	折旧费	借		
6001	主营业务收入	贷	项目核算	
600101	圆珠笔业务收入	贷	项目核算	
6051	其他业务收入	贷		
6401	主营业务成本	借	项目核算	
640101	圆珠笔业务成本	借	项目核算	
6403	营业税金及附加	借		

续表

科目编码	科目名称	方向	辅助核算	币别计量
6402	其他业务成本	借		
6601	销售费用	借		
6602	管理费用	借		
660201	薪资	借	部门核算	
660202	福利费	借	部门核算	
660203	办公费	借	部门核算	
660204	差旅费	借	部门核算	
660205	招待费	借	部门核算	
660206	折旧费	借	部门核算	
660207	其他	借	部门核算	
6603	财务费用	借		
660301	利息支出	借		

说明：

☆ 将“库存现金（1001）”科目指定为现金总账科目。

☆ 将“银行存款（1002）”科目指定为银行总账科目。

☆ 将“库存现金（1001）、工行存款（100201）、中行存款（100202）”指定为现金流量科目。

（11）凭证类别。

凭证类别	限制类型	限制科目
收款凭证	借方必有	1001，100201，100202
付款凭证	贷方必有	1001，100201，100202
转账凭证	凭证必无	1001，100201，100202

（12）结算方式。

结算方式编码	结算方式名称	票据管理
1	现金结算	否
2	支票结算	否
201	现金支票	是
202	转账支票	是
9	其他	否

（13）项目目录。

项目设置步骤	设置内容
项目大类	圆珠笔成本核算
核算科目	生产成本（5001） 直接材料（500101） 直接人工（500102） 制造费用（500103） 库存商品（1405） 圆珠笔（140501）

续表

项目设置步骤	设置内容
核算科目	主营业务收入（6001） 圆珠笔业务收入（600101） 主营业务成本（6401） 圆珠笔业务成本（640101）
项目分类	无分类
项目名称	001 单色圆珠笔 所属分类码 无分类 002 双色圆珠笔 所属分类码 无分类 003 三色圆珠笔 所属分类码 无分类

实训要求：以账套主管宁杰的身份进行系统启用、基础档案设置操作。

操作指导

1. 登录"企业应用平台"

执行"开始"|"程序"|"用友 ERP-U8 V10.1"|"企业应用平台"命令，打开"登录"对话框。输入操作员"001"或"宁杰"，输入密码"1"，在"账套"下拉列表框中选择"806 山东创新笔业有限公司"，更改"操作日期"为"2015-12-01"，单击"确定"按钮，进入"UFIDA ERP-U8"窗口。

2. 系统启用

在"企业应用平台"中，选择"基础设置"|"基本信息"|"系统启用"选项，打开"系统启用"对话框。启用总账，启用日期为"2015-12-01"。

3. 进行基础设置

在"企业应用平台"中，选择"基础设置"|"基础档案"选项，展开其中包含的项目，选择要设置的基础档案，即进入相应项目的设置界面，按所给实验资料依次输入数据。

注意

☆ 各档案设置时，输入的数据量很大，操作比较简单，基本上遵循"增加"—"输入"—"保存"的操作原则。

☆ 必须先建立客户分类、供应商分类档案，才能建立客户档案、供应商档案；且客户档案、供应商档案必须建立在最末级分类上。

☆ 所有档案建立时，应遵循事先设定的分类编码原则。

☆ 建立客户档案时，银行信息需要在修改状态下录入。

4. 财务基础信息录入

（1）设置外币及汇率。

① 在"企业应用平台"的"基础设置"选项卡中，执行"基础档案"|"财务"|"外币设置"命令，打开"外币设置"对话框。

② 单击"增加"按钮，输入币符"USD"、币名"美元"，单击"确认"按钮。

③ 输入"2015-12"月份的记账汇率为"6.36"，单击"退出"按钮。

注意

☆ 这里只能录入固定汇率与浮动汇率值，并不决定在制单时使用固定汇率还是浮动汇率，在总账“选项”对话框“其他”选项卡的“外币核算”中，设置制单使用固定汇率还是浮动汇率。

☆ 如果使用固定汇率，则应在每月月初录入记账汇率（即期初汇率），月末计算汇兑损益时录入调整汇率（即期末汇率）；如果使用浮动汇率，则应每天在此录入当日汇率。

（2）建立会计科目——增加明细会计科目。

① 在”企业应用平台”的“基础设置”选项卡中，执行“基础档案”|“财务”|“会计科目”命令，进入“会计科目”窗口，显示所有“按新会计制度”预置的科目。

② 单击“增加”按钮，进入“会计科目-新增”窗口，输入实验资料中所给的明细科目。

③ 输入明细科目的相关内容。输入编码“100201”、科目名称“工行存款”，选择“日记账”“银行账”，单击“确定”按钮。

④ 继续单击“增加”按钮，输入实验资料中其他明细科目的相关内容。

⑤ 全部输入完毕后，单击“关闭”按钮。

注意

☆ 增加的会计科目编码长度及每段位数要符合编码规则。

（3）建立会计科目——指定会计科目。

① 在“会计科目”窗口中，执行“编辑”|“指定科目”命令，进入“指定科目”窗口。

② 选择“现金科目”单选按钮，将“库存现金（1001）”由待选科目选入已选科目。

③ 选择“银行科目”单选按钮，将“银行存款（1002）”由待选科目选入已选科目。

④ 选择“现金流量科目”单选按钮，将“库存现金（1001）、工行存款（100201）、中行存款（100202）”由待选科目选入已选科目。

⑤ 选择“确定”按钮。

注意

☆ 指定会计科目即指定出纳的专管科目。只有指定科目后，才能执行出纳签字，从而实现现金、银行存款管理的保密性，才能查看现金日记账和银行存款日记账。

☆ 在指定“现金科目”“银行科目”之前，应在建立“现金”“银行存款”会计科目时选中“日记账”复选框。

☆ 现金流量表的编制有两种方法：一种是利用总账中的现金流量辅助核算；另一种是利用专门的现金流量表软件编制现金流量表。本例拟采用第一种方法，因此在此处明确与现金流量有关联的科目。

（4）设置凭证类别。

① 在“企业应用平台”的“基础设置”选项卡中，执行“基础档案”|“财务”|“凭证类别”命令，打开“凭证类别预置”对话框。

② 选择“收款凭证 付款凭证 转账凭证”单选按钮。

③ 单击“确定”按钮，进入“凭证类别”窗口。

④ 单击工具栏上的“修改”按钮，在收款凭证“限制类型”的下拉列表中，选择“借方必有”；在“限制科目”栏输入“1001，100201，100202”。

⑤ 设置付款凭证的限制类型为“贷方必有”，限制科目为“1001，100201，100202”；转账凭证的限制类型为“凭证必无”，限制科目为“1001，100201，100202”。

⑥ 设置完成后，单击“退出”按钮。

（5）设置结算方式。

① 在“企业应用平台”的“基础设置”选项卡中，执行“基础档案”|“收付结算”|“结算方式”命令，进入“结算方式”窗口。

② 单击“增加”按钮，输入结算方式编码“1”，结算方式名称“现金结算”，单击“保存”按钮。

③ 依次输入其他结算方式。对于“现金支票”和“转账支票”要选中“票据管理标志”。

④ 设置完成后，单击“退出”按钮。

注意

☆ 支票管理是系统为辅助银行出纳对银行结算票据的管理而设置的功能，类似于手工系统中的支票登记簿的管理方式。若需实施票据管理，则选中“是否票据管理”复选框。

（6）设置项目目录——定义项目大类。

① 在“企业应用平台”的“基础设置”选项卡中，执行“基础档案”|“财务”|“项目目录”命令，进入“项目档案”窗口。

② 单击“增加”按钮，打开“项目大类定义-增加”对话框。

③ 输入新项目大类名称“圆珠笔成本核算”。

④ 单击“下一步”按钮，输入要定义的项目级次，假设本例采用系统默认值。

⑤ 单击“下一步”按钮，输入要修改的项目栏目，假设本例采用系统默认值。

⑥ 单击“完成”按钮，返回“项目档案”窗口。

注意

☆ 项目大类的名称是该类项目的总称，而不是会计科目的名称。例如，在建工程按具体工程项目核算，其项目大类名称应为“工程项目”而不是“在建工程”。

（7）设置项目目录——指定核算科目。

① 在“项目档案”窗口中，打开“核算科目”选项卡。

② 选择项目大类“生产成本”。

③ 单击“>”按钮，将“生产成本（5001）”及其明细科目选为参加核算的科目，再单击“确定”按钮。

注意

☆ 一个项目大类可指定多个科目，一个科目只能指定一个项目大类。

（8）设置项目目录——定义项目分类。

① 在“项目档案”窗口中，打开“项目分类定义”选项卡。

② 单击右下角的“增加”按钮，输入分类编码“0”，输入分类名称“无分类”，单击“确定”按钮。

注意

☆ 为了便于统计，可对同一项目大类下的项目进一步划分，即定义项目分类。

☆ 若无分类，也必须定义项目分类为“无分类”。

（9）设置项目目录——定义项目目录

① 在“项目档案”窗口中，打开“项目目录”选项卡。

② 单击右下角的“维护”按钮，进入“项目目录维护”窗口。

③ 单击“增加”按钮，输入项目编号“001”，输入项目名称“单色圆珠笔”，选择所属分类码“1”。

④ 同理，继续增加“002 双色圆珠笔”“003 三色圆珠笔”项目档案。

注意

☆ 标志结算后的项目将不能再使用。

项目四

总 账 管 理

面向岗位

- ✧ 会计信息化主管
- ✧ 财务主管
- ✧ 会计核算员
- ✧ 出纳

技能要求

- ✧ 掌握总账参数设置
- ✧ 掌握账务系统的科目设置、余额录入的方法
- ✧ 掌握日常凭证处理、账簿管理
- ✧ 掌握出纳管理
- ✧ 掌握自定义转账凭证
- ✧ 了解期末对账、结账、逆向处理

项目导入

基础设置中，财务总监宁杰意识到总账是用友 ERP-U8 的核心子系统。在使用总账系统时，有许多问题需要明确。例如，信息化下总账的业务流程是怎样的？它和手工会计下的流程有什么区别？本企业 12 月份使用信息化建账，为了保持业务的连续性，手工阶段有哪些相关数据需要录入到 U8 系统中？凭证如何录入、审核、记账？出纳如何进行银行对账？期末需要进行哪些处理？这些是企业在实现会计信息化过程中必须解决的问题，本项目结合实践详细介绍了相关知识。

项目学习

4.1 总账认知

总账处理系统是整个企业管理软件的核心系统，主要进行会计凭证、会计账簿的管理，与其他子系统之间存在着密切的数据传递关系。它既可以独立运行，也可以和其他子系统协同使用。其通用数据接口为财务报表、财务分析、领导查询和决策分析等相关信息提供数据，实现了财务信息与管理信息的高度整合，为企业决策提供实时的有效信息。

总账管理系统适用于各类企、事业单位，主要功能包括初始设置、凭证管理、出纳管理、账簿管理、辅助核算管理和期末处理等。账务系统既可独立运行，也可同其他系统协同运转。因此，总账产品在整个 U8 系统中占有绝对重要的地位，与其他产品的关系如图 4-1 所示。

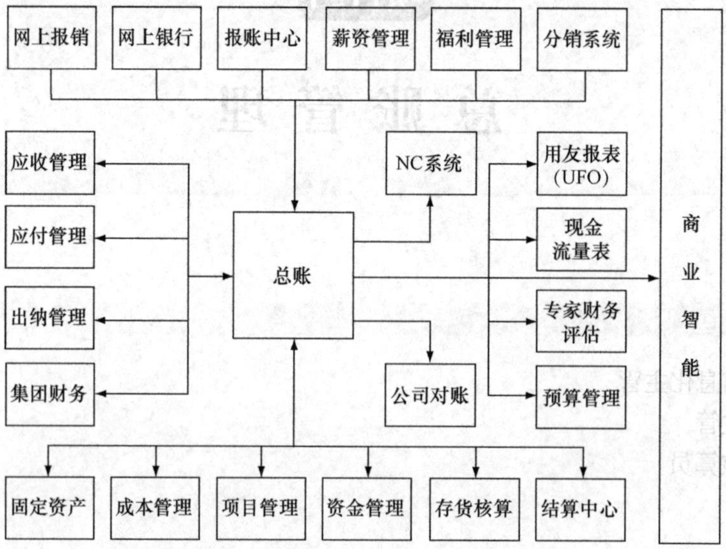

图 4-1　总账子系统与其他子系统之间的数据关系

4.1.1 功能简介

通常一个完整的财务管理软件的总账处理系统是由系统初始化、日常处理、出纳管理、账簿管理、辅助核算、期末业务处理、数据维护等功能模块组成的。

1. 系统初始化

由于初始化工作将确定系统的日常工作模式，其中一些系统参数设置生效后将无法更改，因此初始化工作的全面性尤为关键。既要考虑企业当前的实际，还要考虑企业未来的发展，需要综合分析，全面统筹。系统初始化模块主要包括系统选项设置和期初余额录入。

2. 日常处理

日常处理业务主要包括填制凭证、修改凭证、审核凭证、查询凭证、记账等业务。

凭证管理：通过严密的制单控制保证填制凭证的正确性，提供资金赤字控制、支票控制、预算控制、外币折算误差控制以及查看最新余额等功能，加强对发生业务的及时管理和控制，实现凭证的录入、修改、审核、查询、打印，以及出纳签字、常用凭证定义等。

3. 出纳管理

为出纳人员提供一个集成办公环境，加强对现金及银行存款的管理，可完成银行日记账和现金日记账，随时生成最新资金日报表和余额调节表，随时进行银行对账、编制银行存款余额调节表。

记账：账簿的登记通常称之为记账或过账，它必须以审核无误的记账凭证为依据。与手工方式下的记账不同，计算机账务处理系统中的记账过程是自动完成的，即由账务处理软件系统自动进行合法性检验、科目汇总并登记账簿等。

4. 账簿管理

账簿管理模块强大的查询功能使整个系统实现总账、明细账、凭证联查，并可查询包含未记账凭证的最新数据，可随时提供总账、余额表、明细账、日记账等标准账表的查询。

5. 辅助核算

（1）个人往来核算。个人往来核算主要用于核算企业与企业员工之间的资金往来业务，便于及时地控制个人借款，完成清欠工作；提供个人借款明细账、催款单、余额表、账龄分析报告及自动清理核销已清账等功能。

（2）部门核算。部门核算主要是为了考核部门费用收支的发生情况，及时地反映控制部门费用的支出，对各部门的收支情况加以比较，便于进行部门考核；将科目设置为部门辅助核算，增加部门辅助核算账户后，不仅能够得到这些账户在会计期间内的发生额情况，而且能够进一步细化到有关账户在不同部门的发生额情况；提供各级部门总账、明细账的查询，并对部门收入与费用进行部门收支分析等功能。

（3）项目管理。项目管理用于生产成本、在建工程等业务的核算，以项目为中心提供各项目的成本、费用、收入、往来等汇总与明细情况以及项目计划执行报告等；也可用于核算科研课题、专项工程、产成品成本等；提供项目总账、明细账及项目统计表的查询。

（4）往来管理。往来管理主要用来进行客户和供应商往来款项的发生、清欠管理工作；及时掌握往来款项的最新情况；提供往来款项的总账、明细账、催款单、往来账清理、账龄分析报告等功能。

6. 期末业务处理

期末业务处理模块灵活的自定义转账功能、各种取数公式可满足各类业务的转账工作，不同期间的期末处理具有明显的规律性；自动完成月末分摊、计提、对应转账、销售成本、汇兑损益、期间损益结转等业务；进行试算平衡、对账、结账、生成月末工作报告。

4.1.2 业务流程

手工环境下，总账是指总分类账簿，是根据总分类科目开设账户，用来登记全部经济业务，进行总分类核算，提供总括核算资料的分类账簿。它可以直接根据各种记账凭证逐笔登记，也可以先把记账凭证按照一定方式进行汇总，编制成科目汇总表或汇总记账凭证等，然后据以登记。信息化条件下，数据处理工作可借助于先进的计算机设备集中快速完成。所以，不再考虑各种手工流程，而是结合计算机的特点，以记账凭证处理程序流程为主，采用一种全新的如图 4-2 所示的核算处理流程。

信息化账务处理与手工处理的业务流程对比，如表 4-1 所示。

表 4-1　信息化账务处理与手工处理流程对比表

方式	建账	制作凭证	审核	记账过程			
信息化	初始设置	凭证录入	复核	记账			
手工	设置账户	填制凭证	复核	凭证汇总	登明细账	登日记账	登总账

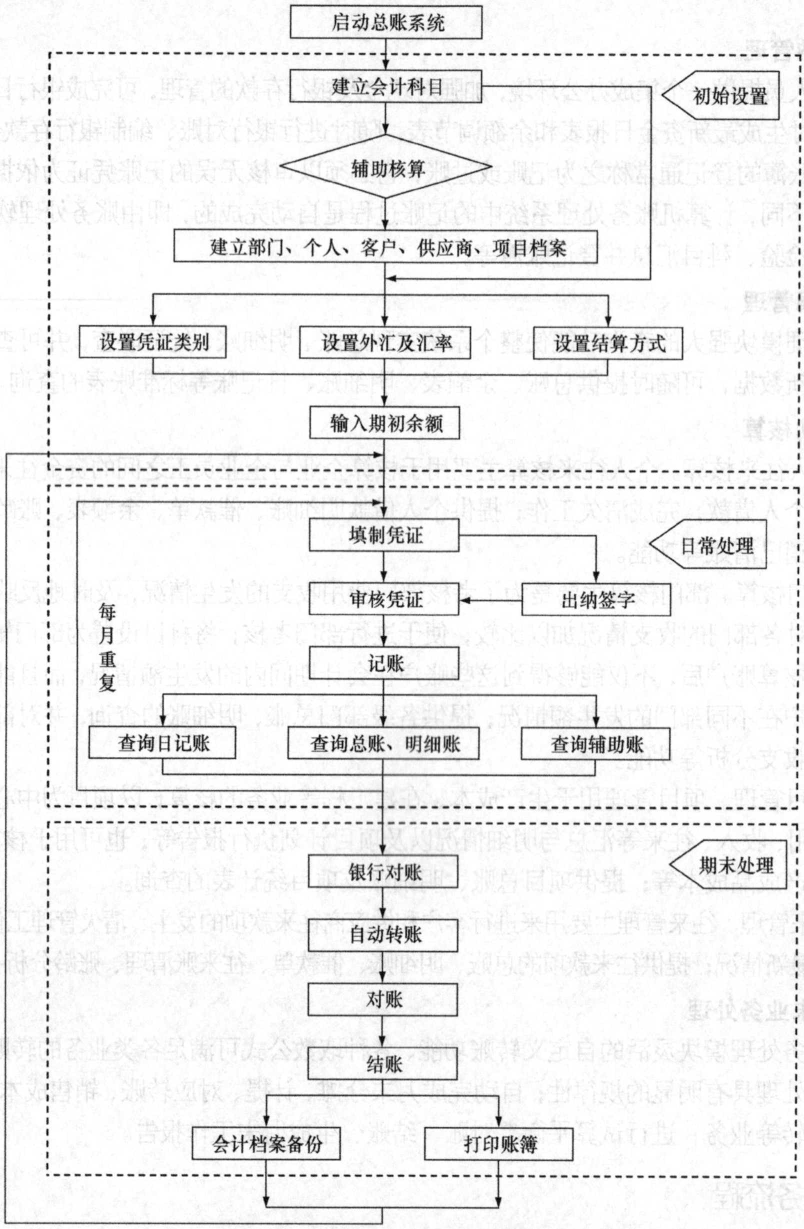

图 4-2　财务处理系统业务流程图

4.2 总账初始化

总账处理系统是一个通用性较强的系统，为了使其能够在各行各业中得到广泛应用，设计时应重点考虑各单位会计核算和财务管理的一般特性。具体使用时，要根据本单位的业务性质进行具体设置，这种设置工作称为初始化。

系统初始化是指将通用会计软件转换成专用会计软件、将手工会计业务数据转换到计算机中而进行的一系列准备工作，是使用财务软件的重要基础工作。初始化数据一般是在系统管理建账与公共设置后，由账套主管根据本单位的实际情况设置。

4.2.1 登录系统

使用总账系统之前，须先在系统管理模块中创建账套，然后启动并注册登录“企业应用平台”，选择有关功能模块进行业务处理。

【例 4-1】 以财务主管 001 宁杰登录“企业应用平台”处理相关业务。

基本步骤如下。

(1) 执行“开始” | “程序” | “用友 ERP-U8” | “企业应用平台”命令，打开“登录”界面，如图 4-3 所示。

图 4-3 总账登录界面

(2) 在“登录”界面中按要求输入有关信息，完成后单击“确定”按钮，进入 ERP-U8 V10.1 系统。

4.2.2 企业参数设置

设置控制参数是对总账管理系统的一些系统选项进行设置，为总账管理系统配置相应的功能或设置相应的控制，设置适合本企业特点的参数，对“凭证选项”“账簿选项”“凭证打印”“预算控制”“权限选项”“会计日历”“其他选项”和“自定义项核算”8 部分内容的操作控制选项进行修改。具体参数设置界面如图 4-4 所示。

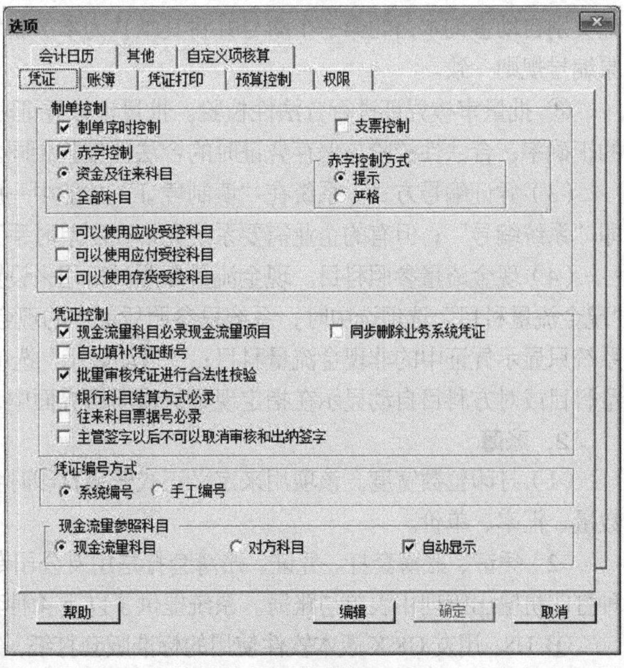

图 4-4 参数设置界面

1. 凭证设置

(1) 制单控制。制单控制即主要设置在填制凭证时系统对哪些操作进行控制。

① 制单序时控制。此项和“系统编号”选项联用，制单时凭证编号必须按日期顺序排列，如 12 月 13 日编

制到 10 号凭证，则 12 月 14 日凭证序号须从 11 号凭证开始。企业如果有特殊需要可以不选择该选项。

② 支票控制。若选择此项，在制单时使用银行科目编制凭证时，系统将针对票据管理的结算方式进行登记，如果录入的支票号在支票登记簿中已存在，则系统提供登记支票报销的功能；否则，系统提供登记支票登记簿的功能。

③ 赤字控制。若选择此项，在制单时，当“资金及往来科目”或“全部科目”的最新余额出现负数时，系统将予以提示。系统提供了“提示”和“严格”两种方式供用户根据需要进行选择。如果出现赤字，“提示”方式下可以制单并保存，“严格”方式下则不能保存。

④ 可以使用应收受控科目。若科目为应收款管理系统的受控科目，为保证数据来源的可靠性，只允许应收系统使用此科目进行制单，总账系统不能使用此科目制单。所以，如果希望在总账系统中也能使用这些科目填制凭证，则应选择此项，但联用时容易引起应收系统与总账对账不平。

⑤ 可以使用应付受控科目。若科目为应付款管理系统的受控科目，只允许应付系统使用此科目进行制单，总账系统不能使用此科目制单。所以，如果希望在总账系统中也能使用这些科目填制凭证，则应选择此项。

⑥ 可以使用存货受控科目。若科目为存货核算系统的受控科目，为保证数据来源的可靠性，只允许存货核算系统使用此科目进行制单，总账系统不能使用此科目制单。所以，如果希望在总账系统中也能使用这些科目填制凭证，则应选择此项，但联用时容易引起应付系统与总账对账不平。

（2）凭证控制。

① 现金流量科目必录现金流量项目。选择此项后，在录入凭证时如果使用现金流量科目，则必须输入现金流量项目及金额。

② 自动填补凭证断号。如果选择凭证编号方式为系统编号，则在新增凭证时，系统将按凭证类别自动查询本月的第一个断号并将其默认为本次新增凭证的凭证号；如无断号则为新号，与原编号规则一致。

③ 批量审核凭证进行合法性校验。批量审核凭证时针对凭证进行二次审核，提高凭证输入的正确率；合法性校验与保存凭证时的合法性校验相同。

（3）凭证编号方式。系统在“填制凭证”功能中一般按照凭证类别按月自动编制凭证编号，即“系统编号”；但有的企业需要系统允许在制单时手工录入凭证编号，即“手工编号”。

（4）现金流量参照科目。现金流量参照科目用来设置现金流量录入界面的参照内容和方式。“现金流量科目”选项选中时，系统只参照凭证中的现金流量科目；“对方科目”选项选中时，系统只显示凭证中的非现金流量科目；“自动显示”选项选中时，系统依据前两个选项将现金流量科目或对方科目自动显示在指定现金流量项目界面中，否则需要手工参照选择。

2. 账簿

（1）打印位数宽度。该项用来定义正式账簿打印时各栏目的宽度，包括摘要、金额、外币、数量、汇率、单价。

（2）凭证、账簿套打。凭证、账簿套打是用友公司专门为用友软件用户设计的，适合于用各种打印机输出管理用表单与账簿。系统提供了以下 4 种套打纸型。

① U8：用友 U8.X 版本软件使用的标准版套打纸，分为 U8 针打（连续）纸型和 A4 激光（非

连续）纸型。

② 账簿通（兼容上海纸）：上海地区专用的套打纸，分为针打连续纸型和激光非连续纸型。

③ 用友 6.0：原用友 DOS6.03 版本软件使用的套打纸，只有连续纸型。

④ 用友 7.0：原用友 Windows 7.21 版本软件使用的套打纸，分为连续纸型和非连续纸型。

（3）明细账（日记账、多栏账）打印输出方式。该项用来设置打印正式明细账、日记账或多栏账时，按年排页还是按月排页。

按月排页：即打印时从所选月份范围的起始月份开始将明细账顺序排页，再从第一页开始将其打印输出，打印起始页号为【1 页】。这样，若所选月份范围不是第一个月，则打印结果的页号必然从【1 页】开始排。

按年排页：即打印时从本会计年度的第一个会计月开始将明细账顺序排页，再将打印月份范围所在的页打印输出，打印起始页号为所打月份在全年总排页中的页号。这样，若所选月份范围不是第一个月，则打印结果的页号有可能不是从【1 页】开始排。

（4）打印设置按客户端保存。当有多个用户使用多台不同型号的打印机时，选择此项则按照每个用户自己的打印机类型和打印选项设置，打印凭证和账簿。

（5）使用新打印控件打印（总账、明细账、余额表、多栏账、日记账）。若选中该项，则总账、明细账、余额表、多栏账、日记账打印时支持新打印控件。

3. 凭证打印

（1）合并凭证显示、打印。若选择此项，则在填制凭证、查询凭证、出纳签字和凭证审核时，以系统选项中的设置显示；在科目明细账显示或打印时凭证按照“按科目、摘要相同方式合并”或“按科目相同方式合并”显示，并在明细账显示界面提供是否“合并显示”的选项。

（2）打印凭证的制单、出纳、审核、记账等人员的姓名。该项用于设置在打印凭证时，是否自动打印制单人、出纳、审核人、记账人的姓名。

（3）打印包含科目编码。该项用于设置在打印凭证时，是否自动打印科目编码。

（4）摘要与科目打印内容设置。通过此功能，可设置凭证中的摘要栏与科目栏内打印的辅助项。

（5）打印转账通知书。启用了此项，才能在科目编辑时指定可打印的科目，在凭证中打印转账通知单。

（6）凭证、正式账每页打印行数。“凭证打印行数”可对凭证的每页打印行数进行设置。“正式账每页打印行数”可对明细账、日记账、多栏账的每页打印行数进行设置。双击表格或按空格键对行数直接进行修改即可。

4. 权限

（1）制单权限控制到科目。要在系统管理的“功能权限”中设置科目权限，再选择此项，权限设置有效。选择此项，则在制单时，操作员只能使用具有相应制单权限的科目制单。

（2）允许修改、作废他人填制的凭证。若选择了此项，则在制单时可修改或作废他人填制的凭证；否则不能修改。

（3）制单权限控制到凭证类别。要在系统管理的“功能权限”中设置凭证类别权限，再选择此项，权限设置有效。选择此项，则在制单时，只显示此操作员有权限的凭证类别；同时，在凭证类别参照中按人员的权限过滤出有权限的凭证类别。

（4）操作员进行金额权限控制。选择此项，可以对不同级别的人员进行金额大小的制单或审核控制，严格执行职责权限的管理。

小贴士

> ➢ 结转凭证不受金额权限控制。
>
> ➢ 在调用常用凭证时，如果不修改直接保存凭证，此时由被调用的常用凭证生成的凭证不受任何权限的控制，如金额权限控制、辅助核算及辅助项内容的限制等。
>
> ➢ 外部系统凭证是已生成的凭证，得到了系统的认可，除非进行更改，否则不做金额等权限控制。

（5）出纳凭证必须经由出纳签字。若要求现金、银行科目凭证必须由出纳人员核对签字后才能记账，则选择“出纳凭证必须经由出纳签字”。

（6）凭证必须经由主管会计签字。如果要求所有凭证必须由主管会计签字后才能记账，则选择“凭证必须经由主管会计签字”。

（7）可查询他人凭证。如果允许操作员查询他人凭证，则选择“可查询他人凭证”。

（8）明细账查询权限控制到科目。这是权限控制的开关。在系统管理中设置明细账查询权限，必须在总账系统选项中进行设置，才能起到控制作用。

（9）制单、辅助账查询控制到辅助核算。设置此项权限，制单时才能使用有辅助核算属性的科目录入分录，辅助账查询时只能查询有权限的辅助项内容。

小贴士

> ➢ 查询客户往来辅助账：由 U850 以前版本升级用户，如果往来核算在应收系统，则系统无客户辅助账，只有选择此项后才能查询，并需补录期初客户往来明细数据。
>
> ➢ 查询供应商往来辅助账：由 U850 以前版本升级用户，如果往来核算在应付系统，则系统无供应商辅助账，只有选择此项后才能查询，并需补录期初供应商往来明细数据。

5. 会计日历

会计日历可用来查看各会计期间的起始日期与结束日期，以及启用会计年度和启用日期。此处仅能查看会计日历的信息，如需修改请到系统管理中进行。此外，还可以看到建立账套时的一些信息，如账套名称、单位名称、账套存放路径、行业性质和定义的科目级长等。

6. 预算控制、其他、自定义项核算

预算控制、其他、自定义项核算涉及专家财务评估，部门、个人、项目的排序方式及外币汇率方式等信息。

4.2.3 科目期初余额

在开始使用总账管理系统时，应将经过整理的手工账目的期初余额录入计算机。如果企业是在年初建账，则期初余额就是年初数；如果企业是年中启用总账管理系统的，则应先将各账户此时的余额和年初到此时的借、贷方累计发生额计算清楚。例如，某企业 2015 年 12 月开始启用总账管理系统，那么，应将该企业 2015 年 11 月末各科目的期末余额及 1～11 月的累计发生额计算出来，准备作为启用系统的期初数据录入到总账管理系统中，系统将自动计算年初余额。若科目有辅助核算，还应整理各辅助项目的期初余额，以便在期初余额中录入。

期初余额录入后，应对其进行试算平衡检查，以保证期初余额的准确性。如果期初余额不平衡，需要进行查找错误然后予以修改，并再次进行试算，直到确定平衡。为保证系统内部数据的真实可靠，如果期初余额不平衡，则无法完成后续凭证的记账操作。

1. 录入总账科目期初余额

第一次使用总账处理系统，应先将启用月份的月初余额和借贷方累计发生额计算清楚，录入到总账处理系统中。

【例 4-2】 输入“1001 库存现金”科目的期初余额为“6 875.70”，工行存款余额“511 057.16”。

操作步骤如下。

(1) 在“UFIDA ERP-U8”窗口中选择“业务工作”中的“财务会计”|“总账”|“设置”|“期初余额”双击，打开“期初余额录入”对话框。

(2) 在“1001 库存现金”科目的期初余额栏直接录入“6 875.70”，在“100201 工行存款”科目的期初余额栏直接录入“511 057.16”，如图 4-5 所示。

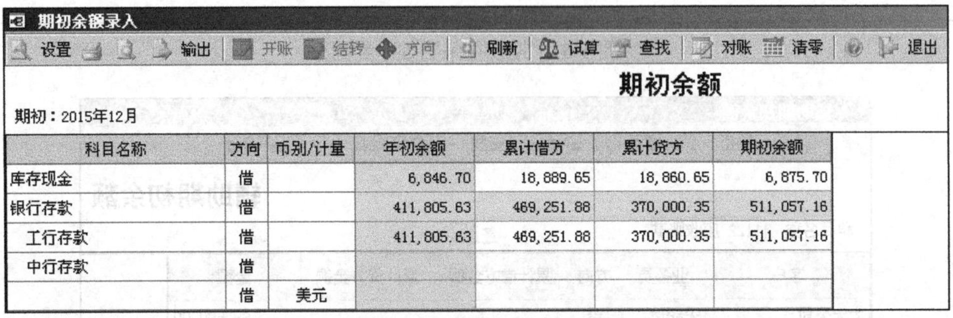

图 4-5 期初余额录入界面

小贴士

➢ 如果某科目为数量、外币核算，则可以录入期初数量、外币余额。但必须先录入本币余额，再录入外币余额。

➢ 只要求录入最末级科目的余额和累计发生数，上级科目的余额和累计发生数由系统自动计算。

➢ 出现红字余额用负号输入。

➢ 修改余额时，直接输入正确数据即可，然后单击“刷新”按钮进行刷新。

➢ 凭证记账后期初余额变为浏览只读状态，不能再修改。

➢ 在录入会计科目余额时，系统提供了调整余额方向的功能，即在还未录入会计科目余额时，如果发现会计科目的余额方向与系统设置的方向不一致，可以将其方向调整。

2. 录入辅助账期初余额

在录入期初余额时，若某科目涉及辅助核算，不能直接输入总账期初余额，必须双击调出辅助核算账，录入相应的期初明细资料。输入完毕后，系统自动计算该科目的期初余额。

【例 4-3】 输入“1122 应收账款”科目的期初余额为“157 600”，明细资料见实训三实例资料。

操作步骤如下。

(1) 在“UFIDA ERP-U8”窗口中选择“业务工作”中的“财务会计”|“总账”|“设置”|“期初余额”双击，打开“期初余额录入”对话框。

(2) 定位“应收账款”科目，双击“期初余额”栏，打开“辅助期初余额”窗口。

（3）单击工具栏上的“增行”按钮，可以直接输入客户、业务员、方向、金额栏的信息；如果需要录入详细信息则单击工具栏上的“往来明细”，弹出“期初往来明细”界面，如图 4-6 所示。录入明细数据后单击“汇总”按钮，系统提示“完成了往来明细账到辅助期初表的汇总！”，可以将明细数据汇总到“辅助期初余额”界面，如图 4-7 所示。

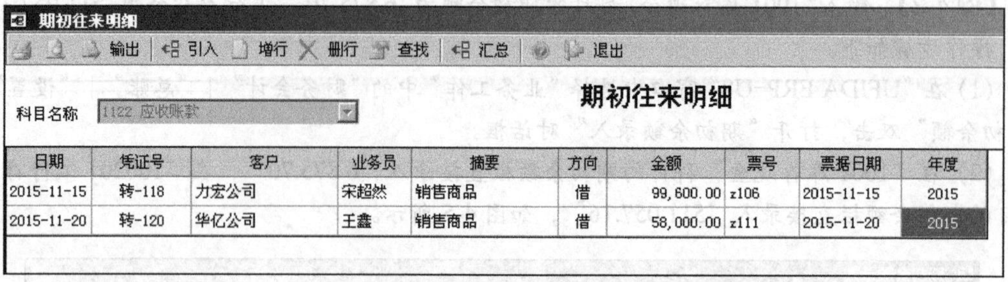

图 4-6 “期初往来明细”界面

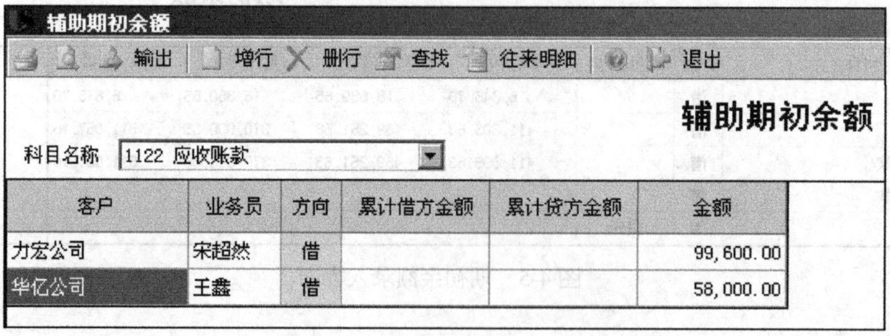

图 4-7 “辅助期初余额”界面

3. 试算平衡

期初余额及累计发生额输入完成后，必须依据“资产 = 负债 + 所有者权益 + 收入 − 成本费用”的原则进行试算平衡。校验工作由计算机自动完成。

操作步骤如下。

（1）在“期初余额录入”界面中单击工具栏上的“试算”按钮，系统自动完成平衡检验，并显示“期初试算平衡表”，如图 4-8 所示。

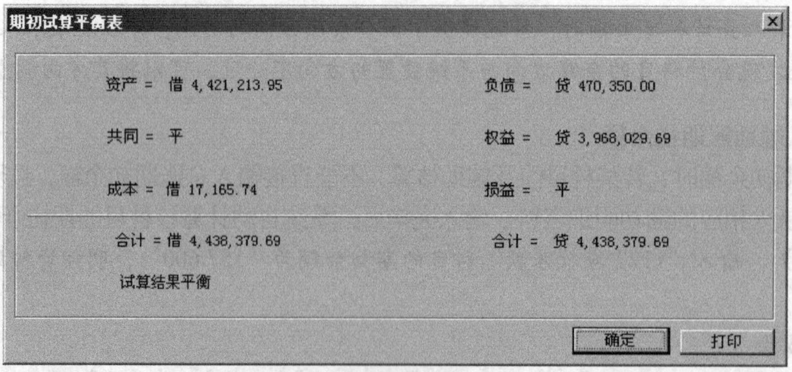

图 4-8 期初试算平衡表

（2）单击“确定”按钮，完成试算平衡检验。

4. 期初对账

由于初次使用系统，在进行期初设置时的一些不经意的修改，可能会导致总账与辅助账、总账与明细账核对有误，因此，系统提供对期初余额进行对账的功能，可以及时做到账账核对，并可尽快修正错误的账务数据。

【例 4-4】 对 806 号账套的期初余额进行期初对账。

操作步骤如下。

(1) 在“期初余额录入”窗口中单击工具栏上的“对账”按钮，弹出“期初对账”对话框。

(2) 单击“开始”按钮进行对账，对账完毕后显示对账信息。

(3) 若有对账不符的项目存在，单击“对账错误”按钮可显示错误信息。

(4) 在“期初对账”对话框中，单击“取消”按钮结束期初对账操作。

思考

1. 科目设置中应收账款科目是受控科目，选项设置中，如果没有勾选“可以使用应收受控科目”这一项，在总账系统中填制凭证时，应收账款科目可否使用？

2. 如果期初余额录入有误，造成期初试算不平衡，会影响后续哪个步骤的操作？

4.3 日常业务

在总账管理系统中，当初始化设置完成后，就可以进行日常账务处理了。其任务是通过输入凭证，审核凭证，记账，查询和打印输出各种凭证、日记账、明细账和总分类账，进行月末对账和结账，最终生成和输出各种常用报表等。

4.3.1 凭证处理

记账凭证是登记账簿的依据，是总账管理系统的唯一数据源。凭证处理的内容包括填制凭证、修改凭证、作废整理凭证、冲销凭证、凭证审核、出纳签字、主管签字、凭证记账、凭证汇总等。

1. 填制凭证

在实际工作中，可直接在计算机上根据审核无误、准予报销的原始凭证填制记账凭证，也可以先由人工制单而后集中输入，企业采用哪种方式应根据本单位实际情况。一般来说，业务量不多、基础较好或使用网络版软件的企业可采用前一种方式；而在第一年使用或人机并行阶段，则比较适合采用后一种方式。

记账凭证的内容一般包括两部分：一是凭证头部分；二是凭证正文部分。如果输入会计科目有辅助核算要求，则应输入辅助核算内容；如果一个科目同时兼有多种辅助核算，则同时要求输入各种辅助核算的有关内容。凭证样式如图 4-9 所示。

(1) 凭证头部分。

凭证类别：可以输入凭证类别字，也可以参照输入，如收、付、转等。凭证类别是在初始化的时候设置的。

凭证编号：一般情况下，由系统分类按月自动编制，即每类凭证每月都从 0001 号开始，对于网络用户，如果是几个人同时制单，在凭证的左上角，系统先提示一个参考凭证号，真正的凭证编号只有在凭证保存时才给出，如果只有一个人制单或使用单用户版软件制单时，凭证左上角的凭证号即正在填制的凭证的编号。系统同时也自动管理凭证页号。系统规定每页凭证有 5 条记录，当某号凭证不止一页时，系统自动将在凭证号后标上分单号，如收－0001 号 0002/0003 表示收款凭证第 0001 号凭证共有 3 张分单，当前光标所在分录在第 2 张分单上。如果在启用账套时设置凭证编号方式为“手工编号”，则用户可在此处手工录入凭证编号。

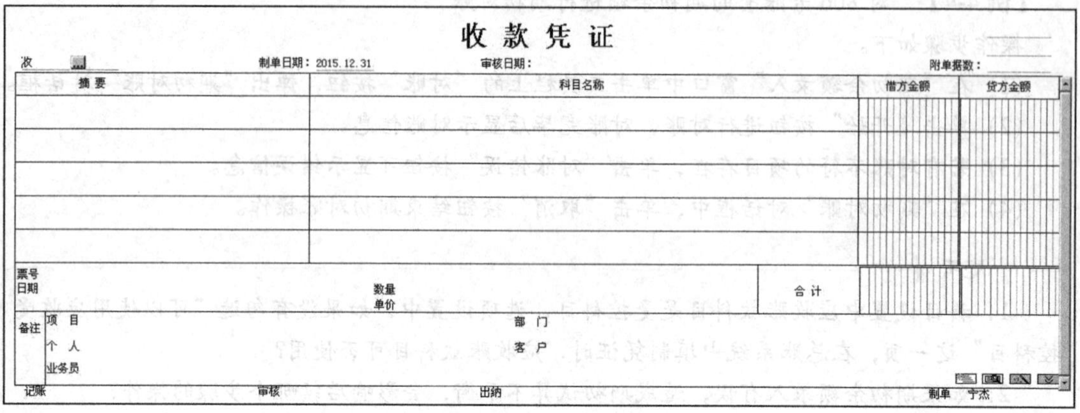

图 4-9　记账凭证样式

制单日期：即该张凭证经济业务的发生日期。系统自动取进入账务系统时输入的业务日期为记账凭证填制的日期，如果日期不对，可进行修改或参照输入。凭证日期不得超过系统日期。

附单据数：即所附原始单据的张数。当用户需要将某些图片、文件作为附件链接到凭证时，可单击“附单据数”录入框右侧的图标，选择文件的链接地址即可。

（2）凭证正文部分。

摘要：即对该笔业务内容的简述，要求简洁明了，不能为空。凭证的每一行均有一个摘要，不同行的摘要可以不同。

会计科目：必须输入末级科目。科目可以输入科目编码、中文科目名称、英文科目名称或助记码。

辅助信息：对于要进行辅助核算的科目，系统提示输入相应的辅助核算信息。辅助核算信息包括客户往来、供应商往来、个人往来、部门核算、项目核算等。如果需要对所输入的辅助项进行修改，可双击所要修改的项，系统显示“辅助信息录入”窗口，可进行修改。

小贴士

➢ 辅助核算为“部门核算”则系统自动检索部门档案数据，并强制要求制单人员选择或输入部门，以便将经济业务归集到某个部门。

➢ 辅助核算为“客户往来”或“供应商往来”则系统要求制单人员输入往来的客户或供应商代码和业务员姓名，或根据客户或供应商基础档案显示往来单位代码、名称等，供财会人员选择往来单位代码，并输入该笔业务的经手人员姓名，将结果保存起来。

➢ 辅助核算为“个人往来”则系统自动检索职员档案数据，并要求制单人员录入或选择往来个人，以便将该笔业务归集到所属部门人员名下。

➢ 辅助核算为“项目核算”则系统自动检索项目档案，并要求制单人员录入或选择具体的项目，以便将该笔经济业务归集到某项目。

> ➢ 辅助核算为“数量”则屏幕提示用户输入“数量”“单价”。系统根据“数量×单价”，自动计算出金额。
>
> ➢ 辅助核算为“外币”则系统提示制单人员录入外币金额和汇率。如果财会人员在初始设置中选择了固定汇率，则系统自动取出当月月初汇率作为当前汇率并不允许修改；如果选用浮动汇率，则系统取出当月月初汇率并允许修改。制单人员输入外币金额和汇率并选择发生额方向后，系统自动计算出本位币金额，填入相应栏目。
>
> ➢ 如果科目为银行科目，那么还应输入“结算方式”“票号”及“发生日期”。输入这些数据的目的，主要是为了便于进行银行对账，同时也可以方便工作人员对支票的管理。
>
> ➢ 对于要使用“支票登记簿”功能的用户，若希望在制单时也可进行支票登记，则应在初始设置模块中设置“支票控制”选项，那么在录入凭证时，如果所输的结算方式应使用支票登记簿，在输入支票号后，系统会自动勾销支票登记簿中未报销的支票，并将报销日期填为制单日期。

金额：即该笔分录的借方或贷方本币发生额，金额不能为零，但可以是红字，红字金额以负数形式输入。

【例 4-5】 2015 年 12 月 3 日，收到外单位投资 10 000 美元存入中国银行，汇率为 1∶6.36，转账支票号为 ZZW001。

借：银行存款—中行存款（100202）　　　　　　63 600

　　贷：实收资本（4001）　　　　　　　　　　　　63 600

操作步骤如下。

(1) 以制单员的身份注册登录“企业应用平台”。

(2) 在“UFIDA ERP-U8”窗口中选择“业务工作”中的“财务会计”｜“总账”｜“凭证”｜“填制凭证”双击，打开“填制凭证”设置窗口。

(3) 单击工具栏上的按钮（或按 F5 键），激活凭证填制界面。在凭证类别框中直接输入凭证类别字“收”或参照选择“收 收款凭证”，系统自动进行凭证编号。单击制单日期处，直接录入制单日期。

(4) 输入摘要、科目名称“银行存款—中行存款”，由于涉及外币核算，系统自动弹出“辅助项”对话框，录入有关结算方式“202”、票号“ZZW001”，如图 4-10 所示。

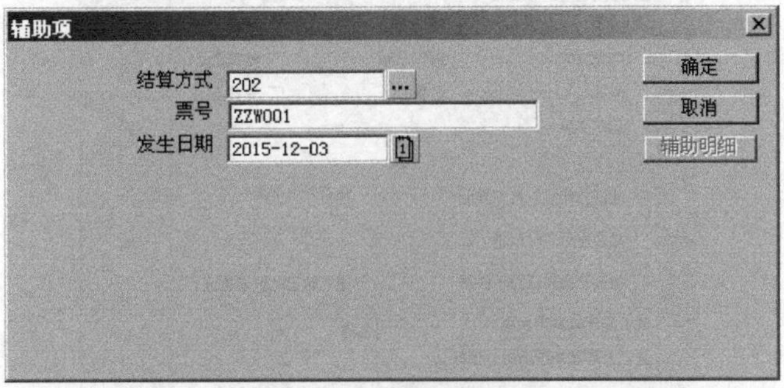

图 4-10　银行科目辅助项录入

(5) 在“外币”栏录入金额“10 000”后回车，借方金额自动计算得出结果。

(6) 回车自动转到下一行，摘要栏信息自动复制填入，录入科目名称“实收资本”，贷方金额“63 600”，如图 4-11 所示。全部输入完毕后，单击工具栏上的“保存”按钮，弹出对话框显示“凭证已成功保存”。如果想修改辅助内容，可以直接在凭证界面下方对应的辅助栏中双击。

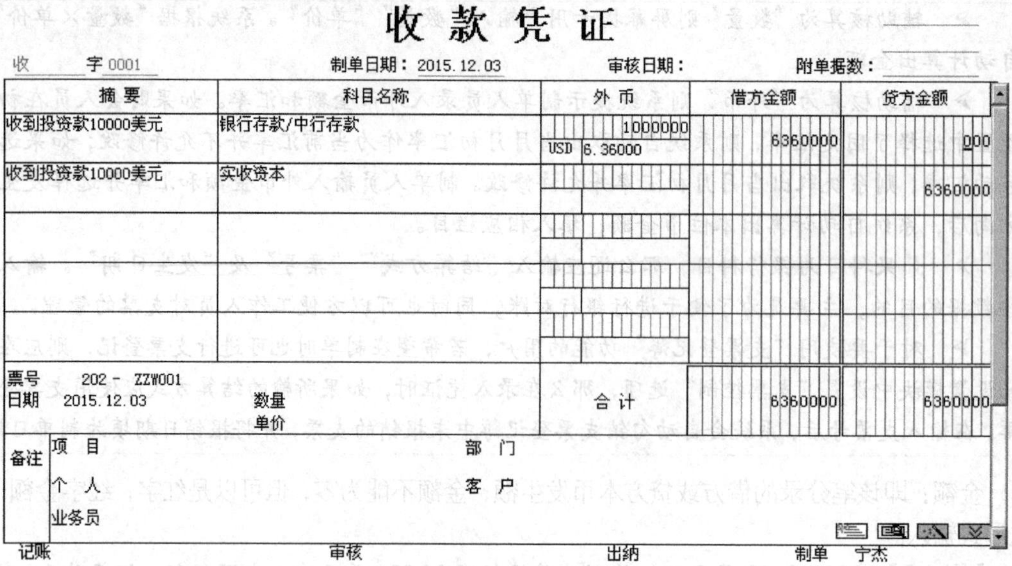

图 4-11　外币核算凭证

小贴士

➢ 系统自动取当前业务日期为记账凭证填制的日期，可修改。

➢ 如果使用了应收管理系统来管理所有客户往来业务，那么所有与客户发生的业务，都应在应收款管理系统中生成相应的凭证，而不能在“填制凭证”功能中制单。如果使用了应付款管理系统来管理所有供应商往来业务，那么所有与供应商发生的业务，都应在应付款管理系统中生成相应的凭证。

➢ 每笔分录的借方或贷方金额不能为零，如果方向不符，可按空格键调整余额方向。

➢ 为简化凭证的录入工作，软件提供“凭证选项设置”功能。在“填制凭证”界面，单击“工具”｜“选项”菜单，弹出“凭证选项设置”对话框，如图 4-12 所示，根据需要进行设置。

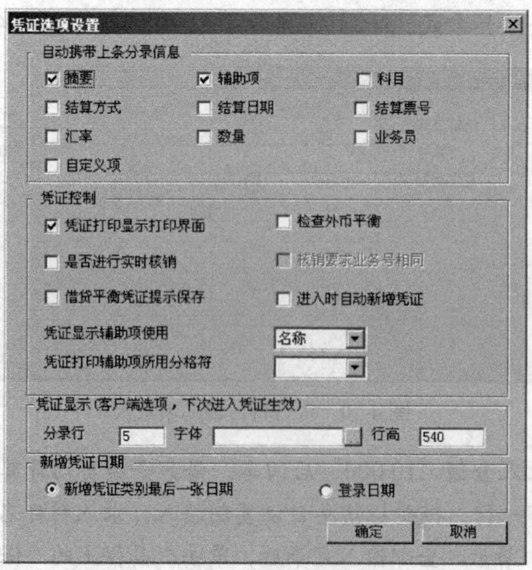

图 4-12　“凭证选项设置”对话框

2. 修改凭证

在填制凭证的过程中，可通过翻页查找或输入查询条件，找到要修改的凭证，将光标移到需修改的地方进行修改即可。可修改的内容包括摘要、科目、辅助项、金额及方向、增删分录等。

（1）凭证的无痕迹修改。所谓无痕迹，即不留下任何曾经修改的线索和痕迹，也就是调出原已录入的凭证，直接修改其中的内容。

有两种状态下的错误凭证可进行无痕迹修改：一是凭证输入后，还未审核或审核未通过，此时可利用凭证的编辑输入功能直接由制单人进行修改；二是凭证虽已通过审核，但还未记账，此时应首先由凭证审核人员取消审核，再利用凭证的编号输入功能由制单人进行修改。

（2）凭证的有痕迹修改。所谓有痕迹修改，即留下曾经修改的线索和痕迹，也就是以红字冲销或补充登记的方法来修改凭证中的错误。

对已记账的错误凭证，可以采用类似手工操作中的红字冲销法和补充登记法的方法进行修改。红字冲销法是将错误凭证采用增加一张红字凭证全额冲销，然后再编制一张正确的蓝字凭证进行更正。补充登记法是将原错误凭证少计金额再按原有分录模式填制一张凭证，补充少计的差额。

使用了红字冲销和蓝字补充的方法而增加的凭证，应视同正常凭证，并对其进行保存和管理。在补充增加的凭证上必须注明原凭证的编号，以明确这一凭证与原业务的关系。实际工作中，尽可能地采用红字冲销法进行修改。

小贴士

> ➤ 当录入的辅助核算信息错误时，可将鼠标移动到辅助信息显示栏上，在鼠标显示为笔形状态时双击，在弹出的“辅助信息录入”对话框中进行修改。
>
> ➤ 凭证一旦保存，其凭证类别、凭证编号将不能修改。
>
> ➤ 外部系统传过来的凭证不能在总账管理系统中进行修改，只能在生成该凭证的系统中进行修改。
>
> ➤ 若已采用制单序时控制，则在修改制单日期时，不能在上一张凭证的制单日期之前。
>
> ➤ 如果涉及银行科目的分录已录入支票信息，并对该支票做过报销处理，修改操作将不影响“支票登记簿”中的内容。

3. 查询凭证

凭证查询是指按照给定的条件查找满足条件的凭证，并在屏幕上显示出来，包括对未记账凭证的查询和对已记账凭证的查询。

在“UFIDA ERP-U8”窗口中选择“业务工作”中的“财务会计”｜“总账”｜“凭证”｜“查询凭证”双击，打开“查询凭证”设置窗口，输入有关查询条件后，单击“确定”按钮，将显示符合条件的凭证。

4. 作废及整理凭证

当某张凭证不再需要或出现不可修改的错误时，可以将该凭证作废删除。

（1）凭证作废。在日常操作过程中，若遇到非法凭证需要作废时，可以使用“作废/恢复”功能，将这些凭证作废。

操作步骤如下。

① 在“填制凭证”对话框中，单击按钮查询定位要作废的凭证。

② 单击“制单”菜单中的“作废/恢复”子菜单，系统将在凭证的左上角自动添加“作废”字样，如图 4-13 所示。

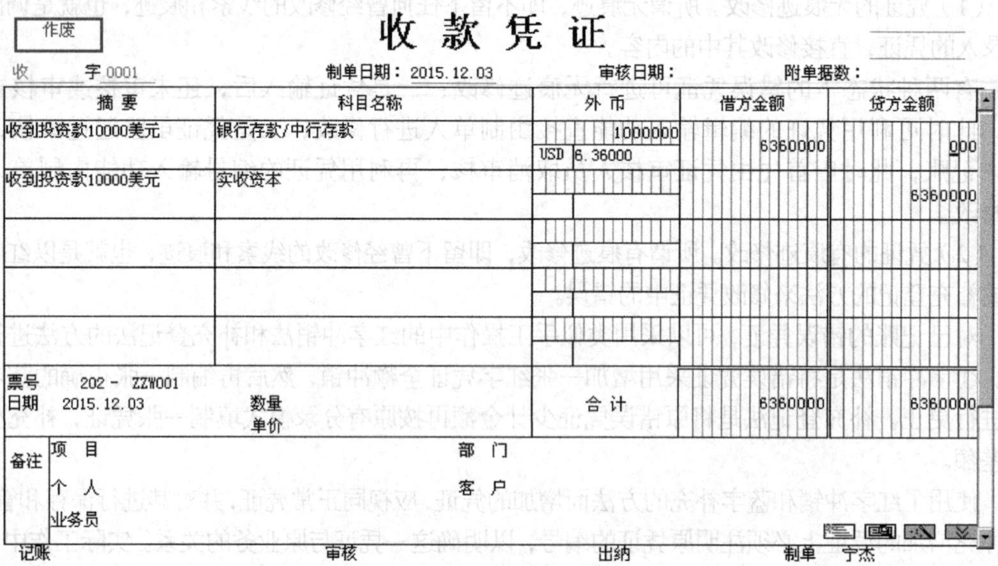

图 4-13　作废凭证

小贴士

➢ 账簿查询时，找不到作废凭证的数据。

➢ 若当前凭证已作废，可选择“制单”菜单中的“作废/恢复”选项，取消作废标志，并将当前凭证恢复为有效凭证。

➢ 作废凭证不能修改，也不能审核。

➢ 作废凭证仍保留原有的凭证内容及编号，只显示“作废”字样。

（2）凭证删除。凭证整理就是删除作废凭证，并对未记账凭证重新编号。若本月已有凭证记账，则本月最后一张已记账凭证之前的凭证将不能做凭证整理，只能对其后面的未记账凭证做凭证整理。若想做凭证整理，应先利用“恢复记账前状态”功能中的恢复本月月初的记账前状态，再做凭证整理。

【例 4-6】 将上例中的作废凭证从系统中彻底删除。

操作步骤如下。

(1) 在“填制凭证”对话框中单击“制单”菜单中的“整理凭证”子菜单，系统弹出“凭证期间选择”对话框，选择作废凭证所在的期间。

(2) 单击“确定”按钮，进入“作废凭证表”对话框，对确实要删除的凭证，在作废凭证信息的“删除？”栏中双击添加删除标志“Y”，如图 4-14 所示。

(3) 单击“确定”按钮，系统进行作废凭证删除处理后，显示“是否还需要整理凭证断号”提示对话框，单击“是”按钮，系统自动完成未记账凭证的凭证号重排。

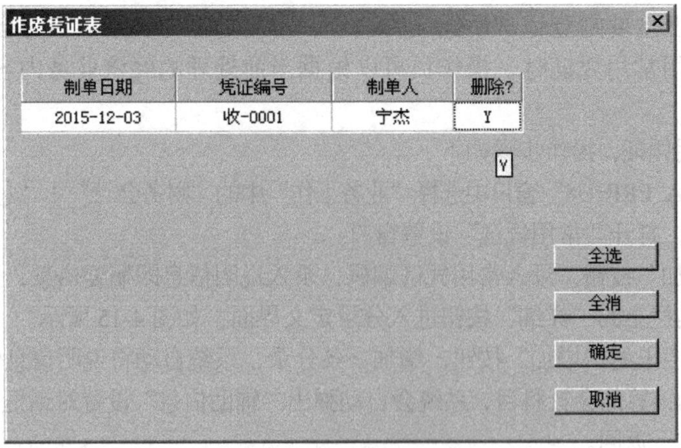

图 4-14 删除凭证

5. 常用摘要

企业在处理日常业务数据时，在输入单据或凭证的过程中，因为业务的重复性发生，经常会有许多摘要完全相同或大部分相同。如果将这些常用摘要存储起来，在输入单据或凭证时随时调用，必将大大提高业务处理效率。调用常用摘要可以在输入摘要时直接输入摘要代码或按 F2 键，也可以参照输入。

定义常用摘要主要是对摘要编码、摘要内容、相关科目进行定义。

常用摘要编码：用以标识某条常用摘要。在制单中录入摘要时，用户只要在摘要区输入该常用摘要的编码，系统即自动调入该摘要正文和相关科目。

常用摘要内容：结合本单位的实际情况和经济业务的性质，简要说明发生的经济业务的主要内容。

相关科目：如果某条常用摘要对应某科目，则可以在此输入，在调用常用摘要的同时，对应科目也将被一同调入，以提高录入速度。

操作步骤如下。

（1）以制单员的身份注册登录“企业应用平台”。

方法一：在“UFIDA ERP-U8”窗口中选择“基础设置”中的“基础档案”|“其他”|“常用摘要”双击，打开“常用摘要”设置窗口。

方法二：在“UFIDA ERP-U8”窗口中选择“业务工作”中的“财务会计”|“总账”|“凭证”|“填制凭证”双击，打开“填制凭证”设置窗口。单击工具栏上的“增加”按钮激活新凭证录入，将光标定位在“摘要”栏，单击“参照录入”按钮，弹出“常用摘要”设置窗口。

（2）单击“增加”按钮，录入摘要编码、摘要内容及相关科目。

（3）录入完毕后，单击工具栏上的“退出”按钮结束常用摘要的设置。

6. 常用凭证

在企业日常的经济业务中，许多业务经常重复发生，如从银行提取现金、对外销售产品、购买办公用品等。反映这些业务的会计凭证的分录格式一致，不同的仅仅是发生额，为方便这类凭证的输入，可以预先定义这类凭证的分录格式，即常用凭证，使用时直接调用，以提高凭证填制速度。

定义常用凭证主要是登记常用凭证的编号、常用凭证的类别、借方会计科目以及贷方会计科目。在调用常用凭证时，操作员可以根据当前处理的经济业务内容直接使用或修改后使用。

（1）定义常用凭证，操作步骤如下。

① 在“UFIDA ERP-U8”窗口中选择“业务工作”中的“财务会计”|“总账”|“凭证”|“常用凭证”双击，打开“常用凭证”设置窗口。

② 单击“增加”按钮，录入常用凭证编码，录入说明信息即摘要信息，选择凭证类别，录入完毕后单击工具栏上的“详细”按钮进入分录定义界面，如图 4-15 所示。

③ 单击工具栏上的“增加”按钮，增加一条分录，系统自动将说明信息作为摘要信息填入摘要栏内。有辅助核算的会计科目，系统会自动弹出“辅助信息”设置对话框，选择对应的辅助核算后单击“确定”返回。

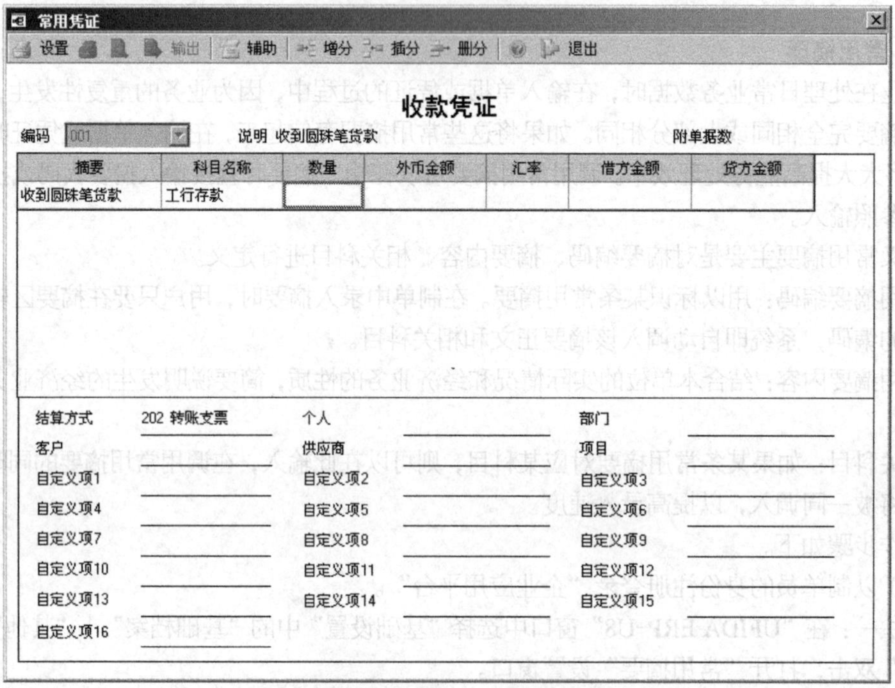

图 4-15　常用凭证分录定义界面

④ 重复上一步操作，进行多条分录的设置。

⑤ 单击“退出”按钮返回“UFIDA ERP-U8”窗口。

（2）调用常用凭证，操作步骤如下。

① 在“UFIDA ERP-U8”窗口中选择“业务工作”中的“财务会计”|“总账”|“凭证”|“填制凭证”双击，打开“填制凭证”设置窗口。

② 单击“制单”菜单中的“调用常用凭证”子菜单，弹出“调用常用凭证”对话框。

③ 直接录入或参照录入常用凭证代码后，单击“确定”按钮，系统自动增加一张新凭证。

④ 将常用凭证中的制单日期、金额、附件张数等根据新业务进行修改，如有辅助信息，将鼠标移动到辅助信息显示栏上，在鼠标显示为笔形状态时双击，在弹出的“辅助信息录入”对话框中进行修改，最后单击“保存”按钮对所增加的凭证进行保存。

4.3.2 审核凭证

审核凭证是审核员按照财会制度，对制单员填制的记账凭证进行检查核对，主要审核记账凭证是否与原始凭证相符、会计分录是否正确等。审查认为错误或有异议的凭证，应打上出错标记，同时可写明出错原因并交由填制人员修改后，再审核。只有具有审核凭证权限的人才能使用本功能。

小贴士

➢ 审核人和制单人不能是同一个人。

➢ 若想对已审核的凭证取消审核，单击“取消”按钮即可。取消审核签字只能由审核人自己进行。

➢ 凭证一经审核，就不能被修改或删除；只有被取消审核签字后才可以进行修改或删除。

➢ 作废凭证不能被审核或标错。

➢ 已标错的凭证不能被审核；若想审核，需先取消标错。已审核的凭证不能标错。

➢ 若企业采用将输入计算机的凭证通过打印机输出为纸质凭证进行审核，审核全部通过后，可在“审核凭证”对话框中单击“审核”菜单中的“成批审核凭证”子菜单项，一次性完成所有待审凭证的审核。

1. 凭证审核的方法

（1）静态屏幕审核法。静态屏幕审核法是指计算机一次将未审核的凭证显示在屏幕上，由审核员通过目测等方式对已输入的凭证进行检查，若审核员发现凭证填制有误或认为有异议，应予以标错并交由制单人修改后重新审核；若审核员认为没有差错，则单击“签字”按钮进行审核签字，表明已审核通过。这种方法受操作员熟练程度的影响较大，而且长时间目测会引起疲劳，影响审核质量和效率。

在企业实际业务处理时，往往是先将凭证打印出来，通过对纸质凭证进行审核后，再在总账处理系统中执行批量审核功能对计算机系统内的凭证进行一次性审核处理。

（2）二次录入校验法。二次录入校验法是由不同的操作员将同一笔业务重复输入两次，再通过计算机比较两次录入的结果，判定凭证是否正确的一种审核方法。采用这种方法可以检查出多输或漏输的凭证、数据不一的凭证等。用这种方法检查凭证效率高，但是输入时间花费较多。

操作步骤如下。

① 以审核员的身份注册登录“企业应用平台”，在“UFIDA ERP-U8”窗口中选择“业务工作”｜“财务会计”｜“总账”｜“凭证”｜“审核凭证”双击，打开“凭证审核”范围选择对话框，保持默认选项，单击“确定”按钮，进入“凭证审核”方式选择对话框。

② 在“凭证审核”方式选择对话框中选择要进行审核的凭证，然后单击“对照式审核”按钮，弹出“凭证审核”对话框，如图4-16所示。

③ 根据原始凭证，录入第一条分录信息，单击“增加”按钮，系统自动对当前分录进行对照式检查，并将对照结果显示在“对照结果”栏中。如果对照结果一致，显示“Y”，并自动增加一条分录等待录入信息；如果对照结果不一致，则显示“X”，不能增加新分录，要求操作员对录入的信息进行检查。

④ 如果对照检查结果不一致，可单击“对照检查”按钮（或按F2键），系统将自动进行检查，并显示“审核检查对照表”对话框。

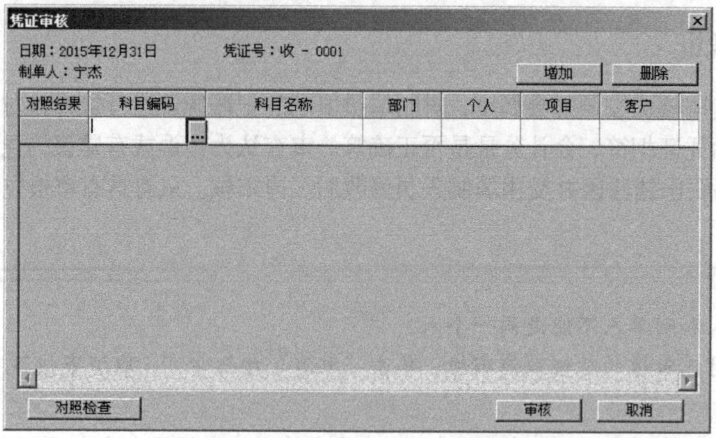

图 4-16 “凭证审核”对话框

⑤ 如果经检查确属原凭证填制错误，可直接退回到“凭证审核”方式选择对话框，重新选择下张凭证进行审校；如果检查结果相符，可单击“审核”按钮（或按 F5 键）完成审核签字，系统自动进入下张凭证审核录入界面，操作员可按第 3~5 步的方式完成对其他凭证的审核。凭证审核完毕后，退回到“凭证审核”方式选择对话框，此时会发现通过审核的凭证在“审核人”栏中添加了审核人姓名“宁杰”，未通过审核的凭证“审核人”栏为空。

⑥ 单击“取消”按钮，结束本次审核操作。

2. 取消审核

如果发现已审核的凭证有误，在未记账的情况下，可通过系统提供的取消审核签字功能，将审核签字取消。

具体步骤如下。

（1）以审核员的身份注册登录“企业应用平台”，在“UFIDA ERP-U8”窗口中选择“业务工作”|“财务会计”|“总账”|“凭证”|“审核凭证”双击，打开“凭证审核”范围选择对话框。

（2）保持默认选项，单击“凭证审核”范围选择对话框中的“确定”按钮，进入“凭证审核”方式选择对话框。

（3）在“凭证审核”方式选择对话框中选择要取消审核的凭证，然后单击“取消审核”按钮，“审核人”栏中的签字人姓名被取消。

（4）单击“取消”按钮，结束取消审核签字操作。

小贴士

> ➢ 取消审核签字只能由审核人自己进行。
>
> ➢ 如果要取消所有凭证的审核签字，系统提供了成批取消签字功能，可通过此功能将所有已审核签字而未记账的凭证取消签字。

4.3.3 出纳签字

出纳签字由于涉及企业现金的收入与支出，应加强对出纳凭证的管理。出纳人员可通过出纳签字功能对制单员填制的带有“库存现金”、“银行存款”科目的凭证进行检查核对，主要核对出纳凭证的出纳科目的金额是否正确，审查认为错误或有异议的凭证，应交由填制人员修改后再核对。因此，出纳签字可视为一种特殊的凭证审核操作。

在使用出纳签字功能时，应首先在会计科目指定处理时，指定出纳签字科目，并在系统管理中赋予出纳签字权限，这样才能进行出纳签字；其次在系统“选项”中选择系统控制参数“出纳凭证必须经由出纳签字”，这样出纳凭证才需要进行出纳签字。

【例 4-7】 以出纳员的身份登录系统，对出纳凭证进行出纳审核签字。

(1) 以出纳员的身份注册登录“企业应用平台”，在“UFIDA ERP-U8”窗口中选择“业务工作”|“财务会计”|“总账”|“凭证”|“出纳签字”双击，打开“出纳签字”范围选择对话框。

(2) 选择要查询全部、作废凭证或有错凭证，三者任选其一。选择凭证的来源，为空表示所有系统的凭证。在此保持默认，单击“确认”按钮，显示出纳签字凭证列表，如图 4-17 所示。

凭证共 12张　已签字 0张　未签字 12张　◉ 凭证号排序　○ 制单日

制单日期	凭证编号	摘要	借方金额合计	贷方金额合计	制单人	签字人	系统名	备注
2015-12-3	收 - 0001	收到投资款	63,600.00	63,600.00	宁杰			
2015-12-6	收 - 0002	收到力宏公司货款	99,600.00	99,600.00	张丽			
2015-12-10	收 - 0003	报销差旅费	2,000.00	2,000.00	张丽			
2015-12-20	收 - 0004	销售圆珠笔	327,600.00	327,600.00	张丽			
2015-12-22	收 - 0005	收到货款	58,000.00	58,000.00	张丽			
2015-12-1	付 - 0001	购买办公用品	200.00	200.00	宁杰			
2015-12-2	付 - 0002	孔芳提现	10,000.00	10,000.00	宁杰			
2015-12-5	付 - 0003	采购笔芯	50,000.00	50,000.00	宁杰			
2015-12-8	付 - 0004	支付招待费	1,200.00	1,200.00	张丽			
2015-12-11	付 - 0005	购进电脑	32,000.00	32,000.00	张丽			
2015-12-12	付 - 0006	预付采购款	2,000.00	2,000.00	张丽			
2015-12-26	付 - 0007	支付欠款	9,360.00	9,360.00	张丽			

图 4-17　出纳签字凭证列表

(3) 双击凭证列表中的任意一张凭证进入“出纳签字”检查签字界面，对需进行出纳签字的凭证通过单击▶按钮逐一审查。通过审查后，单击工具栏上的“签字”按钮进行出纳签字，如图 4-18 所示；也可以选择批处理下的“成批出纳签字”进行批量签字。

图 4-18　出纳签字

（4）出纳签字完成后，单击工具栏上的“退出”按钮返回出纳签字凭证列表，单击“取消”按钮结束本次出纳签字操作。

小贴士

> ➢ 凭证一经签字，就不能被修改或删除，只有取消签字后才可以进行修改或删除。
> ➢ 取消出纳签字只能由出纳员本人进行。
> ➢ 已记账的凭证需要先取消记账，才能取消出纳签字。

4.3.4 主管会计签字

为了加强对会计人员制单的管理，有的企业要求所有的记账凭证必须经由主管会计签字后，才能进行记账处理，总账处理系统中也提供了此项控制要求。

在使用主管会计签字功能时，应首先在系统“选项”中选择系统控制参数“凭证必须经由主管会计签字”，这样凭证才必须由主管会计签字。

小贴士

> ➢ 是否需要主管会计签字，通过系统“选项”中的“凭证必须经由主管会计签字”选项设置来设置。
> ➢ 凭证一经签字，就不能被修改或删除，只有取消签字后才可以进行修改或删除。
> ➢ 取消签字必须由签字人本人进行。

4.3.5 记账

记账是以会计凭证为依据，将经济业务全面、系统、连续地记录到具有账户基本结构的账簿中去的一种方法。

在手工方式下，记账是由会计人员根据已审核的记账凭证及所附的原始凭证逐笔或汇总后登记有关的总账和明细账。

在信息化方式下，记账是由有记账权限的操作员发出记账指令，由计算机按照预先设计的记账程序自动进行合法性检查、科目汇总、登记账簿等。

1. 记账处理过程

记账凭证经审核及出纳签字后，即可进行登记总账、明细账、日记账及往来账等操作。ERP-U8 系统记账采用向导方式，使记账过程更加明确。记账工作由计算机自动进行数据处理，无需人工干预。大体过程可划分为以下几个方面。

（1）记账范围选择：记账前，首先列出各期间尚未记账凭证的清单，要求用户选择记账月份、类别、凭证号范围等，其中记账月份不能为空。

（2）合法性检验：首先要检验记账凭证是否有不平衡的情况。若发现有借贷不平的凭证，系统会将该凭证的类别和凭证号显示出来。当所有选择范围内的凭证检验通过后，就可进行下一步工作。

（3）保护记账前状态：记账前，为防止记账过程中出现意外，系统自动进行数据备份，保存记账前数据。记账过程中一旦出现诸如停电等意外，系统立即停止记账并自动利用备份文件将系统数据恢复到记账前的状态，然后重新进行记账。

（4）记账：系统完成上述工作后，就转入自动记账阶段。自动记账分为以下 4 个环节。

① 更新记账凭证文件，将经过审核的未记账凭证从临时凭证数据库文件转入历史数据库文件中，使之正式形成系统的基础数据。

② 更新科目汇总表文件，对记账凭证按科目进行汇总，更新“科目汇总表文件”相应科目的发生额，并计算余额。

③ 更新有关辅助账数据库文件。

④ 将临时凭证数据库文件中已记账的凭证删除，以防止重复记账。

【例 4-8】 以操作员宁杰的身份注册登录“企业应用平台”，对前面已审核的凭证进行记账操作。

操作步骤如下。

(1) 以操作员宁杰的身份注册登录“企业应用平台”，在“UFIDA ERP-U8”窗口中选择“业务工作”|“财务会计”|“总账”|“凭证”|“记账”双击，打开“记账”范围选择对话框。

(2) 在“记账范围”栏中可手工输入，也可单击“全选”按钮选择所有凭证，如图 4-19 所示。

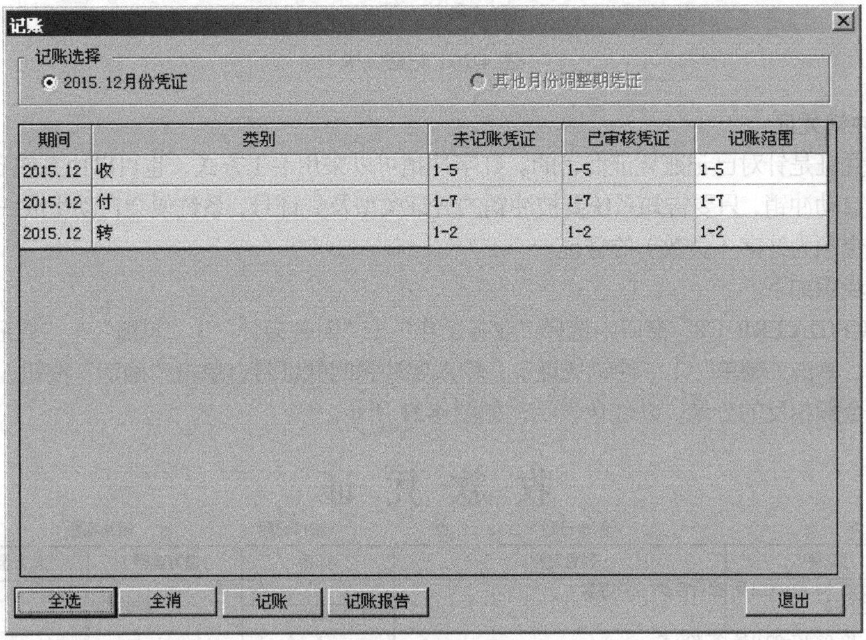

图 4-19 选择记账范围

(3) 单击“记账”按钮，系统首先对期初数据进行试算平衡检查，并以“期初试算平衡表”显示检查结果。

(4) 单击“确定”按钮，系统开始记账，并显示记账进程。系统记账完毕后，显示提示对话框，如图 4-20 所示。

小贴士

- 在第一次记账时，若期初余额试算不平衡，系统将不允许记账。
- 所选范围内的凭证如有未审核凭证，系统提示是否只记已审核凭证或重选记账范围。
- 上月未结账，本月不能记账。

图 4-20　记账完毕

2. 冲销凭证

冲销凭证是针对已记账凭证而言的。红字冲销可以采用手工方式，也可以由系统自动生成。如果采用自动冲销，只要告知系统要被冲销的凭证类型及凭证号，系统便会自动生成一张与该凭证相同但金额为红字（负数）的凭证。

操作步骤如下。

在“UFIDA ERP-U8”窗口中选择“业务工作”|“财务会计”|“总账”|“凭证”|“填制凭证”，单击“制单”|“冲销凭证”，输入要冲销的凭证号，单击“确定”按钮，会出现与原来分录金额相反的分录，以红色表示，如图 4-21 所示。

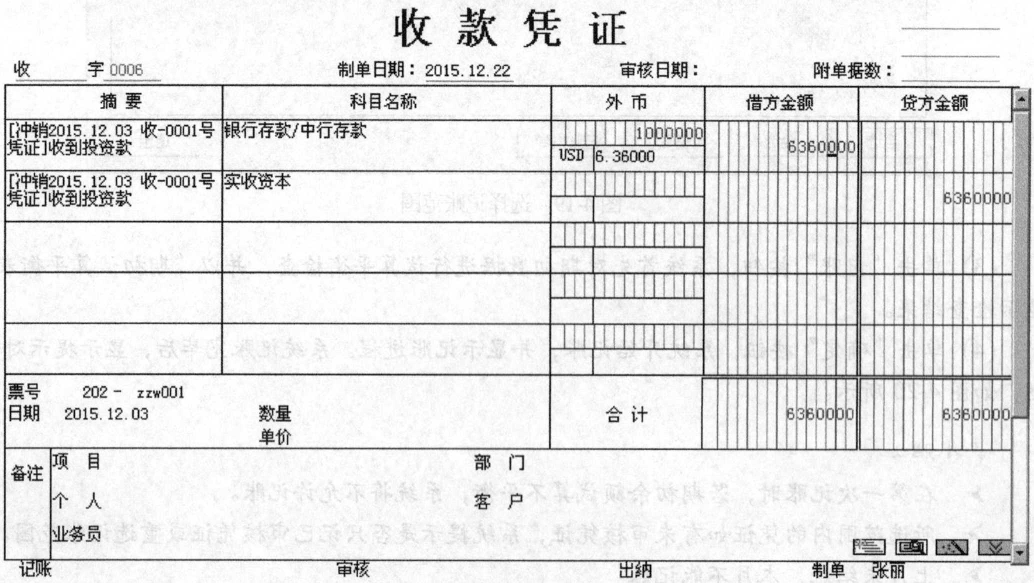

图 4-21　红字冲销

冲销凭证是制作一张与原凭证相同，但金额相反，将原凭证冲销为零的凭证。

3. 取消记账

在记账过程中，可能会出现一些特殊情况，需要对已记账凭证取消记账。但此项功能需慎重操作，需要有主管权限的人才能操作。

【例 4-9】 账套主管宁杰对 2015 年 12 月份已记账凭证进行取消记账操作。

操作步骤如下。

(1) 以账套主管宁杰的身份注册登录“企业应用平台”，在“UFIDA ERP-U8”窗口中选择“业务工作”|“财务会计”|“总账”|“期末”|“对账”双击，打开“对账”对话框。

(2) 在“对账”对话框中按 Ctrl＋H 组合键激活“恢复记账前状态”功能，并显示状态信息。

(3) 返回“UFIDA ERP-U8”窗口选择“业务工作”|“财务会计”|“总账”|“凭证”|“恢复记账前状态”双击，打开“恢复记账前状态”对话框，如图 4-22 所示。

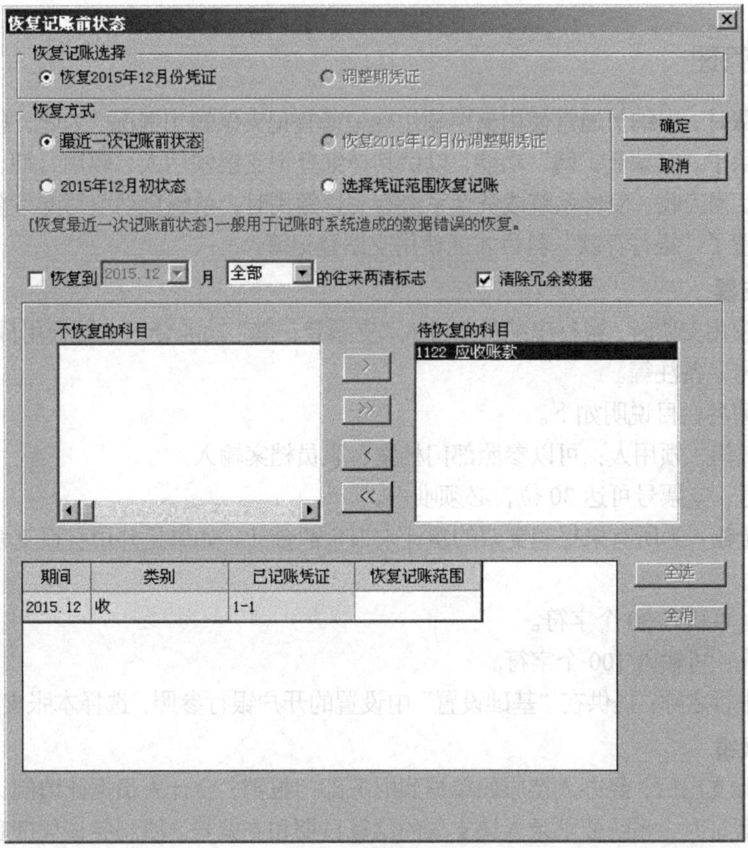

图 4-22 取消记账

(4) 修改恢复方式为“2015 年 12 月初状态”，单击“确定”按钮，按要求输入账套主管口令。系统自动完成取消记账操作。

小贴士

➢ 取消记账只能由账套主管进行。

➢ 已结账月份不能恢复记账前状态，需要先取消结账，才能取消记账。

思考

1．如果本月已记账完毕，月末发现某张记账凭证科目或金额有错误，如何修改？

2．如果出纳登录进行出纳签字，系统提示“没有符合条件的凭证”，可能是由什么原因造成的？

4.4 出纳管理

出纳主要负责现金和银行存款的管理。出纳管理是财务会计核算管理中最基本、最主要的功能之一，其主要功能包括：查询和打印现金日记账、银行存款日记账和资金日报；对收付款凭证进行审核和签字；登记和管理支票登记簿；录入银行对账单，进行银行对账，输出余额调节表。

4.4.1 支票管理

在手工记账时，出纳员通常使用支票领用登记簿登记支票领用情况。为此，总账管理系统特意为出纳员提供了“支票登记簿”功能，以供其详细登记支票领用人、领用日期、支票用途、是否报销等情况。当应收、应付系统或资金系统有支票领用时，系统自动填写支票登记簿。只有在会计科目中设置了“银行存款”科目才能使用支票登记簿。

1．领用支票

企业人员领用支票时，银行出纳员须进入“支票登记簿”功能登记支票领用日期、领用部门、领用人、支票号、备注等。

支票登记簿各栏目说明如下。

- 领用部门、领用人：可以参照部门档案、职员档案输入。
- 支票号：支票号可达 30 位，必须唯一。
- 预计金额：为所有未报销支票的预计未报金额合计。如果是外币科目支票登记，则显示外币金额。
- 用途：可输入 30 个字符。
- 收款人：可输入 100 个字符。
- 付款银行名称：提供在“基础设置”中设置的开户银行参照，选择本张支票的付款银行。

2．支票报销

当支票实际支出后，经办人持原始单据到财务部门报销，会计人员据此填制记账凭证。当在系统中录入该凭证时，系统要求录入该支票的结算日期和支票号。填制完该凭证后，系统会自动在支票登记簿中的支票报销日期处进行日期登记。

小贴士

- 报销日期不能在领用日期之前。支票登记簿中的“报销日期”栏一般是由系统自动填写的，但对于有些已报销而由于人为原因造成系统未能自动填写报销日期的支票，可进行手工填写，将光标移到“报销日期”栏，写上报销日期即可。
- 实际金额即实际报销金额。如果是外币科目支票登记，则显示外币金额。
- 将光标移到需要修改的数据项上可直接修改支票登记簿内容。

> ➢ 支票登记簿中“报销日期”栏为空时，表示该支票未报销；否则，系统认为该支票已报销。
>
> ➢ 已报销的支票不能进行修改。若想取消报销标志，只需将光标移到报销日期处，按空格键后删掉报销日期即可。

4.4.2 银行对账

由于每个企业的银行存款收付业务都比较频繁，而且企业与银行之间的账务处理和入账时间不一致，往往会发生双方账面记录不一致的情况，产生未达账项。为了防止记账发生差错，准确掌握银行存款的实际金额，了解企业可以运用的货币资金余额，企业必须定期将企业的银行存款日记账和银行对账单进行核对，并编制银行存款余额调节表，这就是银行对账。

为辅助企业出纳人员完成银行对账工作，账务系统提供了银行对账功能，即将系统登记的银行存款日记账和银行对账单进行核对。凡在会计科目设置时设置为“银行存款”的会计科目均可以进行银行对账。为了保证银行对账的正确性，在使用“银行对账”功能进行对账之前，必须在开始对账的月初先将银行存款日记账与银行对账单的未达账项录入系统，即将利用计算机总账处理系统进行对账前手工对账所编制的最后一张银行存款余额调节表录入计算机系统。

银行对账工作包括银行对账期初余额录入、录入银行对账单、对账、编制银行对账余额调节表、核销已达账项等。

1. 银行对账期初录入

为了确保银行对账的准确性和连续性，第一次使用银行对账功能之前，系统要求先进入初始对账，即在开始对账的月初先将单位的银行存款日记账与银行对账单的未达账项录入或导入系统，期初调整结束后余额平衡。

【例 4-10】 以操作员孔芳的身份注册登录 806 账套，录入山东创新笔业有限公司的银行对账期初未达账项。

对账单余额方向为借方，启用日期为 2015 年 12 月 1 日，工行人民币户企业日记账调整前期初余额为 511 057.16 元，银行对账单调整前余额为 533 829.16 元，未达账项一笔，系 2015 年 11 月 7 日银行已付企业未付款 15 000 元，直接以现金结算。

操作步骤如下。

(1) 以操作员孔芳的身份注册登录“企业应用平台”，在“UFIDA ERP-U8”窗口中选择“业务工作”|“财务会计”|“总账”|“出纳”|“银行对账”|“银行对账期初录入”双击，打开“银行科目选择”对话框，选择“工行存款”后，单击“确定”按钮。

(2) 在“银行对账期初”录入界面，首先录入“单位日记账”和“银行对账单”的调整前余额“511 057.16”和“533 829.16”，如图 4-23 所示。

(3) 单击“对账单期初未达项”按钮，进入“银行方期初”窗口，通过单击“增加”按钮，录入 2015 年 11 月 7 日银行已付企业未付款 22 772 元。

(4) 录入完成后，双方平衡，单击“保存”按钮，再单击“退出”按钮，结束银行对账期初未达账项的录入。

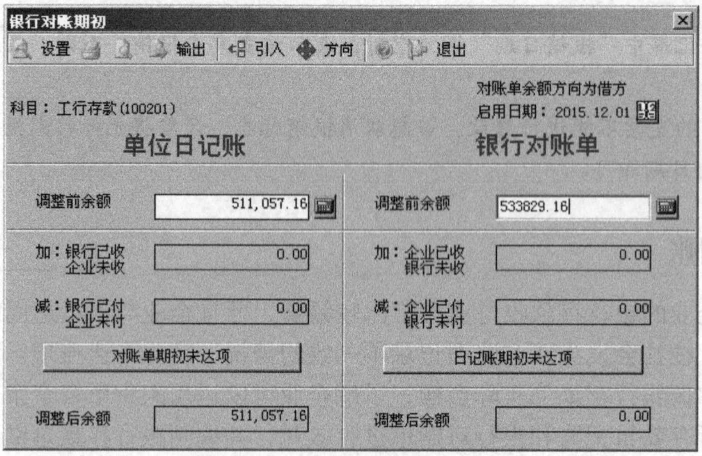

图 4-23 “银行对账期初”录入界面

小贴士

➢ 单击“启用日期参照”按钮可以调整银行账户的启用日期。

➢ 录入的银行对账单、单位日记账的期初未达项的发生日期不能大于或等于此银行科目的启用日期。

➢ 若某银行科目已进行过对账，在期初未达项录入中，对于已核对或勾销的记录不能再修改。

➢ 银行对账单余额方向为借方时，借方发生表示银行存款增加，贷方发生表示银行存款减少；反之，借方发生表示银行存款减少，贷方发生表示银行存款增加。系统默认银行对账单余额方向为借方，单击“方向”按钮可调整银行对账单的余额方向。已进行过银行对账的银行科目不能调整银行对账单的余额方向。

2. 录入银行对账单

银行定期向单位传递对账单，用户须按期录入银行对账单。逐笔输入银行对账单的工作通常由单位出纳人员完成。

录入的银行对账单主要包括业务日期、结算凭证类型、凭证号、业务金额等内容，其中结算凭证号与业务金额是系统自动对账所必需的，录入时必须仔细，防止因录入错误而使系统出现对账异常状况。

银行对账单也可以是银行提供的电子文档，可以直接导入系统中，减少出纳人员的录入工作量和出错的可能性。

【例 4-11】 以操作员孔芳的身份注册登录 806 账套，录入银行对账单数据如表 4-2 所示。

表 4-2　　2015 年 12 月银行对账单

日期	结算方式	票号	借方金额	贷方金额
2015.12.03	201	XJ001		10 000
2015.12.06	202	ZZR001		50 000
2015.12.10	202	ZZR002	99 600	

操作步骤如下。

(1) 以操作员孔芳的身份注册登录“企业应用平台”，在“UFIDA ERP-U8”窗口中选择“业

务工作”|“财务会计”|“总账”|“出纳”|“银行对账”|“银行对账期单”双击，打开“银行科目选择”对话框，选择“工行存款”后，录入对账月份，单击“确定”按钮。

(2) 进入“银行对账单”录入窗口，单击“增加”按钮，录入对账单数据，如图 4-24 所示。

银行对账单

科目：工行存款(100201)　　　　对账单账面余额:573,429.16

日期	结算方式	票号	借方金额	贷方金额	余额
2015.12.03	201	XJ001		10,000.00	523,829.16
2015.12.06	202	ZZR001		50,000.00	473,829.16
2015.12.10	202	ZZR002	99,600.00		573,429.16

图 4-24 “银行对账单”录入

(3) 单击“保存”按钮后，关闭“银行对账单”录入窗口，结束银行对账单的录入工作。

小贴士

- 只需录入发生日期、结算方式、票号和借方与贷方金额，系统自动计算余额。
- 录入过程中，可通过 Enter 键增加新记录。

3. 银行对账

银行对账是指将企业的银行存款日记账与银行出具的对账单进行核对。银行与企业间由于记账时间不同或其他原因会形成一方已记录的账另一方未记录，这种一方已入账而另一方尚未入账的款项称为未达账项。未达账项一般有 4 种类型：银行已收企业未收、银行已付企业未付、企业已收银行未收、企业已付银行未付。

产生银行未达账项的根源是多方面的，主要有两类：一类是时间上的延误，如银行收到款项后未及时通知企业，形成银行已收企业未收未达账项；第二类是记录上的错误，如企业错把银行收款业务记到现金日记账上，形成银行已收企业未收未达账项。

银行对账的目的是通过将企业银行存款日记账与银行对账单进行核对，一方面找出经济业务相同的项进行核销，另一方面找出未达账项和造成未达账项的根源，避免不必要的错误。对于长期未对上账的未达账项，更应引起警惕。

银行对账采用自动对账与手工对账相结合的方式。

自动对账即由计算机自动在“单位银行对账文件”和“银行对账单文件”中寻找完全相同的经济业务进行核对或勾销。对账依据通常是“结算方式+结算号+方向+金额”或“支票号+金额”。对于已核对成功的银行业务，系统将自动在银行存款日记账和银行对账单上生成两清标志，并视为已达账项；否则，视其为未达账项。

手工对账是对自动对账的补充。采用自动对账后，可能还有一些特殊的已达账项没有对出来而被视为未达账项，为了保证对账的完全正确，可通过手工对账，人工进行调整勾销。

在下面 4 种情况中，只有第 1 种情况能自动核销已对账的记录，后 3 种情况均需通过手工对账来强制核销。

- 对账单文件中一条记录和银行日记账未达账项文件中一条记录完全相同。
- 对账单文件中一条记录和银行日记账未达账项文件中多条记录完全相同。
- 对账单文件中多条记录和银行日记账未达账项文件中一条记录完全相同。
- 对账单文件中多条记录和银行日记账未达账项文件中多条记录完全相同。

【例 4-12】 以操作员孔芳的身份注册登录 806 账套，对 2015 年 12 月份的经济业务进行对账，要求结算票号与结算日期相同。

操作步骤如下。

(1) 以操作员孔芳的身份注册登录“企业应用平台”，在“UFIDA ERP-U8”窗口中选择“业务工作”|“财务会计”|“总账”|“出纳”|“银行对账”|“银行对账”双击，打开“银行科目选择”对话框，选择“工行存款”后，录入对账月份，单击“确定”按钮，如图 4-25 所示。

(2) 进入“银行对账”窗口，单击“对账”按钮，弹出“自动对账”设置对话框。

(3) 根据例题要求选择“结算票号相同”与“结算方式相同”，然后单击“确定”按钮，如图 4-26 所示。

图 4-25 “银行对账选择”对话框

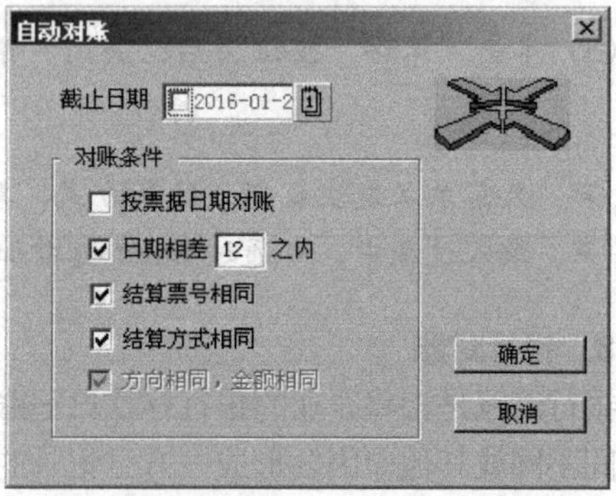

图 4-26 “自动对账”设置对话框

确定条件后系统自动开始对账，已达账项会自动在“两清”栏中显示圆圈标志，其所在行背景色变为淡黄色，如图 4-27 所示。

科目：100201 (工行存款)

单位日记账

票据日期	结算方式	票号	方向	金额	两清	凭证号数
2015.12.06	202	zzr002	借	99,600.00	○	收-0002
2015.12.20	202	zz006	借	327,600.00		收-0004
2015.12.22	202	zz007	借	58,000.00	○	收-0005
2015.12.02	201	XJ001	贷	10,000.00	○	付-0002
2015.12.05	202	zzr001	贷	50,000.00	○	付-0003
2015.12.08	202	zzr003	贷	1,200.00		付-0004
2015.12.11	202	zzr004	贷	32,000.00	○	付-0005
2015.12.12	202	zzr005	贷	2,000.00	○	付-0006
2015.12.26	202	zzr006	贷	9,360.00		付-0007

银行对账单

日期	结算方式	票号	方向	金额	两清
2015.12.03	201	XJ001	贷	10,000.00	○
2015.12.06	202	ZZR001	贷	50,000.00	○
2015.12.10	202	ZZR002	借	99,600.00	○
2015.12.12	202	ZZR003	贷	1,200.00	
2015.12.13	202	ZZR004	贷	32,000.00	○
2015.12.16	202	ZZR005	贷	2,000.00	○
2015.12.25	202	ZZ006	借	75,600.00	
2015.12.28	202	ZZ007	借	58,000.00	○

图 4-27 银行对账

(4) 在进行完对账后，需要进行平衡检查以确保对账结果正确，单击工具栏上的“检查”按钮，系统自动对对账结果进行检查，并显示检查结果。

(5) 如果对账不平，需要重新核对，直到平衡为止。如已平衡，关闭窗口，结束对账。

小贴士

- 取消两清标志可通过自动或手动方式完成。
- 如果未输入对账日期，则核对所有日期的账。

4. 编制银行存款余额调节表

在对银行进行两清核对与勾销后，计算机自动整理汇总未达账项和已达账项，生成银行存款余额调节表，以检查对账是否正确。如果余额调解表显示账面余额不平，应检查“银行期初录入”中的相关项目是否平衡、“银行对账单”录入是否正确、“银行对账”中的核对与勾销是否正确、对账是否平衡，如不正确应进行调整。

【例 4-13】 以操作员孔芳的身份注册登录 806 账套，查看 2015 年 12 月份工商银行的银行存款余额调节表。

操作步骤如下。

(1) 以操作员孔芳的身份注册登录“企业应用平台”，在“UFIDA ERP-U8”窗口中选择“业务工作”｜“财务会计”｜“总账”｜“出纳”｜“银行对账”｜“余额调节表查询”双击，打开“银行存款余额调节表”窗口。

(2) 选择要查看的存款银行“工商银行”，单击工具栏上的“查看”按钮，显示“银行存款余额调节表”对话框，如图 4-28 所示。

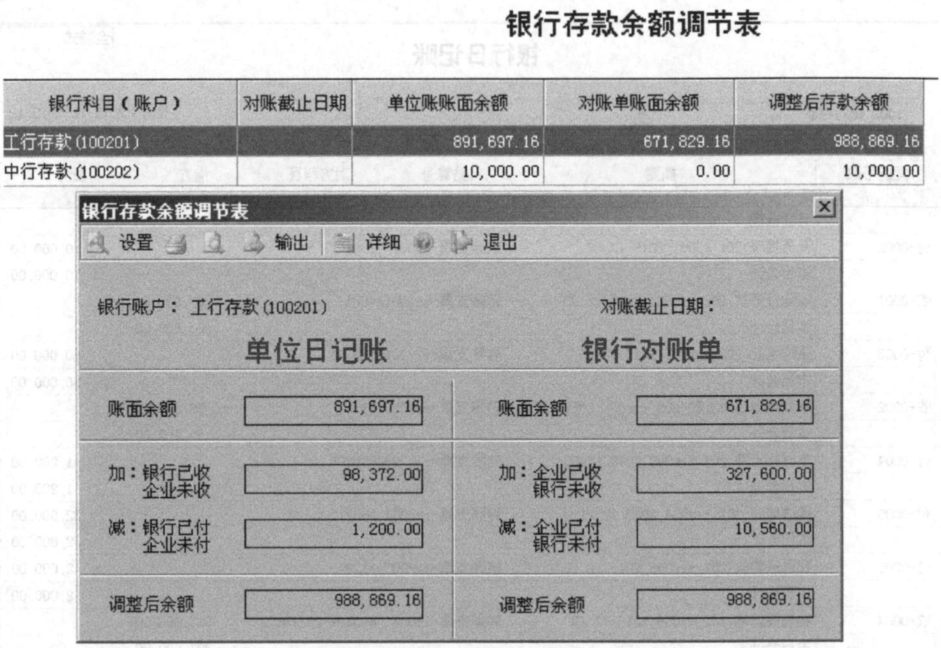

图 4-28 “银行余额调节表”对话框

5. 核销已达账项

对于一般用户来说，在银行对账正确后，如果想将已达账项删除并只保留未达账项，则可使用本功能。选择“出纳”｜“银行对账”｜“核销银行账”，选择要核销的银行科目，单击“确定”按钮即可。

小贴士

> ➢ 当银行对账不平衡时，不要核销已达账项，否则将造成以后对账错误。
> ➢ 核销已达账不影响银行存款日记账的查询和打印。
> ➢ 按 Alt+U 组合键可以进行反核销。

4.4.3 查询日记账

计算机账务处理中，日记账由计算机自动登记。日记账的主要作用是输出库存现金日记账与银行存款日记账，供出纳员核对现金与银行存款。

在系统初始化时，库存现金会计科目和银行存款会计科目必须选择“日记账”标记，即表明该科目要登记日记账。因此，如有需要，任何一个会计科目都可以输出日记账。

【例 4-14】 以操作员孔芳的身份查询 2015 年 12 月的银行日记账。

操作步骤如下。

(1) 以操作员孔芳的身份注册登录“企业应用平台”，在“UFIDA ERP-U8”窗口中选择“业务工作”｜“财务会计”｜“总账”｜“出纳”｜“银行日记账”双击，打开“银行日记账查询条件”对话框。

(2) 选择科目“100201”，选择“按月查”，然后单击“确定”按钮，显示查询结果，如图 4-29 所示。

金额式

银行日记账

科目 1002 银行存款　　　　月份：2015.12-2015.12

2015年 月	日	凭证号数	摘要	结算号	对方科目	借方	贷方	方向	余额
			月初余额					借	
12	02	付-0002	孔芳提现_201_XJ001_2015.12.02	现金支票-XJ001	1001		10,000.00	借	
12	02		本日合计				10,000.00	借	
12	03	收-0001	收到投资款_202_zzw001_2015.12.03	转账支票-zzw001	4001	63,600.00		借	
12	03		本日合计			63,600.00		借	
12	05	付-0003	采购笔芯_202_zzr001_2015.12.05	转账支票-zzr001	140301		50,000.00	借	
12	05		本日合计				50,000.00	借	
12	06	收-0002	收到力宏公司货款_202_zzr002_2015.12.06	转账支票-zzr002	1122	99,600.00		借	
12	06		本日合计			99,600.00		借	
12	08	付-0004	支付招待费_202_zzr003_2015.12.08	转账支票-zzr003	660205		1,200.00	借	
12	08		本日合计				1,200.00	借	
12	11	付-0005	购进电脑_202_zzr004_2015.12.11	转账支票-zzr004	1601		32,000.00	借	
12	11		本日合计				32,000.00	借	
12	12	付-0006	预付采购款_202_zzr005_2015.12.12	转账支票-zzr005	1123		2,000.00	借	
12	12		本日合计				2,000.00	借	
12	20	收-0004	销售圆珠笔_202_zz006_2015.12.20	转账支票-zz006	600101,22210102	327,600.00		借	
12	20		本日合计			327,600.00		借	
12	22	收-0005	收到货款_202_zz007_2015.12.22	转账支票-zz007	1122	58,000.00		借	
12	22		本日合计			58,000.00		借	
12	26	付-0007	支付欠款_202_zzr006_2015.12.26	转账支票-zzr006	2202		9,360.00	借	
12	26		本日合计				9,360.00	借	
12			当前合计			548,800.00	104,560.00	借	

图 4-29　银行日记账查询结果

思考

1. 如果出纳员登录后查询不到日记账，可能是什么原因造成的？
2. 银行对账的步骤有哪些？

4.5 期末业务

期末会计业务是指会计人员将本月所发生的日常经济业务全部登记入账后，在每个会计期末都需要完成的一些特定的会计工作，主要包括期末的摊销、计提、结转、对账、结账以及会计报表的编制等。由于各会计期间的许多期末业务均具有较强的规律性，因此由计算机来处理期末会计业务，不但可以规范会计业务的处理，还可以大大提高工作效率。

4.5.1 期末摊销、计提、结转

期末的摊销、计提、结转业务具有较强的规律性，在总账处理系统中都通过调用事先设置好的转账凭证模版，由计算机根据转账模板定义自动生成转账凭证来完成。

小贴士

- 本月凭证全部记账后才能进行期末结转业务。
- 结转生成的凭证必须经过审核后，才能登记入账。

4.5.2 自动转账设置

自动转账设置就是定义自动转账的规则，预先将有规律地出现的会计业务定义好凭证框架，再将各种金额来源计算公式保存在计算机中，从而形成自动转账凭证。每月只需调用这种自动转账功能，就会产生凭证。

1. 自动转账凭证取数函数

期末自动转账分录金额基本来源于总账系统或凭证本身，因此计算公式设置过程中主要运用财务函数从账务系统中获取数据。

（1）财务取数函数的基本格式：函数名（科目编码，会计期间，方向，辅助项 1，辅助项 2）

① 函数名。主要账务取数函数如表 4-3 所示。

表 4-3　主要账务取数函数

函数名	函数名称	功能
QC（）/WQC（）/SQC（）	期初余额函数	取某科目的期初余额
QM（）/WQM（）/SQM（）	期末余额函数	取某科目的期末余额
FS（）/WFS（）/SFS（）	借（贷）方发生额函数	取某科目结转月份的发生额
JG（）/WJG（）/SJG（）	取对方科目计算结果函数	取对方一个或多个科目结果
常数		取某个指定的数字
UFO（）	UFO 报表取数函数	取 UFO 报表中某个单元数据

注：其中函数名前加“W”或“S”的函数分别为相应的外币函数和数量函数。

② 科目编码。科目编码用于确定取哪个科目的数据，它必须是总账系统中已定义的会计科目编码。如果转账凭证明细科目栏的科目与公式中的科目编码相同，则公式中的科目编码可省去不写。

例如，QM（）表示取当前分录科目栏定义的科目的月末余额；WQM（）表示取当前分录科目栏定义的科目的外币月末余额；SQM（）表示取当前分录科目栏定义的科目的数量月末余额。

③ 会计期间。会计期间可输入“年”、“月”或数字“1”～“12”。如果输入“年”则按当前会计年度取数，如果输入“月”则按结转月份取数；如果输入“1”“2”等数字，则表示取此会计月的数据。会计期可以为空，为空时默认为“月”。当输入“1”～“12”的数字时，代表从1～12的会计期，而不是自然月。

例如，QM（510201,）表示取510201科目结转月份的月末本币余额。

④ 方向。发生额函数或累计发生额函数的方向用“J”“j”“借”或“Dr”（英文“借方”缩写）表示借方；用“D”“d”“贷”或“Cr”（英文“贷方”缩写）表示贷方，其含义为取该科目所选方向的发生额或累计发生额。余额函数的方向表示方式同上，但允许为空，其含义为取该科目所选方向的余额。即若余额在相同方向，则返回余额；若余额在相反方向，则返回0；若方向为空，则根据科目性质返回余额，如“1001 库存现金”科目为借方科目，若余额在借方，则正常返回其余额；若余额在贷方，则返回负数。

例如，FS（410101，月，D）表示取410101科目的结转月份贷方发生额。

⑤ 辅助项。当科目为辅助核算科目（即科目账类设为辅助核算）时，可以指定辅助项取数。如果科目有两种辅助核算，则可输入两个末级辅助项。辅助项可输入编码，可输入名称，也输入“*”，还可以不输入。如果输入辅助项，则按所输入的辅助项取数；如果输入“*”，则取科目总数；如果不输入，则按当前分录各辅助项栏中定义的辅助项取数。

例如，660201为部门项目科目，则QM（660201，月,，部门编码，项目编码）表示取部门项目下660201科目的期末余额。QM（660201，月,，*，*）表示取660201科目的各部门各项目期末余额的总和。QM（660201，月,，部门编码，*）表示取660201科目部门下各项目期末余额的总和。QM（660201，月,，*，项目编码）表示取660201科目项目下各部门期末余额的总和。QM（660201，月）表示取当前分录所定义的转账发生部门、项目的期末余额。

注意

如需按自定义项结转，需要在选项中定义自定义项为辅助核算项。

（2）特殊取值函数。

① 结果函数。如果输入JG（科目），则表示取转账中对方该科目发生数合计；如果输入JG（zzz）、JG（ZZZ）或JG（），则表示取对方所有发生数合计。

例如，某转账凭证分录定义如下。

科目	方向	公式
660201	借	QM（660201，月）
660202	借	QM（660202，月）
660203	借	QM（660203，月）
3131	贷	JG（）

也可以这样定义：

科目	方向	公式
660201	借	QM（660201，月）

660202　借　QM（660202，月）
660203　借　QM（660203，月）
3131　贷　JG（660201）
3131　贷　JG（660202）
3131　贷　JG（660203）

② UFO（User Friend Office，用友报表）函数。UFO 函数用于从 UFO 报表中提取数据，如定义取数公式：UFO（C:\U8SOFT\损益表.rep，1，4，3），表示取报表名为损益表中第 1 页、第 4 行、第 3 列的数据，公式中表页号可缺省。

小贴士

➢ 如果用户的科目有两种辅助核算，则这两个辅助项在公式中的排列位置必须正确，否则系统将无法正确结转。5 种辅助项在公式中的先后顺序为：客户、供应商、部门、个人、项目。例如，660201 为某部门项目科目，则可以输入 QM（660201，月，，部门编码，项目编码），而不可以输入 QM（660201，月，项目编码，部门编码）。

➢ 如果公式中最后一个辅助项不输入，则可以不输入逗号，否则仍须保留相应的逗号。例如，可以输入 QM（122101）或 QM（，月），但不能输入 QM（月）。

➢ 若使用了应收、应付系统，且公式中的科目为纯客户、供应商核算的科目，则将不能按照客户、供应商取数，只能按该科目取数。例如，2202 为供应商往来科目，则只能输入 QM（2202，月，，*），而不能输入 QM（220201，月，，客户编码）或 QM（220201，月），否则将取不到数据。

➢ 以上本币结果函数所在的转账分录若有辅助核算，则必须定义具体的辅助项。

➢ 一张凭证中最多定义一个差额函数；可以定义多个结果函数，但必须在同一方向。

➢ 一张凭证可同时定义结果函数与差额函数，但必须在同一方向。

➢ 如果一张凭证有差额函数，则在转账生成时总是最后执行差额函数。

2. 自动转账定义设置

转账分为内部转账和外部转账。内部转账是指在总账管理子系统中把某个或某几个会计科目中的余额或本期发生额结转到一个或多个会计科目中；外部转账是指将其他子系统生成的凭证转入总账系统中。

转账凭证的定义系统提供了自定义转账、对应结转、按加权平均计价结转销售成本、按售价（计划价）销售成本结转、汇兑损益结转、期间损益结转、自定义比例结转、费用摊销和预提 8 种方式。

（1）自定义转账设置。自定义转账是系统中最灵活的结转设置方式，任何期末摊销、计提、结转业务均可进行定义，此项功能可以完成的转账业务主要如下。

①“费用分配”的结转，如工资分配等。

②“费用分摊”的结转，如制造费用等。

③“税金计算”的结转，如增值税等。

④“提取各项费用”的结转，如提取福利费等。

⑤“部门核算”的结转。

⑥“项目核算”的结转。

⑦“个人核算”的结转。

⑧“客户核算”的结转。

⑨“供应商核算”的结转。

【例 4-15】 山东创新笔业有限公司本月坏账准备提取方式为按本月应收账款期末余额的2‰提取。

操作步骤如下。

① 以操作员宁杰的身份注册登录“企业应用平台”，在“UFIDA ERP-U8”窗口中选择“业务工作”|“财务会计”|“总账”|“期末”|“转账定义”|“自定义转账”双击，打开“自定义转账设置”窗口。

② 单击工具栏上的“增加”按钮，弹出新增转账凭证“转账目录”对话框。录入转账序号“0001”、转账说明“提取坏账准备金”，选择凭证类别“转 转账凭证”。

③ 单击“确定”按钮，进入“自定义转账设置”分录设置窗口。单击“增行”按钮，直接录入或参照录入科目编码“资产减值损失”，选择方向为“借”，双击“金额公式”栏直接录入公式或参照录入公式，本例采用参照录入。

④ 在“公式向导”对话框一中选择“期末余额”函数“QM（）”，然后单击“下一步”按钮，如图4-30 所示。

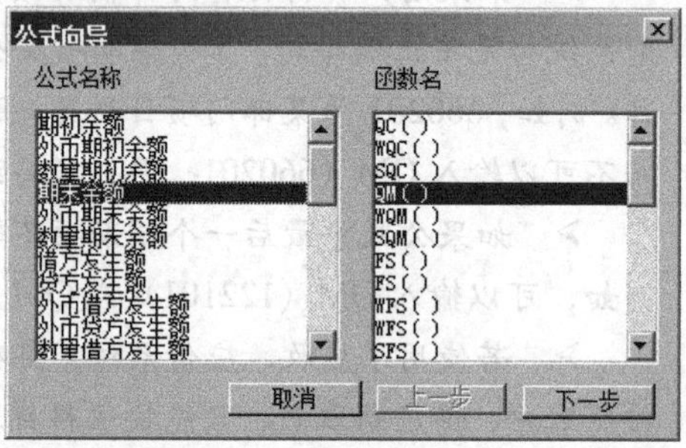

图 4-30 公式函数选择

⑤ 在“公式向导”对话框二中选择会计科目为“1122 应收账款”、期间为“月”、方向为“借”，客户不选则默认所有客户，选择“继续录入公式”复选框后选择运算符“*（乘）”，然后单击“下一步”，如图 4-31 所示。

图 4-31 公式参数定义

⑥ 再次进入“公式向导”函数选择对话框，选择“常数”后，单击“下一步”按钮，进入“常数录入”对话框，录入常数值为“0.002”，单击“完成”按钮。

⑦ 单击工具栏中的“增行”按钮，录入会计科目“1231（坏账准备）”，选择方向为“贷”，录入金额公式JG（），如图4-32所示。

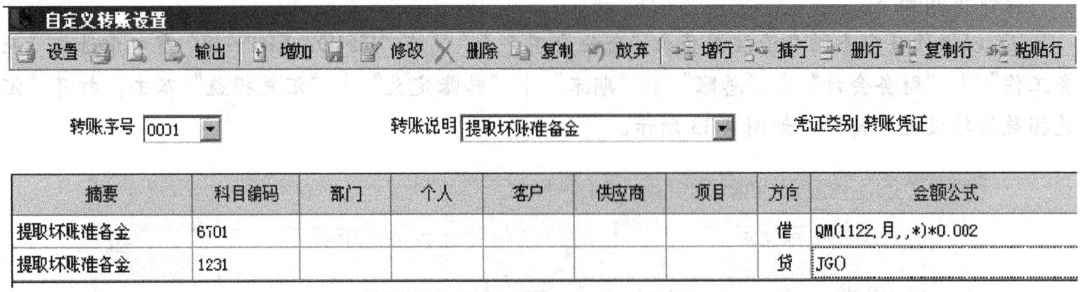

图4-32 “自定义转账”凭证

⑧ 单击工具栏中的“保存”按钮，对自定义转账凭证进行保存后，单击“退出”按钮可结束定义操作。

（2）对应结转设置。对应结转不仅可进行两个科目的一对一结转，还提供科目的一对多结转功能。对应结转的科目可为上级科目，但其下级科目的科目设置必须一致（相同明细科目）。如有辅助核算，则两个科目的辅助账类也必须一一对应。

本功能只结转期末余额，若要结转发生额，需在自定义结转中设置。

（3）销售成本结转设置。销售成本结转是将月末库存商品（或产成品）销售数量乘以库存商品（或产成品）的平均单价计算出各类商品的销售成本并进行结转。

此项结转涉及3个会计科目“库存商品”“主营业务收入”和“主营业务成本”，要求其科目结构设置必须相同且一一对应，同时均设置为数量核算。若想对带往来辅助核算的科目结转成本，需要通过自定义结转方式进行定义。

（4）按售价（计划价）销售成本结转设置。该功能适用于按照售价（计划价）结转销售成本、期末统一调整差异额的企业。

小贴士

➢ 差异额计算方法分为售价法和计划价法。售价法公式为，差异额＝收入余额×差异率（商业企业多用此法）；计划价法公式为，差异额＝成本余额×差异率（工业企业多用此法）。

➢ 凭证类别即所生成凭证的类别。

➢ 计算科目即由用户指定库存商品科目、商品销售收入科目、商品销售成本科目、进销差价科目4个科目，用户可输入总账科目或明细科目，但输入要求这4个科目具有相同结构的明细科目，即要求库存商品科目和商品销售收入科目下的所有明细科目必须都有数量核算，且这4个科目的下级必须一一对应。

➢ 结转方式有两种，即月末结转成本方式和月末调整成本方式。

➢ 差异率分为综合差异率和个别差异率。综合差异率即按当前结转科目的上一级科目取数计算出当前科目的差异率。若当前结转科目为一级科目，则按该科目本身取数计算差异率；若当前结转的是项目，则按其隶属的科目计算差异率。个别差异率即按当前结转科目或项目本身取数计算差异率。

（5）汇兑损益结转设置。该功能用于期末自动计算外币账户的汇兑损益，并在转账生成中自动生成汇兑损益转账凭证。汇兑损益只处理外汇存款账户、外币现金账户和外币结算的各项债权、债务，不包括所有者权益类账户、成本类账户和损益类账户。

【例 4-16】 山东创新笔业有限公司有外币核算，要求定义汇兑损益的自动转账凭证。

操作步骤如下。

① 以操作员宁杰的身份注册登录“企业应用平台”，在“UFIDA ERP-U8”窗口中选择“业务工作”｜“财务会计”｜“总账”｜“期末”｜“转账定义”｜“汇兑损益”双击，打开“汇兑损益结转设置”窗口，如图 4-33 所示。

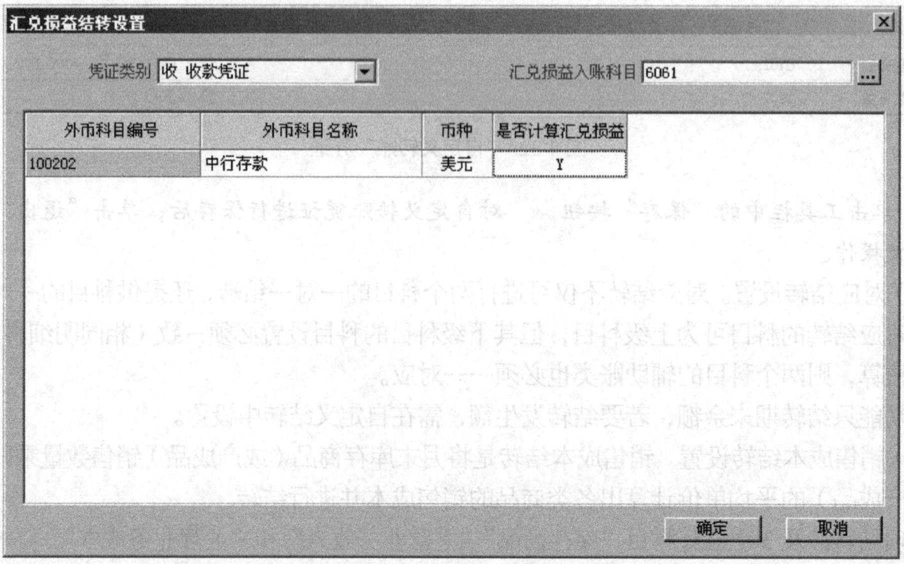

图 4-33 “汇兑损益结转设置”窗口

② 选择凭证类别“收 收款凭证”“付 付款凭证”或“机 机制凭证”，选择汇兑损益入账科目“6061 汇兑损益”，在“是否计算汇兑损益”栏中双击添加“Y”标记，然后单击“确定”按钮予以保存。

小贴士

> ➢ 为了保证汇兑损益的计算正确，填制某月的汇兑损益凭证时，账户必须先将本月的所有未记账凭证先记账。
>
> ➢ 汇兑损益入账科目不能是辅助账科目或有数量外币核算的科目。
>
> ➢ 若启用了应收款、应付款管理系统，则计算汇兑损益的外币科目不能是带客户或供应商往来核算的科目。

（6）期间损益结转设置。在一个会计期间终止时，将损益类科目的余额结转到“本年利润”科目中，从而及时反映企业的盈亏情况。期间损益结转主要是对于“管理费用”“销售费用”“财务费用”“销售收入”“营业外收入”“营业外支出”等科目的结转。

【例 4-17】 定义 806 账套的期间损益自动结转凭证。

操作步骤如下。

① 以操作员宁杰的身份注册登录“企业应用平台”，在“UFIDA ERP-U8”窗口中选择“业

务工作”｜“财务会计”｜“总账”｜“期末”｜“转账定义”｜“期间损益”双击，打开“期间损益结转设置”窗口。

② 选择凭证类别“转 转账凭证”，录入本年利润科目“4103 本年利润”，单击下方空白处，系统自动刷新界面，如图 4-34 所示。

图 4-34 “期间损益结转设置”窗口

小贴士

➢ 损益科目结转表中将列出所有的损益科目。如果用户希望某损益科目参与期间损益的结转，则应在该科目所在行的“本年利润科目名称”栏中填写相应的“本年利润”科目；若不填“本年利润”科目，则将不结转该损益类科目的余额。

➢ 损益科目结转表的每一行中损益科目的期末余额都将结转到该行的“本年利润”科目中去。

➢ “本年利润”科目若有辅助账类，则必须与损益科目的辅助账类一致。

➢ 损益科目结转表中的“本年利润”科目必须为末级科目，且为本年利润入账科目的下级科目。

（7）自定义比例转账。当两个或多个科目及辅助项有一一对应关系时，可将其余额按一定比例系数进行对应结转，可一对一结转，也可多对多结转或多对一结转。可在转账生成时显示生成的转账明细数据表，用户根据明细数据表可定义结转的金额和比率。本功能只结转期末余额。

对应结转与自定义比例结转的区别如表 4-4 所示。

表 4-4　　对应结转与自定义比例结转的区别

区别项	对应结转	自定义比例结转
转出科目	唯一	可以设置多个
转出金额	全部转出	可自定义结转金额和比率

（8）费用摊销和预提设置。可实现分期等额摊销待摊费用和计提预提费用。费用摊销可针对已经计入待摊费用的数据进行分期摊销，按一定的结转比例或金额转入费用类科目。费用预提可按一定的结转比例或金额计提预提费用。可一对一结转，也可一对多结转。

小贴士

➢ 一张凭证可定义多行，待摊（预提）科目及辅助项必须一致，转入费用科目及辅助项可不相同。

➢ 待摊（预提）科目与转入费用科目必须为末级科目，转出辅助项与转入辅助项可不相同。

➢ 转入费用科目如有外币核算，则必须与待摊（预提）科目币种相同，否则不能有外币核算；转入费用科目如有数量核算，则必须与待摊（预提）科目数量单位相同，否则不能有数量核算。

➢ 辅助项可根据科目性质进行参照，若科目有辅助账类，则系统弹出“辅助项录入”窗口。如该科目为部门项目辅助账类，要求录入结转的项目和部门，录入完毕后，系统用逗号分隔显示在表格中。

➢ 已生成结转凭证的费用摊销（预提）方案允许删除，允许修改转入费用科目、转入辅助项、待摊（预提）金额和结转比例等项，其他项目不允许修改。

➢ 待摊（预提）科目核算外币时，按照外币的原币进行摊销或预提，本币金额根据当期汇率计算。

➢ 生成结转凭证时，如果同一凭证转入费用科目有多个，则每个转入费用科目的最后一笔结转金额为转出科目的结转金额减去当前凭证已转出的金额。

➢ 当累计摊销（预提）金额达到待摊销（预提）总额时，即结转完毕，不允许再生成结转凭证。

➢ 支持跨年摊销或预提，未摊销或预提完毕的方案结转到下一年后，可在以后年度继续进行费用摊销或预提。

4.5.3 自动转账生成

定义完转账凭证后，每月月末只需执行转账生成即可由计算机快速生成转账凭证，在此生成的转账凭证将自动追加到未记账凭证中去，通过审核、记账后才能真正完成结转工作。

由于转账凭证中定义的公式基本上取自账簿，因此，在进行月末转账之前，必须将所有未记账凭证全部记账，否则，生成的转账凭证中的数据可能不准确。特别是对于一组相关转账分录，必须按顺序依次进行转账生成、审核、记账。转账凭证每月只能生成一次。

如果启用了应收款、应付款管理系统，则在总账管理系统中不能按客户、供应商进行结转。根据需要，选择生成结转方式、结转月份及需要结转的转账凭证，系统在进行结转计算后显示将要生成的凭证，确认无误后，将生成的凭证追加到未记账凭证中。

基本操作步骤如下。

（1）注册登录“企业应用平台”，在“UFIDA ERP-U8”窗口中选择“业务工作”｜“财务会计”｜“总账”｜“期末”｜“转账生成”双击，打开“转账生成”窗口。

（2）选择要进行的转账工作，如自定义转账、对应结转等，再选择要进行结转的月份和要结转的凭证。

（3）单击“确定”按钮，系统自动生成相关的转账凭证，如和实际有出入，可在凭证上直接修改；若凭证无误，可单击保存以追加到未记账凭证中。

下面简要举例说明如何自动转账生成有关凭证。

1. 自定义转账凭证的生成

【例4-18】　以操作员张丽的身份注册登录“企业应用平台”，完成坏账准备金的计提处理。

操作步骤如下。

(1) 以操作员张丽的身份注册登录“企业应用平台”，在“UFIDA ERP-U8”窗口中选择“业务工作”｜“财务会计”｜“总账”｜“期末”｜“转账生成”双击，打开“转账生成”窗口。

(2) 选择转账月份“2015.12”，选择“自定义转账”，在0001号凭证后的“是否结转”栏中双击添加标记“Y”。

(3) 单击“确定”按钮，系统自动生成相关的转账凭证，并自动添加“已生成”标记，如图4-35所示。

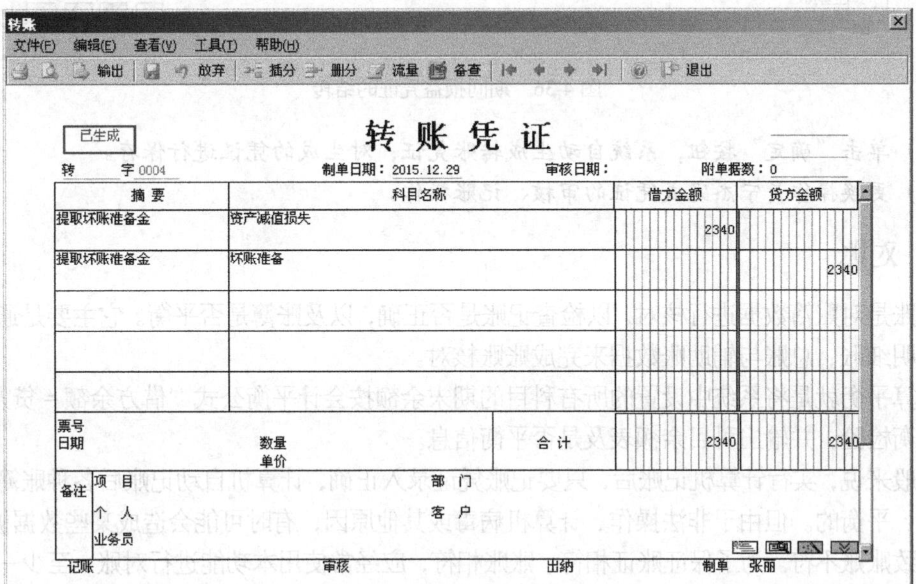

图4-35　自定义凭证的生成

(4) 更换操作员宁杰完成凭证的审核、记账操作。

2. 期间损益结转凭证的生成

【例4-19】　操作员张丽对806账套进行期间损益的处理。

操作步骤如下。

(1) 以操作员张丽的身份注册登录“企业应用平台”，在“UFIDA ERP-U8”窗口中选择“业务工作”｜“财务会计”｜“总账”｜“期末”｜“转账生成”双击，打开“转账生成”窗口。

(2) 选择转账月份“2015.12”，选择“期间损益结转”，选择类型“全部”，在“是否结转”栏中双击自行添加标记“Y”或单击“全选”按钮选择所有损益科目，然后单击“确定”按钮，生成结转凭证，如图 4-36 所示。

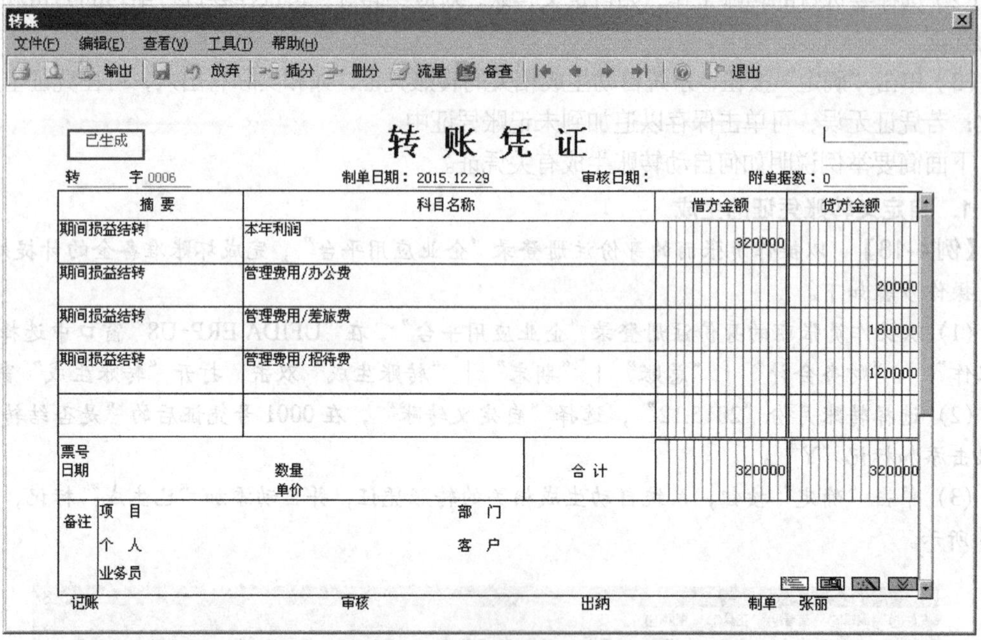

图 4-36 期间损益凭证的结转

(3) 单击“确定”按钮，系统自动生成转账凭证，对生成的凭证进行保存。

(4) 更换操作员宁杰完成凭证的审核、记账操作。

4.5.4 对账

对账是对账簿数据进行核对，以检查记账是否正确，以及账簿是否平衡。它主要是通过核对总账与明细账、总账与辅助账数据来完成账账核对。

试算平衡就是将系统中设置的所有科目的期末余额按会计平衡公式“借方余额＝贷方余额”进行平衡检验，并输出科目余额表及是否平衡信息。

一般来说，实行计算机记账后，只要记账凭证录入正确，计算机自动记账后各种账簿都应该是正确、平衡的。但由于非法操作、计算机病毒或其他原因，有时可能会造成某些数据被破坏，因而导致账账不符。为了保证账证相符、账账相符，应经常使用本功能进行对账，至少一个月一次，一般可在月末结账前进行。

如果使用了应收款、应付款管理系统，则在总账管理系统中不能对往来客户账和供应商往来账进行对账。

当对账出现错误或记账有误时，系统允许“恢复记账前状态”，进行检查、修改，直到对账正确。

【例 4-20】 2015 年 12 月 31 日，账套主管宁杰对 806 账套进行了平衡检查。

操作步骤如下。

(1) 以账套主管宁杰的身份注册登录“企业应用平台”，在“UFIDA ERP-U8”窗口中选择

“业务工作”｜“财务会计”｜“总账”｜“期末”｜“对账”双击，打开“对账”窗口。

(2) 在 12 月份“是否对账”栏中双击添加对账标记“Y”，然后单击工具栏上的“对账”按钮，系统自动对账，并显示对账结果。

(3) 单击“试算”按钮，系统自动完成试算检查并显示试算结果。单击“确定”按钮，返回“对账”界面。

4.5.5 结账

每月月底都要进行结账处理，结账实际上就是计算和结转各账簿的本期发生额和期末余额，并终止本期的账务处理工作。

在电算化方式下，结账工作与手工方式相比简单多了，它是一种成批数据处理，主要是对当月日常处理的限制和对下月账簿的初始化，由计算机自动完成。

在结账之前要进行下列检查。

（1）检查本月业务是否全部记账，有未记账凭证则不能结账。

（2）月末结转必须全部生成并记账，否则本月不能结账。

（3）检查上月是否已结账，上月未结账则本月不能记账。

（4）核对总账与明细账、主体账与辅助账、总账管理系统与其他子系统数据是否一致，不一致则不能结账。

（5）损益类账户是否全部结转完毕，若未全部结转完毕则本月不能结账。

（6）若与其他子系统联合使用，其他子系统是否已结账，若没有则本月不能结账。

【例 4-21】 2015 年 12 月 31 日，账套主管宁杰对 806 账套进行了结账处理。

操作步骤如下。

(1) 以账套主管宁杰的身份注册登录“企业应用平台”，在“UFIDA ERP-U8”窗口中选择“业务工作”｜“财务会计”｜“总账”｜“期末”｜“结账”双击，打开“结账”窗口。

(2) 选择“2015.12”，单击“下一步”按钮。

(3) 单击“对账”按钮，系统自动进行对账处理，单击“下一步”按钮，显示月度工作报告，如图 4-37 所示。

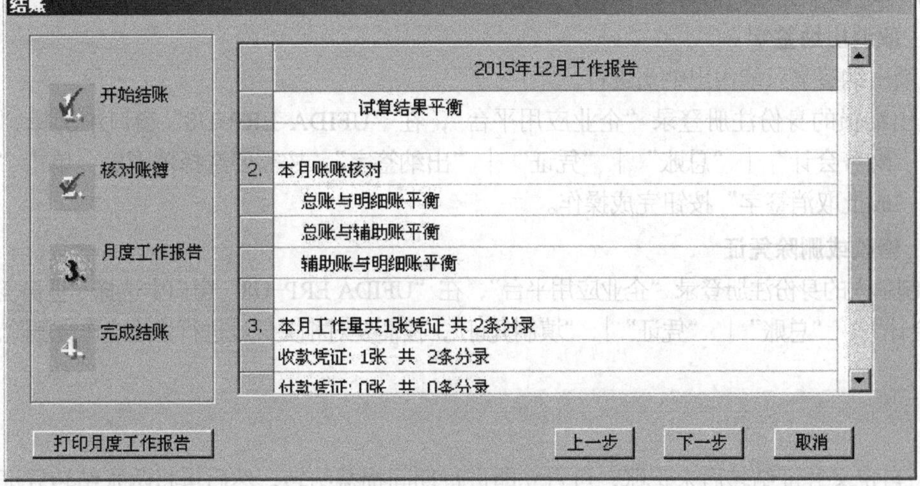

图 4-37 月度工作报告

(4) 单击“下一步”按钮，进入结账处理的最后一步，单击“结账”按钮，完成结账处理。

小贴士

➢ 结账前要进行数据备份，结账后不得再录入本月凭证，并终止各账户的记账工作；计算本月各账户发生额合计和本月各账户期末余额，并将余额结转至下月月初。

➢ 如果结账以后发现结账错误，可以进行“反结账”，取消结账标志，进行修正后再进行结账工作。

4.5.6 账务处理的逆向处理

当总账处理系统出现账务混乱时，可以进行逆向处理，以便修改前期错误。其基本操作过程如下。

1. 取消结账

取消结账只能由账套主管进行。

以账套主管的身份注册登录“企业应用平台”，在“UFIDA ERP-U8”窗口中选择“业务工作”｜“财务会计”｜“总账”｜“期末”｜“结账”，选择最末结账月份，按 Ctrl＋Shift＋F6 组合键后，根据提示输入主管口令，单击“确定”按钮返回“UFIDA ERP-U8”窗口。

2. 取消记账

取消记账只能由账套主管进行。

以账套主管的身份注册登录“企业应用平台”，在“UFIDA ERP-U8”窗口中选择“业务工作”｜“财务会计”｜“总账”｜“期末”｜“对账”，按 Ctrl＋H 组合键后，根据提示单击“确定”按钮返回“UFIDA ERP-U8”窗口，再进入“凭证”｜“恢复记账前状态”，选择恢复方式后单击“确定”按钮完成反记账操作。

3. 取消审核

取消审核只能由审核人进行。

以审核员的身份注册登录“企业应用平台”，在“UFIDA ERP-U8”窗口中选择“业务工作”｜“财务会计”｜“总账”｜“凭证”｜“审核凭证”，按需要选择范围后，单击“取消审核”或“成批取消审核”按钮完成操作。

4. 取消出纳签字

取消出纳签字只能由出纳员进行。

以出纳员的身份注册登录“企业应用平台”，在“UFIDA ERP-U8”窗口中选择“业务工作”｜“财务会计”｜“总账”｜“凭证”｜“出纳签字”，按需要选择范围后，单击“取消签字”或“成批取消签字”按钮完成操作。

5. 修改或删除凭证

以制单人的身份注册登录“企业应用平台”，在“UFIDA ERP-U8”窗口中选择“业务工作”｜“财务会计”｜“总账”｜“凭证”｜“填制凭证”，按需要对相关凭证进行修改或作废删除。

项目思考

1. 自定义凭证结转后未记账，可否立即进行期间损益结转，然后再将两张结转凭证一起审核记账？

2. 期末无法结账，可能是由哪些原因造成的？

3. 总账系统初始建账时，没有按要求将应付账款设置成供应商往来核算，且已经录入期初余额，录入凭证时才发现设置错误，应如何重新设置？

4. 以部门核算为例，你认为传统科目设置与设置辅助核算有什么区别？试从科目设置方式、余额录入、凭证录入、账表查询等角度进行比较。

实训三　总账管理系统初始设置

实训目的：

（1）掌握用友 ERP-U8 V10.1 管理软件中总账管理系统初始设置的相关内容；

（2）理解总账管理系统初始设置的意义；

（3）掌握总账管理系统初始设置的具体内容和操作方法。

实训内容：

（1）总账管理系统参数设置；

（2）总账、辅助核算期初余额录入。

实训准备：引入项目三“实训二”中的账套数据。

实训资料与要求

1. 总账控制参数（见表4–5）

表 4-5　总账控制参数

选项卡	参数设置
凭证	制单序时控制 支票控制 赤字控制：资金及往来科目；赤字控制方式：提示 可以使用应收款、应付款、存货受控科目 取消“现金流量科目必录现金流量项目”选项 凭证编号方式采用系统编号
账簿	账簿打印位数按软件的标准设定 明细账打印按年排页
凭证打印	打印凭证的制单、出纳、审核、记账等人员的姓名
预算控制	超出预算允许保存
权限	出纳凭证必须经由出纳签字 允许修改、作废他人填制的凭证 可查询他人凭证 明细账查询权限不控制到科目
会计日历	会计日历为 1 月 1 日～12 月 31 日 数量小数位和单价小数位设置为 2 位
其他	外币核算采用固定汇率 部门、个人、项目按编码方式排序

2. 基础数据

（1）总账期初余额表，如表 4-6 所示。

表 4-6　　2015 年 12 月会计科目及期初余额表　　单位：元

科目名称	辅助核算	方向	累计借方发生额（元）	累计贷方发生额（元）	期初余额（元）
库存现金（1001）	日记	借	18 889.65	18 860.65	6 875.70
银行存款（1002）	银行日记	借	469 251.88	370 000.35	511 057.16
工行存款（100201）	银行日记	借	469 251.88	370 000.35	511 057.16
中行存款（100202）	银行日记（美元）	借			
应收账款（1122）	客户往来	借			157 600.00
其他应收款（1221）		借			3 800.00
应收单位款（122101）	客户往来	借			
应收个人款（122102）	个人往来	借			3 800.00
坏账准备（1231）		贷	3 000.00	6 000.00	10 000.00
预付账款（1123）	供应商往来	借			
材料采购（1401）		借		80 000.00	80 000.00
原材料（1403）		借	293 180.00		1 004 000.00
笔芯（140301）	数量核算	借	293 180.00		1 004 000.00
周转材料（1411）		借	2 410.27		1 000.00
材料成本差异（1404）		借			
库存商品（1405）	项目核算	借	140 142.54	90 000.00	2 394 000.00
圆珠笔（140501）	项目核算	借	140 142.54	90 000.00	2 394 000.00
委托加工物资（1412）		借			
长期待摊费用（1801）		借			10 642.00
大修理支出（180101）		借			10 642.00
固定资产（1601）		借			250 860.00
累计折旧（1602）		贷		39 511.89	47 120.91
在建工程（1604）		借			
人工费（160401）	项目核算	借			
材料费（160402）	项目核算	借			
其他（160493）	项目核算	借			
待处理财产损溢（1901）					
待处理流动资产损溢（190101）					
待处理固定资产损溢（190102）					
无形资产（1701）		借		58 500.00	58 500.00
短期借款（2001）		贷		200 000.00	200 000.00
应付账款（2202）	供应商往来	贷			276 850.00
应付职工薪酬（2211）		贷		3400.00	8200.00
应付工资（221101）		贷			
应付福利费（221102）		贷		3 400.00	8200.00
应交税费（2221）		贷	36 781.37	15 581.73	−16 800.00

续表

科目名称	辅助核算	方向	累计借方发生额（元）	累计贷方发生额（元）	期初余额（元）
应交增值税（222101）		贷	36 781.37	15 581.73	－16 800.00
进项税额（22210101）		贷	36 781.37		－33 800.00
销项税额（22210102）		贷		15 581.73	17 000.00
其他应付款（2241）		贷		2 100.00	2 100.00
应付利息（2231）		贷			
借款利息（223103）		贷			
实收资本（4001）		贷			2 609 052.00
本年利润（4103）		贷			1 478 000.00
利润分配（4104）		贷	13 172.74	9 330.55	－119 022.31
未分配利润（410401）		贷	13 172.74	9 330.55	－119 022.31
生产成本（5001）	项目核算	借			17 165.74
直接材料（500101）	项目核算	借			10 000.00
直接人工（500102）	项目核算	借			4 000.74
制造费用（500103）	项目核算	借			2 000.00
折旧费（500104）	项目核算	借			1 165.00
其他（500105）	项目核算	借			
制造费用（5101）		借			
工资（510101）		借			
折旧费（510102）		借			
主营业务收入（6001）		贷			
圆珠笔业务收入（600101）		贷			
其他业务收入（6051）		贷	300 000.00	300 000.00	
主营业务成本（6401）		借			
圆珠笔业务成本（640101）		借			
营业税金及附加（6403）		借	8 561.28	8 561.28	
其他业务成本（6402）		借	180 096.55	180 096.55	
销售费用（6601）		借	5 000.00	5 000.00	
管理费用（6602）		借			
薪资（660201）	部门核算	借			
福利费（660202）	部门核算	借			
办公费（660203）	部门核算	借			
差旅费（660204）	部门核算	借			
招待费（660205）	部门核算	借			
折旧费（660206）	部门核算	借			
其他（660207）	部门核算	借			
财务费用（6603）		借	8 000.00	8 000.00	
利息支出（660301）		借	8 000.00	8 000.00	

说明

☆ 将“库存现金（1001）”科目指定为现金总账科目。

☆ 将“银行存款（1002）”科目指定为银行总账科目。

☆ 将“库存现金（1001）、工行存款（100201）、中行存款（100202）”指定为现金流量科目。

（2）辅助账期初余额表，如表 4-7 所示。

表 4-7　辅助账期初余额表

会计科目：122102 其他应收款—应收个人款　余额：借 3 800 元

日期	凭证号	部门	个人	摘要	方向	期初余额（元）
2015-11-26	付-118	总经理办公室	于天齐	出差借款	借	2 000.00
2015-11-27	付-156	销售部	宋超然	出差借款	借	1 800.00

会计科目：1122 应收账款　余额：借 157 600 元

日期	凭证号	客户	摘要	方向	金额（元）	业务员	票号	票据日期
2015-11-15	转-118	力宏公司	销售商品	借	99 600.00	宋超然	Z106	2015-11-15
2015-11-20	转-120	华亿公司	销售商品	借	58 000.00	王鑫	Z111	2015-11-20

会计科目：140501 库存商品—圆珠笔

科目名称	累计借方（元）	累计贷方（元）	期初余额（元）
单色圆珠笔	56 057.00	36 000.00	957 600.00
双色圆珠笔	56 057.00	36 000.00	957 600.00
三色圆珠笔	28 028.54	18 000.00	478 800.00
合计	140 142.54	90 000.00	2 394 000.00

会计科目：2202 应付账款　余额：贷 276 850 元

日期	凭证号	供应商	摘要	方向	金额（元）	业务员	票号	票据日期
2015-09-20	转-45	如意公司	购买原材料	贷	276 850.00	孙涛	C000	2015-09-20

会计科目：5001 生产成本　余额：借 17 165.74 元

科目名称	单色圆珠笔（元）	双色圆珠笔（元）	合计（元）
直接材料（500101）	4 000.00	6 000.00	10 000.00
直接人工（500102）	1 500.00	2 500.74	4 000.74
制造费用（500103）	800.00	1 200.00	2 000.00
折旧费（500104）	500.00	665.00	1 165.00
合计	6 800.00	10 365.74	17 165.74

实训要求：以账套主管宁杰的身份进行总账初始设置。

操作指导

1. 登录总账

（1）单击“开始”按钮，执行“程序”|“用友 U8-V10.1”|“企业应用平台”命令，打开“登录”对话框。

（2）输入操作员“001”，输入密码“1”，选择账套“806　山东创新笔业有限公司”，输入操作日期“2015-12-01”，单击“确定”按钮。

2. 设置总账控制参数

（1）执行“基础设置”|“业务参数”|“财务会计”|“总账”命令，打开“选项”对话框。

（2）单击“编辑”按钮，进入选项编辑状态。

（3）分别打开“凭证”“账簿”“凭证打印”“预算控制”“权限”“会计日历”“其他”选项卡，按照实训资料的要求进行相应的设置。

（4）设置完成后，单击“确定”按钮。

3. 输入期初余额

（1）在总账管理系统中，执行“设置”|“期初余额”命令，进入“期初余额录入”窗口。

（2）直接输入末级科目（底色为白色）的累计发生额和期初余额，上级科目的累计发生额和期初余额自动填列。

（3）设置辅助核算的科目底色显示为淡黄色，其累计发生额可直接输入，但期初余额的录入要在相应的辅助账中进行。其操作方法是，双击设置辅助核算属性的科目的期初余额栏，进入相应的辅助账窗口，按明细输入每笔业务的金额，完成后单击“退出”按钮，辅助账余额自动转到总账。

（4）输入完所有科目余额后，单击“试算”按钮，打开“期初余额试算平衡表”对话框。

（5）若期初余额不平衡，则对照数据修改期初余额；若期初余额试算平衡，则单击“退出”按钮。

小贴士

- 期初余额试算不平衡，将不能记账，但可以填制凭证。
- 已经记过账，则不能再输入、修改期初余额。
- 输入余额时发现辅助核算设置错误，需删除该科目余额，才能修改相关科目属性。

实训四　总账管理系统日常业务

实训目的：

（1）掌握用友 ERP-U8 V10.1 管理软件中总账管理系统日常业务处理的相关内容；

（2）熟悉总账管理系统日常业务处理的各种操作；

（3）掌握凭证管理、出纳管理和账簿管理的具体内容和操作方法。

实训内容：

（1）凭证管理：填制凭证、审核凭证、凭证记账的操作方法；

（2）出纳管理：出纳签字及现金日记账、银行存款日记账和资金日报表的查询方法；

（3）账簿管理：总账、科目余额表、明细账、辅助账的查询方法。

实训准备：引入“实训三”中的账套数据。

实训资料与要求

一、凭证管理

2015 年 12 月企业发生的经济业务如下。

（1）12 月 1 日，总经理办公室于天齐购买了 200 元的办公用品，以现金支付，附单据 1 张。

借：管理费用／办公费（660203）　200

　贷：库存现金（1001）　200

（2）12 月 2 日，财务部孔芳从工行提取现金 10 000 元，作为备用金，现金支票号为 XJ001。

借：库存现金（1001）　10 000

　贷：银行存款／工行存款（100201）　10 000

（3）12 月 3 日，收到外单位投资 10 000 美元存入中国银行，汇率为 1∶6.36，转账支票号为 ZZW001。

借：银行存款／中行存款（100202）　63 600

　贷：实收资本（4001）　63 600

（4）12 月 5 日，采购部顾柯采购笔芯 250 000 支，每支 0.2 元，材料直接入库，货款以银行存款支付，转账支票号为 ZZR001。

借：原材料／笔芯（140301）　50 000

　贷：银行存款／工行存款（100201）　50 000

（5）12 月 6 日，销售部宋超然收到力宏公司的一张金额为 99 600 元的转账支票，用以偿还前欠货款，转账支票号为 ZZR002。

借：银行存款／工行存款（100201）　99 600

　贷：应收账款（1122）　99 600

（6）12 月 7 日，采购部顾柯从奇美公司购入三色半成品笔 4 000 支，单价 2 元，货税款暂欠，商品已验收入库，适用税率为 17%。

借：库存商品／圆珠笔（140501）　8 000

　应交税费／应交增值税／进项税额（22210101）　1 360

　贷：应付账款（2202）　9 360

（7）12 月 8 日，总经理办公室支付业务招待费 1 200 元，转账支票号为 ZZR003。

借；管理费用／招待费（660205）　1 200

　贷：银行存款／工行存款（100201）　1 200

（8）12 月 10 日，总经理办公室于天齐出差归来，报销差旅费 2 000 元，交回现金 200 元。

借：管理费用／差旅费（660204）　1 800

　库存现金（1001）　200

　贷：其他应收款／应收个人款（122102）　2 000

（9）12 月 11 日，一车间领用笔芯 100 000 支，单价 0.2 元，用于生产双色圆珠笔。

借：生产成本／直接材料/（500101）　　20 000

　　贷：原材料／笔芯（140301）　　20 000

（10）12 月 11 日，公司购进联想电脑 8 台，单价为 4 000 元/台。电脑由生产一部投入使用，款项用工商银行转账支票支付，转账支票号为 ZZR004。

借：固定资产（1601）　　32 000

　　贷：银行存款／工行存款（100201）　　32 000

（11）12 月 11 日，宋超然销售给力宏公司双色圆珠笔 10 000 元，税款 1 700 元，货款未付。

借：应收账款（1122）　　11 700

　　贷：圆珠笔主营业务收入（600101）　　10 000

　　贷：应交税费／应交增值税／销项税额（22210102）　　1 700

（12）12 月 12 日，采购部孙涛向公司财务部申请 2 000 元用于预付如意公司原料采购款，经总经理同意后，财务部开具商业银行转账支票一张，转账支票号为 ZZR005，金额为 2 000 元整。

借：预付账款（1123）　　2 000

　　贷：银行存款／工行存款（100201）　　2 000

（13）2015 年 12 月 20 日，销售给力宏公司双色圆珠笔 20 000 盒，货款 280 000 元，税款 47 600 元，已存入工行，转账支票号为 ZZ006。

借：银行存款／工行存款（100201）　　327 600

　　贷：圆珠笔主营业务收入（600101）　　280 000

　　贷：应交税费／应交增值税／销项税额（22210102）　　47 600

（14）12 月 22 日，收到华亿公司转账支票一张 58 000 元用于支付前欠货款，转账支票号为 ZZ007。

借：银行存款／工行存款（100201）　　58 000

　　贷：应收账款（1122）　　58 000

（15）12 月 26 日，财务部开出 9 360 元的工行转账支票一张，用于支付奇美公司前欠货款，转账支票号为 ZZR006。

借：应付账款（2202）　　9 360

　　贷：银行存款／工行存款（100201）　　9 360

（所有涉及采购及销售业务的价款均为无税单价，所有的采购及销售业务税率均为 17%。）

二、出纳管理

12 月 25 日，采购部孙涛借转账支票一张，票号为 155，预计金额为 5 000 元。

实训要求：（1）以张丽的身份进行填制凭证、凭证查询操作；（2）以孔芳的身份进行出纳签字，现金日记账、银行存款日记账和资金日报表的查询，以及支票登记操作；（3）以宁杰的身份进行审核、记账、账簿查询操作；（4）记账结束后，张丽发现业务 15 凭证有误，金额输成了“93 600”，实际发生额是“9 360”，请以相关人的身份进行修改。

操作指导

以 003 张丽的身份注册登录“企业应用平台”。

小贴士

➢ 操作日期输入“2015-12-31”。这样，只注册登录一次“企业应用平台”，就可以录入本月中不同日期的凭证了。

一、凭证管理

1. 填制凭证

增加凭证，输入凭证的辅助核算信息。

业务 1：辅助核算——部门核算

（1）在填制凭证的过程中，输入完科目“管理费用（660203）”，会弹出“部门辅助项”对话框。

（2）选择“总经理办公室”，业务员选择“于天齐”即可。

业务 2：辅助核算——银行科目

（1）在填制凭证的过程中，输入完银行科目“100201”，会弹出“辅助项”对话框。

（2）输入结算方式“201”，票号“XJ001”，发生日期“2015-12-02”，单击“确定”按钮。

（3）凭证输入完成后，若此张支票未登记，则系统弹出“此支票尚未登记，是否登记?”对话框。单击“是”按钮，弹出“票号登记”对话框，输入领用日期“2015-12-02”，领用部门“财务部”，姓名“孔芳”，金额“10 000”，用途“备用金”，单击“确定”按钮。

小贴士

➢ 选择支票控制，即结算方式设为支票管理，银行账辅助信息不能为空，而且该方式的票号应在支票登记簿中有记录。

业务 3：辅助核算——外币科目

（1）在填制凭证的过程中，输入完外币科目“100202”，输入外币金额“10 000”，根据自动显示的外币汇率“6.36”，自动算出并显示本币金额“63 600”。

（2）全部输入完成后，单击“保存”按钮，保存凭证。

业务 4：辅助核算——数量科目，银行科目

（1）在填制凭证的过程中，输入完数量科目“121101”，弹出“数量辅助项”对话框。

（2）输入数量“250 000”，单价“0.2”，单击“确认”按钮。

银行科目输入方法同业务 2。

业务 5：辅助核算——客户往来，银行科目

（1）在填制凭证的过程中，输入客户往来科目“1122”，弹出“客户辅助项”对话框。

（2）选择客户“力宏公司”，发生日期“2015-12-06”。

业务 6：辅助核算——供应商往来，项目核算

（1）在填制凭证的过程中，输入“库存商品—圆珠笔（140501）”后，弹出“项目辅助项”对话框，选择“三色圆珠笔”。

（2）输入供应商往来科目“2202”，弹出“供应商辅助项”对话框，选择供应商“奇美公司”，发生日期“2015-12-07”。

业务 7：辅助核算——部门核算，银行科目

在填制凭证的过程中，输入完部门核算科目“660205”，弹出“部门辅助项”对话框，选择部门“总经理办公室”，单击“确认”按钮。

业务8：辅助核算科目——部门核算，个人往来

（1）在填制凭证的过程中，输入“管理费用／差旅费（660204）”，弹出“部门辅助项”对话框。选择部门“总经理办公室”。

（2）输入个人往来科目“122102”，弹出“个人辅助项”对话框，选择部门“总经理办公室”，个人“于天齐”，发生日期“2015-12-10”。

业务9：辅助核算科目——项目核算，数量核算

（1）在填制凭证的过程中，输入项目核算科目“500101”，在弹出辅助对话框后，选择项目“双色圆珠笔”。

（2）输入“原材料／笔芯（140301）”，在弹出辅助对话框后，输入数量与单价，系统自动计算金额。

业务10：辅助核算科目——银行科目 略

业务11：辅助核算科目——客户往来 略

业务12：辅助核算科目——供应商往来，银行科目 略

业务13：辅助核算科目——项目核算，银行科目 略

业务14：辅助核算科目——客户往来，银行科目 略

业务15：辅助核算科目——供应商往来，银行科目 略

2. 出纳签字

（1）在“企业应用平台”窗口，执行左上角“重注册”命令，打开“登录”对话框。

（2）以002孔芳的身份注册登录“企业应用平台”，再进入总账管理系统。

（3）执行“凭证”|“出纳签字”命令，打开“出纳签字”查询条件对话框。

（4）输入查询条件：选择“全部”单选按钮。

（5）单击“确认”按钮，进入“出纳签字”的凭证列表窗口。

（6）双击某一要签字的凭证或者单击“确定”按钮，进入“出纳签字”的签字窗口。

（7）单击“签字”按钮，凭证底部的“出纳”位置被自动签上出纳人姓名。

（8）单击“下张”按钮，对其他凭证签字，最后单击“退出”按钮。

小贴士

➢ 涉及指定为现金科目和银行科目的凭证才需出纳签字。

➢ 凭证一经签字，就不能被修改或删除，只有取消签字后才可以修改或删除，取消签字只能由出纳本人进行。

➢ 凭证签字并非审核凭证的必要步骤。若在设置总账参数时，不选择“出纳凭证必须经由出纳签字”，则可以不执行“出纳签字”功能。

➢ 可以执行“出纳”|“成批出纳签字”功能对所有凭证进行出纳签字。

3. 审核凭证

以001宁杰的身份重新注册登录“企业应用平台”。

（1）执行“凭证”|“审核凭证”命令，打开“凭证审核”查询条件对话框。

（2）输入查询条件，单击“确认”按钮，进入“凭证审核”的凭证列表窗口。

（3）双击要审核的凭证或单击“确定”按钮，进入“凭证审核”的审核凭证窗口。

（4）检查要审核的凭证，无误后，单击“审核”按钮，凭证底部的“审核”处将自动签上审核人姓名。

（5）单击“下张”按钮，对其他凭证签字，最后单击“退出”按钮。

小贴士

> ➢ 审核人必须具有审核权。如果在“选项”中设置了“凭证审核控制到操作员”，则审核人还需要有对制单人所制凭证的审核权。
>
> ➢ 作废凭证不能被审核，也不能被标错。
>
> ➢ 审核人和制单人不能是同一个人；凭证一经审核，不能被修改或删除，只有取消审核签字后才可修改或删除，已标记作废的凭证不能被审核，需先取消作废标志后才能审核。

4. 凭证记账

以宁杰的身份进行记账。

（1）执行“凭证”|“记账”命令，进入“记账”窗口。

（2）选择要进行记账的凭证范围。例如，在付款凭证的“记账范围”栏中输入“1-4”，本例单击“全选”按钮，选择所有凭证，单击“下一步”按钮。

（3）显示记账报告。如果需要打印记账报告，可单击“打印”按钮。如果不打印记账报告，单击“下一步”按钮。

（4）记账。单击“记账”按钮，打开“期初试算平衡表”对话框，单击“确认”按钮，系统开始登录有关的总账、明细账和辅助账。登记完后，弹出“记账完毕”信息提示对话框。

（5）单击“确定”按钮，记账完毕。

二、出纳管理

以孔芳的身份重新注册登录“企业应用平台”。

1. 现金日记账

（1）执行“出纳”|“现金日记账”命令，打开“现金日记账查询条件”对话框。

（2）选择科目“库存现金（1001）”，默认月份“2015-12”，单击“确认”按钮，进入“现金日记账”窗口。

（3）双击某行或将光标置于某行再单击“凭证”按钮，可查看相应的凭证。

（4）单击“总账”按钮，可查看此科目的三栏式总账，单击“退出”按钮。

小贴士

> ➢ 如果在选项中设置了“明细账查询权限控制到科目”，那么账套主管应赋予出纳孔芳“库存现金”和“银行存款”科目的查询权限。

2. 银行存款日记账

银行存款日记账的查询与现金日记账的查询操作基本相同，所不同的只是银行存款日记账设置了结算号栏，主要是对账时用。

3. 资金日报表

（1）执行“出纳”|“资金日报”命令，打开“资金日报表查询条件”对话框。

（2）输入查询日期“2015-12-03”，选中“有余额无发生也显示”复选框。

（3）单击“确认”按钮，进入“资金日报表”窗口，单击“退出”按钮。

4. 支票登记簿

（1）执行“出纳”|“支票登记簿”命令，打开“银行科目选择”对话框。

（2）选择科目“工行存款（100201）”，单击“确认”按钮，进入支票登记窗口。

（3）单击“增加”按钮。

（4）输入领用日期“2015-12-25”，领用部门“采购部”，领用人“李平”，支票号“155”，预计金额“5 000”，用途“购材料”，单击“保存”按钮，再在工具栏上单击“退出”按钮。

小贴士

- 只有在结算方式设置中选择“票据管理标志”功能才能在此选择登记。
- 领用日期和支票号必须输入，其他内容可输可不输。
- 报销日期不能在领用日期之前。
- 已报销的支票可成批删除。

三、账簿管理

以宁杰的身份重新注册登录“企业应用平台”。辅助账的查询只介绍部门账，其他账簿的查询同此。

1. 查询基本会计核算账簿

（1）执行“账表”|“科目账”|“总账”命令，可以查询总账。

（2）执行“账表”|“科目账”|“余额表”命令，可以查询发生额及余额表。

（3）执行“账表”|“科目账”|“明细账”命令，可以查询月份综合明细账。

2. 部门账

（1）部门总账。

① 执行“账表”|“部门辅助账”|“部门总账”|“部门三栏总账”命令，进入“部门三栏总账条件”窗口。

② 输入查询条件：科目“招待费（660205）”，部门“总经理办公室”。

③ 单击“确认”按钮，显示查询结果。

④ 将光标置于总账的某笔业务上，单击“明细”按钮，可以联查部门明细账。

（2）部门明细账。

① 执行“账表”|“部门辅助账”|“部门明细账”|“部门多栏式明细账”命令，进入“部门多栏明细账条件”窗口。

② 选择科目“6602”，部门“总经理办公室”，月份范围“2015-12～2015-12”，分析方式“金额分析”，单击“确认”按钮，显示查询结果。

③ 将光标置于多栏账的某笔业务上，单击“凭证”按钮，可以联查该笔业务的凭证。

3. 修改凭证

方法一　红字冲销

（1）冲销凭证。

① 在“填制凭证”窗口，执行“制单”|“冲销凭证”命令，打开“冲销凭证”对话框。

② 输入条件：选择“月份”、“凭证类别”；输入该错误凭证对应的“凭证号”等信息。

③ 单击“确定”按钮，系统自动生成一张红字冲销凭证。

小贴士

- 通过红字冲销法增加的凭证，应视同正常凭证进行保存和管理。
- 红字冲销只能针对已记账凭证进行。

（2）制单。张丽重新填制正确的凭证，相关责任人重新审核，出纳签字，记账。

方法二　取消记账，修改原凭证

（1）激活“恢复记账前状态”菜单。

① 以主管身份登录，在业务工作界面执行“财务会计”|“总账”|“期末”|“对账”命令，进入“对账”窗口。

② 按 Ctrl+H 组合键，系统弹出“恢复记账前状态功能已被激活。”信息提示对话框，同时在“凭证”菜单下显示“恢复记账前状态功能”菜单项。

③ 单击“确定”按钮，再单击工具栏上的“退出”按钮。

（2）恢复记账。

① 执行“凭证”|“恢复记账前状态”命令，打开“恢复记账前状态”对话框。

② 选择“最近一次记账前状态”单选按钮。

③ 单击“确定”按钮，系统弹出“请输入主管口令”信息提示对话框。

④ 输入主管口令，单击“确认”按钮，稍候，系统弹出“恢复记账完毕!”信息提示对话框，单击“确定”按钮。

（3）取消审核。以审核人的身份重新登录，对最后一张凭证取消审核。

（4）取消出纳签字。以出纳的身份重新登录，对最后一张凭证取消出纳签字。

（5）修改凭证。以制单人的身份重新登录，对最后一张凭证直接修改。相关责任人重新审核，出纳签字，记账。

实训五　总账管理系统期末处理

实训目的：

（1）掌握用友 ERP-U8 V10.1 管理软件中总账管理系统月末处理的相关内容；

（2）熟悉总账管理系统月末处理业务的各种操作；

（3）掌握银行对账、自动转账的设置与生成、对账和月末结账的操作方法。

实训内容：

（1）银行对账；

（2）自动转账；

（3）对账；

（4）结账。

实训准备：引入项目二“实训三”中的账套数据。

实训资料与要求

1. 银行对账

（1）银行对账期初。

创新笔业公司银行账的启用日期为 2015-12-01，工行人民币户企业日记账调整前余额为 511 057.16 元，银行对账单调整前余额为 533 829.16 元，未达账项一笔，系 2015 年 11 月 7 日银行已收企业未收款 22 772 元。

（2）银行对账单。

12 月份银行对账单

日期	结算方式	票号	借方金额（元）	贷方金额（元）
2015-12-03	201	XJ001		10 000
2015-12-06	202	ZZR001		50 000
2015-12-10	202	ZZR002	99 600	
2015-12-12		ZZR003		1 200
2015-12-13	202	ZZR004		32 000
2015-12-16	202	ZZR005		2 000
2015-12-25	202	ZZ006	75 600	
2015-12-28	202	ZZ007	58 000	

2. 自动转账定义及生成

（1）自定义结转。

业务 1：总经理办公室摊销本月应负担的固定资产大修理费用，大修理费用需要摊销 20 个月。

借：管理费用／其他（660207）　　　　JG（ ）

　　贷：长期待摊费用/大修理支出（180101）　　　　QC（180101，月）／20

业务 2：按应收账款期末余额的 0.2％计提坏账准备。

借：资产减值损失（6701）　　　　QM（1122，月）×0.002

　　贷：坏账准备（1231）　　　　JG（ ）

（2）期间损益结转。

收入类结转凭证一张，费用成本类结转凭证一张。

实训要求：

（1）以孔芳的身份进行出纳操作；

（2）以张丽的身份进行自定义结转、期间损益结转操作；

（3）以宁杰的身份进行审核、记账、对账操作；

（4）各模块结账后，以宁杰的身份年结。

操 作 指 导

1. 银行对账

以孔芳的身份注册登录“企业应用平台”。

（1）输入银行对账期初数据。

① 在业务工作界面的总账系统中，执行“出纳”|“银行对账”|“银行对账期初录入”命令，打开“银行科目选择”对话框。

② 选择科目“工行存款（100201）”，单击“确定”按钮，进入“银行对账期初”窗口。

③ 确定启用日期“2015-12-01”。

④ 输入单位日记账的调整前余额“511 057.16”；输入银行对账单的调整前余额“533 829.16”。

⑤ 单击“对账单期初未达项”按钮，进入“银行方期初”窗口。

⑥ 单击“增加”按钮，输入日期“2015-11-30”，结算方式“202”，借方金额“22 772.00”。

⑦ 单击“保存”按钮，再在工具栏上单击“退出”按钮。

（2）录入银行对账单。

① 执行“出纳”|“银行对账”|“银行对账单”命令，打开“银行科目选择”对话框。

② 选择科目“工行存款（100201）”，月份“2015-12～2015-12”，单击“确定”按钮，进入“银行对账单”窗口。

③ 单击“增加”按钮，输入本实训中“12 月份银行对账单”表中的银行对账单数据，单击“保存”按钮。

（3）银行对账。

方法一 自动对账

① 执行“出纳”|“银行对账”|“银行对账”命令，打开“银行科目选择”对话框。

② 选择科目“工行存款（100201）”，月份“2015-12～2015-12”，单击“确定”按钮进入“银行对账”窗口。

③ 单击“对账”按钮，打开“自动对账”条件对话框。

④ 输入截止日期“2015-12-31”，默认系统提供的其他对账条件。

⑤ 单击“确定”按钮，显示自动对账结果。

小贴士

➢ 对账条件中的方向、金额相同是必选条件，对账截止日期可以不输入。

➢ 对于已达账项，系统会自动在银行存款日记账和银行对账单双方的“两清”栏中显示圆圈标志。

方法二 手工对账

① 在“银行对账”窗口，对于一些应勾销而未勾销的账项，可分别双击“两清”栏，直接进行手工调整。手工对账的标志为“Y”，以区别于自动对账标志。

② 对账完毕后，单击“检查”按钮，检查结果平衡，单击“确认”按钮。

小贴士

➢ 在自动对账不能完全对上的情况下，可采用手工对账，但双方的对账总金额必须相等。

（4）输出余额调节表。

① 执行“出纳”|“银行对账”|“余额调节表查询”命令，进入“银行存款余额调节表”窗口。

② 选择科目“工行存款（100201）”。

③ 单击“查看”按钮或双击该行，即显示该银行的银行存款余额调节表。

2. 期末业务

以张丽的身份重新注册登录“企业应用平台”。

（1）转账定义。

① 自定义结转设置。

业务 1：

a. 在业务工作界面的总账系统中，执行“期末”|“转账定义”|“自定义转账”命令，进入“自定义转账设置”窗口；

b. 单击“增加”按钮，打开“转账目录”设置对话框；

c. 输入转账序号，转账说明“摊销大修理费用”，选择凭证类别“转账凭证”；

d. 单击“确定”按钮，继续定义转账凭证分录信息；

e. 确定分录的借方信息；选择科目编码“660207”，部门“总经理办公室”，方向“借”；输入金额公式“JG（）”；

f. 单击“增行”按钮，确定分录的贷方信息；选择科目编码“180101”，方向“贷”；输入金额公式“QM（180101，月）／20”，输入正确后保存。

业务2：

a. 单击“增加”按钮，打开“转账目录”设置对话框；

b. 输入转账序号“0002”，转账说明“计提坏账准备”，选择凭证类别“转账凭证”；

c. 单击“确定”按钮，继续定义转账凭证分录信息；

d. 选择科目“资产减值损失（6701）”，方向“借”；双击金额公式栏，选择参照按钮，打开“公式向导”对话框；

e. 选择“期末余额”函数，单击“下一步”按钮，继续公式定义；

f. 选择“科目应收账款”，其他默认，单击“完成”按钮，金额公式带回自定义转账设置窗口，选择继续输入公式，选择运算符号“*”，选择“常数”，输入“0.002”，按Enter键确认；

g. 确定分录的贷方信息；选择科目“坏账准备（1231）”，方向“贷”，输入金额公式“JG（）”，输入正确后保存。

② 期间损益结转设置。

a. 执行“期末”|“转账定义”|“期间损益”命令，进入“期间损益结转设置”窗口。

b. 选择凭证类别“转账凭证”，选择科目“本年利润（4103）”，单击“确定”按钮。

（2）转账生成。

① 自定义转账生成。

a. 执行“期末”|“转账生成”命令，进入“转账生成”窗口；

b. 选择“自定义转账”单选按钮，单击“全选”按钮；

c. 再单击“确定”按钮，生成转账凭证；

d. 单击“保存”按钮，凭证左上角显示“已生成”字样，系统自动将当前凭证追加到未记账凭证中；

e. 生成的转账凭证仍需审核才能记账。以宁杰的身份对生成的转账凭证进行审核、记账。此凭证涉及损益类科目，若不进行审核、记账，后面的期间损益结转将会出错。

② 期间损益结转生成。

a. 执行“期末”|“转账生成”命令，进入“转账生成”窗口；

b. 选择“期间损益结转”单选按钮，选择所有收入类科目，生成转账凭证；然后选择成本费用类科目生成另一张凭证；

c. 以宁杰的身份将自动生成的转账凭证进行审核、记账。

3. 对账（略）

4. 结账（略）

项目五

报表管理

面向岗位

- ✧ 会计信息化主管
- ✧ 财务主管
- ✧ 总账会计

技能要求

- ✧ 掌握用友报表系统的格式设计与公式设计
- ✧ 掌握利用模版生成企业数据
- ✧ 了解利用图表进行数据分析

项目导入

创新笔业的账务处理已经结束，虽然出具了比会计凭证更条理化、系统化的会计账簿，但仍不能集中地反映和揭示该会计期间经营活动和财务收支的全貌，也不能满足对外报送的要求。所以，财务总监宁杰又使用了用友报表系统（简称 UFO）。UFO 报表模块是用友软件股份有限公司开发的电子表格软件，为用户提供了一个开放式的报表编制模块。利用它可以编制出企业所需要的财务报表，还可以在报表数据的基础上生成其他相关图表，使结果更加形象。另外，还可以利用 UFO 报表中提供的模板来生成资产负债表、损益表等。那么，如何使用 UFO 报表系统设计制作报表？如何利用图表进行数据分析？如何利用模板生成表格？本项目将对上述问题进行详细讲解。

项目学习

5.1 报表认知

会计报表系统的目的是编制、输出会计报表和进行会计报表分析。企业实现电算化后并没有改变会计报表编制和分析的目的以及最终结果，但在会计报表的编制过程、报表数据的输入形式、报表分析的手段、报表信息的传递方式及其使用管理等方面与手工会计系统有很大的区别。

用友 ERP-U8 管理软件中的 UFO 报表是报表处理的工具。它与用友账务管理软件等各系统有完善的接口，具有方便的自定义报表功能和数据处理功能，内置多个行业的常用会计报表。该系统也可以独立运行，用于处理日常办公事务。

5.1.1 会计报表的分类

会计报表是根据会计准则的基本要求，按照《企业会计准则第 30 号——财务报表列报》和《企业会计准则第 31 号——现金流量表》应用指南所规定的内容编制的。会计报表的种类很多，可以按其不同的标志进行分类。

1. 按经济内容分类

按所反映的经济内容的不同，可将会计报表分为财务状况报表和经营成果报表。财务状况报表是反映企业单位在一定时间财务状况的报表，主要有企业的资产负债表和现金流量表。经营成果报表是反映企业单位在某一时期内收入实现、成本消耗和利润形成及分配情况的报表，主要有企业的利润表。

2. 按资金运动的状态分类

按所反映的企业资金状态的不同，可将会计报表分为静态报表和动态报表。前者是综合反映企业单位一定时间资金的存在，以及资金的取得情况的报表，如资产负债表。后者是综合反映企业单位一定时期内资金的循环与周转情况的报表，如现金流量表。

3. 按编表时间分类

按编制时期的不同，可将会计报表分为月报表、季报表、半年报表和年报表。

4. 按编表单位分类

按编制单位的不同，可将会计报表分为基层报表、汇总报表和合并报表。基层报表是由独立核算的基层会计单位编制的报表，是对基层单位财务状况和经营成果的反映。汇总报表是由上级主管部门根据所属单位编制的基层报表加上本单位会计报表汇总编制的，用来反映某一部门或地区综合性指标。合并报表是一个企业对另一个企业的投资超过一定比例后，将被投资企业的财务状况、经营成果与本企业有关内容合并反映而编制的报表。

5. 按报送单位分类

按报送单位的不同，可将会计报表分为外送报表和内部报表。外送报表是为了满足企业外部投资、债权人、政府管理部门及其他相关利益者的需要而编制的报表。内部报表是企业为了加强会计核算和管理，满足管理部门对内管理的需要而编制的报表。

5.1.2 报表系统内容介绍

目前的报表系统是以 Excel 作为标准，运行于通用平台上的电子报表系统。除了与账务处理系统之间存在良好的数据接口外，报表系统还与其他子系统相辅相成。报表系统主要包括报表的结构设置、报表日常管理与其他功能等主要内容。

1．报表的结构设置

会计报表的主要目的是向企业有关各方反映企业的财务状况和经营成果。报表结构设置主要包括报表登记、格式设置和公式定义等。

（1）报表登记。每一张报表在计算机中都有一个登记项，登记项包括报表编号、表名、附注等信息。报表文件名是报表的唯一外部标识。登记后的报表，其表名在各功能模块中提示或供用户选择，表名通常与表标题取得一致。报表编号是报表的唯一内部标识，主要用于系统内部处理报表时的报表识别，附注是报表的附加说明信息，根据需要可有可无。

（2）报表格式设置。报表格式设置主要是对报表进行设置，以及利用公式定义报表内经济指标生成的公式。

2．报表日常管理

（1）报表编制。会计报表应当根据已登记完整、核对无误的账簿记录和其他有关资料编制。计算机环境下，当用户完成报表格式设置和报表公式定义后，会计报表的编制工作就可以由计算机系统自动完成了。由于会计报表的经济指标数据来源于账簿或其他有关资料，为了保证会计报表的准确性，编制报表之前应完成记账、账项调整和结转、结账等工作。

（2）报表输出。报表系统的输出主要有两种形式：屏幕查询输出和打印输出。

（3）报表汇总。报表汇总通常是按隶属关系，采用逐级汇总的方式编制的。报表系统的报表汇总只能处理那些结构相同、数据不同的会计报表，而不能用于编制合并报表。

3．报表的其他功能

（1）报表图形分析。对于企业管理者而言，要想直接从报表上了解数据所能反映的财务状况，不是一件容易的事情。利用报表的图形分析功能，用户可以将财务指标数据以图形的方式显示出来，较之于简单的数字更直观，且更有说服力。

（2）报表文件管理。报表系统提供了各种文件管理功能，可以将报表系统生成数据文件转换成其他格式文件，以满足用户对数据共享的要求。

（3）报表维护功能。该功能可用于进行报表的删除、引入、导出等操作管理。

5.1.3 UFO报表的主要功能

UFO 报表系统是基于 Web 应用的网络分布式表格处理软件，是用友软件公司开发研制的三维立体表，在此基础上提供了丰富的实用功能，完全实现了三维立体表的四维处理能力。概括起来，UFO 报表的主要功能如下。

1．文件管理功能

UFO 报表系统提供了各类文件管理功能，除能完成一般的文件管理外，其数据文件还能转换为不同的文件格式，如文本文件、MDB 文件、XLS 文件等。此外，通过 UFO 提供的“导入”和“导出”功能，可以实现和同类软件之间的数据交换。

2．格式设计功能

UFO 报表系统提供的格式设计功能，可以设置报表尺寸、组合单元、画表格线、调整行高和列宽、设置字体和颜色、设置显示比例等。同时，UFO 报表系统还内置了 11 种套用格式和 19 个行业的标准财务报表模板，包括最新的现金流量表，方便了用户标准报表的制作。对于用户单位内部常用的管理报表，UFO 报表系统还提供了自定义模板功能。

3. 数据处理功能

UFO 报表系统的数据处理功能可以固定的格式管理大量数据不同的表页，并在每张表页之间建立有机的联系；此外，还提供了表页的排序、查询、审核、舍位平衡、汇总功能。UFO 报表系统提供了绝对单元公式和相对单元公式，可以方便、迅速地定义计算公式、审核公式、舍位平衡公式；还提供了种类丰富的函数，在系统向导的引导下轻松地从用友账务及其他子系统中提取数据，生成财务报表。

4. 图表功能

UFO 报表系统可以很方便地对数据进行图形组织和分析，制作包括直方图、立体图、圆饼图、折线图等多种分析图表，并能编辑图表的位置、大小、标题、字体、颜色和打印输出。

5. 行业报表模板

UFO 报表系统按照会计制度提供了不同行业的标准财务报表模板，简化了用户的报表格式设计工作。如果标准行业报表仍不能满足需要，系统还提供了自定义模板的功能。

此外，UFO 报表系统还提供了强大的二次开发功能，方便用户进行各种定制。

5.1.4 UFO报表基本概念

UFO 报表系统虽然也是按人们在手工方式下进行报表处理的思路来处理报表数据，先编制报表的格式，然后进行数据的处理，最后生成报表。要使用 UFO 报表系统，首先就要了解 UFO 报表的基本概念。

1. 报表的基本结构

无论简单表还是复合表，其格式一般都由标题、表头、表体和表尾 4 个基本要素组成。不同报表之间的区别，必然体现在这 4 个基本要素上，也就是说，不同单位、不同企业、不同地区、不同时间的各种报表的区别就是上述 4 个基本要素的不同，如图 5-1 所示。

利润表

会企02表

编制单位：　　　　　　　　　　　年　　　　月　　　　　　　　　　　单位：元

项目	行数	本月数	本年累计数
一、营业收入	1		
减：营业成本	2		
营业税金及附加	3		
销售费用	4		
管理费用	5		
财务费用（收益以“-”号填列）	6		
资产减值损失	7		
加：公允价值变动净收益（净损失以“-”号填列	8		
投资收益（净损失以“-”号填列）	9		
其中对联营企业与合营企业的投资收益	10		
二、营业利润（亏损以“-”号填列）	11		
营业外收入	12		
减：营业外支出	13		
其中：非流动资产处置净损失（净收益以“-”号填列）	14		
三、利润总额（亏损总额以“-”号填列）	15		
减：所得税	16		
四、净利润（净亏损以“-”号填列）	17		

图 5-1　利润表格式

续表

项目	行数	本月数	本年累计数
五、每股收益：			
基本每股收益			
稀释每股收益			

补充资料：

项目：	本年累计数	上年实际数
1. 出售、处置部门或被投资单位所得收益		
2. 自然灾害发生的损失		
3. 会计政策变更增加（或减少）利润总额		
4. 会计估计变更增加（或减少）利润总额		
5. 债务重组损失		
6. 其他		

图 5-1 利润表格式（续）

（1）标题。标题用来表示报表的名称。报表的标题可能不止一行，有时会有副标题、修饰线等内容，如图 5-1 中的利润表。

（2）表头。表头主要用来描述报表的编制单位、编制时间、编制计量单位、报表栏目名称等内容。特别是报表的栏目名称，是表头的重要内容。有的报表表头栏目比较简单，只有一层；而有的报表表头栏目比较复杂，分若干层次。也就是说，大的表栏下分若干小栏目，小栏目下又分更小的栏目。在通用报表系统中，最小的栏目称为基本单元（表单元），包含有小栏目的上层栏目称为组合单元。

（3）表体。表体是一张报表的核心，是报表数据的主要表现区域，是报表的主体。在纵向上表体由若干行组成，这些行称为表行；在横向上，每个表行又由若干个表栏目所构成，这些栏目称为表列；由表行和表列交叉组成的最小区域，称为基本单元。表单元可以用坐标表示，即（X，Y）表示表体的第 X 行和第 Y 列交叉形成的表的单元，其表示名称为“YX”。

（4）表尾。表体以下进行辅助说明的部门以及编制人、审核人等内容都是表尾所包含的内容。

2. 报表文件与报表

（1）报表（表页）。报表由若干行和列组成。如果一张表页是由若干行、列组成的，则这个表是二维表。通过行和列可以找到二维表中任何位置的数据。在一张二维表中，确定一个数据所在位置的要素为<列>和<行>。

一张 UFO 报表最多可容纳 99 999 张表页，每一张表页是由许多单元组成的。

表页在报表中的序号以标签的形式出现在表页的下方，称为“页标”。页标用“第 1 页”～“第 99 999 页”表示。

（2）报表文件。在报表系统中，报表文件（有的报表系统称工作簿）是报表系统中存储数据的基本单位，它以文件的形式保存在磁介质中，报表系统的打开、关闭、保存等命令都是针对报表文件名进行处理的。每个报表文件都有一个名字，其结构是“名称.扩展名”。名称可以根据需要设置，扩展名则根据不同报表系统自动添加。例如，在 Excel 报表系统中，报表文件扩展名为 XLS；在 UFO 报表系统中，报表文件扩展名为 REP。

每个报表文件中又包含若干报表（表页），如资产负债表文件中可以包含 1～12 月的 12 张资产负债表；每一张报表都有一个名字，如“第 1 页”“第 2 页”等。把经济意义相近的报表放在一个报表文件中的好处是便于管理和操作。

如果将多个结构相同的二维表叠在一起，则该叠表即可称为一个三维表。报表文件实际上就是一个三维表。在报表文件中确定一个数据的要素为<表页名或表页号><列>和<行>。

在 UFO 报表系统中，报表大小如下。

行数：1～999，系统默认值为 50 行；列数：1～255，系统默认值为 7 列；行高：0～160 毫米，系统默认值为 5 毫米；列宽：0～220 毫米，系统默认值为 26 毫米；表页数：1～99 999 页，系统默认值为 1 页。

3. 报表的其他基本概念

（1）格式状态和数据状态。UFO 报表系统将含有数据的报表分为两大部分来处理，即报表格式设计工作与报表数据处理工作。报表格式设计工作和报表数据处理工作是在不同的状态下进行的。实现状态切换的是一个特别重要的按钮——“格式/数据”按钮，单击此按钮可以在格式状态和数据状态之间切换。

在格式状态下可设计报表的格式，如表尺寸、行高列宽、单元属性、单元风格、组合单元、关键字、可变区等。报表的三类公式——单元公式（计算公式）、审核公式和舍位平衡公式也在格式状态下定义。

在格式状态下所做的操作对本报表所有的表页都发生作用。在格式状态下不能进行数据的录入、计算等操作。在格式状态下时，所能看到的是报表的格式，报表的数据则全部被隐藏了。

（2）单元类型。单元是组成报表的最小单位，单元名称由所在行、列标识。行号用数字 1～99 999 表示，列标用字母 A～IU 表示。例如，D22 表示第 4 列第 22 行对应的单元。UFO 报表系统中的单元分为数值单元、字符单元和表样单元三种类型。

① 数值单元。数值单元是报表的数据，在数据状态下（“格式/数据”按钮显示为“数据”时）输入。数值单元的内容可以是 1.7×（10E－308）－1.7×（10E＋308）之间的任何数（15 位有效数字），数字可以直接输入或由单元中存放的单元公式运算生成。建立一个新表时，所有单元的类型默认为数值。

② 字符单元。字符单元是报表的数据，在数据状态下（“状态/格式”按钮显示为“数据”时）输入。字符单元的内容可以是汉字、字母、数字及各种键盘可以输入的符号组成的一串字符，一个单元中最多可输入 63 个字符或 31 个汉字。字符单元也可由单元公式生成。

③ 表样单元。表样单元是报表的格式，是定义一个没有数据的空间所需的所有文字、符号或数字。一旦单元被定义为表样，则在其中输入的内容对所有表页都有效。表样在格式状态下（“格式/数据”按钮显示为“格式”时）输入和修改，在数据状态下（“格式/数据”按钮显示为“数据”时）不允许修改。一个单元中最多可输入 63 个字符或 31 个汉字。

（3）组合单元。组合单元由相邻的两个或更多单元组成，这些单元必须是同一种单元类型（表样、数值、字符）。UFO 报表系统在处理报表时将组合单元视为一个单元。

可以组合同一行相邻的几个单元，可以组合同一列相邻的几个单元，也可以把一个多行多列的平面区域设为一个组合单元。组合单元的名称可以用区域的名称或区域中单元的名称来表示。例如，将 B2 到 B3 定义为一个组合单元，这个组合单元可以用“B2”“B3”或“B2：B3”表示。

（4）区域。区域由一张表页上的一组单元组成，自起点单元至终点单元是一个完整的长方形矩阵。

在 UFO 报表系统中，区域是二维的，最大的区域是一个二维表的所有单元，即整个表页，最小的区域是一个单元。区域主要可分为固定区和可变区两大类。

固定区是指组成一个区域的行数和列数的数量是固定的数目。一旦设定好以后，在固定区域内其单元总数是不变的。

可变区是指屏幕显示一个区域的行数或列数是不固定的数字。可变区的最大行数或最大列数是在格式设计中设定的。在一个报表中只能设置一个可变区，或是行可变区或是列可变区。行可变区是指可变区中的行数是可变的；列可变区是指可变区中列数是可变的。

设置可变区后，屏幕只显示可变区的第一行或第一列，其他可变行、列隐藏在表体内。在以后的数据操作中，可变行、列数随着数据处理的需要而增减。

有可变区的报表称为可变表；没有可变区的表称为固定表。

（5）关键字。关键字是游离于单元之外的特殊数据单位，可以唯一标识一个表页，用于在大量表页中快速选择表页。

UFO 报表系统共提供了以下 6 种关键字。关键字的显示位置在格式状态下设置，关键字的值则在数据状态下录入，每个报表可以定义多个关键字。

单位名称：字符型（最大 30 个字符），为该报表表页编制单位的名称。

单位编号：字符型（最大 10 个字符），为该报表表页编制单位的编号。

年：数字型（1904～2100），即该报表表页反映的年度。

季：数字型（1～4），即该报表表页反映的季度。

月：数字型（1～12），即该报表表页反映的月份。

日：数字型（1～31），即该报表表页反映的日期。

5.1.5 报表基本操作流程

进入报表系统之后，用户需要确定是建立一张新表，还是利用系统提供的标准报表模板。如果选择新建报表，则需要定义完整的报表结构，包括报表的格式、报表数据来源公式等。如果是建立标准财务报表，则可选择报表模板。系统内置的报表模板提供了多个行业的各种标准财务报表格式，以方便用户使用。报表系统操作流程如图 5-2 所示。

要完成一般的报表处理，需要有启动系统建立报表、设计格式、数据处理、退出系统这些基本过程。从新建报表的角度来看，其操作步骤大体分为如下的 7 步。

1. 启动报表子系统，建立报表

注册登录“企业应用平台”后，在“UFIDA ERP - U8 V10.1”窗口中选择“业务工作”｜“财务会计”｜“UFO 报表”双击启动 UFO 报表系统。启动 UFO 报表系统后，首先要创建一个报表。通过单击“文件”菜单中的“新建”命令或单击工具栏上的新建图标建立一个空的报表，并进入格式状态。这时可以在这张表上设计报表格式，并在保存文件时给这张报表重命名。

2. 设计报表的格式

报表的格式在格式状态下设计，格式对整个报表都有效。报表格式的设计主要包括以下内容。

（1）设置表尺寸，即设定报表的行数和列数。

（2）定义行高和列宽。

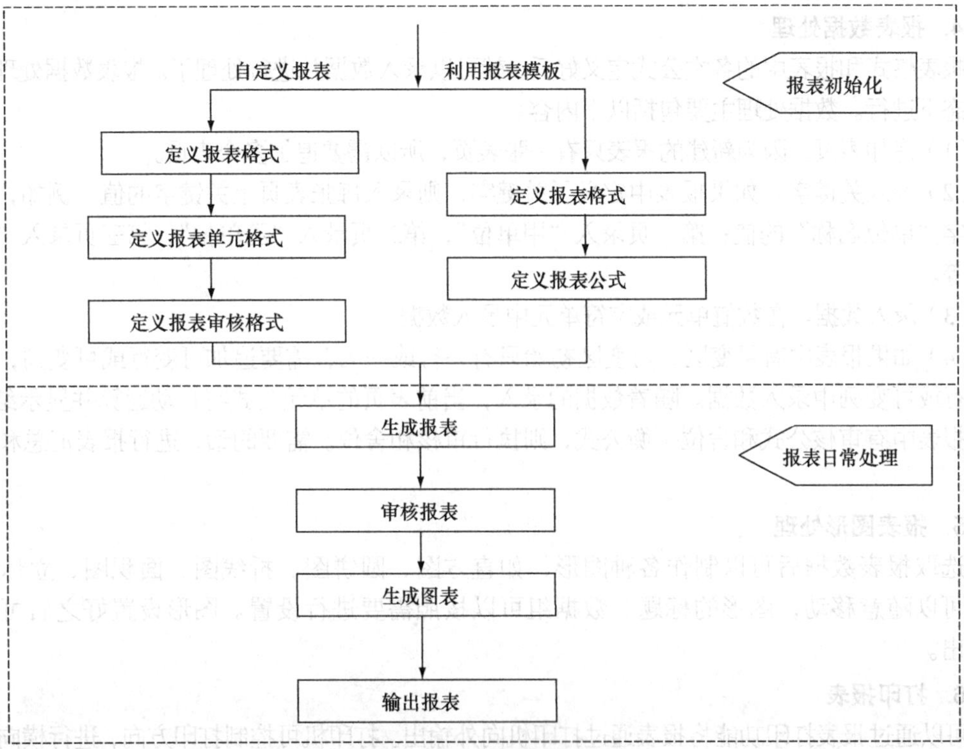

图 5-2 报表系统操作流程

（3）画表格线，即确定哪些区域在打印时显示表格线。

（4）设置单元属性，即把固定内容的单元如“项目”“行次”“期初数”“期末数”等定为表样单元；把需要输入数字的单元定为数值单元；把需要输入字符的单元定为字符单元。

（5）设置单元风格，即设置单元的字形、字体、字号、颜色、图案、折行显示等。

（6）定义组合单元，即把几个单元作为一个单元使用。

（7）设置可变区，即确定可变区在表页上的位置和大小。

（8）确定关键字在表页上的位置，如单位名称、年、月等。

设计好报表的格式之后，就可以输入表样单元的内容，如“项目”“行次”“期初数”“期末数”等。如果需要制作一个标准的财务报表如资产负债表等，可以利用 UFO 报表系统提供的财务报表模板自动生成一个标准的财务报表。UFO 报表系统还提供了 11 种套用格式，可以选择与报表要求相近的套用格式，再进行一些必要的修改。

3. 定义各类公式

UFO 报表系统中有三类公式：计算公式（单元公式）、审核公式、舍位平衡公式，公式的定义在格式状态下进行。

计算公式定义了报表数据之间的运算关系。在报表数值单元中输入“=”就可以直接定义计算公式，所以称为单元公式。

审核公式用于审核报表内或报表之间的勾稽关系是否正确，需要用“审核公式”菜单项定义。

舍位平衡公式用于报表数据进行进位或小数取整时调整数据，避免破坏原数据的平衡，需要用“舍位平衡公式”菜单项定义。

4. 报表数据处理

报表格式和报表中的各类公式定义好后，就可以录入数据并进行处理了。报表数据处理在数据状态下进行。数据处理主要包括以下内容。

（1）追加表页。因为新建的报表只有一张表页，所以需要追加多个表页。

（2）录入关键字。如果报表中定义了关键字，则录入每张表页上关键字的值。例如，录入关键字“单位名称”的值：第一页录入“甲单位”，第二页录入“乙单位”，第三页录入“丙单位”等。

（3）录入数据。在数值单元或字符单元中录入数据。

（4）如果报表中有可变区，可变区初始只有一行或一列，需要追加可变行或可变列，并在可变行或可变列中录入数据。随着数据的录入，当前表页的单元公式将自动运算并显示结果。如果报表中有审核公式和舍位平衡公式，则执行审核和舍位。需要的话，进行报表汇总和合并报表。

5. 报表图形处理

选取报表数据后可以制作各种图形，如直方图、圆饼图、折线图、面积图、立体图。图形可以随意移动；图形的标题、数据组可以按照需要进行设置。图形设置好之后可以打印输出。

6. 打印报表

可以通过报表打印功能将报表通过打印机向外输出。打印机可控制打印方向，进行横向或纵向打印；可控制行、列打印顺序；不但可以设置页眉和页脚，还可以设置财务报表的页首和页尾；可以缩放打印；可以预览打印效果。

7. 退出UFO报表系统

所有操作进行完毕之后，对报表文件进行保存。保存后可以退出 UFO 报表系统。

在上述 7 步中，第 1、2、4、7 步是任何报表处理所必须的。其他操作步骤视具体操作内容而定。

5.2 报表设置

报表设置实际上就是定义报表的基本格式、报表公式、设置关键字等。

5.2.1 登录报表系统

在使用报表系统处理报表之前，应首先启动报表系统，并建立一张空白的报表，然后在这张空白报表的基础上设计报表格式。

【例 5-1】 以操作员宁杰的身份登录 UFO 报表系统。

操作步骤如下。

(1) 以操作员宁杰的身份登录“企业应用平台”。

(2) 在“UFIDA ERP－U8V10.1”窗口中选择“业务工作”｜“财务会计”｜“UFO 报表”双击，进入“UFO 报表”窗口。

(3) 单击“文件”菜单中的“新建”菜单项，或单击工具栏上的“新建”命令图标，进入“新建 UFO 报表”窗口。

小贴士

> ➢ 新建 UFO 报表名称系统默认为 Report1.rep。
>
> ➢ 空白报表建立后，系统默认状态为格式状态，所有单元的类型默认为数值单元。

5.2.2　报表格式

报表格式设计是数据录入和数据计算处理的基础。如果没有报表格式，报表数据就毫无意义。只有将这些数据放入相应的报表中，才能用文字说明其意义所在。所以，报表格式设计工作是整个报表系统的重要组成部分，是报表数据录入和处理的依据，也是使用者使用报表系统的基础。

在正式定义报表前，应对报表的内容、样式做到心中有数。定义一张报表，首先要确定报表的结构，即报表的项目及其相互结合的方式，如资产负债表建立的依据是会计等式“资产 = 负债 + 所有者权益”。所以，资产负债表的项目应包括资产、负债、所有者权益三方面的内容。其次进行报表格式的设计，包括报表表样、单元类型及单元属性等内容。报表表样主要包括设计报表的表格、输入报表的表间项目及定义项目的显示风格、定义单元属性。通过设置报表表样可以确定整张报表的大小和外观。

报表格式设计总的来说，其设计内容主要包括设置报表尺寸、表的行高和列宽、画表格线、定义组合单元、表间项目、设置单元属性、单元风格等。

1. 设置报表表样

（1）设置报表表尺寸。设置报表表尺寸是指设置报表的行数和列数。

【例 5-2】　为创新笔业设计一张货币资金表，将报表设置为 7 行 4 列。

操作步骤如下。

① 在新建“UFO 报表”窗口中单击“格式”菜单中的“表尺寸”菜单项，打开“表尺寸”对话框。

② 直接输入或单击对话框中的微调按钮输入行数“7”、列数“4”，如图 5-3 所示。

③ 单击“确认”按钮完成表尺寸的设置。

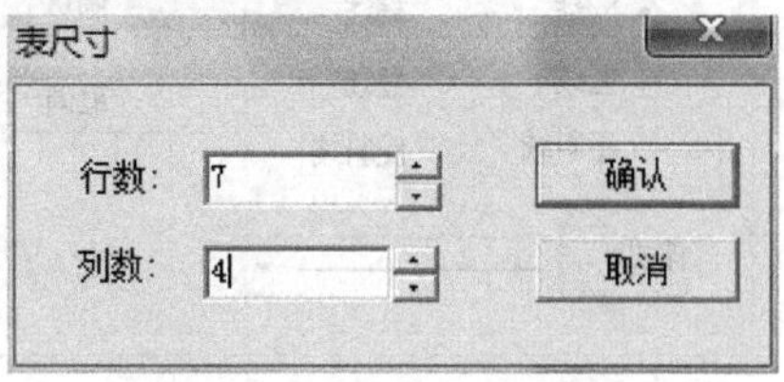

图 5-3　“表尺寸”对话框

小贴士

> ➢ 报表的尺寸设计好后，还可以通过“表尺寸”来调整报表的大小。

（2）定义报表的行高或列宽。如果报表某些单元的行或列要求比较特殊，则需要调整该行的行高或列宽。

【例 5-3】　定义报表第 1 行的行高为 12 毫米，第 2～7 行的行高为 6 毫米。

操作步骤如下。

① 选定第 1 行中的任意单元。

② 单击“格式”菜单中的“行高”菜单项，弹出“行高”对话框，如图 5-4 所示。

③ 输入行高值为“12”，单击“确认”按钮，完成第 1 行的行高设置。

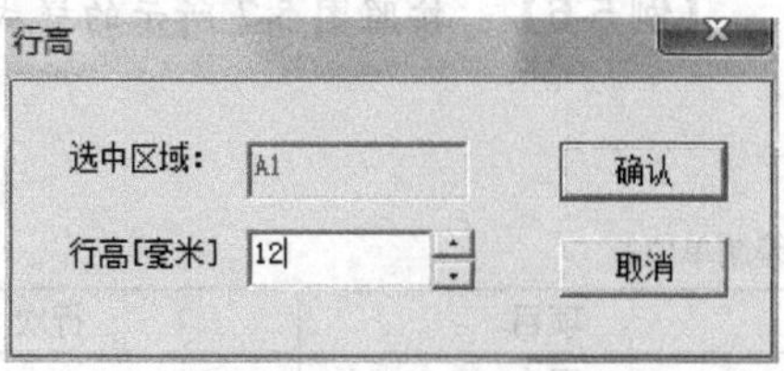

图 5-4　“行高”对话框

④ 将光标定为在 A2 单元上，按住鼠标左键不放，拖动鼠标选中 A2～D7 区域，单击“格式”菜单中的“行高”菜单项，弹出“行高”对话框，录入“6”，然后单击“确认”按钮，完成报表行高的调整处理。

小贴士

> ➢ 行高与列宽值的单位为毫米。
>
> ➢ 列宽设置于行高设置相似。

（3）画表格线。报表尺寸设置完成后，在数据状态下，该报表没有任何表格线，为了满足报表查询与打印的需要，还应为报表画上表格线。

【例 5-4】 为报表 A3：D6 区域画上网格线。

操作步骤如下。

① 选定报表上的区域 A3：D6。

② 单击“格式”菜单中的“区域画线”菜单项，弹出“区域画线”对话框，如图 5-5 所示。

③ 选择“网线”，同时选择线条样式，然后单击“确认”按钮完成报表画线的操作。

（4）定义组合单元。有些内容含有标题、编制单位、日期及货币单位等信息，可能一个单元容纳不下，为了实现这些内容的输入和显示，需要进行单元的组合。

【例 5-5】 将单元 A1：D1 组合成一个单元。

操作步骤如下。

① 选定需组合的单元区域 A1：D1。

② 单击“格式”菜单中的“组合单元”菜单项，弹出“组合单元”对话框，如图 5-6 所示。

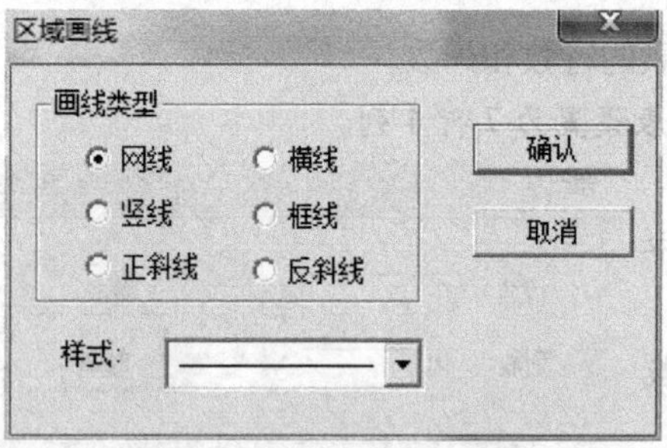

图 5-5 “区域画线”对话框

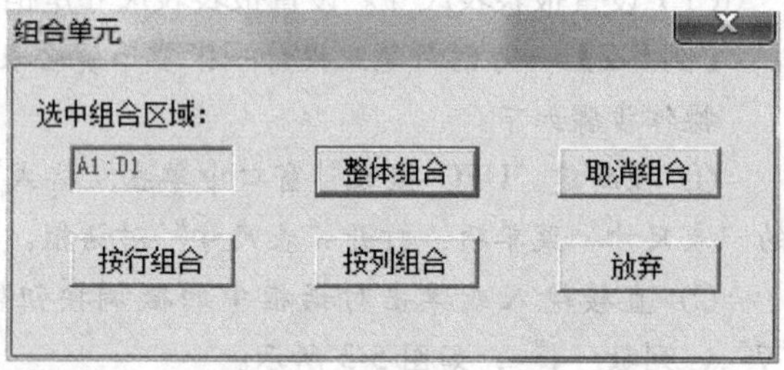

图 5-6 “组合单元”对话框

③ 单击“整体组合”按钮，完成所选单元的组合操作。

组合单元实际上就是一个大的单元，所有对单元的操作对组合单元均有效。若要取消所定义的组合单元，可以在“组合单元”对话框中单击“取消组合”按钮。

（5）输入表间项目。报表的表间项目是指报表的文字内容，主要包括表头内容、表体项目和表尾项目等。

【例 5-6】 按照图 5-7 所示的样式完成货币资金表项目的录入工作。

货币资金表

编制单位： 年 月 日 单位：元

项目	行次	期初数	期末数
现金	1		
银行存款	2		
合计	3		

制表人：

图 5-7 表间项目

操作步骤如下。

① 选择组合单元 A1：D1，录入“货币资金表”。

② 选择 D2 单元录入“单位：元”。

③ 选择 A3 单元录入“项目”。

④ 与上述操作一样，选择其他单元，录入单元项目内容。

在输入报表项目时，编制单位、日期一般不需要输入，UFO 报表系统中将其单独设置为关键字。项目输完后，默认的格式为普通字体 12 号，居左对齐，单元为表样单元。一个表样单元最多能输入 63 个字符或 31 个汉字，允许换行显示。

（6）设置单元风格。单元风格主要是指单元内容的字体、字号、字形、对齐方式、背景图案等。设置单元风格能使报表更符合阅读习惯，更加美观、清晰。

【例 5-7】 将“货币资金表”字体设置为黑体、14 号、居中。

操作步骤如下。

① 选择组合单元 A1：D1，即选择“货币资金表”所在单元。

② 单击“格式”菜单中的“单元格属性”菜单项，进入“单元格属性”对话框。

③ 打开“字体图案”选项卡，选择“字体”下拉列表中的黑体，在“字号”下拉列表中选择“14”。

④ 打开“对齐”选项卡，水平方向选择“居中”，垂直方向选择“居中”。

⑤ 单击“确定”按钮，对设置进行保存。

⑥ 以同样的方式完成对其他项目单元风格的设置。

2. 关键字设置

在一个报表文件中，可能会有若干张表结构相同，而编制单位、编制时间不同的表页，只有依靠“关键字”，才能在若干张表页中准确地找到所需的表页及表格单元，进而对其进行相应的操作。在 UFO 报表系统中关键字主要有单位名称、单位编号、年、季、月和日 6 种。另外，用户还可根据需要设置一个自定义关键字。

（1）设置关键字。设置关键字就是选择用于报表区分的标识有哪些。每张报表可以定义多个关键字，在定义时要综合考虑编制报表打印的需要。

【例 5-8】 为货币资金表设置关键字“单位名称”“年”“月”。

操作步骤如下。

① 将报表状态选定为“格式状态”。

② 选定要设置关键字的单元 A2，单击“数据”|“关键字”菜单中的“设置”菜单项，进入“设置关键字”对话框，选择“单位名称”，单击“确定”按钮，如图 5-8 所示。

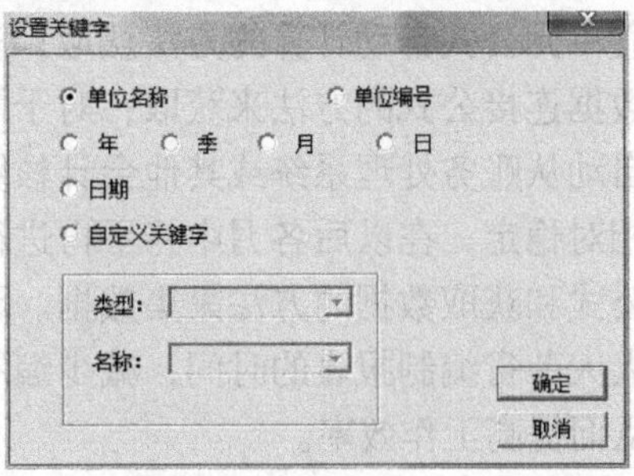

图 5-8　“设置关键字”对话框

③ 选定 B2 单元，单击“数据”|“关键字”菜单中的“设置”菜单项，进入“设置关键字”对话框，选择“年”，单击“确定”按钮。

④ 单击“数据”|“关键字”菜单中的“设置”菜单项，进入“设置关键字”对话框，选择“月”，单击“确定”，完成关键字的设置。

小贴士

➢ 要取消设置关键字，需要通过“数据”|“关键字”菜单中的“取消”菜单项，进入“取消关键字”对话框，实施关键字的取消处理。

➢ 设置关键字呈红色显示，可调整其显示风格，但不能通过“单元格属性”对话框来调整其位置。

（2）调整关键字的位置。关键字是游离于报表单元的特殊单元，其位置需要通过关键字偏移功能来完成。

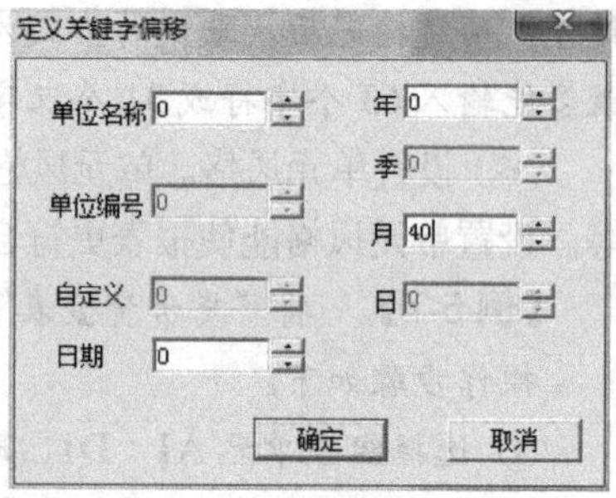

图 5-9 “定义关键字偏移”对话框

【例 5-9】 在【例 5-8】中所定义的关键字“年”和“月”处于重叠状态，通过关键字偏移调整其显示位置。

操作步骤如下。

① 将报表状态选定为“格式”状态。

② 单击“数据”菜单中的“关键字”|“偏移”菜单项，进入“定义关键字偏移”对话框，如图 5-9 所示。

③ 输入月偏移量的值“40”，单击“确定”按钮，完成关键字的偏移处理。

小贴士

➢ 偏移量的值如果是正数表示向右偏移，如果是负数表示向左偏移，可录入区间为（−300，300）的整数。

5.2.3 报表公式的设置

UFO 报表系统中的公式分为单元公式、审核公示和舍位平衡公式三种，并且必须在“格式”状态下设置公式。

1. 单元公式的设置

单元公式的设置是为了定义报表数据之间的运算关系。

使用报表系统后，报表中的数据获取方法发生了很大的变化：对于小部分最基本、最原始的报表数据，必须通过手工直接输入的方法获取；对于报表内小计、合计等数据，通过建立单元公式自动计算的方法获取；对于需要从其他报表中提取的数据，通过建立表与表之间数据连接公式的方法来获取；对于需要从账簿中提取的数据，通过建立账中取数函数公式，自动从账务处理系统或其他会计核算系统中获取。大部分报表的单元公式及获取数据的方法相对稳定，在以后各月中将不再进行大的变动。当会计期发生变化时，系统自动根据定义的公式和获取数据的方法采集数据。因此，在报表系统中，合理地利用获取数据的方法，能够大大节省编制报表的时间，减少编制失误，省时又经济，将大量重复、复杂的劳动简单化，从而提高工作效率。

根据报表中数据的来源，报表单位公式取数主要分为 4 类：从报表内部取数、从账务处理系统取数、表表之间取数、从其他报表文件中取数。

（1）表页内取数公式的定义。在报表系统中，有些报表单元的数据不是直接录入的，而是根据报表内其他单元的数据通过设置报表内部运算公式计算而得到的，如报表中的小计、合计等单元的数据。在报表系统中，对于这类数据没有必要按照手工方式填入，应根据数据间的勾稽关系，通过建立单元公式，系统自动根据单元公式计算出这些数据填入相应的单元中。单元公式一次定义可多次使用，而且数据间的勾稽关系采用自动连接方式，当原数据发生变化时，目标数据将自动改变。不同报表系统单元公式的格式、定义方法不尽相同。一般而言，定义单元公式的方法主要有两种：一种是直接输入，另一种是参照输入。

表页内取数公式可以用表单元名称的加、减、乘、除等运算方式定义，也可以通过函数方式定义，如C6单元的数据来源为C4单元的数据与C5单元的数据之和，则C6单元的取数公式可定义为C6＝C4＋C5，也可定义为C6＝PTOTAL（C4：C5）。

【例5-10】 在【例5-6】的货币资金表中，单元C6是通过表内单元数据计算获取的，定义这个单元公式。

操作步骤如下。

① 选择C6单元。

② 按键盘上的“＝”键或单击工具栏上“fx”按钮，弹出“定义公式”对话框。

③ 在“定义公式”对话框中输入公式“C4＋C5”。

④ 单击“确认”按钮，完成C6单元的公式定义，单击显示“单元公式”字样。

⑤ 重复第（1）～（4）步，定义类似单元的取数公式。

（2）账务处理系统取数公式的定义。在许多报表中，报表数据并不一定来自报表本身，更多地来源于账务处理系统、薪资管理系统等系统，如资产负债表、利润表中绝大多数的单元数据都来源于账务处理系统。在会计报表系统中一般都提供了账务函数，账务函数架起了报表系统与账务处理系统之间的数据传递桥梁。账务函数的使用可以实现账表一体化。利用账务函数定义单元连接公式，每期的会计数据无需过多的操作，系统会自动将会计数据传递到会计报表中。在UFO报表系统中提供了12种170个业务函数，可以实现从总账系统、薪资、固定资产、应收、应付等系统中获取数据。

① 账务函数的基本格式。函数名（科目编码，会计期间，[方向]，[账套号]，[编码1]，[编码2]）

小贴士

- 科目编码也可以是科目名称，必须用双引号引起来。
- 会计期间可以使“年”“季”“月”等变量。
- 方向即“借”或“贷”，可以省略。
- 账套号为数字，默认为当前账套。
- 会计年度即数据取数年度，可以省略。
- 编码1、编码2与科目编码的核算账类有关，可以取科目的辅助账，无则省略。

② 账务取数函数。在UFO报表系统中提供了24种账务取数函数，其中应用最多也最重要的账务取数函数如表5-1所示。

表5-1 主要用友账务函数表

总账函数的名称	公式
期初余额函数	QC（）/SQC（）/WQC（）
期末余额函数	QM（）/SQM（）/WQM（）

续表

总账函数的名称	公式
发生额函数	FS ( ) /SFS ( ) /WFS ( )
累计发生额函数	LFS ( ) /SLFS ( ) /WLFS ( )
条件发生额函数	TFS ( ) /STFS ( ) /WTFS ( )
对方科目发生额函数	DFS ( ) /SDFS ( ) /WDFS ( )
净额函数	JE ( ) /SJE ( ) /WJE ( )

注："S"和"W"表示数量和外币核算。

③ 账务函数的应用。

【例 5-11】 定义货币资金表中"银行存款"期末数 D5 的取数公式。

公式设置可以直接录入，也可通过函数向导来定义，本例以函数向导方式介绍账务取数公式的定义。

操作步骤如下。

a. 选定被定义单元 D5，即"银行存款"期末数。

b. 单击"fx"按钮，打开"定义公式"对话框。

c. 单击"函数向导"按钮，打开"函数向导"对话框。

d. 在"函数分类"列表框中选择"用友账务函数"，在右侧的"函数名"列表框中选择"期末（QM）"，单击"下一步"按钮，打开"用友账务函数"对话框。

e. 单击"参照"按钮，打开"账务函数"对话框。

f. 选择科目"1002"，其余各项均采用系统默认值，单击"确定"按钮，返回"用友账务函数"对话框，如图 5-10 所示。

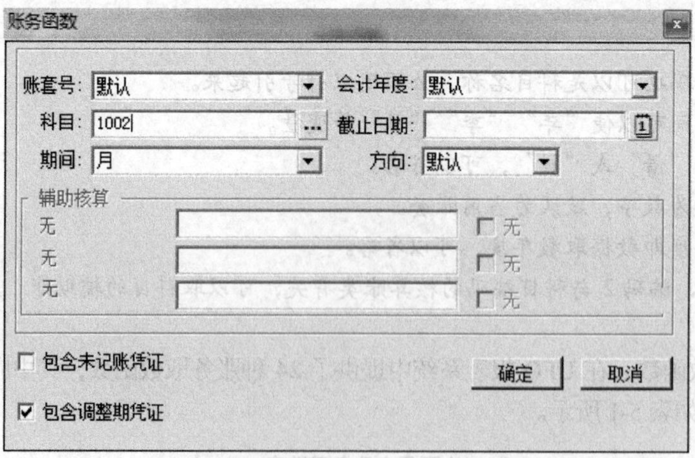

图 5-10 "账务函数"对话框

g. 单击"确定"按钮，返回"定义公式"对话框，单击"确认"按钮。

h. 输入其他单元公式。

小贴士

> ➢ 用友账务取数函数参数较多，定义时一个也不能缺少，缺少默认值时用“，”（半角）分隔体现。
>
> ➢ 可通过“+”“–”“*”“/”运算符号连接账务函数形成较复杂的账务取数公式。
>
> ➢ 直接录入公式时，注意标点符号应为英文标点。

（3）表页间取数公式的定义。表页间取数也称为表表间取数，是指同一报表文件不同表表（表页）之间通过数据链接获取数据。在实际工作中，财会人员常常将经济意义相同但会计期间不同的表表存放在同一个报表文件中，有些新报表中的数据是从历史报表中获取的。例如，一个报表文件“利润表.rep”中有 12 张报表（表页），存放着不同月份的利润表，表页 1 是 1 月份利润表，表页 2 是 2 月份利润表……表页 12 是 12 月份利润表。利润表中的上期金额 = 上月报表的本期金额，则利润表的上期金额涉及从上月报表取数。

表页间取数可通过 SELECT（ ）函数来完成，SELECT（ ）函数的基本格式为 SELECT（<区域>），[<筛选条件>]，其中区域是用绝对地址表示的数据来源区域；筛选条件是用以确定数据源所在的表页，筛选条件的基本格式为<目标页关键字@ – 目标页单元@ – 常量><关系运算><数据源表页关键字 – 目标页单元 – 常量>，该项如缺省表示与目标页在同一表页。

（4）其他报表取数公式的定义。在报表编制的过程中有时会涉及要从其他报表中获取数据，这种取数方式可通过建立报表文件之间的 RELATION 关联关系而获取或通过 SELECT（ ）函数来获取。

2. 审核公式的设置

在财务报表中，每个数据都有特定而明确的经济意义，并且数据间往往存在着某种对应关系，称为勾稽关系。例如，在资产负债表中，资产总计等于负债与所有者权益之和，这种平衡关系就是勾稽关系。如果在资产负债表编制结束后，发现没有满足这种平衡的勾稽关系，即可以肯定在编制过程中出现了错误。所以，在实际工作中，利用勾稽关系对报表进行检查是保证报表正确性的重要手段。

为了满足财会人员编制报表时对数据审核的要求，报表系统同样提供了数据审核功能，通过将报表数据之间的勾稽关系用审核公式表示出来，计算机按所定义的审核公式对报表数据进行审核。例如，资产负债表中的“资产总计”期初数应等于“负债及所有者权益总计”期初数；“资产总计”期末数应等于“负债及所有者权益总计”期末数。于是，可以定义审核公式如下。

C42 = G42 MESS “资产总计期初不等于负债及所有者权益总计期初”

D42 = H42 MESS “资产总计期末不等于负债及所有者权益总计期末”

其中，C42 单元和 D42 单元分别表示“资产总计”的期初数和期末数；G42 和 H42 单元分别表示“负债及所有者权益”的期初数和期末数；MESS 或 MESSEGE 后面的字符串是当其前面的条件不成立时将在屏幕上出现的提示信息。

整个公式的含义是，资产负债表中 C42 单元的值必须等于 G42 单元的值，否则屏幕上将显示“资产总计期初不等于负债及所有者权益总计期初”；D42 单元的值必须等于 H42 单元的值，否则屏幕上将显示“资产总计期末不等于负债及所有者权益总计期末”。

【例 5-12】 为货币资金表定义审核公式。

操作步骤如下。

(1) 登录 UFO 报表系统，创建或打开货币资金表文件。

(2) 在“格式”状态下，单击“数据”菜单中的“编辑公式” | “审核公式”菜单项，进入“审核公式”设置对话框。

(3) 在“审核公式”设置对话框的“审核关系”栏中直接录入审核公式，或通过导入文件功能引入审核公式，可导入的文件类型为 TXT 文本文件。

(4) 定义完毕后，单击“确定”按钮保存定义的审核公式。

小贴士

- 每一个审核公式定义完成后，尾部不要添加任何标点符号。
- 上一个审核公式与下一个审核公式之间用回车体现。
- 审核公式需要在格式状态下定义。

3. 舍位平衡公式的设置

在实际工作中常常遇到这样的问题，有些会计报表数据非常大，看起来非常麻烦，常常希望将原报表中的单位“元”转换成“千元”或“万元”等，又能保持原来的数据平衡关系，这就是舍位平衡问题。

当原始平衡关系被破坏，不能满足报表中应有的平衡要求时，应当进行调整，使报表数据仍能满足平衡关系。在手工条件下，调整工作量非常大。因为既要将原报表中的“元”转换成“千元”或“万元”，又要使原来的数据平衡关系保持不变，财会人员需要反复计算、推算，最后才能得到令人满意的结果。

在报表系统中提供了舍位平衡功能，用户只要将舍位平衡后的要求告诉计算机，即在报表系统中定义舍位平衡公式，并告诉计算机需要舍去几位后，计算机便可以按照舍位要求，自动、快捷地进行计算、推算，完成舍位和平衡处理，并按照用户的要求生成一张舍位后的报表。

【例 5-13】 定义货币资金表的舍位平衡公式，使其转换为“千元”报表。

操作步骤如下。

(1) 执行“数据”|“编辑公式”|“舍位公式”命令，打开“舍位平衡公式”对话框。

(2) 确定信息：舍位表名为“SW1”，舍位范围为“C4：D6”，舍位位数为“3”，平衡公式为“C6=C4+C5，D6=D4+D5”，如图 5-11 所示。

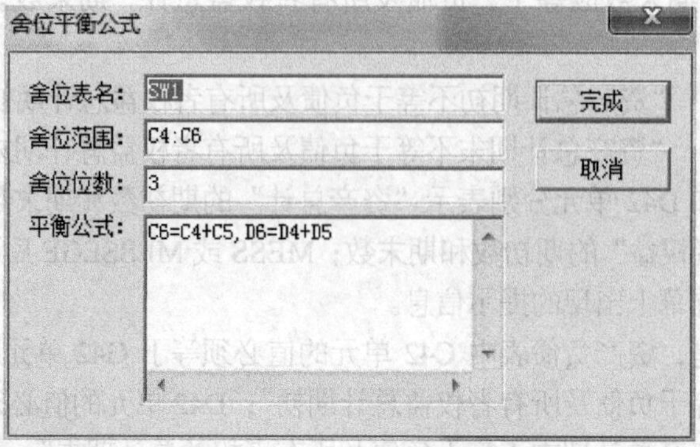

图 5-11 “舍位平衡公式”对话框

(3) 单击“完成”按钮。

小贴士

> ➢ 舍位表名为新表名，注意不要与取数表重名。
>
> ➢ 舍位范围为原表区域（数据区域）。
>
> ➢ 舍位位数输入 1 表示表数/10，输入 2 表示数/100，即输入 N 表示取数为原表数据的 10N 分之一。
>
> ➢ 平衡公式设置的基本原则为，舍位平衡公式根据表内勾稽关系定义；公式定义采用倒序书写，即先写最终运算结果，然后一步一步倒推；公式中只能使用“+”“-”运算符，不能使用“*”“/”等；等号左边只能有一个单元；一个单元只允许在等号右边出现一次；每个公式占一行，各公式间用“，”隔开，最后一条公式不用写逗号。
>
> ➢ 公式需要在英文状态下编辑录入。

5.2.4 报表模板

自定义报表功能可以设计出个性化的报表，但对于一些会计实务上常用的、格式基本固定的财务报表，如果逐一自定义无疑费时、费力。针对这种情况，报表系统均提供了报表模板供用户选择。用友 UFO 报表系统为用户提供了多个行业的各种标准财务报表格式。用户可以套用系统提供的标准报表格式，并在标准报表格式的基础上根据自己单位的具体情况加以局部修改，免去从头建立报表、定义公式的繁琐工作。

利用报表模板可以迅速建立一张符合需要的财务报表。另外，对于一些本企业经常使用但报表模板没有提供标准格式的报表，在定义完这些报表后可以将其定制为报表模板，以后使用时可以直接调用这个模板。

【例 5-14】 调用资产负债表模板。

操作步骤如下。

(1) 注册登录 UFO 报表系统。

(2) 单击“文件”菜单中的“新建”菜单项，或单击工具栏上的新建命令图标，创建一张新报表。

(3) 单击“格式”菜单中的“报表模板”菜单项，进入“报表模板”选择对话框。

(4) 通过单击下拉列表框按钮，选择所在行业为“2007 年新会计制度科目”，选择财务报表类型为“资产负债表”，单击“确认”按钮弹出报表覆盖信息提示对话框。

(5) 单击“确定”按钮，系统自动完成报表格式的设置。

(6) 在此基础上对报表进行修改，重点是定义取数公式或对已有公式进行修改，使之满足本企业的实际情况。

(7) 单击“文件”菜单中的“保存”菜单项或单击工具栏上的“保存”命令图标，系统弹出“另存为”对话框。

(8) 选择报表的存放位置并录入报表文件名“资产负债表”后，单击“另存为”按钮完成报表的定义。

5.3 报表子系统日常处理

在报表系统中完成报表格式的设置后，就可以进入数据状态进行数据处理、报表审核、舍位平衡计算、报表排序及图形分析等基本业务处理。

5.3.1 报表数据处理

在 UFO 报表系统中打开报表，系统自动进入数据状态，此时可以进行数据处理，即录入关键字和报表数据。

1. 录入关键字

关键字是表页定位的特定标识。在格式状态下设置完关键字以后，只有在数据状态下对其实际赋值才能真正使其成为表页的鉴别标识。设置关键字的目的是能在大量表页中找到特定的表页。

【例 5-15】 为前例中的货币资金表录入关键字：创新笔业、2015 年、12 月。

操作步骤如下。

(1) 登录 UFO 报表系统，打开货币资金表文件。

(2) 在“数据”状态下，单击“数据”菜单中的“关键字” | “录入”菜单项，进入“录入关键字”对话框，如图 5-12 所示。

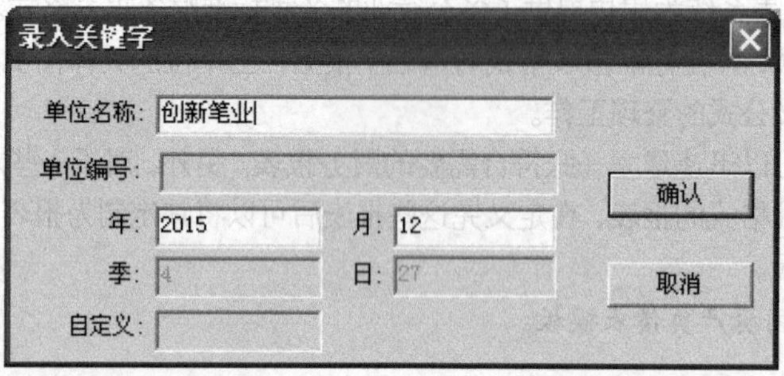

图 5-12 “录入关键字”对话框

(3) 录入“单位名称”的值为“创新笔业”，“年”的值“2015”，“月”的值“12”，然后单击“确认”按钮，系统提示“是否重算第一页”。

(4) 单击“是”按钮，系统自动计算完成数据填充。若单击“否”按钮，以后可通过“数据”菜单下的“表页重算”菜单项完成取数处理。

2. 录入报表数据

在数据状态下，将光标移动到要录入或修改的单元，输入内容，按回车键或移动光标到编辑框录入或修改单元数据。在录入过程中，按 Esc 键则放弃录入的内容。

小贴士

- ➢ 表样单元和公式单元不能录入新数据。
- ➢ 数字类型单元只能录入数字。
- ➢ 字符类型单元只能录入字符。

3. 报表审核

通过审核可以找出可能存在的不符合勾稽关系要求的错误。选定要审核的报表，单击“数据” | “审核”菜单项，系统将自动按照审核公式对报表进行审核，并显示结果。

4. 报表舍位平衡

如果之前对报表定义了舍位平衡公式，就可以根据需要进行舍位处理生成所需的报表。

【例 5-16】 对 2015 年 12 月份的货币资金表进行舍位处理，形成“千元”报表。

操作步骤如下。

(1) 登录 UFO 报表系统，打开货币资金表文件。

(2) 在“格式”状态下定义或修改舍位公式。

(3) 在“数据”状态下，单击“数据”｜“舍位平衡”菜单项，系统按之前的设定生成舍位平衡表。

(4) 单击工具栏上的“保存”按钮对生成的报表进行保存。

5.3.2 报表的输出

报表的输出包括报表的屏幕输出和打印输出，输出时可以针对报表格式输出，也可以针对某一特定表页输出。输出报表格式须在格式状态下操作，而输出表页须在数据状态下操作。输出表页时，格式和报表数据一起输出。

输出表页数据时会涉及表页的相关操作，如表页排序、查找、透视等。屏幕输出时可以对报表的显示风格、显示比例加以设置。打印报表之前可以在预览窗口中预览，打印时还可以进行页面设置和打印设置等操作。

5.3.3 图表处理

报表数据生成之后，为了对报表数据进行直观的分析和了解，方便对数据的对比、趋势和结构进行分析，可以利用图形对数据进行直观显示。UFO 报表系统的图表格式提供了直方图、圆饼图、折线图、面积图 4 大类共 10 种格式的图表。

图表是利用报表文件中的数据生成的，图表与报表数据存在着密切的联系，报表数据发生变化时，图表也随之变化，报表数据删除后，图表也随之消失。

1. 追加图形显示区域

在管理图表图像时，由于图标对象需要占用一定的报表区域，而报表在格式设计时没有为图形预留空间，因此首先要增加一个区域用于存放所增加的图形。

操作步骤如下。

(1) 登录 UFO 报表系统，打开报表文件，切换到格式状态下。

(2) 单击“编辑”｜“追加”｜“行”菜单项，弹出“追加行”对话框，如图 5-13 所示。

(3) 录入要追加的行的数目，单击“确认”按钮，完成行的追加处理。

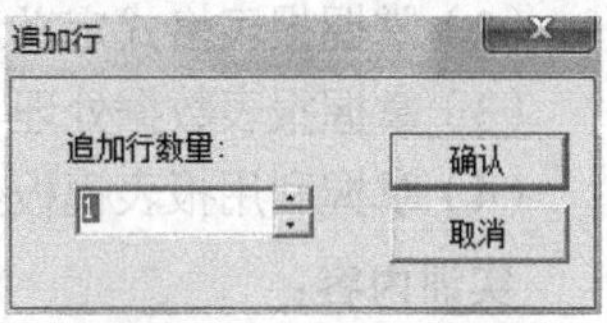

图 5-13 “追加行”对话框

2. 选取数据区域

在进行图形处理时，在数据状态下，用鼠标框选的方式选定报表中的数据区域。

3. 插入图表对象

操作步骤如下。

(1) 在选定数据区域后，单击“工具”｜“插入图表对象”。

(2) 选择图表类型、数据组类型、录入图标名称、图表标题、X 和 Y 轴标题后单击“确认”按钮，插入图形，如图 5-14 所示。

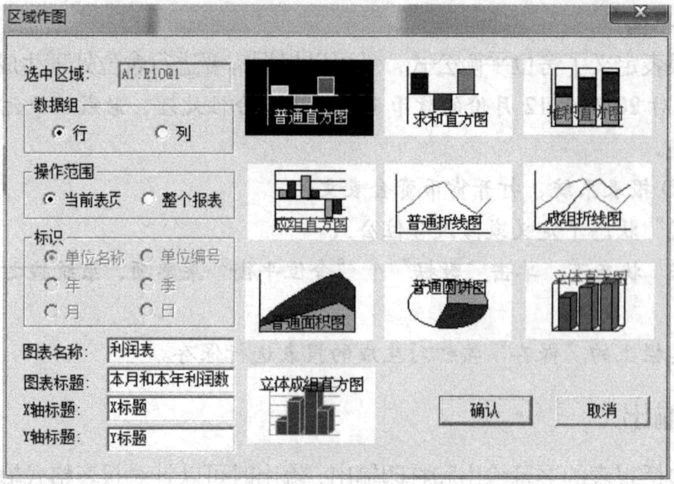

图 5-14　插入图表对象

（3）可以拖动鼠标调整表的位置和尺寸。

4. 编辑图表对象

操作步骤如下。

（1）单击图表的任意部位，激活图表。

（2）单击“编辑”中的菜单项，可对相应的标题、字形、字体进行编辑。

（3）同理，可通过单击“格式”下的菜单项，完成图表格式的转换。

项目思考

1. UFO 报表系统与 Excel 相比，优势是什么？
2. 如何利用 UFO 报表系统进行资产负债表审核公式的设计？
3. 在 UFO 报表系统中，企业如何利用以“元”为单位的报表生成以“万元”为单位的报表？

实训六　UFO报表管理

实训目的：

（1）理解报表编制的原理及流程；

（2）掌握报表格式定义、公式定义的操作方法；掌握报表单元公式的用法；

（3）掌握报表数据处理、表页管理及图表功能等操作；

（4）掌握利用报表模板生成一张报表的方法。

实训内容：

（1）自定义一张报表；

（2）利用报表模板生成报表。

实训准备： 引入项目四“实训五”中的账套数据。

实训资料与要求

1. 货币资金表

（1）报表格式。

货币资金表

编制单位：　　　　　　　　　　　年　　月　　日　　　　　　　　　　　单位：元

项目	行次	期初数	期末数
现金	1		
银行存款	2		
合计	3		

制表人：

要求：

✧ 表头

标题“货币资金表”设置为“黑体”“14 号”“居中”。

“编制单位”和“年”“月”“日”设置为关键字。

✧ 表体

表体中的文字设置为“楷体”“12 号”“居中”。

✧ 表尾

“制表人”设置为“宋体”“10 号”“右对齐第 4 栏”。

（2）报表公式。

现金期初数：C4 = QC（“1001”，月）

现金期末数：D4 = QM（“1001”，月）

银行存款期初数：C5 = QC（“1002”，月）

银行存款期末数：D5 = QM（“1002”，月）

期初数合计：C6 = C4 + C5

期末数合计：D6 = D4 + D5

2. 资产负债表和利润表

利用报表模板生成资产负债表和利润表。

实训要求：以账套主管宁杰的身份进行 UFO 报表管理的操作。

操作指导

1. 启用UFO报表管理系统

（1）以宁杰的身份进入企业应用平台，执行“财务会计”|“总账”|“UFO 报表”命令，进入报表管理系统。

（2）执行“文件”|“新建”命令，建立一张空白报表，报表名默认为“report 1”。

2. 自定义一张货币资金表——报表定义

查看空白报表底部左下角的“格式 / 数据”按钮，确保当前状态为格式状态。

（1）设置报表尺寸。

① 执行“格式”|“表尺寸”命令，打开“表尺寸”对话框。

② 输入行数 7、列数 4，单击“确认”按钮。

（2）定义组合单元。

① 选择需合并的单元区域 A1：D1。

② 执行“格式”|“组合单元”命令，打开“组合单元”对话框。

③ 选择组合方式“整体组合”或“按行组合”，该单元即合并成一个单元格。

④ 同理，定义 A2：D2 单元为组合单元。

（3）画表格线。

① 选中报表需要画线的单元区域 A3：D6。

② 执行“格式”|“区域画线”命令，打开“区域画线”对话框。

③ 选择“网线”单选按钮，单击“确认”按钮，将所选区域画上表格线。

（4）输入报表项目。

① 选中需要输入内容的单元或组合单元。

② 在该单元或组合单元中输入相关的文字内容。例如，在 A1 组合单元中输入“货币资金表”字样；在 A2 组合单元中输入“单位：元”。

小贴士

➢ 报表项目是指报表的文字内容，主要包括表头内容、表体项目、表尾项目等，不包括关键字。

➢ 日期一般不作为文字内容输入，而需要设置为关键字。

（5）定义报表的行高和列宽。

① 选中需要调整的单元所在行 A1。

② 执行“格式”|“行高”命令，打开“行高”对话框。

③ 输入行高 12，单击“确定”按钮。

④ 选中需要调整的单元所在列，执行“格式”|“列宽”命令，可设置该列的宽度。

小贴士

➢ 行高、列宽的单位为毫米。

（6）设置单元风格。

① 选中标题所在组合单元 A1。

② 执行“格式”|“单元属性”命令，打开“单元格属性”对话框。

③ 打开“字体图案”选项卡，设置字体为“黑体”，字号为“14”。

④ 打开“对齐”选项卡，设置对齐方式为“居中”，单击“确定”按钮。

（7）定义单元属性。

① 选定单元 D7。

② 执行“格式”|“单元属性”命令，打开“单元格属性”对话框。

③ 打开“单元类型”选项卡，选择“字符”选项，单击“确定”按钮。

小贴士

➢ 在格式状态下输入内容的单元均默认为表样单元，未输入数据的单元均默认为数值单元；在数据状态下可输入数值。若希望在数据状态下输入字符，应将其定义为字符单元。

➢ 字符单元和数值单元输入后只对本表页有效，表样单元输入后对所有表页有效。

（8）设置关键字。

① 选中需要输入关键字的组合单元 A2。

② 执行“数据”|“关键字”|“设置”命令，打开“设置关键字”对话框。

③ 选择“单位名称”单选按钮，单击“确定”按钮。

④ 同理，设置“年”“月”关键字。

小贴士

➢ 每个报表可以同时定义多个关键字。

➢ 如果要取消关键字，须执行“数据”|“关键字”|“取消”命令。

（9）调整关键字的位置。

① 执行“数据”|“关键字”|“偏移”命令，打开“定义关键字偏移”对话框。

② 在需要调整位置的关键字后面输入偏移量，年为“－120”，月为“－90”，日为“－60”。

③ 单击“确定”按钮。

小贴士

➢ 关键字的位置可以用偏移量来表示，负数值表示向左移，正数值表示向右移。在调整时，可以通过输入正或负的数值来调整。

➢ 关键字偏移量的单位为像素。

（10）定义报表公式。

方法1　通过直接输入公式定义单元公式。

① 选定需要定义公式的单元C4，即“现金”的期初数。

② 执行“格式”|“编辑公式”|“单元公式”命令，打开“定义公式”对话框。

③ 在“定义公式”对话框中，直接输入总账期初函数公式QC（“1001”，月），单击“确认”按钮。

小贴士

➢ 单元公式中涉及的符号均为英文半角字符。

➢ 单击“fx”按钮或双击某公式单元或按“＝”键，都可以打开“定义公式”对话框。

方法2　通过引导输入公式定义单元公式。

① 选定被定义单元D5，即“银行存款”期末数。

② 单击“fx”按钮，打开“定义公式”对话框。

③ 单击“函数向导”按钮，打开“函数向导”对话框。

④ 在“函数分类”列表框中选择“用友账务函数”，在右侧的“函数名”列表框中选择“期末（QM）”，单击“下一步”按钮，打开“用友账务函数”对话框。

⑤ 单击“参照”按钮，打开“账务函数”对话框。

⑥ 选择科目“1002”，其余各项均采用系统默认值，单击“确定”按钮，返回“用友账务函数”对话框。

⑦ 单击“确定”按钮，返回“定义公式”对话框，再单击“确认”按钮。

⑧ 输入其他单元公式。

小贴士

➢ 如果未进行账套初始化，那么账套号和会计年度需要直接输入。

（11）定义审核公式。

审核公式用于审核报表内或报表之间勾稽关系是否正确，如“资产负债表”中的“资产合计＝负债合计＋所有者权益合计”。本实训的货币资金表中不存在这种勾稽关系。若要定义审核公式，执行“格式”|“编辑公式”|“审核公式”命令即可。

（12）定义舍位平衡公式。

① 执行“格式”|“编辑公式”|“舍位公式”命令，打开“舍位平衡公式”对话框。

② 确定信息：舍位表名为“SW1”，舍位范围为“C4：D6”，舍位位数为“3”，平衡公式为“C6＝C4＋C5，D6＝D4＋D5”。

③ 单击“完成”按钮。

小贴士

- 舍位平衡公式是指用来重新调整报表数据进位后的小数位平衡关系的公式。
- 每个公式占一行，各公式之间用逗号“，”（半角）隔开，最后一条公式后不用写逗号，否则公式无法执行。
- 等号左边只能为一个单元（不带页号和表名）。
- 舍位公式中只能使用“＋”“－”符号，不能使用其他运算符及函数。

（13）保存报表格式。

① 执行“文件”|“保存”命令。如果是第一次保存，则打开“另存为”对话框。

② 选择保存文件夹的目录；输入报表文件名为“货币资金表”；选择保存类型为“*.REP”，单击“保存”按钮。

小贴士

- 报表格式设置完以后切记要及时将这张报表格式保存下来，以便以后随时调用。
- 如果没有保存就退出，系统会提示“是否保存报表？”信息，以防止误操作。
- REP 为用友报表文件的专用扩展名。

3. 自定义一张货币资金表——报表数据处理

（1）打开报表。

① 启动 UFO 报表系统，执行“文件”|“打开”命令。

② 选择存放报表格式的文件夹中的报表文件“货币资金表.REP”，单击“打开”按钮。

③ 单击空白报表左下角的“格式/数据”按钮，使当前状态为数据状态。

小贴士

- 报表数据处理必须在数据状态下进行。

（2）输入关键字的值。

① 执行“数据”|“关键字”|“录入”命令，打开“录入关键字”对话框。

② 输入年为“2015”，月为“12”，日为“31”。

③ 单击“确认”按钮，系统弹出“是否重算第 1 页？”信息提示对话框。

④ 单击“是”按钮，系统会自动根据单元公式计算 12 月份数据；单击“否”按钮，系统不计算 12 月份数据，以后可利用“表页重算”功能生成 12 月份数据。

小贴士

➢ 每一张表页均对应不同的关键字值，输出时随同单元一起显示。

➢ 日期关键字可以确认报表数据取数的时间范围，即确定数据生成的具体日期。

（3）生成报表。

① 执行“数据”|“表页重算”命令，系统弹出“是否重算第 1 页?”信息提示对话框。

② 单击“是”按钮，系统会自动在初始的账套和会计年度范围内根据单元公式计算生成数据。

小贴士

➢ 可将生成的数据报表保存到指定位置。

（4）报表舍位操作。

① 执行“格式”|“舍位平衡”命令。

② 系统会自动根据前面定义的舍位公式进行舍位操作，并将舍位后的报表保存在 SWl.REP 文件中。

小贴士

➢ 进行舍位操作以后，可以将 SWl.REP 文件打开查阅一下。

➢ 如果舍位公式有误，系统状态栏会提示“无效命令或错误参数！”信息。

4. 调用报表模板生成资产负债表

（1）调用资产负债表模板。

① 在格式状态下，执行“格式”|“报表模板”命令，打开“报表模板”对话框。

② 选择所在的行业“2007 年新会计制度科目”，财务报表“资产负债表”。

③ 单击“确认”按钮，系统弹出“模板格式将覆盖本表格式！是否继续?”信息提示对话框。

④ 单击“确定”按钮，即可打开“资产负债表”模板。

（2）调整报表模板。

① 单击“数据/格式”按钮，将资产负债表处于格式状态。

② 根据本单位的实际情况，调整报表格式，修改报表公式。

③ 保存调整后的报表模板。

（3）生成资产负债表数据。

① 在数据状态下，执行“数据”|“关键字”|“录入”命令，打开“录入关键字”对话框。

② 输入关键字，年为“2015”，月为“12”，日为“31”。

③ 单击“确认”按钮，系统弹出“是否重算第 1 页?”信息提示对话框。

④ 单击“是”按钮，系统会自动根据单元公式计算 12 月份数据；单击“否”按钮，系统不计算 12 月份数据，以后可利用“表页重算”功能生成 12 月份数据。

⑤ 单击工具栏上的“保存”按钮，保存生成的报表数据。

用同样的方法生成 2015 年 12 月份利润表。

项目六

薪资管理

面向岗位

✧ 财务主管
✧ 薪酬经理
✧ 工资核算员

技能要求

✧ 了解薪资管理与总账的数据关联
✧ 能够根据企业需要进行档案设置
✧ 掌握工资项目设置、公式设置
✧ 掌握工资录入、计算
✧ 掌握工资费用的分配与结转

项目导入

创新笔业是一个拥有百名员工的中型企业，公司一年收入近百万元，现有的工资管理存在着诸多问题，如数据的重复性输入、工资管理系统与综合性数据库不统一、在计算加班薪资时只能使用传统的计算方法、无法自定义工资计算公式等。于是，财务总监宁杰与薪酬经理张丽商议，启用工资管理系统。但工资类别如何设置？不同的工资类别如何设置项目、计算公式？如何进行工资计算、费用计提与分摊？如何与总账连接？本项目将详细为大家讲解薪资管理系统的相关知识。

项目学习

6.1 薪资管理认知

人力资源的核算和管理是企业管理的重要组成部分，在用友 U8-V10.1 薪资管理系统中不仅可以完成工资的核算、发放、费用分摊以及个人所得税的核算等工作，还提供了强大的工资分析和管理功能。它作为人力资源管理系统的一个子系统，也是各个企、事业单位最常用的模块之一。

6.1.1 功能介绍

薪资管理系统是企业会计信息系统中的重要子系统，其主要任务是依据工资制度和职工劳动的数量和质量，正确、及时地计算和发放职工的工资，反映和监督职工工资的结算情况，进行个人所得税的计算、工资费用的分摊，并实现自动转账处理，提供多种方式查询、打印各种工资账表。用友 U8-V10.1 薪资管理系统的主要功能结构如图 6-1 所示。

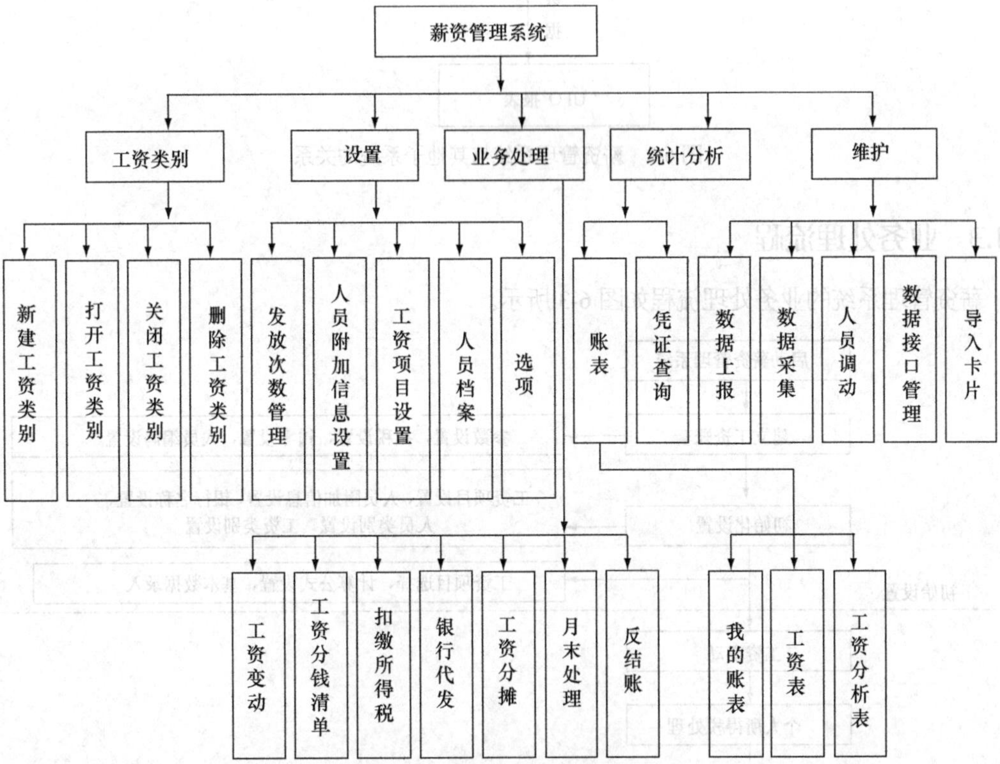

图 6-1 薪资管理系统的功能结构

根据工资业务处理的需要，薪资管理系统的主要功能包括以下三方面。

1. 系统初始设置功能

薪资管理系统初始化设置的内容主要包括新建工资账套、工资项目的设置、人员档案的设置；工资类别的管理、人员档案的管理；自定义工资项目和工资计算公式等。首次使用薪资管理系统时，需由财务人员将企业职工工资的原始资料输入计算机，形成薪资管理系统的基础数据库。

2. 日常操作功能

薪资管理系统的日常业务处理主要包括工资变动、工资分钱清单、扣缴所得税、银行代发以及工资分摊等处理。

3. 特定业务处理功能

薪资管理系统可以提供多层次、多角度的工资数据查询，既可提供自定义报表查询功能，又可提供按月查询凭证的功能，包括各种工资表和各种工资分析表。

6.1.2 与其他子系统的关系

薪资管理系统与总账系统、成本管理系统和 UFO 报表都存在数据传递关系。薪资管理系统将工资计提及分摊的结果生成转账凭证，传递到总账管理系统中进行账务处理；将工资费用分配表数据传送到成本管理系统，用于计算成本；将数据向 UFO 报表传输，如图 6-2 所示。

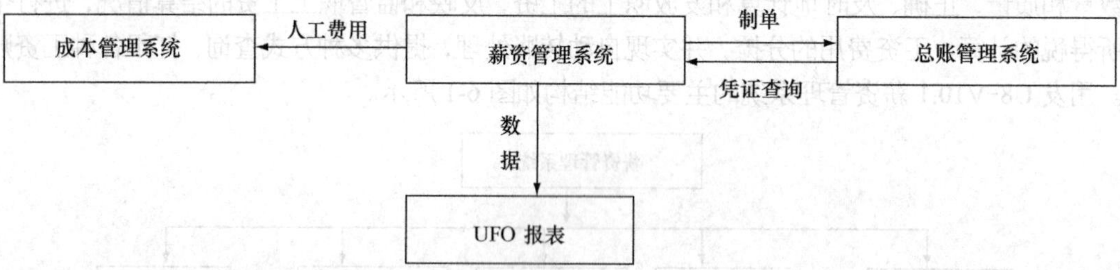

图 6-2 薪资管理系统与其他子系统的关系

6.1.3 业务处理流程

薪资管理系统的业务处理流程如图 6-3 所示。

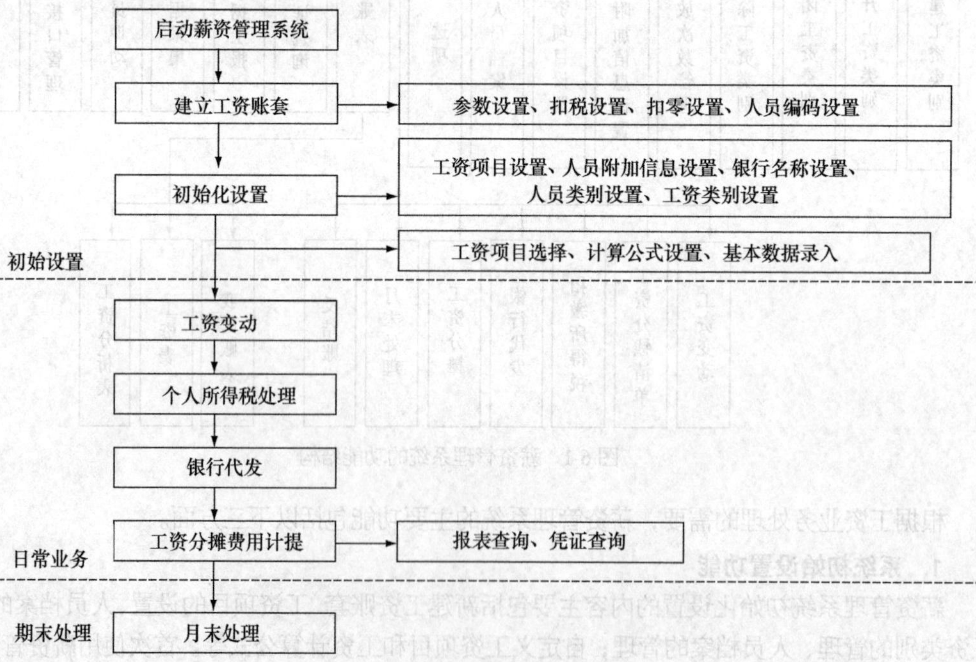

图 6-3 薪资管理系统业务处理流程图

6.2 系统初始化

薪资管理系统适用于各企、事业单位，可以为多工资账套核算、每月多次发放工资、月末统一核算等不同工资核算类型的企、事业单位提供工资问题的解决方案。在使用薪资管理系统前，应当先整理好需要设置的各种基础信息，通过初始化设置将通用的薪资管理系统改造成适合本单位使用的专用系统。此后，每月只需对有变动的地方进行修改，系统将自动进行计算，汇总生成各种报表。

薪资管理系统的初始化设置包括新建工资账套、工资项目设置、人员档案设置、工资类别管理、人员档案管理、工资项目与自定义工资计算公式等内容。

6.2.1　工资参数

建立一个完整的工资账套是系统正常运行的根本保证。工资账套和系统管理中的账套是两个不同的概念。系统管理中的账套是针对整个系统的，而工资账套是针对薪资管理系统的。它是第一次进入薪资管理系统时，根据工资账套向导逐步完成的，主要分为 4 步：参数设置、扣税设置、扣零设置和人员编码。

具体操作步骤如下。

（1）在“企业应用平台”｜“基础设置”选项卡中选择“基本信息”｜“系统启用”命令，打开“系统启用”对话框，选择“薪资管理”选项，系统弹出“日历”对话框，如图 6-4 所示。

（2）选择启用日期后，单击“确定”按钮，系统提示“确实要启用当前系统吗？”，启用薪资管理系统。

图 6-4 “系统启用”对话框

如果所选择的账套为初次使用，系统将自动进入建账向导。打开“建立工资套”对话框，如图 6-5 所示。

若不是初次使用，则在“企业应用平台”窗口中的“业务工作”列表框中，选择“人力资源”｜“薪资管理”｜“工资类别”｜“新建工资类别”命令，即可进入“建立工资套”对话框，如图 6-5 所示。

工资类别个数选择“多个”，在“币别”下拉框中选择“人民币”选项。

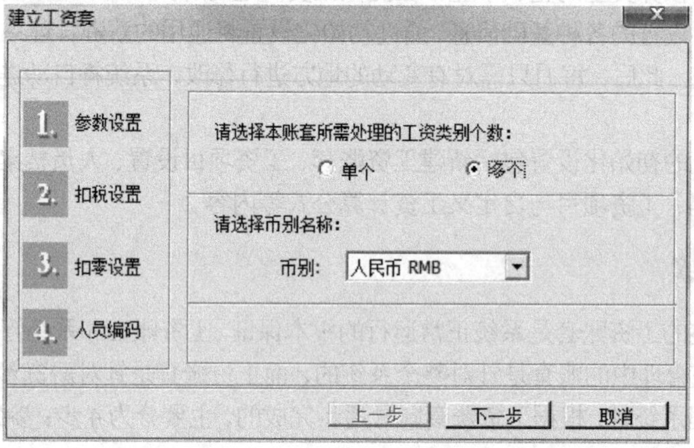

图 6-5 “建立工资套”对话框

（3）参数设置完毕后，单击“下一步”按钮，进入“扣税设置”窗口，可选择是否从工资中代扣所得税。

（4）单击“下一步”按钮，进入“扣零设置”窗口，选择是否进行扣零处理。所谓扣零处理是指每次发放工资时零头扣下，积累取整，于下次工资发放时补上，系统在计算工资时将依据此处设置的扣零类型进行扣零计算。

（5）单击“下一步”按钮，进入“人员编码”设置窗口，选择人员编码长度应结合企业员工人数确定，但最长不超过 10 位。一旦设置了人员档案，则人员编码长度不能再做修改。

（6）单击“完成”按钮，工资账套创建完成。创建完成后，账套中的部分参数可在“基础设置”选项的“选项”中进行修改。

6.2.2 基础信息

在建立工资账套以后，为了在日常操作中对工资进行有效的管理，还必须进行基础信息设置，主要包括部门设置、人员类别设置、人员附加信息设置、工资项目设置、银行名称设置、账套选项修改等。

1. 人员附加信息设置

人员附加信息设置可用于设置人员的附加信息，丰富人员档案的内容，便于对人员进行更加有效的管理。本功能可用于增加设置人员的性别、民族、婚否、学历等。

操作步骤如下。

（1）在“企业应用平台”窗口的“业务工作”列表框中，选择“人力资源”｜“薪资管理”｜“设置”｜“人员附加信息设置”命令，进入“人员附加信息设置”对话框，如图 6-6 所示。

（2）单击“增加”按钮，在“信息名称”文本框中输入要增加的人员附加信息，或从参照栏中选择系统提供的信息名称。按照同样的方法可增加其他项目。人员附加信息最多允许增加到 100 个。

（3）如果想要增加某一附加信息的参照值，如性别，则选中“性别”选项，再选中“是否参照值”复选框，单击“参照档案”按钮，打开“工资人员附加信息”对话框，在“参照档案”文本框中输入相应的内容（如“男”或“女”），单击“增加”按钮，即可添加，如图6-7所示。用列表框右侧的上、下箭头可以调整项目的先后顺序，单击“确认”按钮，返回“人员附加信息设置”对话框。

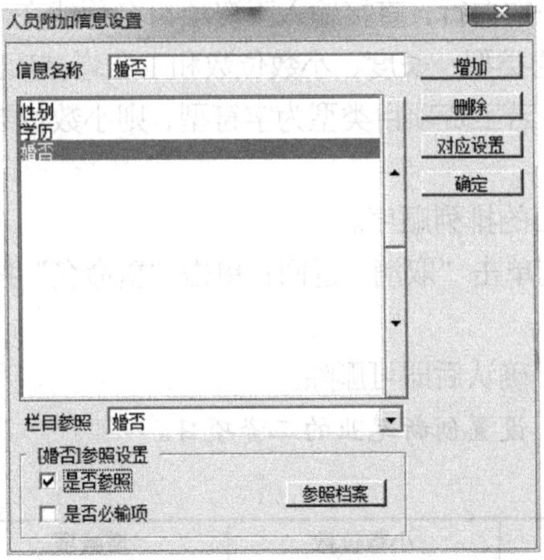

图6-6　“人员附加信息设置”对话框

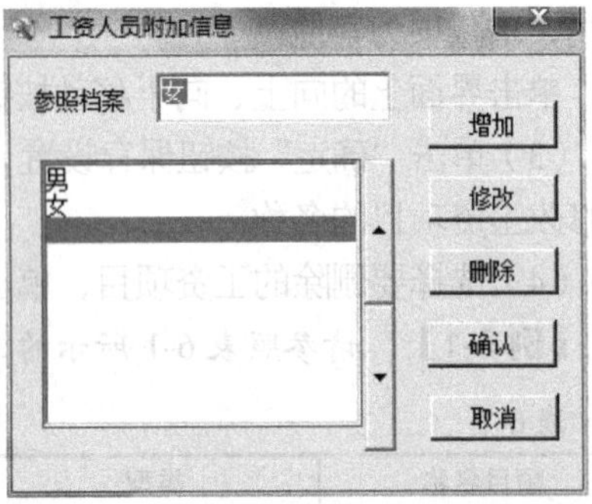

图6-7　“工资人员附加信息”对话框

（4）单击“删除”按钮，可删除光标所在行的附加信息。已使用过的人员附加信息不可删除，但可以修改。

（5）单击“确定”按钮，返回到薪资管理系统主界面。

2. 工资项目设置

工资项目设置就是定义工资项目的名称、类型和宽度，可根据需要自由设置工资项目，如基本工资、岗位工资、副食补贴、扣款合计等。用户在增加工资项目时，可以根据系统提供的常用工资项目参照录入；未设置参照的工资项目，可直接录入。

具体操作步骤如下。

（1）在“企业应用平台”窗口的“业务工作”列表框中，选择“人力资源”｜“薪资管理”｜“设置”｜“工资项目设置”命令，进入“工资项目设置”对话框，如图6-8所示。

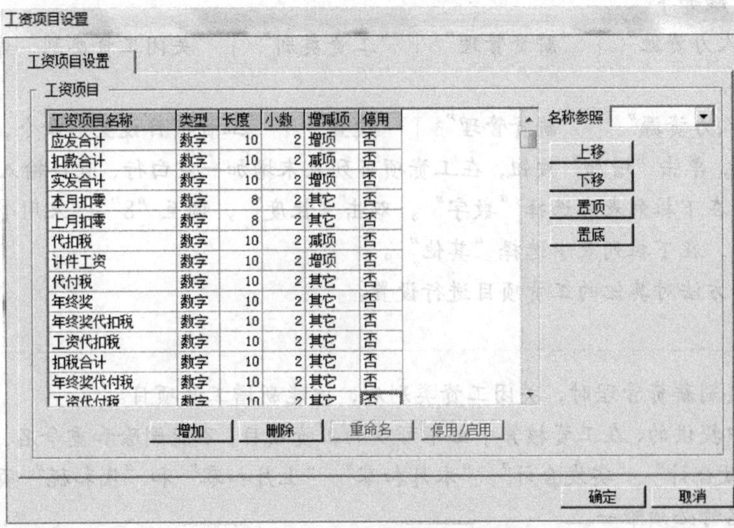

图6-8　“工资项目设置”对话框

如果在“选项”设置中选择“是否核算计件工资”，则在此界面可以看到“计件工资”项目；如果选择“代扣个人所得税”，则提供“代扣税”工资项目；如果选择“扣零”处理，则提供“本月扣零”和“上月扣零”两个工资项目。

（2）单击“增加”按钮，在工资项目列表末增加一空白行，直接输入工资项目名称或在“名称参照”中选择工资项目名称，并设置新建工资项目的类型、长度、小数位数和工资增减项。

增项直接计入应发合计，减项直接计入扣款合计；若工资项目类型为字符型，则小数位数不可用，增减项为其他。

单击界面上的向上、向下移动按钮可调整工资项目的排列顺序。

（3）单击“确定”按钮保存设置，若要放弃设置则单击“取消”返回；单击“重命名”按钮可修改工资项目的名称。

（4）选择要删除的工资项目，单击“删除”按钮，确认后即可删除。

【例 6-1】 请参照表 6-1 所示的工资项目信息表，设置创新笔业的工资项目。

表 6-1　　工资项目信息表

项目名称	类型	长度	小数位数	增减项
基本工资	数字	8	2	增项
岗位工资	数字	8	2	增项
工龄工资	数字	8	2	增项
交通补贴	数字	8	2	增项
加班费	数字	8	2	增项
奖金	数字	8	2	增项
病假天数	数字	8	2	其他
病假扣款	数字	8	2	减项
事假天数	数字	8	2	其他
事假扣款	数字	8	2	减项
缺勤天数	数字	8	2	其他
缺勤扣款	数字	8	2	减项

具体设置步骤如下。

① 选择“人力资源”|“薪资管理”|“工资类别”|“关闭工资类别”命令，关闭正在运行的工资类别。

② 选择“人力资源”|“薪资管理”|“设置”|“工资项目设置”命令，打开“工资项目设置”对话框，单击“增加”按钮，在工资项目列表末增加一空白行，直接输入“事假天数”，双击“类型”，在下拉列表中选择“数字”，双击“长度”，调至“8”，采用小数默认“2”，单击“增加项”，在下拉列表中选择“其他”。

采用同样的方法对其他的工资项目进行设置。

小贴士

➢ 在多类别薪资管理时，关闭工资类别后，才能新增工资项目。

➢ 系统中提供的、在工资核算中必不可少的工资项目，不能删除和重命名，主要包括“应发合计”“扣款合计”“实发合计”“本月扣零”“上月扣零”和“代扣税”项目。

➢ 项目名称必须唯一。

➢ 工资项目一经使用，数据类型不允许修改。

3. 部门设置

部门档案是企业的共享信息，因此可以在总账系统中设置，也可以在薪资系统中设置。操作步骤如下。

在“企业应用平台”窗口的“基础设置”列表框中，选择“基础档案”|“机构人员”|“部门档案”，进入“部门档案”窗口，单击工具栏上的“增加”“修改”和“删除”按钮，即可进行相应的操作。

4. 人员类别设置

人员类别设置功能用于设置人员类别的名称，可以便于核算单位按人员类别进行工资汇总计算，以满足同一个账套内不同部门的人员的工资按人员类别进行综合汇总的需要。

具体操作步骤如下。

选择“企业应用平台”窗口的“基础设置”列表框中，选择“基础档案”|“机构人员”|“人员类别”，进入“人员类别”窗口，如图 6-9 所示。单击工具栏上的“增加”“修改”和“删除”按钮，即可进行相应的操作。

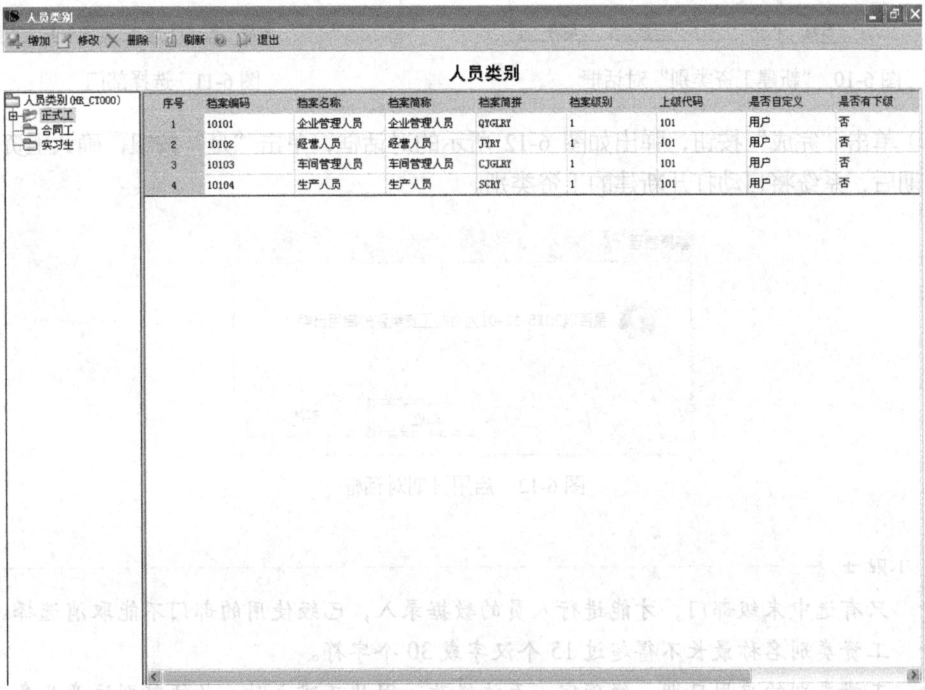

图 6-9 “人员类别”窗口

6.2.3 工资类别

薪资管理系统可以对多个工资类别进行管理，新建账套时或在系统选项中选择多个工资类别时，需要进入工资类别设置功能。工资类别是指在一套工资账中，根据不同情况而设置的工资数据管理类别，如企业中将正式职工和临时职工分设为两个工资类别，两个类别同时对应一套账务。系统提供了对工资类别的新建、打开、关闭和删除的操作。

1. 新建工资类别

具体操作步骤如下。

（1）在“企业应用平台”窗口的“业务工作”列表框中，选择“人力资源”|“薪资管理”|“工资类别”|“新建工资类别”，打开“新建工资类别”对话框，如图 6-10 所示。

（2）在“请输入工资类别名称”中输入新建工资类别的名称后，单击“下一步”按钮，打开选择部门对话框，选择该类别工资核算所需的部门。选定部门时，先选定上级部门，再选定下级部门，如图 6-11 所示。

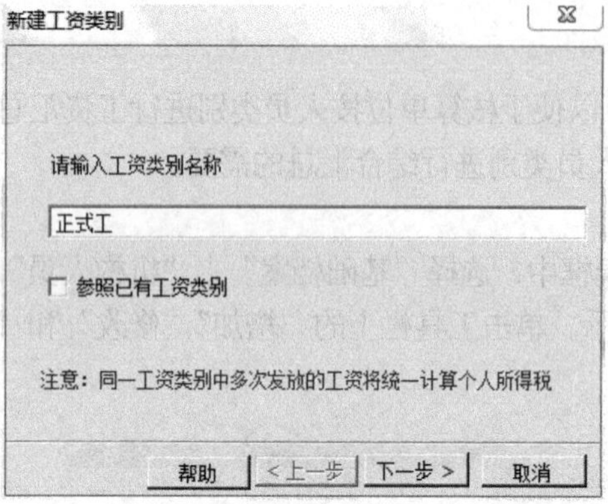

图 6-10 “新建工资类别”对话框

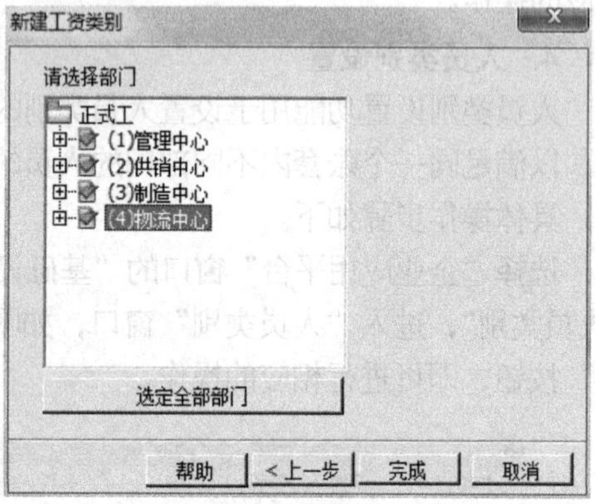

图 6-11 选择部门

（3）单击“完成”按钮，弹出如图 6-12 所示的对话框，单击“是”按钮，确认工资类别的启用日期后，系统将自动打开新建的工资类别。

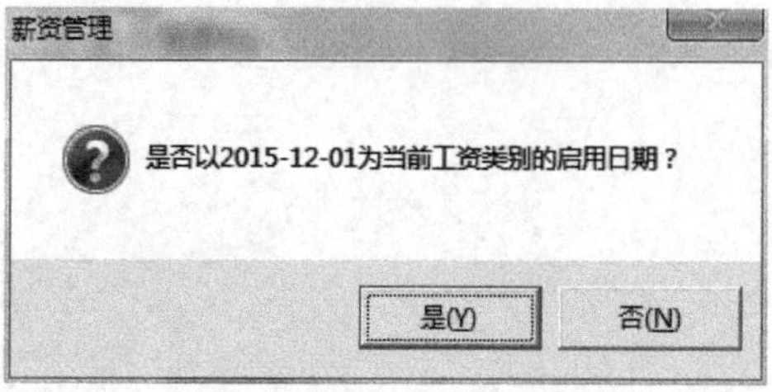

图 6-12 启用日期对话框

小贴士

- 只有选中末级部门，才能进行人员的数据录入，已经使用的部门不能取消选择。
- 工资类别名称最长不得超过 15 个汉字或 30 个字符。
- 工资类别的启用日期一经确定，无法修改，因此在建立时，必须特别注意业务日期。

2. 打开、关闭工资类别

在“企业应用平台”窗口的“业务工作”列表框中，选择“人力资源”|“薪资管理”|“工资类别”|“打开工资类别”，打开“打开工资类别”对话框，如图 6-13 所示，选择“工资类别”|“关闭工资类别”命令，关闭工资类别。

3. 删除工资类别

（1）在“企业应用平台”窗口的“业务工作”列表框中，选择“人力资源”|“薪资管理”|“工资类别”|“删除工资类别”，打开“删除工资类别”对话框。

（2）选择要删除的工资类别后，单击“是”按钮，即可删除。

小贴士

> ➢ 只有主管才有删除工资类别的权力，且工资类别删除后数据不可再恢复，使用时需慎重。

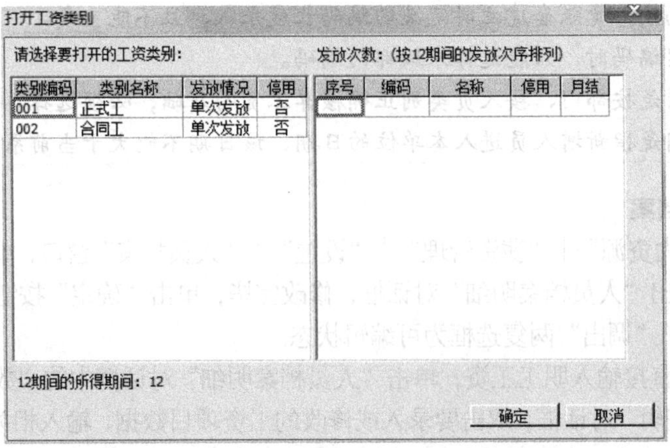

图 6-13 “打开工资类别”对话框

6.2.4 职工档案

职工档案用于设置工资发放人员的姓名、职工编号、所在部门、人员类别等信息，处理员工的增减变动等。人员档案必须在部门档案和人员类别录入以后才能进行录入。人员档案设置包括人员档案的增加、修改、删除、替换、定位等内容。

1. 增加人员档案

（1）在“企业应用平台”窗口的“业务工作”列表框中，选择“人力资源”｜“薪资管理”｜设置”｜“人员档案”命令，即可打开“人员档案”对话框。

（2）单击“增加”按钮，弹出“人员档案明细”对话框，如图 6-14 所示。单击“人员姓名”后面的选入按钮，即可打开“人员选入”对话框，选择相应人员，单击“确定”按钮。

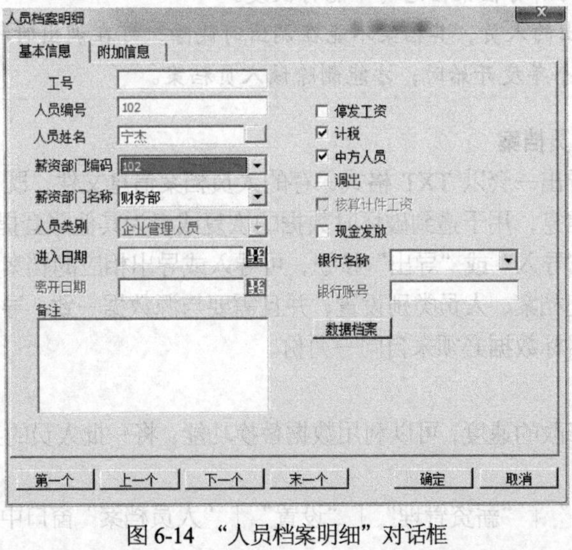

图 6-14 “人员档案明细”对话框

（3）在“人员档案明细”对话框中进行其他的相应设置后，单击“确定”按钮即可完成人员的档案设置。

小贴士

- 人员编码按工资账套建立时定义的编码长度录入，且不能重复。
- 设置部门编码时，只能选择末级部门编码。
- 人员类别是按部门、按人员类别正确核算工资的基础，必须选择。
- 进入日期是指新增人员进入本单位的日期，该日期不能大于当前系统注册日期。

2. 修改人员档案

（1）打开“人力资源”｜“薪资管理”｜“设置”｜“人员档案”窗口，单击工具栏上的“修改”按钮，即可弹出“人员档案明细”对话框，修改完毕，单击“确定”按钮即可。在修改状态下，“停发工资”和“调出”两复选框为可编辑状态。

（2）如果需要直接输入职工工资，单击“人员档案明细”对话框中的“数据档案”按钮，打开“工资录入-页编辑”对话框，双击要录入或修改的工资项目数据，输入相关内容后，单击“保存”按钮即可。

小贴士

- 调出人员的所有档案信息不可修改，其编码可再次使用。
- 停发工资人员保留其人员档案，以后可恢复使用。
- 标志为停发或调出的人员，将不再参与工资的发放和汇总。

3. 删除人员档案

在“人力资源”｜“薪资管理”｜“设置”｜“人员档案”窗口中，选择要删除的人员信息，单击工具栏上的“删除”按钮，即可弹出提示信息对话框，单击“是”按钮，即可删除。

小贴士

- 已有工资数据的人员，其档案不能删除。
- 已删除人员的所有档案信息均不能再恢复。
- 年度中间调出的人员，其档案不能在调出时删除，可在调出时打上“调出”标志，年末处理完毕后，下一个年度开始时，才能删除该人员档案。

4. 导入、导出人员档案

此功能可导入或导出一套以 TXT 格式保存的人员档案信息文件，既可以减少录入工作量，又可以保存人员档案信息，用于遭到破坏时数据的恢复或者为其他账套提供档案资源。

单击工具栏上的“导入”或“导出”按钮，可导入或导出相应的档案资料。导入前，用户必须做好目标数据的部门档案、人员类别设置，并且需要与源数据一致。导入时，人员编号的长度必须相等，源数据和目标数据必须来自同一月份。

5. 数据替换

为提高人员档案修改的速度，可以利用数据替换功能，将一批人员的某个工资项目同时修改为另一个数据。

（1）在“人力资源”｜“薪资管理”｜“设置”｜“人员档案”窗口中，单击工具栏上的“替换”按钮，即可弹出“数据替换”对话框。

（2）在“将项目”栏内选择被替换项目的名称，在“替换成”栏内录入替换内容，在“条件”栏内录入要替换项目的条件，将财务部员工的工资发放方式改为现金发放，操作如图 6-15 所示。

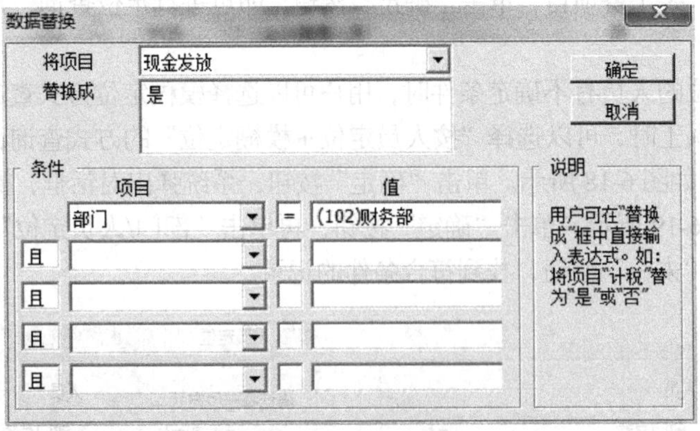

图 6-15 数据替换

（3）单击“确定”按钮，系统将自动完成相应人员信息的数据替换。

6. 过滤查询

数据过滤，就是按照某个项目的某个数据（可大于、等于或小于）的值进行数据查询。

具体操作步骤如下。

（1）在“人力资源”｜“薪资管理”｜“设置”｜“人员档案”窗口中，单击工具栏上的“过滤”按钮，即可弹出“数据过滤”对话框。

（2）输入过滤条件，在“项目”中选择所要查询的工资项目，在中间的小方框中录入逻辑符号，在“值”中录入对应的工资项目，单击“且”或“或者”选择条件之间的关系，继续增加下一个过滤条件。

（3）单击“确定”按钮，系统将根据设置把符合条件的数据过滤出来。例如，要查询财务部以外的所有人员，操作如图 6-16 所示。

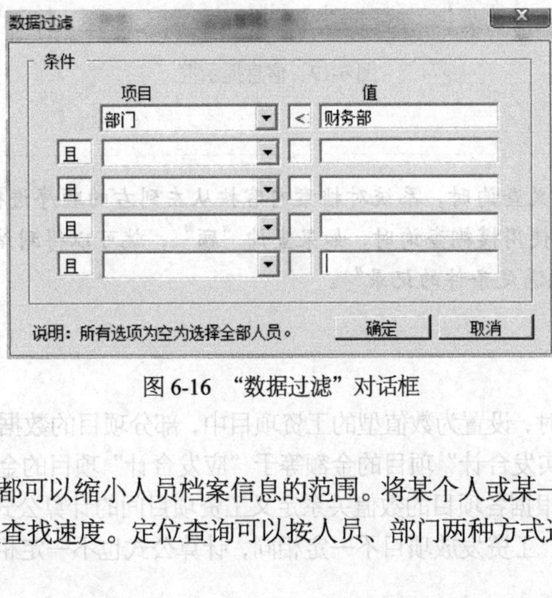

图 6-16 “数据过滤”对话框

7. 定位查询

数据过滤与定位，都可以缩小人员档案信息的范围。将某个人或某一批人的数据从人员档案中提取出来，可以加快查找速度。定位查询可以按人员、部门两种方式进行。

（1）在“人力资源”｜“薪资管理”｜“设置”｜“人员档案”窗口中，单击工具栏上的“定位”按钮，即可打开“部门/人员定位”对话框，如图 6-17 所示。

（2）选择“按部门定位”“按人员定位”或“模糊定位”，选择相应的“部门名称”“人员姓名”或“人员编号”等工资项目，单击“确定”按钮，即可进行定位查询，光标显示在符合条件的记录上。

（3）当所要定位的人员有不确定条件时，用户可以选择模糊定位方式查询。例如，要查询单位所有姓“王”的员工时，可以选择“按人员定位＋模糊定位”的方式查询，在“人员姓名”下拉框中输入“王”，如图 6-18 所示。单击“确定”按钮，系统弹出对话框，提示表格有满足条件的 3 条记录，如图 6-19 所示。单击“确定”按钮，再单击“部门/人员定位”对话框中“第一”“上一”“下一”和“末一”按钮，找到符合条件的记录。

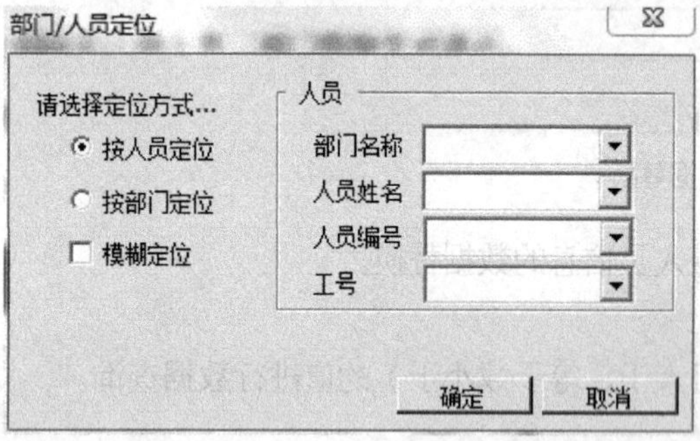

图 6-17 “部门/人员定位”对话框

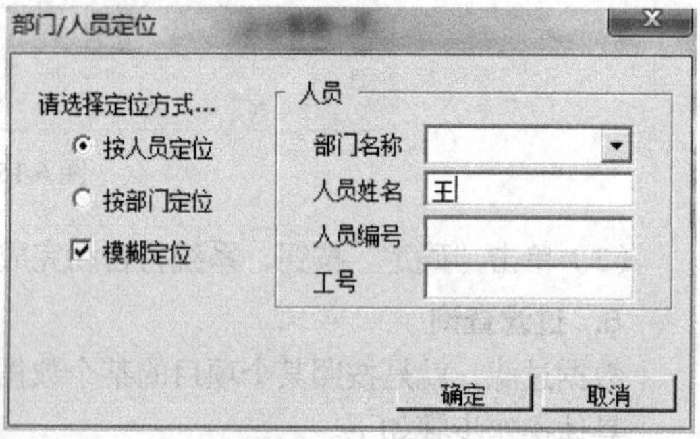

图 6-18 模糊定位

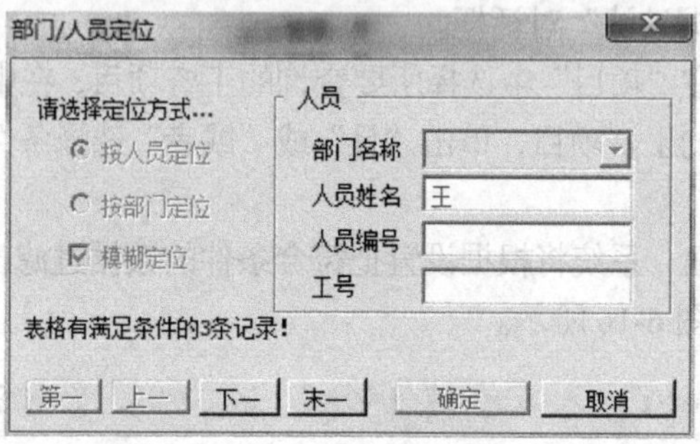

图 6-19 信息提示框

小贴士

➢ 在使用模糊定义查询时，系统对档案内容按从左到右的顺序进行匹配。例如，要查询名叫“顾柯”的员工，使用模糊查询时，如果查询“顾”，就可以得到结果，如果查询“柯”，系统就会提示“表格无满足条件的记录”。

6.2.5 公式设置

进行工资项目设置时，设置为数值型的工资项目中，部分项目的数据是利用其他工资项目的数据运算得来的，如“实发合计”项目的金额等于“应发合计”项目的金额减去“扣款合计”项目的金额。所以，需要根据各项目的数值关系定义工资项目间的计算公式。

由于工资类别不同，工资发放项目不一定相同，计算公式也不一定相同。因此，进行工资计算公式设置时，须先打开某个工资类别，选择本工资类别所需的工资项目，然后，设置本工资类别适用的计算公式。

增加工资项目的具体操作步骤如下。

（1）选择“人力资源”｜“薪资管理”｜“工资类别”｜“打开工资类别”命令，即可打开“打开工资类别”对话框，选择相应的类别之后，单击“确定”按钮，即可返回“企业应用平台”窗口。

（2）选择“人力资源”｜“薪资管理”｜“设置”｜“工资项目设置”命令，打开“工资项目设置”对话框。

（3）单击“增加”按钮，在工资项目列表末增加一空白行，再单击“名称参照”下拉按钮，选择要增加的工资项目即可。依据表 6-1 所示的信息，单击“岗位工资”，增加成功，按照同样的方法，增加其他工资项目，如图 6-20 所示。

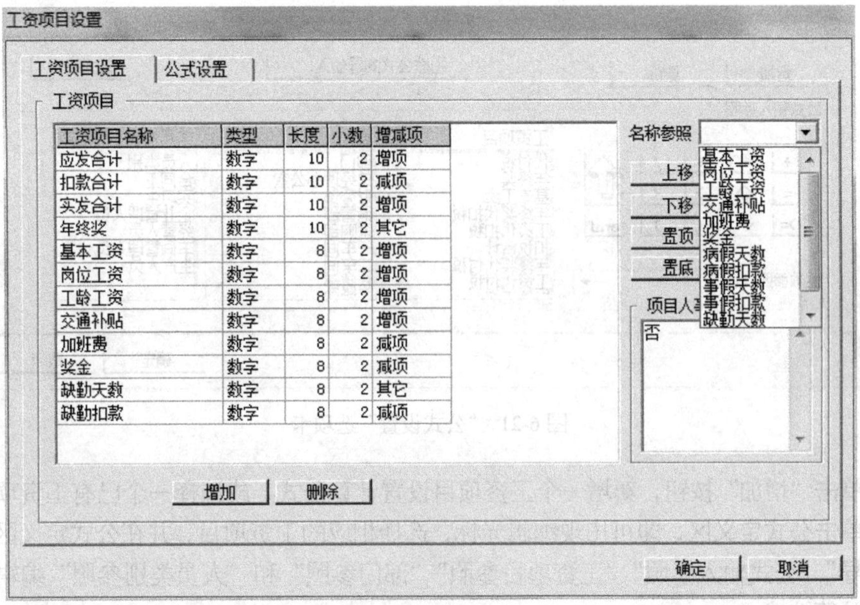

图 6-20 “工资项目设置”对话框

增加工资类别下的工资项目时，只能从系统提供的名称参照中进行选择，且不能修改工资项目的任何属性；名称参照中列出了事先建立的所有工资类别的工资项目。如果所需要的工资项目不存在，则需要关闭本工资类别并在新增工资项目后，再打开该工资类别进行选择。请参照本节基础设置中的工资项目进行设置。

小贴士

➢ 新建工资类别中必须要有人员档案，否则“工资项目设置”对话框中的“公式设置”选项卡无法打开。

➢ 增加工资类别下的工资项目时，只能从系统提供的名称参照中进行选择，且不能修改工资项目的任何属性。

➢ 名称参照中列出了事先建立的所有工资类别的工资项目。如果所需要的工资项目不存在，则应关闭本工资类别并在新增工资项目后，再打开该工资类别进行选择。

公式设置的具体操作步骤如下。

（1）选择“人力资源”｜“薪资管理”｜“设置”｜“工资项目设置”命令，打开“工资项目设置”对话框中的“公式设置”选项卡，对于固定工资项目的“应发合计”“扣款合计”“实发合计”等几项，系统将根据工资项目中设置的“增减项”，自动给出计算公式，如图 6-21 所示。

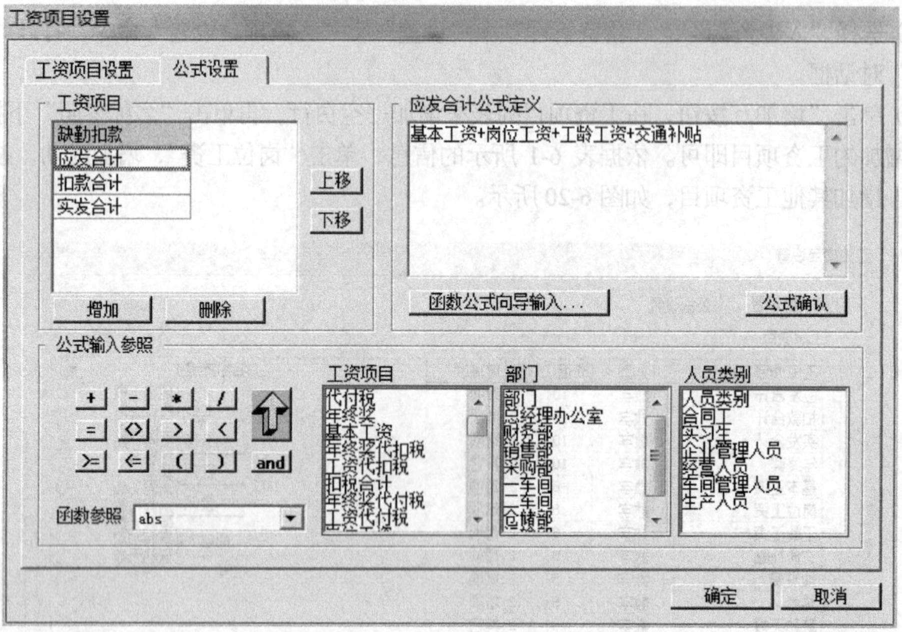

图 6-21 “公式设置”选项卡

（2）单击“增加”按钮，新增一个工资项目设置计算公式，或选择一个已有工资项目修改公式之后，单击公式定义区，即可出现编辑光标，选择相应的工资项目，并在公式定义区使用“函数公式向导”“公式输入参照”“工资项目参照”“部门参照”和“人员类别参照”编辑输入该工资项目的计算公式。

（3）公式定义完成后，单击“公式确认”按钮，完成自定义公式的设置。

【例 6-2】 请参照表 6-2，完成创新笔业工资项目的公式定义。

表 6-2 职工工资计算公式

工资项目	事假扣款	病假扣款	缺勤扣款
定义公式	事假天数*40	病假天数*20	缺勤天数*80

具体操作步骤如下。

如要增加表 6-2 中的“事假扣款”工资项目的定义公式，则单击“工资项目”下拉列表，选择“事假扣款”，然后单击“事假扣款公式定义”区，即可出现编辑光标。单击“工资项目”中的“事假天数”，再单击“公式输入参照”中的“*”号，最后在“事假扣款公式定义”区中输入“40”，单击“公式确认”即可，如图 6-22 所示。“病假扣款”与“缺勤扣款”公式的设置与之类似。

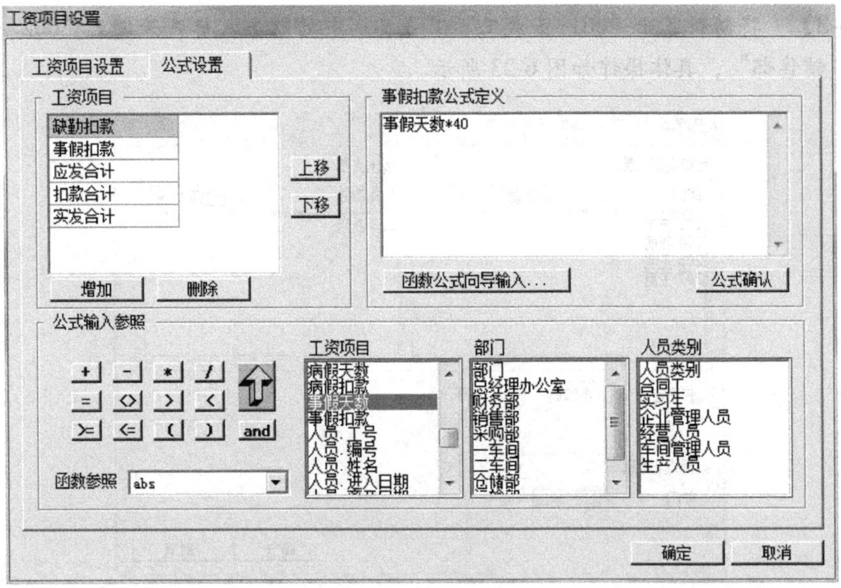

图 6-22 公式设置

根据已设置的项目设置公式，相同的工资项目可以重复定义公式，多次计算，以最后的运行结果为准。

小贴士

- 定义工资项目计算公式要符合逻辑，系统将对公式进行合法性检查。
- 函数公式向导只支持系统提供的函数。
- 定义公式时要注意先后顺序，先得到的数应先设置公式。应发合计、扣款合计和实发合计公式不用设置，系统自动给出，是公式定义框中的最后三个公式，且实发合计的公式要在应发合计和扣款合计公式之后。

6.3 日常业务

在基础信息设置完毕后，就可以对本企业职工的工资发放进行计算与管理，同时可以根据人员调动的情况，随时调整人员工资发放的金额。薪资管理系统的日常业务处理主要包括工资变动、工资分钱清单、扣缴所得税、银行代发以及工资分摊等的处理。

6.3.1 人员调动

当工资账套为多工资类别时，可利用人员调动功能，实现人员在不同工资类别之间的转换。该功能只有在打开工资类别时才可以使用。人员调动必须在同一账套的多工资类别间进行。

具体操作步骤如下。

（1）在“企业应用平台”窗口的“业务工作”列表框中，执行“人力资源”|“薪资管理”|“维护”|“人员调动”命令，显示“人员调动”窗口。

（2）从当前工资类别中选出要调出的人员，选择调入的工资类别和调入的部门，单击“确定”按钮即可。

【例 6-3】 将创新笔业“001 正式工”工资类别中的财务人员孔芳调至“002 合同工”工资类别的“销售部”，具体操作如图 6-23 所示。

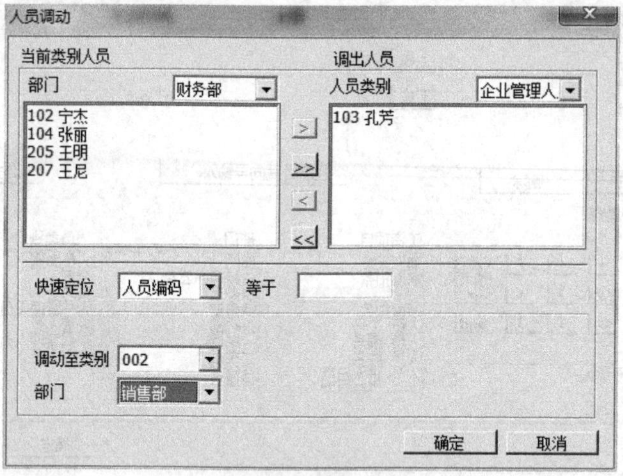

图 6-23 人员调动

6.3.2 工资变动

设置工作完成后，初次使用系统时，需要先将所有人员的工资基本数据录入系统，在以后的正常使用过程中，对个别变动性的工资项目进行调整，生成当月工资数据。

1. 基本数据录入

【例 6-4】 参照表 6-3 录入创新笔业的基本工资数据。

表 6-3 工资基本数据

人员编号	人员姓名	基本工资（元）	岗位工资（元）	工龄工资（元）	交通补贴（元）	加班费（元）	奖金（元）	缺勤天数
101	于天齐	3 400	1 200	300	100	400	900	2
102	宁杰	3 200	1 200	400	150	200	900	
103	孔芳	2 800	900	200	100	350	700	
104	张丽	2 900	800	200	100	0	700	1
201	宋超然	4 000	2 000	500	200	300	1 000	
202	王鑫	2 500	1 000	300	100	200	700	
203	孙涛	2 700	1 000	300	100	100	600	
204	顾柯	3 300	1 200	400	200	0	900	

具体操作步骤如下。

(1) 在“企业应用平台”窗口的“业务工作”列表框中，执行“人力资源”|“薪资管理”|“业务处理”|“工资变动”命令，显示“工资变动”窗口。

(2) 可以根据表 6-3 中的数据，直接录入，也可以单击“工资变动”窗口中工具栏上的“编辑”按钮，打开“工资数据录入-页编辑”对话框，录完一个员工后，单击“保存”按钮即可。保存后，自动切换到下一个员工，录入完毕保存后，关闭本对话框即可，如图 6-24 所示。

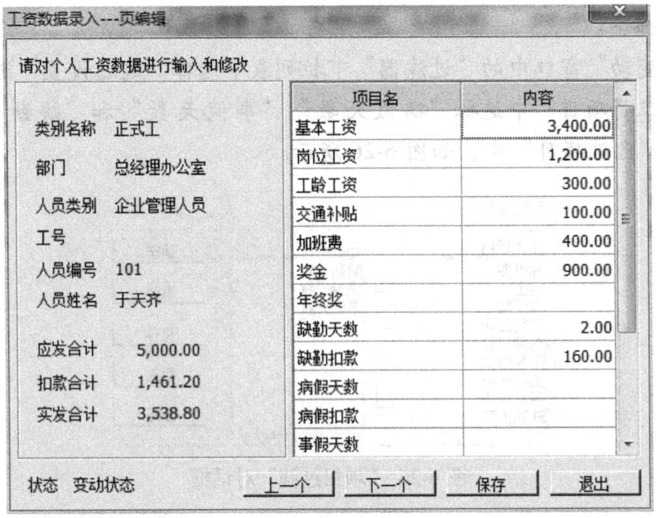

图 6-24 “工资数据录入-页编辑”对话框

(3) 在修改任何一个工资项目的工资数据之后，单击工具栏上的“计算”按钮，可对工资数据重新计算。在录入完成后，单击工具栏上的“汇总”按钮，就可对本月发放的工资数据进行汇总，如图 6-25 所示。

工资变动

过滤器 所有项目　　定位器

选择	工号	人员编号	姓名	部门	人员类别	基本工资	岗位工资	工龄工资	交通补贴	加班费
		101	于天齐	总经理办公室	企业管理人员	3,400.00	1,200.00	300.00	100.00	400.00
		102	宁杰	财务部	企业管理人员	3,200.00	1,200.00	400.00	150.00	200.00
		103	孔芳	财务部	企业管理人员	2,800.00	900.00	200.00	100.00	350.00
		104	张丽	财务部	企业管理人员	2,900.00	800.00	200.00	100.00	
		201	宋超然	销售部	经营人员	4,000.00	2,000.00	500.00	200.00	300.00
		202	王鑫	销售部	经营人员	2,500.00	1,000.00	300.00	100.00	200.00
		203	孙涛	采购部	经营人员	2,700.00	1,000.00	300.00	100.00	100.00
		204	顾柯	采购部	经营人员	3,300.00	1,200.00	400.00	200.00	
合计						24,800.00	9,300.00	2,600.00	1,050.00	1,550.00

图 6-25 工资数据汇总

2. 过滤器

如果只输入或修改工资项目中的一项或几项，就可以通过“过滤器”实现。

【例 6-5】 参照表 6-4 将创新笔业 2015 年 12 月的考勤情况录入系统。

表 6-4 2015 年 12 月考勤统计表

姓名	所属部门	事假天数	病假天数	缺勤天数
001	宁杰			
002	孔芳	1		
003	张丽		2	
004	宋超然	0.5		0.5
005	孙涛	1.5		
合计		3	3	0.5

具体操作步骤如下。

(1) 在“工资变动”窗口中的“过滤器”下拉列表中选择“过滤设置”选项，打开“项目过滤”对话框，在“工资项目”中选择“病假天数”“事假天数”和“缺勤天数”，单击 > 按钮，将它们选入“已选项目”中，如图 6-26 所示。

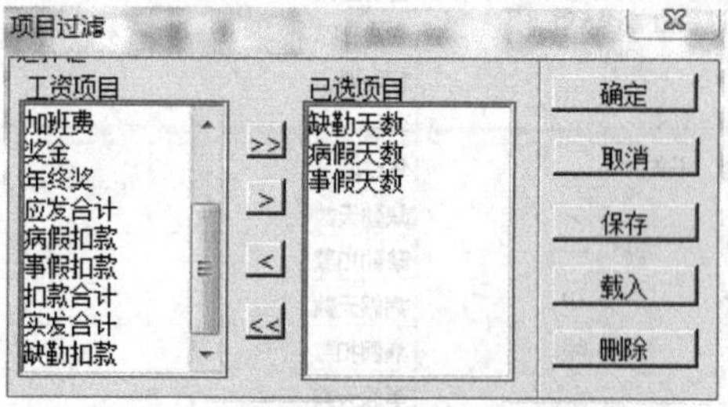

图 6-26 “项目过滤”对话框

(2) 单击“确定”按钮返回“工资变动”窗口，只显示已选工资项目，依次输入即可。

3. 定位器查询

如果需要定向查询，可以使用“定位器”功能来实现。

【例 6-6】 请查找创新笔业公司“工龄工资＝10”的员工。

具体操作步骤如下。

(1) 选中“工资变动”窗口中的“定位器”复选框，单击窗口中的某一项目，则“定位器”文本框中显示所单击的列的名称，如单击“工龄工资”列，就可以按工龄工资进行查询。

(2) 在“定位器”后面的文本框内删除列名，输入具体的查询条件，如删除“工龄工资”，输入“10”，按 Enter 键后，查询到满足条件的员工，光标将定位在满足查询条件的第一条记录上。

4. 数据过滤

数据过滤是指按照某个项目的某个数据（等于、大于、小于等）的值进行数据处理。单击“工资变动”窗口中工具栏上的“过滤”按钮，进入数据过滤界面。

6.3.3 工资分钱清单

工资分钱清单是指按单位计算的工资发放分钱票面额清单时，为方便会计人员从银行提取适合分发的不同面值的货币，而生成的一览表。执行此功能必须在个人数据输入调整完之后。如果个人数据在计算后又做了修改，须重新执行本功能，以保证数据正确。工资分钱清单主要包括部门分钱清单、人员分钱清单和工资发放取款单 3 部分。

具体操作步骤如下。

（1）在“企业应用平台”窗口的“业务工作”列表框中，双击“人力资源”｜“薪资管理”｜“业务处理”｜“工资分钱清单”命令，显示“工资分钱清单”窗口，如果是第一次进入会自动弹出“票面额设置”对话框；如果不是第一次进入，可以通过单击工具栏上的“设置”按钮来实现，可设置工资分钱清单的票面组合，设置完毕后，单击“确定”按钮完成。

（2）单击“工资分钱清单”窗口中的“部门分钱清单”选项卡，可以查看各个部门需要发放各种现金票额的张数，如图 6-27 所示。

单击“工资分钱清单”窗口中的“人员分钱清单”选项卡，单击“部门”后的按钮，可以查看某部门所有人员分钱的各种现金票额的张数，如图 6-28 所示。

分钱清单

部门分钱清单 | 人员分钱清单 | 工资发放取款单

请选择部门级别：全体

部门	壹佰元	伍拾元	贰拾元	拾元	伍元	壹元	壹角	壹分	金额合计
管理中心	134	2	3						13560.00
总经理办公室	35		2						3540.00
财务部	99	2	1						10020.00
供销中心	160								16000.00
销售部	84								8400.00
采购部	76								7600.00
票面合计数	294	2	3	0	0	0	0	0	------
金额合计数	29400.00	100.00	60.00	0.00	0.00	0.00	0.00	0.00	29560.00

图 6-27 “部门分钱清单”选项卡

分钱清单

部门分钱清单 | 人员分钱清单 | 工资发放取款单

部门：

工号	人员编号	人员姓名	壹佰元	伍拾元	贰拾元	拾元	伍元	壹元	壹角	壹分	金额合计
	101	于天齐	35		2						3540.00
	102	宁杰	38	1							3850.00
	103	孔芳	29	1							2950.00
	104	张丽	32		1						3220.00
	201	宋超然	54								5400.00
	202	王鑫	30								3000.00
	203	孙清	34								3400.00
	204	顾柯	42								4200.00
票面合计数	------	------	294	2	3	0	0	0	0	0	0
金额合计数	------	------	29400.00	100.00	60.00	0.00	0.00	0.00	0.00	0.00	29560.00

图 6-28 “人员分钱清单”选项卡

单击“工资分钱清单”窗口中的“工资发放取款单”选项卡，可以查看从银行取款时需要各种现金票额的张数，如图 6-29 所示。

分钱清单

部门分钱清单 | 人员分钱清单 | 工资发放取款单

单位	金额合计	壹佰元	伍拾元	贰拾元	拾元	伍元	壹元	壹角	壹分
正式工	29560.00	294	2	3					

图 6-29 “工资发放取款单”选项卡

6.3.4 扣缴个人所得税处理

薪资管理系统提供对工资薪金所得的个人所得税自动计算的功能，核算单位只需定义所得税率，系统将自动计算应代扣代缴的个人所得税并进行相应的账务处理，这样既减轻了用户的工作负担，又提高了工作效率。

1. 个人所得税计算

系统默认的扣税基数是“实发合计”，如果以其他工资项目作为扣税标准，则需要进行重新设置，具体操作步骤如下。

在“企业应用平台”窗口的“业务工作”列表框中，双击“人力资源”｜“薪资管理”｜“设

置”|“选项”命令，选择“扣税设置”选项卡，如图 6-30 所示。单击“编辑”按钮，在“税率设置”按钮左边的下拉框中选择“应发合计”，单击“确定”按钮即可。

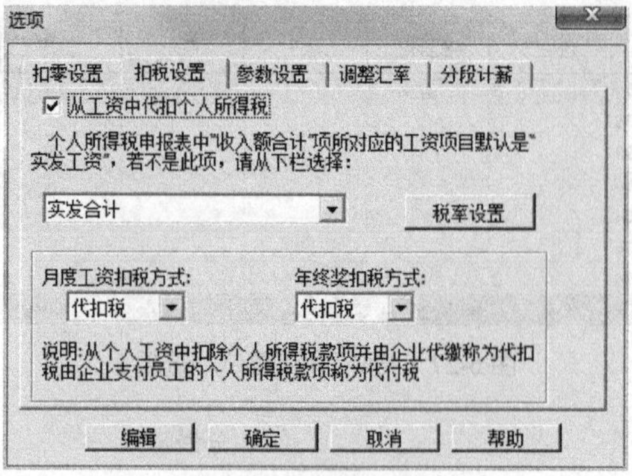

图 6-30 “扣税设置”选项卡

如果“人力资源”|“薪资管理”|“设置”|“选项”|“扣税设置”中没有合适的工资项目，就需要在定义工资项目时，单独为应税所得设置一个工资项目，并定义其计算公式。

2. 定义个人所得税率表

如果核算单位的扣除费用以及税率与系统默认的不一致，用户可以修改，具体操作步骤如下。

双击“薪资管理”|“设置”|“选项”命令，选择“扣税设置”选项卡，单击“编辑”按钮后，再单击“税率设置”按钮，弹出“个人所得税申报表-税率表”对话框，可对“基数”“附加费用”“税率”进行调整，也可以增加或删除级数，调整完毕后，单击“确定”按钮，系统会根据用户的设置自动计算并生成新的个人所得税报表。

3. 个人所得税报表

所得税率定义完毕，计算方式确定后，可以打开个人所得税报表，系统提供了 4 种报表，用户可以根据需要有选择地打开。

具体操作步骤如下。

（1）在“企业应用平台”窗口的“业务工作”列表框中，双击“人力资源”|“薪资管理”|“业务处理”|“扣缴所得税”命令，系统弹出“个人所得税申报模板”对话框，根据用户的选择，系统会打开相应的报表。

（2）单击“打开”按钮，系统弹出“所得税申报”对话框，单击“确定”按钮，就可进入“系统扣缴个人所得税报表”，如图 6-31 所示。

系统扣缴个人所得税报表

2015年12月 -- 2015年12月

总人数：8

序号	纳税义务...	身份证照...	身份证号码	国家与地区	职业编码	所得项目	所得期间	收入额	免税收入额	允许扣除...	费用扣除...	准予扣除...	应纳税所...	税率	应扣税额	已扣税额	备注
1	于天齐	身份证					12	5000.00			3500.00		40.00	3	1.20	1.20	
2	宁杰	身份证					12	4950.00			3500.00		350.00	3	10.50	10.50	
3	孔芳	身份证					12	4000.00			3500.00		0.00	0	0.00	0.00	
4	张丽	身份证					12	4000.00			3500.00		0.00	0	0.00	0.00	
5	宋超然	身份证					12	6700.00			3500.00		1900.00	10	85.00	85.00	
6	王鑫	身份证					12	3900.00			3500.00		0.00	0	0.00	0.00	
7	孙涛	身份证					12	4100.00			3500.00		0.00	0	0.00	0.00	
8	顾柯	身份证					12	5100.00			3500.00		700.00	3	21.00	21.00	
合计								37750.00			28000.00		2990.00		117.70	117.70	

图 6-31 系统扣缴个人所得税报表

如果要查询某一特定时期内的所得税扣缴情况，则在下拉框中选择“全部发放次数”，并设置相应的起始、结束时间即可；若只查看本次的所得扣缴情况，则在下拉框中选择“本次发放”，最后单击“确定”按钮，即可进入使用该税率的员工的个人所得税报表。

勾选“按税率”按钮前的复选框，并在下拉框中选择相应税率，单击“确定”按钮，就可进入到适用该税率的员工的个人所得税报表。

如果在“过滤方式”中勾选“按部门”，并在下拉框中选择要查看的部门，单击“确定”按钮，就可查询到该部门员工的个人所得税报表。

（3）在“所得税申报”中单击工具栏中的“定位”按钮，打开“定位”对话框，输入相应的条件，可以实现定向查询功能。

6.3.5 银行代发

银行代发工资业务就是将职工的工资发放数据按银行要求的文件格式设置后，通过磁盘输出，提交给用户的开户银行，由银行代为将工资发放给企业职工。目前，大多数企业都由银行代发工资。

银行代发工资业务一般需要完成 3 个方面的设置：银行文件格式、文件输出格式和磁盘输出。

1. 银行文件格式设置

银行文件格式设置就是根据银行的要求，对应提供的数据中所包含的项目及其数据类型、长度和取值范围进行设置。具体操作步骤如下。

（1）在“企业应用平台”窗口的“业务工作”列表框中，双击“人力资源”｜“薪资管理”｜“业务处理”｜“银行代发”命令，弹出“请选择部门范围”对话框。

（2）选择部门范围并设置“过滤掉实发合计不大于零的员工”复选框之后，单击“确定”按钮。第一次进入银行代发系统时，将自动打开“银行文件格式设置”对话框。以后再进入此系统时，单击工具栏中的“格式”按钮，或者单击鼠标右键选择“格式”即可。

（3）设置完毕后，单击“确定”按钮，生成“银行代发一览表”，如图 6-32 所示。

图 6-32 银行代发一览表

2. 银行代发输出格式设置

银行代发输出格式设置是指根据银行的要求，设置须向银行提供的工资数据的文件格式。具体操作步骤如下。

（1）单击“银行代发”窗口工具栏上的“方式”按钮，或在页面中单击鼠标右键选择“方式”，打开“文件方式设置”对话框。

（2）在“常规”选项卡中，可以选择文件的类型；切换到“高级”选项卡，可进入高级设置状态。

“银行账号补位方向”有“左补位”和“右补位”两种选择。“左补位”表示当银行账号位数小于设置的输出长度时，系统输出时将自动补位在银行账号的左侧。“右补位”的补位方向在右侧。

（3）设置完成后，单击“确定”按钮，再单击“是”按钮，返回“银行代发”界面，如图 6-33 所示。

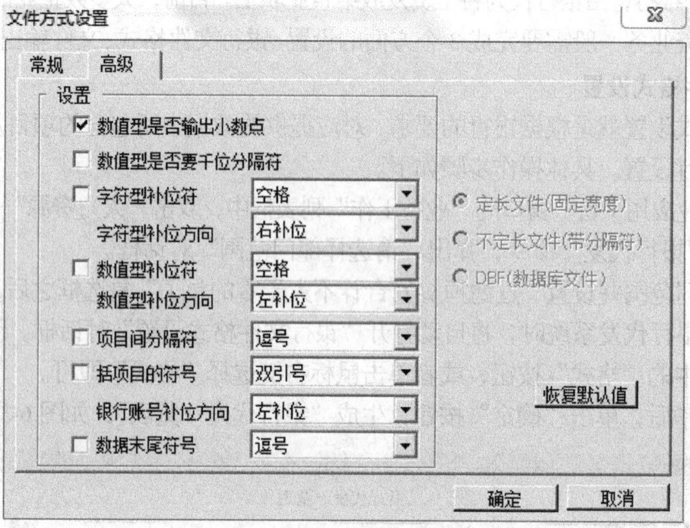

图 6-33 “文件方式设置”对话框

3. 磁盘输出

磁盘输出就是按照用户已经设置好的文件输出格式和文件名称，将指定的数据输出到指定的磁盘中。具体操作步骤如下。

（1）单击“银行代发”窗口工具栏上的“传输”按钮，或在页面中单击鼠标右键选择“传输”，设置输出文件的名称与保存路径。

（2）设置完毕后，单击“保存”按钮，即可将银行代发文件输出到磁盘上。

6.3.6 工资分摊及费用计提

工资分摊是指对当月发生的工资费用进行工资总额的计算、分配及各种费用的计提，并制作自动转账凭证，传递到总账系统中供登账时使用。

1. 设置工资分摊类型

【例 6-7】 请按照 14%的比例计提创新笔业职工福利费。

具体操作步骤如下。

(1) 在“企业应用平台”窗口的“业务工作”列表框中，双击“人力资源”|“薪资管理”|“业务处理”|“工资分摊”命令，弹出“工资分摊”对话框。

(2) 单击“工资分摊设置”按钮，弹出“分摊计提比例设置”对话框，如图 6-34 所示。

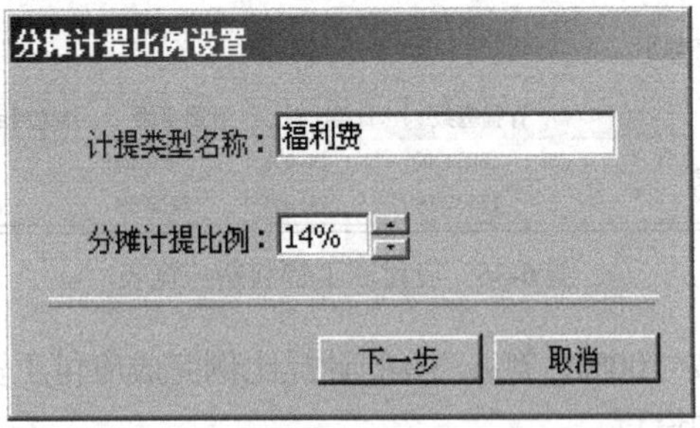

图 6-34 “分摊计提比例设置”对话框

(3) 单击“下一步”按钮，弹出“分摊构成设置”对话框，在其中输入要分摊的构成设置，所有的构成项目都可以参照系统提供的内容进行选择。双击“部门名称”下的空格，出现按钮，单击它弹出“部门名称参照”对话框，选择“人事部、财务部、行政部”。

(4) 在“人员类别”中选择“企业管理人员”，双击“借方科目”下的空格，出现…按钮，单击它弹出“科目参照”对话框，选择“损益|管理费用|管理费用—福利费”科目。

单击“确定”按钮，返回“分摊构成设置”对话框，单击“贷方科目”；同样，弹出“科目参照”对话框，选择“负债|应付职工薪酬|应付职工薪酬—应付职工福利费”科目，单击“确定”按钮，这两个部门的福利费设置完成，如图 6-35 所示。

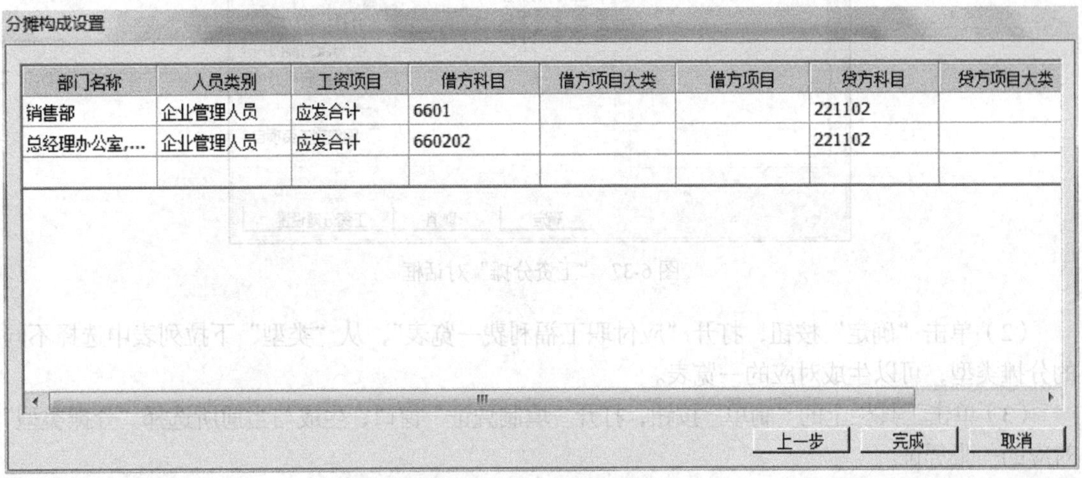

图 6-35 “分摊构成设置”对话框

单击“完成”按钮，回到“分摊类型设置”对话框，在其中已经保存了所增加的内容（可单击“修改”按钮，对所设置的内容进行修改），单击“返回”按钮，打开“工资分摊”对话框，在“计提费用类型”中选择“福利费”，单击“确定”按钮，打开“应付职工福利费一览表”，如图 6-36 所示。

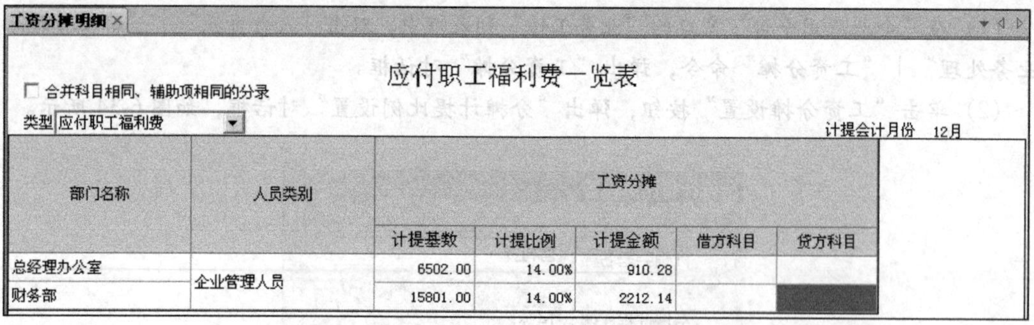

图 6-36 应付职工福利费一览表

用同样的方法，分别按 100%，7%，3%的计提比例完成应付工资、城市建设维护税税率、教育费附加率等计提类型的设置。

2. 工资分摊转账凭证

工资分摊和费用计提的结果，均可通过凭证转账的形式传递到总账系统中。具体操作步骤如下。

（1）在“企业应用平台”窗口的“业务工作”列表框中，双击“人力资源”｜“薪资管理”｜“业务处理”｜“工资分摊”命令，弹出“工资分摊”对话框，选择参与本次费用分摊计提的类型、部门、月份及分配方式，如图 6-37 所示。

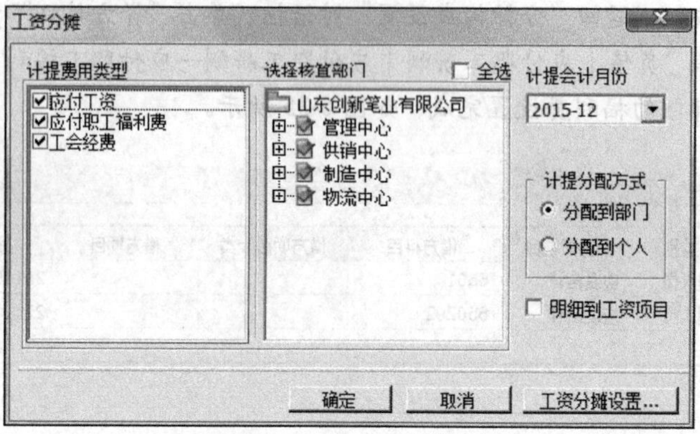

图 6-37 “工资分摊”对话框

（2）单击“确定”按钮，打开“应付职工福利费一览表”，从“类型”下拉列表中选择不同的分摊类型，可以生成对应的一览表。

（3）单击工具栏上的“制单”按钮，打开“填制凭证”窗口，生成与当前所选择“分摊类型”对应的一张凭证。

（4）在左上角“字”中选择相应的类型，并确认“凭证日期”后，单击“保存”按钮。看到凭证左上角显示“已生成”字样，即可将凭证传递到总账系统中。

（5）若单击“批制”按钮，则可将所有参与分配的“分摊类型”所对应的凭证全部生成。

3. 凭证查询

在总账系统中，用户可以对在薪资管理系统中生成的凭证进行查询、审核和记账等操作，如果要进行修改、删除和冲销，只能在薪资管理系统中通过“凭证查询”命令来实现。具体操作步骤如下。

（1）双击“薪资管理”｜“统计分析”｜“凭证查询”命令，弹出“凭证查询”对话框，进行凭证查询，如图 6-38 所示。

图 6-38　“凭证查询”对话框

（2）选定凭证后，单击工具栏中的“删除”按钮，系统弹出信息提示框，如图 6-39 所示。单击“是”按钮，即可删除。此项操作只是在总账中将凭证做上“作废”标记，要将此凭证从系统中删除需在总账中执行凭证整理。单击“冲销”按钮，可弹出一个如图 6-40 所示的信息提示框。

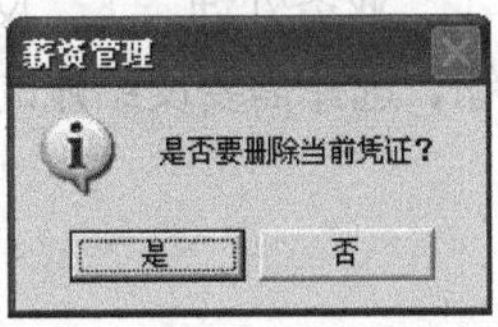

图 6-39　删除凭证信息提示框

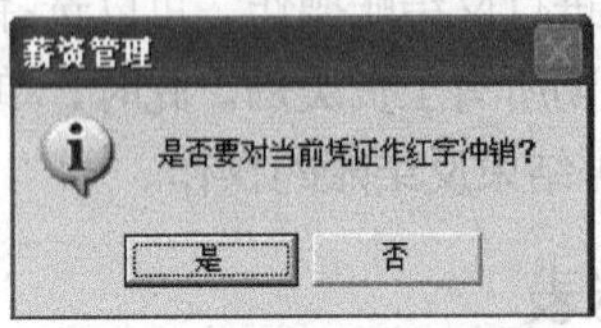

图 6-40　冲销凭证信息提示框

（3）单击“单据”按钮，可显示原始凭证。单击“凭证”按钮，可显示单张凭证窗口。

6.4 期末处理

薪资管理系统期末处理主要包括月末结账、结转上年数据以及账表的查询、修改等内容。

6.4.1 结账

结账就是将当月工资数据经过处理后结转至下期，并自动生成下期新的工资明细表。由于工资项目中变动项目的数据每期均不相同，因此每期工资数据处理完毕后，均需将其数据清零，再录入当期的数据。

具体操作步骤如下。

（1）双击“薪资管理”｜“业务处理”｜“月末处理”命令，弹出“月末处理”对话框，如图 6-41 所示，单击“确定”按钮，弹出薪资管理信息提示框，如图 6-42 所示。

（2）单击“否”按钮，放弃此操作；单击“是”按钮，弹出“是否选择清零项？”信息提示框。若不进行清零，则下期的工资数据将与本期一致；如选择清零，系统将弹出“选择清零项目”对话框，如图 6-43 所示。根据参照选择清零项目后，单击“确认”按钮，系统弹出信息提示框，提示完成期末结账，单击“确定”按钮即可，如图 6-44 所示。

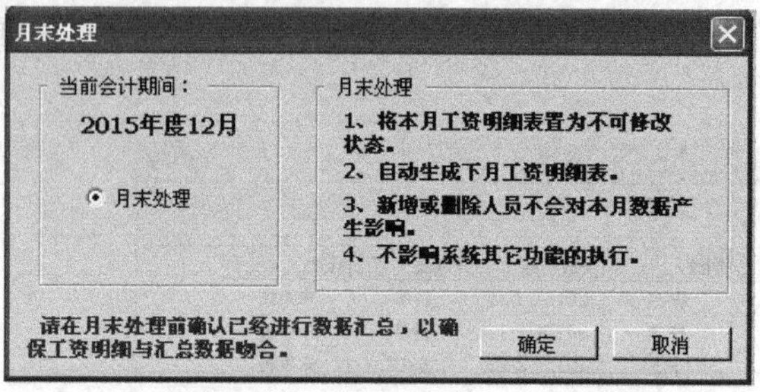

图 6-41 “月末处理”对话框

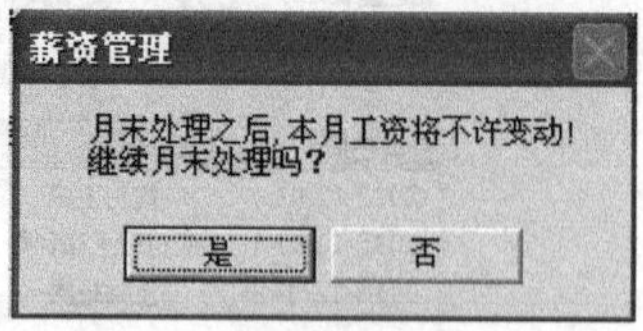

图 6-42 薪资管理信息提示框

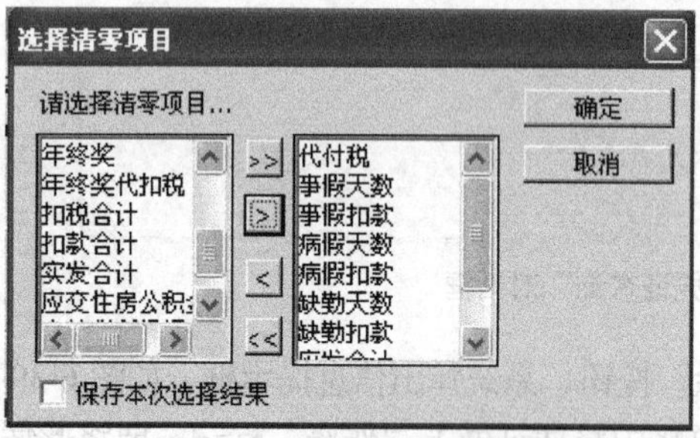

图 6-43 “选择清零项目”对话框

图 6-44 信息提示框

（3）如果要进行反结账操作，可以选择“薪资管理”｜“业务处理”｜“反结账”命令，系统将提示用户关闭所有工资类别。此时，单击“确定”按钮，选择需要反结账的工资类别并单击“确定”按钮，可结束反结账的操作。

6.4.2 工资账表

工资账表是薪资管理系统根据用户录入和计算的工资数据，自动编制的、反映工资核算结果的表格。用友 ERP-U8-V10.1 系统为用户提供了多种形式的报表来反映工资核算的结果，如果系统默认报表提供的固定格式无法满足用户要求，可以对其进行修改和新建。

系统对工资报表管理提供统一管理和分类管理两种方式：一种是利用“账表”下的“我的账表”账夹来管理系统中所有工资类别的工资表和工资分析表，对不区分类别的、全部工资数据的查询和统计，也通过此账夹来实现；另一种是利用“工资表”和“工资分析表”两个报表账夹分别管理不同工资类别的工资表和工资分析表。

1. 我的账表

“我的账表”功能主要用于对薪资管理系统中所有的报表进行管理，包括工资表和工资分析表两种报表类型。具体操作步骤如下。

（1）选择“薪资管理”｜“统计分析”｜“账表”｜“我的账表”命令，弹出“我的账表”窗口。

（2）选定需要修改的账表，单击工具栏中的“修改表”按钮，打开“新建表”窗口，可以进行修改。

（3）单击工具栏中的“重建表”按钮，打开“重新生成工资表”对话框，选定需要重新生成的系统原始表，单击“确定”按钮，可重新生成系统原始表。

（4）在“我的账表”窗口中，右键单击“账簿”栏的空白处，选择“新建专用账夹”选项或“新建公用账夹”选项，可以新增专用账夹或公用账夹；选择“删除账夹”，可以对账夹进行删除；

选择“设置账夹口令”，可以为账夹设置密码，限定某些报表使用者的权限。

2. 工资表

工资表包括一些由系统提供的原始表，主要用于本月工资的发放和统计，完成查询和打印各种工资表工作。具体操作步骤如下。

（1）选择“薪资管理”｜“统计分析”｜“账表”｜“工资表”命令，弹出“工资表”对话框。

（2）选择要查看的表，单击“查看”按钮，弹出“工资发放签名表-部门选择”对话框。

（3）选择相应的部门，单击“确定”按钮，即可得到相应的查询结果（以工资发放签名表为例），如图6-45所示。

人员编号	姓名	工资代扣税	扣税合计	工资代付税	基本工资	职务补贴	津贴	交通补贴	医疗保险	养老保险	缺勤天数	缺勤扣款	岗位工资
101	于天齐	195.20	195.20		3,400.00			100.00			2.00		1,200.00
102	宁杰	140.00	140.00		3,200.00			150.00					1,200.00
103	孔芳	60.00	60.00		2,800.00			100.00					900.00
104	张丽	36.03	36.03		2,900.00			100.00			1.00		800.00
201	宋超然	335.00	335.00		4,000.00			200.00					2,000.00
202	王鑫	36.00	36.00		2,500.00			100.00					1,000.00
203	孙涛	115.00	115.00		3,600.00			100.00					1,000.00
204	顾柯	145.00	145.00		3,300.00			200.00					1,200.00
合计		1,062.23	1,062.23	0.00	25,700.00	0.00	.00	1,050.00	0.00	0.00	3.00	0.00	9,300.00

图6-45 “工资发放签名表”对话框

3. 工资分析表

工资分析表是薪资管理系统在工资数据的基础上，通过对部门、人员类别的工资数据进行分析和比较后自动生成的各种分析表格，主要供决策人员参考和使用。

（1）选择“薪资管理”｜“统计分析”｜“账表”｜“工资分析表”命令，弹出“工资分析表”对话框。

（2）在“请选择分析表”中选择相应的分析表后，单击“确定”按钮，在弹出的对话框中输入查询条件，即可查到相应的查询结果。例如，选择“员工工资汇总表”，单击“确定”按钮，将打开“员工工资汇总表选项”对话框。

（3）选择相应的查询条件后，单击“确定”按钮，即可显示查询结果，如图6-46所示。

项目	1月	2月	3月	4月	5月	6月	7月	8月	9月	10月	12月	月均	年度合计
应发合计											46,603.00	46,603.00	46,603.00
扣款合计											1,062.23	1,062.23	1,062.23
实发合计											45,510.00	45,510.00	45,510.00
本月扣零											30.77	30.77	30.77
上月扣零													
代扣税											1,062.23	1,062.23	1,062.23
代付税													
年终奖													
年终奖代扣													
工资代扣税											1,062.23	1,062.23	1,062.23
扣税合计											1,062.23	1,062.23	1,062.23
年终奖代付													
工资代付税													
基本工资											25,700.00	25,700.00	25,700.00
交通补贴											1,050.00	1,050.00	1,050.00
交补													
奖金											6,600.00	6,600.00	6,600.00
加班费											1,450.00	1,450.00	1,450.00
工龄工资											2,500.00	2,500.00	2,500.00
岗位工资											9,300.00	9,300.00	9,300.00
缺勤天数											3.00	3.00	3.00
缺勤扣款													

图6-46 “工资项目分析”对话框

项目思考

1. 创新笔业如何通过软件扣缴职工个人所得税？
2. 工资系统如何将凭证传递到总账系统？

实训七 薪资管理

实训目的：熟悉薪资管理系统的初始化操作，练习薪资管理系统的日常业务处理和期末处理。

实训内容：

（1）建立工资账套、设置人员基础信息、定义工资类别、工资项目设置、设置工资计算公式。

（2）工资结算、工资分摊及费用计提。

（3）月末处理、对账结账。

实训准备：已经完成实训五的操作，将系统日期修改为 2015 年 12 月 1 日，以账套主管宁杰的身份注册进入薪资管理系统。

实训资料与要求

1. 薪资管理系统账套参数

2. 薪资系统

（1）工资类别：多个工资类别。

（2）从工资中代扣个人所得税。

（3）工资类别设置。

类别编码 类别名称

001 在职人员

002 退休人员

工资类别为“在职人员”和“退休人员”，并且在职人员分布于各个部门，而退休人员只属于综合管理部门。

3.“在职人员”需增加的工资项目（见表6-5）

表 6-5 “在职人员”需增加的工资项目

项目名称	类型	长度	小数位数	增减项
基本工资	数字	8	2	增项
岗位工资	数字	8	2	增项
工龄工资	数字	8	2	增项
交通补贴	数字	8	2	增项
加班费	数字	8	2	增项
奖金	数字	8	2	增项
病假天数	数字	8	2	其他
病假扣款	数字	8	2	减项
事假天数	数字	8	2	其他
事假扣款	数字	8	2	减项
缺勤天数	数字	8	2	其他
缺勤扣款	数字	8	2	减项

4. 银行名称

银行名称为“商业银行”，账号长度为 14 位，录入时自动带出的账号长度为 8 位。

5. 在职人员档案（见表6-6）

表 6-6　　在职人员档案

人员编号	人员姓名	学历	职称	所属部门	人员类别	银行代发账号
101	于天齐	大学	经济师	总经理办公室	企业管理人员	10011020088003
102	宁杰	大学	会计师	财务部	企业管理人员	10011020088004
103	孔芳	大学	经济师	财务部	企业管理人员	10011020088005
104	张丽	大学	经济师	财务部	企业管理人员	10011020088006
201	宋超然	大学	高级	销售部	销售人员	10011020088001
202	王鑫	大专	经济师	销售部	销售人员	10011020088002
203	孙涛	大学	经济师	采购部	采购人员	10011020088021
204	顾柯	大学	经济师	采购部	采购人员	10011020088007

6. 个人所得税起征点

个人所得税起征点为 3 500 元。

7. 2015年12月份有关的工资数据（见表6-7）

表 6-7　　有关工资数据

人员编号	人员姓名	基本工资（元）	岗位工资（元）	工龄工资（元）	交通补贴（元）	加班费（元）	奖金（元）	缺勤天数
101	于天齐	3 400	1 200	300	100	400	900	2
102	宁杰	3 200	1 200	400	150	200	900	
103	孔芳	2 800	900	200	100	350	700	
104	张丽	2 900	800	200	100	0	700	1
201	宋超然	4 000	2 000	500	200	300	1 000	
202	王鑫	2 500	1 000	300	100	200	700	
203	孙涛	2 700	1 000	300	100	100	600	
204	顾柯	3 300	1 200	400	200	0	900	

8. 工资分摊

工资分摊类型为“应付工资”“应付职工福利费”和“工会经费”，其分摊计提比例分别为 100%，14%和 2%。

实训要求：根据以上资料，对该企业的工资账套进行初始化设置，并对本月的工资业务进行处理，制单并进行月末处理。

操作指导

1. 建立工资账套

（1）在“企业应用平台”｜“基础设置”选项卡中，选择“基本信息”｜“系统启用”命令，选中“薪资管理”，在弹出的“系统启用”对话框中选择日期为“2015 年 12 月1 日”。

（2）在“企业应用平台”窗口的“业务工作”列表框中，选择“薪资管理”｜“工资类别”｜“新建工资类别”命令，打开“建立工资账套”对话框，在“参数设置”中，选择工资类别个数为“多个”。

（3）在“扣税设置”中，勾选“是否从工资中代扣所得税”，在“扣零设置”中，不做选择；在“人员编码”中，人员编码长度同公共平台的人员编码保持一致。

2. 人员附加信息设置

选择“人力资源”｜“薪资管理”｜“设置”｜“人员附加信息设置”命令，单击“增加”按钮，在“信息名称”文本框中输入“学历”，单击“确定”按钮，勾选“是否参照”，单击“参照档案”，输入“本科”，单击“增加”按钮即可继续添加内容。

人员附加信息“技术职称”的设置方法与之类似。

3. 人员类别设置

在“企业应用平台”窗口的“基础设置”列表框中，选择“基础档案”｜“机构人员”｜“人员类别”，进入“人员类别”窗口，单击工具栏上的“增加”按钮，在“档案编码”中输入“101”，在“档案名称”中输入“企业管理人员”，单击“确定”按钮，可继续增加其他人员类别。

4. 工资项目设置

（1）在“企业应用平台”窗口的“业务工作”列表框中，选择“人力资源”｜“薪资管理”｜“设置”｜“工资项目设置”命令，进入“工资项目设置”对话框。

（2）单击“增加”按钮，在“名称参照”中选择“基本工资”；双击“类型”，在下拉列表中选择“数字”；双击“长度”，微调至“8”；“小数”默认值为“2”，“增加项”默认值为“增项”。

在“名称参照”中若没有该工资项目，则单击“增加”按钮，在工资项目列表中增加一空白行，输入“纳税基数”即可。

可参照以上两个工资项目来对其他工资项目进行设置，使其与案例中要求的一致。

（3）增加完毕后，可通过“上移”“下移”对工资项目的位置进行调整。

5. 计算公式设置

选择“薪资管理”｜“设置”｜“工资项目设置”｜“公式设置”，单击“增加”按钮，从下拉列表中选择“公积金”，然后单击“公积金公式定义”输入框，单击“工资项目”中的“基本工资”，选择“公式输入参照运算符”中的乘号，然后输入“8”，再单击“公式输入参照运算符”中的除号，输入“100”，单击“公式确认”，完成公积金的自定义公式的设置。

其他工资项目的公式设置可参照“公积金”工资项目进行。

6. 新建工资类别

（1）在“企业应用平台”窗口的“业务工作”列表框中，选择“人力资源”｜“薪资管理”｜“工资类别”｜“新建工资类别”，打开“新建工资类别”对话框。

（2）在“请输入工资类别名称”中，输入“基本人员”，单击“下一步”按钮，选择所有的部门，单击“完成”按钮，再单击“是”按钮即可。

（3）在“请输入工资类别名称”中，输入“编外人员”，单击“下一步”按钮，只选择行政部，单击“完成”按钮，再单击“是”按钮即可。

7. 人员档案设置

（1）在“企业应用平台”窗口的“业务工作”列表框中，选择“人力资源”｜“薪资管理”｜“工资类别”｜“打开工资类别”命令，选择“基本人员”工资类别，单击“确定”按钮。

（2）执行“薪资管理”｜“设置”｜“人员档案”命令，打开“人员档案”对话框，单击“增加”按钮，在“人员档案明细”对话框中，将“人员编号”“人员姓名”等资料参照本实训资料逐个输入，“银行名称”选择“招商银行”，并输入相应的账号。

8. 个人所得税

在“企业应用平台”窗口的“业务工作”列表框中，选择“人力资源”｜“薪资管理”｜“设置”｜“选项”命令，单击“编辑”按钮，在“扣税设置”选项卡中“税率设置”按钮左边的下拉框中选择“扣税基数”工资项目，单击“税率设置”后，将“基数”调整为“2 000”。

9. 工资变动处理

（1）在“企业应用平台”窗口的“业务工作”列表框中，打开“人力资源”｜“薪资管理”｜“业务处理”｜“工资变动”命令，显示“工资变动”窗口。

（2）可根据表中的数据直接录入，也可以单击“工资变动”窗口中工具栏上的“编辑”按钮，打开“工资数据录入-页编辑”对话框，录完一个员工，单击“保存”按钮即可。保存后，自动切换到下一个员工，录入完毕保存后，关闭本对话框即可。

（3）录入完成后，单击工具栏上的“汇总”按钮，即可对本月发放的工资数据进行汇总。

10. 工资分摊及费用计提

（1）在“企业应用平台”窗口的“业务工作”列表框中，双击“人力资源”｜“薪资管理”｜“业务处理”｜“工资分摊”命令，在“工资分摊”对话框中，单击“工资分摊设置”按钮，单击“增加”按钮，在“分摊计提比例设置”对话框中输入“应付工资”，分摊计提比例为“100%”。

（2）单击“下一步”按钮，进行分摊构成设置。其中，“企业管理人员、采购人员”借方科目为“管理费用—职工薪酬”，“销售人员”借方科目为“销售费用—职工薪酬”，贷方科目均为“应付职工薪酬—应付职工工资”。

（3）按照同样的步骤，设置“应付职工福利费”和“工会经费”的计提类型，计提比例分别为14%和2%，贷方科目分别为“应付职工薪酬—应付职工福利费”和“应付职工薪酬—工会经费”。

（4）选择“薪资管理”｜“业务处理”｜“工资分摊”，选中全部“计提费用类型”和全部“选择核算部门”，选择一种“计提分配方式”，选择“明细到工资项目”，单击“确定”按钮后，即可得到工资分摊明细表。

（5）单击“制单”按钮，系统提示设置凭证类别，选择“转账凭证”，单击“保存”按钮，看到凭证左上角显示“已生成”字样，即可将凭证传递到总账系统中。

应付职工福利费、工会经费的转账凭证其生成方法与此相同。

11. 月末处理

在“企业应用平台”窗口的“业务工作”列表框中，双击“人力资源”｜“薪资管理”｜“业务处理”｜“月末处理”命令，在系统弹出的信息提示框中单击“是”按钮，在弹出的“是否选择清零项？”信息提示框中选择“是”，将“加班费”“奖金”“缺勤天数”“缺勤扣款”选入，单击“确定”按钮后，处理完毕。

项目七

固定资产管理

面向岗位

- ✧ 会计信息化主管
- ✧ 资产核算员
- ✧ 财务主管

技能要求

- ✧ 掌握固定资产卡片的设置与录入
- ✧ 掌握增减资产的方法
- ✧ 掌握固定资产折旧的计提与分配
- ✧ 掌握固定资产凭证的结转

项目导入

随着公司的发展，创新笔业的业务也从单一发展到综合，实现了飞跃式的发展，但固定资产管理方面仍然面临着使用地点分散、资产折旧数据不准确、盘点工作繁重，信息更新困难等问题。为解决这些问题，财务主管与资产管理经理商议启用了固定资产管理系统。如何使系统的初始设置、固定资产增减变动、折旧处理、期末处理达到理想化？如何解决固定资产管理中账、卡、物不符，资产不明，设备不清，闲置浪费，虚增资产和资产流失问题？带着这些问题，我们共同来学习本项目的内容。

项目学习

7.1 固定资产管理认知

固定资产管理是企业管理的一个重要组成部分，是开展正常业务的物质基础，但由于固定资产具有价值高、数量大、种类多、保管和使用地点分散等特点，所以在手工条件下，对固定资产的核算与管理工作难度大。使用固定资产管理系统对固定资产进行核算与管理，可以细化固定资产管理，提高固定资产的使用水平。

7.1.1 了解固定资产管理系统

固定资产管理系统是会计信息系统的一个重要组成部分，主要用于对固定资产制作固定资产卡片，对其新增、减少、变动、计提折旧等业务进行处理和记录。

固定资产管理系统的功能主要包括系统初始化设置、固定资产增减变动核算、固定资产折旧核算、固定资产评估、固定资产账表查询等。固定资产管理系统提供了灵活的证、表、卡片定义功能，并且具有较强的查询及分类统计功能，从而有助于提高企业对固定资产管理的水平。

7.1.2 与其他业务系统的关系

固定资产管理系统与总账系统、成本核算系统和报表系统都有数据传递，其具体关系如图 7-1 所示。

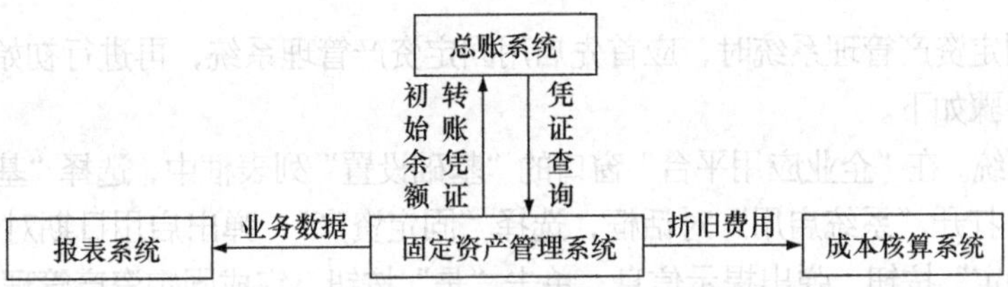

图 7-1　固定资产管理系统与其他业务系统关系图

与总账系统联用时，固定资产管理系统录入的初始余额可以直接传递到总账系统，作为固定资产相关科目的初始余额；固定资产管理系统中资产的增加、减少以及原值和累计折旧的调整、折旧计提等业务处理可自动生成记账凭证，将有关数据传输到总账系统，同时通过对账保持固定资产账目与总账的平衡。

与成本系统联用时，固定资产管理系统的折旧费用数据可以直接引入成本核算系统，形成成本对象的折旧要素费用。

与报表系统联用时，报表通过相应的取数函数从固定资产管理系统中提取分析数据，编制用户需要的固定资产统计分析报表。

7.1.3 业务处理流程

固定资产管理系统的基本业务流程主要包括系统初始化、日常业务处理和期末处理 3 部分，如图 7-2 所示。

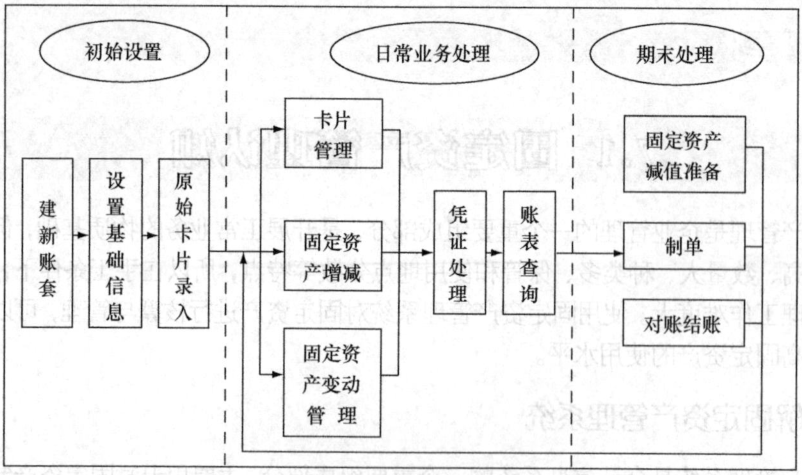

图 7-2　固定资产管理系统业务处理流程

7.2　系统初始化

系统的初始化就是建立一个适合本企业的固定资产子账套的过程，是使用固定资产管理系统的首要操作。选择确定本系统核算和管理的基本原则和方法以及录入的初始信息，主要包括固定资产账套的建立、基础信息的设置、卡片项目的设置、原始卡片的录入等。

7.2.1　启用固定资产管理系统与初始化设置

首次使用固定资产管理系统时，应首先启用固定资产管理系统，再进行初始化设置。

具体操作步骤如下。

（1）启用系统。在“企业应用平台”窗口的“基础设置”列表框中，选择“基本信息”｜“系统启用”命令，打开“系统启用”对话框，选择“固定资产”，弹出启用日期对话框，选择启用日期，单击“确定”按钮，弹出提示信息，单击“是”按钮，完成固定资产管理系统的启用，如图 7-3 所示。

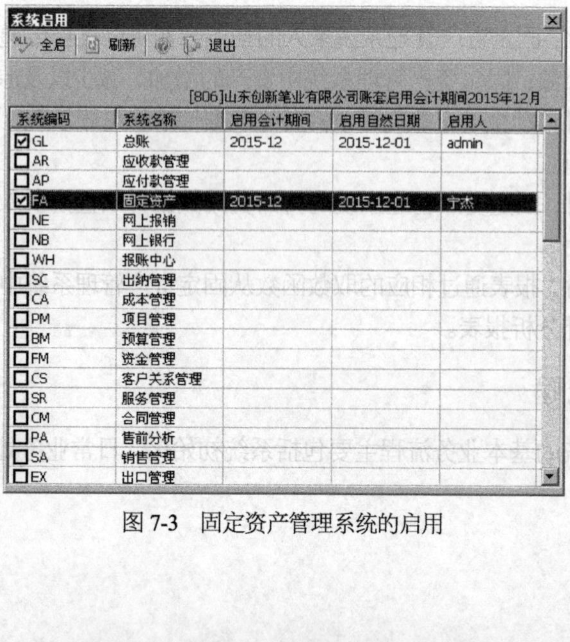

图 7-3　固定资产管理系统的启用

（2）在“企业应用平台”窗口的“业务工作”列表框中，选择“财务会计”｜“固定资产”命令，弹出“这是第一次打开此账套，还未进行过初始化，是否进行初始化？”提示信息框。

（3）单击“是”按钮，进入“初始化账套向导”对话框，如图 7-4 所示。

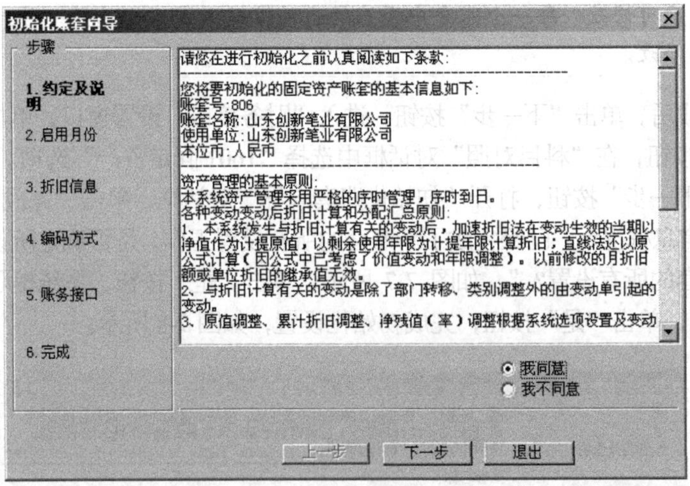

图 7-4 “初始化账套向导”对话框

（4）阅读完毕后，选中“我同意”复选按钮，再单击“下一步”按钮，打开“启用月份”界面。

小贴士

> ➢ **在正式使用本系统前，必须将截止到该日期前的所有固定资产资料录入本系统，并且账套的启用月份不得超过“系统管理”中账套的创建时间，否则系统将不能正确地进行固定资产的各项管理及核算工作。**

（5）设置完成后，单击“下一步”按钮，进入“折旧信息”设置窗口，根据企业的实际情况选择主要的折旧方法，计提折旧的企业可以根据自己的需要来确定资产的折旧分配周期，系统默认的折旧分配周期为 1 个月，如图 7-5 所示。

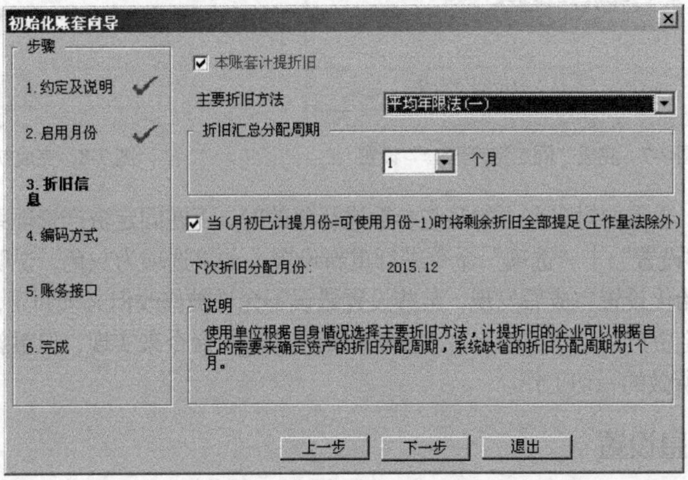

图 7-5 “折旧信息”设置窗口

（6）设置完成后，单击“下一步”按钮，打开“编码方式”对话框。

小贴士

➢ 资产类别编码方式设定以后，一旦某一级设置了类别，该级的长度就不能修改，未使用过的各级的长度可修改。每一个账套中资产的自动编码方式只能选择一种，一经设定，该自动编码方式不得修改。

（7）设置完成后，单击“下一步”按钮，进入“财务接口”设置窗口，单击“固定资产对账科目”后面的…按钮，在“科目对照”对话框中选择“1601 固定资产”选项。

（8）单击“下一步”按钮，打开“初始化账套向导”对话框，单击“完成”按钮，如图 7-6 所示。系统弹出信息框提示“已经完成了新账套的所有设置工作，是否确定所设置的信息完全正确并保存对新账套的所有设置？”，如图 7-7 所示，单击“是”按钮，系统提示“已成功初始化本固定资产账套”，单击“是”按钮，完成初始化设置，如图 7-8 所示。

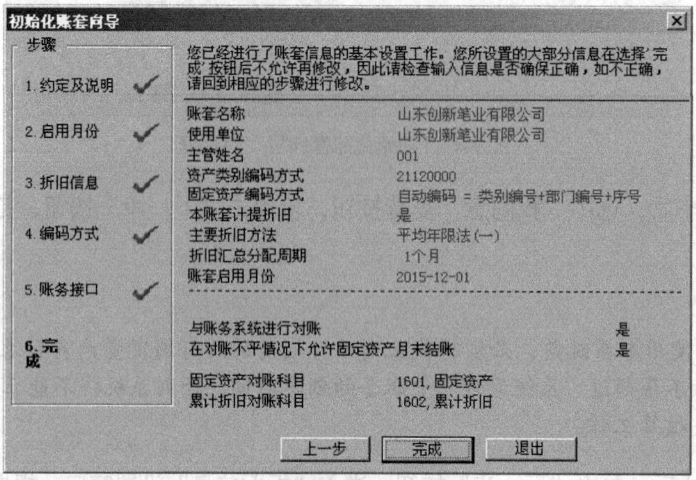

图 7-6 “向导完成”对话框

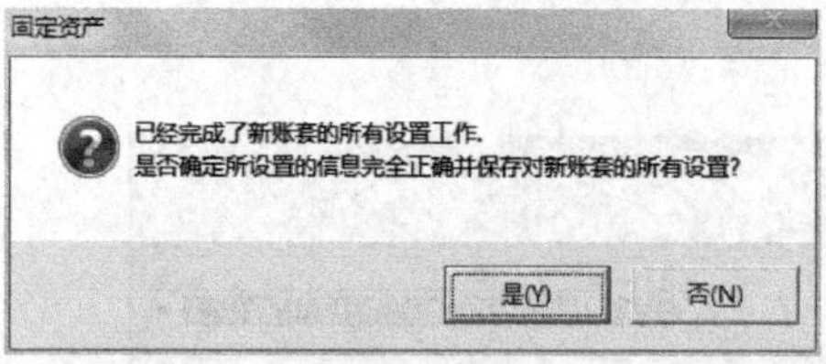

图 7-7 完成“固定资产账套”设置

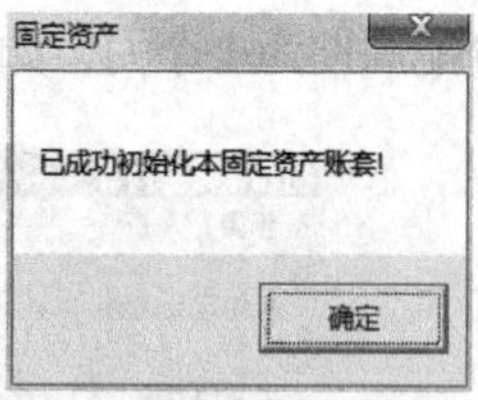

图 7-8 完成初始化

建账完成后，当需要对账套中的某些参数进行修改时，可在固定资产管理系统主界面中通过“固定资产”｜“设置”｜“选项”命令进行重新设置，如果选项为灰色，说明该项内容不能被修改。如果在初始化设置完成后发现，某些设置错误不允许被修改但必须纠正，则只能通过“财务会计”｜“固定资产”｜“维护”｜“重新初始化账套”命令来实现，但重新初始化将清空对该固定资产账套所做的一切工作。

7.2.2 基础信息设置

基础信息设置主要包括对选项、部门对应折旧科目、资产类别、增减方式、使用状况、折旧方法、卡片项目等内容的设置。

1. 选项设置

选项中包括在账套初始化中设置的参数和其他一些在账套运行中的参数或判断，在初始化中没有设置的参数需要在此进行设置，账套初始化中已设置的某些参数也可以在此进行修改。

【例 7-1】 设置固定资产管理系统的选项，相关资料如下：业务发生后不要求立即制单，月末结账前一定要完成制单登账业务；固定资产缺省入账科目为1601 固定资产，累计折旧缺省入账科目为1602 累计折旧，减值准备缺省入账科目为1603 固定资产减值准备；当月初已计提月份＝可使用月份－1 时，要求将剩余折旧全部提足。

具体操作步骤如下。

(1) 在“企业应用平台”窗口的“业务工作”列表框中，选择“财务会计”|“固定资产”|“设置”|“选项”命令，进入“选项”界面。该界面上有 4 个选项卡，可以对其中的一些选项进行修改，但“基本信息”是不能修改的。

(2) 单击“折旧信息”选项卡，单击“编辑”按钮，可以对其中的复选框项目进行选择，其中折旧方法是系统自带的，折旧的分配周期可以改动。

(3) 单击“与财务系统接口”选项卡，单击“编辑”按钮，可以对其中的复选框项目进行选择。

(4) 单击“编码方式”标签，可以对其中的复选框项目进行选择。修改完毕后，单击“确定”按钮，选项设置完成。

2. 部门对应折旧科目的设置

通常情况下，部门对应折旧科目是指当按部门归集折旧费用时，某一部门内资产的折旧费用将归集到一个比较固定的科目，在生成部门折旧分配表时，每一个部门按折旧科目进行汇总，从而制作记账凭证，方便操作。在使用本功能前，必须已建立好部门档案。

3. 资产类别的设置

固定资产的种类很多，规格也不一样，要强化固定资产的管理，就应该及时、准确地做好固定资产的核算，必须建立科学的固定资产分类体系，为统计和管理固定资产提供依据。企业可以根据自身的特点和管理要求确定一个比较合理的资产分类方案，再根据设定好的分类方案，直接将固定资产信息录入固定资产管理系统中，以方便将来操作。

【例 7-2】 录入创新笔业公司固定资产类别，具体信息如表 7-1 所示。

表 7-1 固定资产类别及折旧信息

类别编码	类别名称	计提属性	净残值率
01	房屋及建筑物	正常计提	2%
011	行政楼	正常计提	2%
012	厂房	正常计提	2%
02	机器设备	正常计提	3%
03	运输设备	正常计提	4%
04	办公设备	正常计提	3%

具体操作步骤如下。

(1) 在“企业应用平台”窗口的“业务工作”列表框中，选择“财务会计”|“固定资产”|“设置”|“资产类别”命令，打开“资产类别”窗口，单击工具栏上的“增加”按钮，录入表

7-1 中的“房屋及建筑物”类固定资产。

（2）单击“保存”按钮，对录入内容进行保存。如果要对已经保存的资产类别进行修改，可以通过单击工具栏中的“修改”按钮来实现。

小贴士

➢ 资产类别编码不能重复，同级的类别名称不能相同，类别编码、名称、计提属性、卡片样式不能为空。

➢ 对资产类别进行修改时，非明细级类别编码不能修改或删除。

➢ 系统已经使用过的类别不允许删除。

4. 增减方式的设置

固定资产的增减方式包括两种类型：一种是增加的方式，一种是减少的方式。固定资产的增加的方式主要有直接购入、投资者投入、捐赠、盘盈、在建工程转入、融资租入等。固定资产的减少的方式主要有出售、盘亏、投资转出、捐赠转出、报废、毁损、融资租出等。一般性的项目已经在系统中设置好，可根据需要增加或修改。为简化操作，系统还提供了对应入账科目设置，在填制凭证时，系统会自动调整对应的入账科目。

5. 使用状况的设置

明确固定资产的使用状况，既可以准确地计提折旧，又便于掌握固定资产的使用情况，提高资产的利用效率。

6. 折旧方法的设置

折旧方法的设置是系统自动计算折旧的基础。系统提供了 7 种常用的折旧方法，对其只能选用，不能修改或删除；如果不能满足需要，可使用折旧方法的自定义功能，定义适合企业的折旧方法的名称和计算公式。

7. 卡片项目的设置

卡片项目是固定资产卡片上显示的用来记录资产资料的栏目，如原值、资产名称、使用年限、折旧方法等卡片最基本的项目。用友 ERP-V10.1 的固定资产管理系统提供了一些常用卡片必需的项目，称为系统项目。如果这些项目不能满足对固定资产管理的需要，可以自定义卡片项目。同时，企业可以根据自己的需要，进行卡片项目的增加、修改或删除操作。

8. 卡片样式的设置

卡片样式是指卡片的显示格式，包括格式（表格线、对齐形式、字体大小、字形等）、所包含的项目和项目的位置等。每一个卡片样式包括 7 个选项卡，即固定资产卡片、附属设备、大修理记录、资产转移记录、停启用记录、原值变动、拆分/减少信息。不同的企业使用的卡片样式可能不同，即使是同一企业内部，对不同的资产也会由于管理的内容和侧重点不同而使用不同样式的卡片，故系统提供了卡片样式自定义功能。企业可以根据自己的需要，对固定资产卡片样式进行查看、定义、修改或删除。

为了便于操作，用户可以从已定义好的卡片样式中选择比较类似的卡片样式，修改后另存为新建样式。新建卡片样式有以下两种途径。

（1）在卡片通用样式预览界面中选中一个卡片样式，单击“增加”按钮，如果要以当前卡片样式为基础建立新样式，则在确认后显示的通用卡片样式上修改，另存为新的卡片样式，如图 7-9 所示。

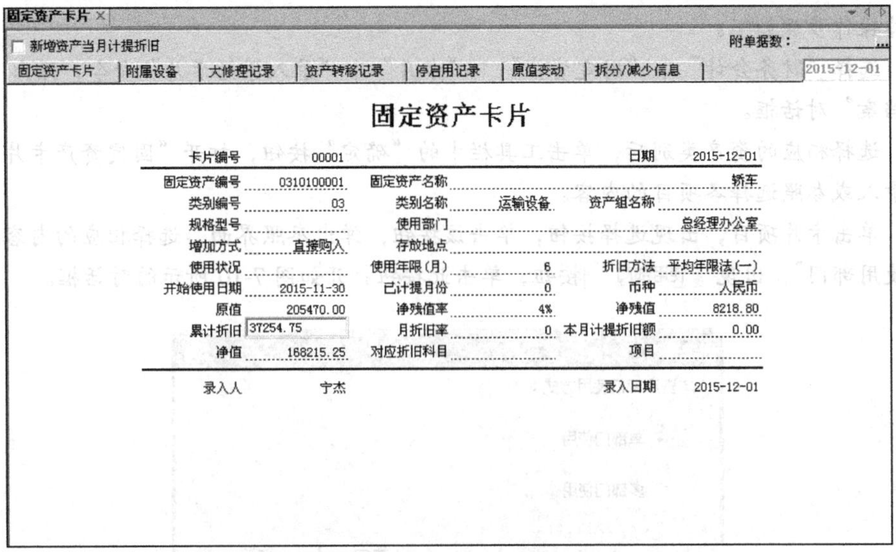

图 7-9　通用卡片样式

（2）如果不以当前样式为基础，可在卡片样式参照中选择其他最相近的卡片样式修改后另存。

同样，可以重新定义卡片的名称；也可以将卡片项目移入、移出，调整固定资产卡片的内容；还可以对卡片项目的行高、列宽、字形、字体、格式、在单元格中的位置、各单元格的边框等进行调整设置。

7.2.3　录入原始卡片

原始卡片是指卡片记录的资产开始使用日期的月份大于其录入系统的月份，即已使用过并已计提折旧的固定资产卡片。在使用固定资产系统进行核算前，必须将原始卡片资料录入系统，以保持历史资料的连续性。原始卡片的录入并不是必须限制在第一个会计期间结账前，而是任何时候都可以进行。

【例 7-3】 创新笔业公司 2015 年 12 月的固定资产信息如表 7-2 所示，其中所有固定资产的使用状况均为“在用”；房屋与建筑物和运输设备采用“平均年限法（一）”计提折旧，其余固定资产采用“双倍余额递减法（一）”计提折旧。请将固定资产原始卡片录入系统。

表 7-2　　　　固定资产信息

卡片编号	固定资产名称	类别编号	固定资产编号	使用部门	增加方式	可使用年限	启用日期	原值（元）	累计折旧（元）
001	轿车	03	0301	总经理办公室	直接购入	6	2015-12-1	205 470.00	37 254.75
002	笔记本电脑	04	0401	总经理办公室	直接购入	5	2015-12-1	28 900.00	5 548.80
003	传真机	04	0402	总经理办公室	直接购入	5	2015-12-1	3 510.00	1 825.20
004	计算机	02	0201	一车间	直接购入	5	2015-12-1	6 490.00	1 246.08
005	计算机	02	0202	一车间	直接购入	5	2015-12-1	6 490.00	1 246.08
006	厂房	012	01201	生产部	在建工程转入	20	2014-11-8	240 000.00	7 600.00
合计								490 860.00	54 720.91

具体操作步骤如下。

(1) 选择“财务会计” | “固定资产” | “卡片” | “录入原始卡片”命令，弹出“固定资产类别档案”对话框。

(2) 选择相应的资产类别后，单击工具栏中的“确定”按钮，打开“固定资产卡片”窗口，可在此录入或参照选择各项目的内容。

(3) 单击卡片项目，出现选择按钮，单击该按钮，弹出参照界面，选择相应的内容。例如，单击“使用部门”，出现 使用部门 按钮，单击此按钮打开如图 7-10 所示的对话框。

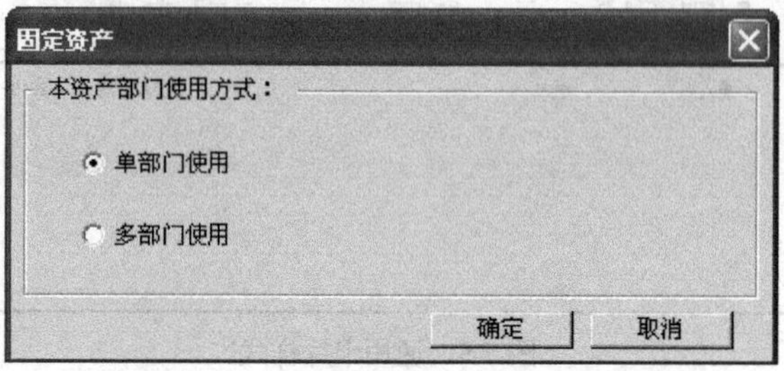

图 7-10 “固定资产使用方式”对话框

如果该固定资产为单部门使用，则选定“单部门使用”后，单击“确定”按钮，系统弹出“部门基本参照”对话框，选定要使用的部门后，单击“确定”按钮，返回“固定资产卡片”窗口。

如果该固定资产为多部门使用，则原值、累计折旧等数据可以在部门间按设置的比例进行分摊。

【例 7-4】 表 7-2 中的固定资产“01201 厂房”，为生产部门的一车间、二车间和生产管理科共同使用，其使用比例分别为 40%，40%和 20%。

具体操作步骤如下。

(1) 选定“多部门使用”后，单击“确定”按钮，打开“使用部门”窗口。

(2) 单击“增加”按钮，窗口中出现一行空记录，双击“使用部门”栏下的空格，出现光标和选择按钮，可以直接输入或选入“501 生产管理科”；双击“使用比例”栏下的空格，输入“20”后，单击其他空格，“增加”按钮由灰色变为可用。

(3) 单击“增加”按钮，继续输入，操作方法类似，不再赘述，如图 7-11 所示。

(4) 设置完毕后，单击“确定”按钮，返回固定资产卡片录入窗口，继续录入其他信息。

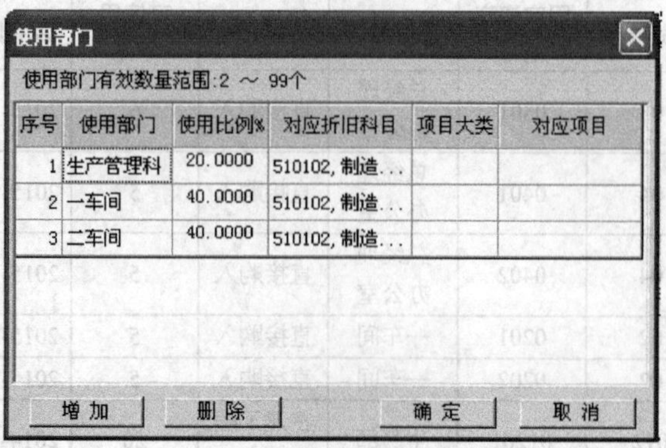

图 7-11 “使用部门”窗口

单个资产对应多个使用部门时，卡片上的对应折旧科目不允许输入，只能按使用部门选择时的设置确定。

(5) 固定资产的主卡录入后，单击其他选项卡，输入附属设备和录入以前卡片发生的各种变动。“附属”选项卡中的信息只供参考，不参与计算。

(6) 单击“保存”按钮，将录入的卡片存入系统。

(7) 为确保固定资产管理系统与账务处理系统中的固定资产及累计折旧科目总额相等，录入固定资产原始卡片信息后，需进行期初对账。在关闭固定资产原始卡片录入界面后，选择“固定资产”|“处理”|“对账”命令，固定资产管理系统与账务处理系统进行对账后，弹出“与账务对账结果”对话框，如图 7-12 所示。

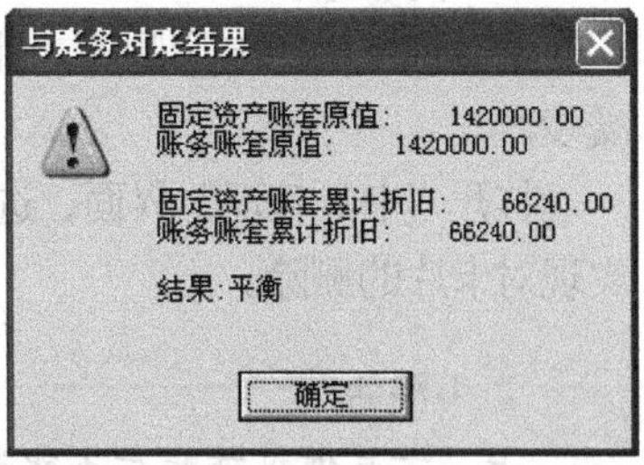

图 7-12 “与账务对账结果”对话框

(8) 单击“确定”按钮，完成固定资产管理系统的初始设置。

7.3 日常业务处理

固定资产管理系统的日常业务处理主要是指卡片管理、资产的增加和减少、资产在使用过程中发生的变动处理、批量管理以及资产评估等业务发生时所进行的操作。

7.3.1 卡片管理

卡片管理是对固定资产系统中所有卡片进行综合管理的功能操作，通过卡片管理可完成卡片查询、卡片修改、卡片删除和卡片打印等功能。

1. 卡片查询

系统提供了 3 种卡片查询方式，即按部门查询、按类别查询和自定义查询。具体操作步骤如下。

(1) 选择“财务会计”|“固定资产”|“卡片”|“卡片管理”命令，打开“卡片管理”界面，显示已经录入的全部固定资产。

(2) 查看单张卡片。在“卡片管理”界面，可以查看该资产的简要信息，如需详细查看，选择相应的固定资产后，双击可显示出单张卡片的详细信息。

2. 卡片修改

当发现卡片录入错误，或在使用固定资产的过程中需要修改卡片中的一些内容时，可通过卡片修改功能实现。这种修改为无痕迹修改，即在变动清单和查看历史状态时不体现，无痕迹修改前的内容在任何查看状态下都不会再看到。具体操作步骤如下。

选择“固定资产”|“卡片”|“卡片管理”命令，打开“卡片管理”界面，双击选择要修改的卡片，在“固定资产卡片”窗口中，单击“修改”按钮可进行修改。

小贴士

> ➢ 卡片上的原值、使用部门、工作总量、使用状况、累计折旧、净残值（率）、折旧方法、使用年限、资产类别在没有做变动单或评估单的情况下，在录入当月可无痕迹修改；如果做过变动单，只有删除变动单后才能无痕迹修改；若已做过一次月末结账，则以上各项目只能通过变动单或评估单进行调整，而不能通过卡片修改功能进行修改。

> ➢ 通过固定资产增加录入系统的卡片在没有制作凭证和变动单、评估单的情况下，录入当月可无痕迹修改。如果做过变动单，只有删除变动单后才能无痕迹修改。如果已制作凭证，要修改原值或累计折旧则必须删除凭证后，才能无痕迹修改。
>
> ➢ 卡片上的其他项目，任何时候均可无痕迹修改。

3. 卡片删除

本系统提供的卡片删除功能是指把卡片资料彻底从系统内清除，而不是指固定资产的清理或减少。

打开“卡片管理”界面，选择要删除的固定资产卡片，单击工具栏中的“删除”按钮，即可实现对卡片的删除。

> **小贴士**
>
> ➢ 卡片做过结账后不能删除。
>
> ➢ 本月录入的卡片不能删除。
>
> ➢ 做过变动单或评估单的卡片，在删除了相关的变动单或评估单后，才能进行删除。
>
> ➢ 制作过凭证的卡片，在删除了其对应的凭证后，才能进行删除。
>
> ➢ 根据会计档案管理规定，原始单据要保留一定的时间，只有过了该期限的固定资产卡片才可以销毁。对于减少的固定资产的卡片，系统在账套“选项”中设定了删除的年限，只有在超过了该年限后，才能通过“卡片删除”将原始资料从系统中彻底删除；在设定的年限内，不允许删除。

4. 卡片打印

固定资产卡片可打印输出，卡片打印提供两种打印结果，即卡片和卡片列表。卡片打印又分为单张打印和批量打印两种形式。具体操作步骤如下。

（1）打印单张卡片是指将正在查看那张卡片的主卡及各附属表打印输出，在单张卡片查看窗口中单击“打印”按钮直接打印该卡片。

（2）卡片列表是指卡片管理中以列表形式显示的卡片集合。在卡片管理窗口中根据查询条件选择显示符合条件的卡片的列表框，单击“打印”按钮，弹出如图 7-13 所示的“固定资产”打印选项对话框。选定“打印列表”单选按钮，单击“确定”按钮，即可打印卡片列表。

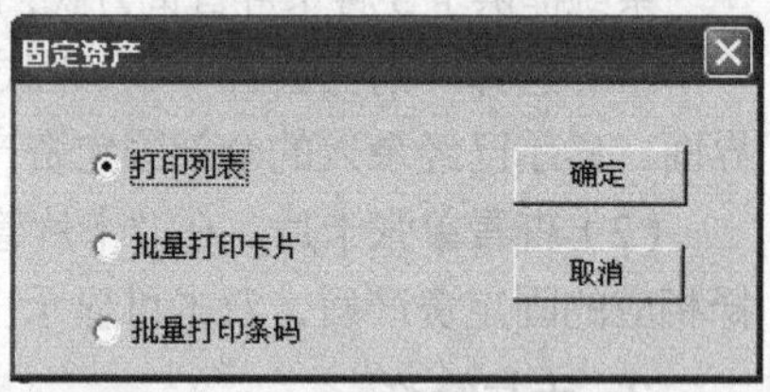

图 7-13 “固定资产”打印选项对话框

（3）批量打印卡片实际上是前两种打印的结合，是将打印列表集合中列示的卡片一张一张地批量打印输出。若选定“批量打印卡片”单选按钮，单击“确定”按钮，即可实现该功能。

7.3.2 固定资产增加

“资产增加”也称“新卡片录入”，即新增加固定资产卡片。只有当固定资产开始使用日期等于录入日期时，才能通过“资产增加”录入，否则，应通过“录入原始卡片”录入操作系统。具体操作步骤如下。

（1）选择“固定资产”|“卡片”|“资产增加”命令，打开“固定资产类别档案”窗口。

（2）选择要增加固定资产的类别，单击“确定”按钮，打开“固定资产卡片”窗口，直接录入或选择录入各项目内容。

（3）固定资产的主卡录入后，选择其他选项卡，输入附属设备及其他信息。附属选项卡上的信息仅供参考，不参与计算。

（4）各选项卡内容录入完毕后，单击“保存”按钮，将录入的卡片存入系统。

小贴士

> ➢ 如果录入累计折旧或累计工作量不为零，说明是旧固定资产，该累计折旧或累计工作量是该固定资产在进入本系统前的值。
>
> ➢ 新增固定资产从下月开始计提折旧，所以新卡片第一个月不提折旧，折旧额为空或零。录入的原值一定是卡片录入月月初的价值，否则将会出现计算错误。

7.3.3 固定资产减少

固定资产在使用的过程中，总会由于各种原因，如毁损、出售、盘亏等退出企业，该部分操作称为“资产减少”。本系统提供固定资产减少的批量操作，为同时清理一批固定资产提供方便。“资产减少”只有当该固定资产在账套中已计提折旧后方可使用，否则减少固定资产只能通过删除固定卡片来完成。固定资产减少的具体操作步骤如下。

（1）选择“固定资产”｜“卡片”｜“资产减少”命令，打开“资产减少”窗口。

（2）在“卡片编号”文本框中输入相应的固定资产卡片编号或在“资产编号”中输入相应的固定资产编号，单击“增加”按钮，可将其添加到减少资产的列表中。

（3）如果要减少的固定资产较多并且有共同点，则通过单击“条件”按钮，在弹出的“查询定义”对话框中输入查询条件，将符合该条件集合的固定资产挑选出来进行减少操作。

（4）在“资产减少”对话框中输入减少日期、减少方式、清理收入、清理费用和清理原因等内容后，单击“确定”按钮，系统弹出“所选卡片已经能够减少成功”提示信息，单击“确定”按钮，减少完成。

（5）选择“固定资产”｜“卡片”｜“卡片管理”命令，打开“卡片管理”窗口，在卡片列表框中选择“已减少资产”，可查看已减少的固定资产。选中要查看的卡片后，双击该卡片或单击“打开”按钮，可查看该卡片的详细信息。

对于误减少的固定资产，可以使用“撤销减少”功能进行恢复。撤销已减少的固定资产，是系统提供的一个纠错功能，具体操作步骤如下。

（1）选择“固定资产”｜“卡片”｜“卡片管理”命令，进入“卡片管理”界面，在下拉列表中选择“已减少的资产”选项，窗口中显示所有已减少的固定资产，选中要恢复的固定资产。

（2）选择“卡片”｜“恢复减少”命令，系统弹出对话框提示“确实要恢复该资产吗？”，单击“是”按钮，即恢复已减少的固定资产。

小贴士

> ➢ 只有当月减少的固定资产才可以通过本功能恢复。如果资产减少操作已制作凭证，必须删除凭证后才能恢复。
>
> ➢ 只要卡片未被删除，就可以通过卡片管理中的“已减少资产”来查看减少的固定资产。

7.3.4 固定资产变动管理

固定资产在使用的过程中，可能会调整卡片上的一些项目，此类变动必须留下原始凭证，因此制作的原始凭证称为变动单。固定资产的变动管理主要包括原值变动、部门转移、使用状况变动、折旧方法调整、累计折旧调整、使用年限改变、工作总量调整、净残值（率）调整、资产所属类别的调整、计提减值准备及转回减值准备等。其他项目，如名称、编号、自定义项目等的变动等可直接在卡片上进行修改。

系统约定本月录入的卡片和本月新增的固定资产，不允许进行变动处理。因此，要进行固定资产变动必须先计提折旧并完成制单、结账。

1. 原值变动

原值变动包括原值增加和原值减少两种情况，其操作过程相似。原值增加的具体操作步骤如下。

（1）选择“固定资产”｜“卡片”｜“变动单”｜“原值增加”命令，打开“固定资产变动单-原值增加”设置窗口，如图 7-14 所示。

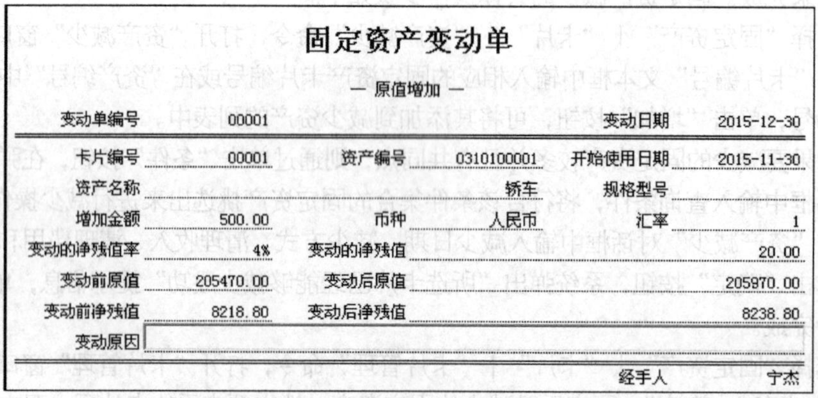
固定资产变动单

— 原值增加 —

变动单编号	00001			变动日期	2015-12-30
卡片编号	00001	资产编号	0310100001	开始使用日期	2015-11-30
资产名称			轿车	规格型号	
增加金额	500.00	币种	人民币	汇率	1
变动的净残值率	4%	变动的净残值			20.00
变动前原值	205470.00	变动后原值			205970.00
变动前净残值	8218.80	变动后净残值			8238.80
变动原因					
				经手人	宁杰

图 7-14 “固定资产变动单-原值增加”设置窗口

（2）直接输入卡片编号或单击“卡片编号”按钮，弹出“固定资产卡片档案”窗口，从中选择需要进行变动的资产。

（3）输入增加金额后，系统自动计算出变动的净残值、变动后原值和变动后净残值。如果变动的净残值率或变动的净残值不正确，可手工修改其中的一项，另一项自动计算。

（4）输入变动原因后，单击“保存”按钮，完成原值变动的操作。

2. 部门转移

固定资产在使用的过程中，因内部调配而发生的部门变动，如果不处理，将影响到部门的折旧计算。具体操作步骤如下。

（1）选择“固定资产”｜“卡片”｜“变动单”｜“部门转移”命令，打开“固定资产变动单-部门转移”设置窗口。

（2）选择或输入卡片编号，系统自动列出资产的名称、开始使用日期、规格型号、变动前部门和存放地点。

（3）参照选择或输入变动后的使用部门。

（4）输入变动原因。

（5）单击“保存”按钮，卡片上相应的项目根据变动单而改变。

3. 变动单管理

变动单管理是对系统制作的变动单进行综合管理。具体操作步骤如下。

（1）选择“固定资产”｜“卡片”｜“变动单”｜“变动单管理”命令，弹出“变动单管理”窗口。

（2）在“变动单管理”窗口可对系统制作的变动单进行查看、修改、删除等操作。操作方式与卡片管理基本相同，请参阅卡片管理的内容。

小贴士

- 本月录入的原始卡片和本月增加的固定资产不允许进行变动处理。
- 变动单保存后不能修改，只能在当月删除后重新填制。
- 进行使用年限调整的固定资产，在调整的当月就按调整后的使用年限计提折旧。
- 进行折旧方法调整的固定资产，在调整的当月就按调整后的折旧方法计提折旧。
- 如果进行累计折旧调整，则应保证调整后的累计折旧大于净残值。

7.3.5 批量变动管理

为提高工作效率，用友 U8-V10.1 还提供了批量处理固定资产变动的功能。具体操作步骤如下。

（1）选择“固定资产”｜“卡片”｜“批量变动”命令，弹出“批量变动”窗口，在“变动类型”下拉列表中选择需变动的类型，如图 7-15 所示。

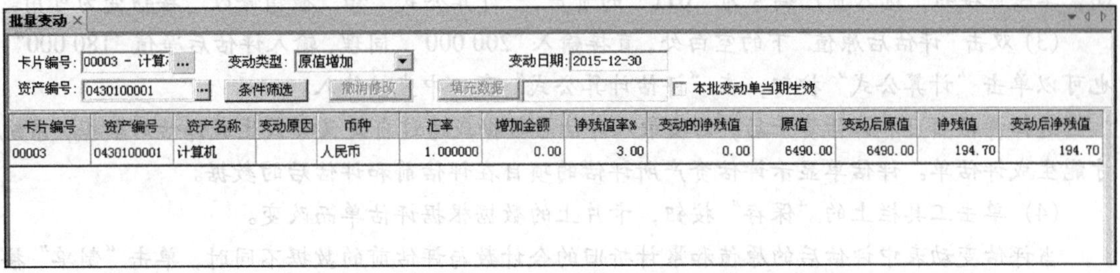

图 7-15　“批量变动”窗口

（2）选择批量变动的固定资产，有手工选择和条件选择两种方法。

手工选择：如果需批量变动的固定资产没有共同点，则可在“批量变动”窗口中直接输入卡片编号或资产编号，也可使用参照按钮，将固定资产一个个地增加到批量变动表内进行变动。

条件选择：即通过一些查询条件，将符合该条件集合的固定资产挑选出来进行变动。如果要变动的固定资产有共同之处，则可以通过条件选择的方式选择固定资产，而不用一一增加。单击“条件筛选”按钮，弹出“条件筛选”界面。在该界面中输入筛选条件集合后，单击“确定”按钮，则批量变动表中将自动列示按条件筛选出的固定资产。

（3）输入变动内容及变动原因后，单击鼠标右键选择“保存”菜单，可将需变动的固定资产生成变动单。

7.3.6 资产评估

资产评估主要完成的功能是将评估机构的评估数据手工录入或定义公式录入到系统中，生成评估结果，并对评估单进行管理。资产评估功能提供的可评估资产内容包括原值、累计折旧、净值、使用年限、工作总量、净残值率，用户可以根据需要选择。

无论是资产评估还是评估单管理，都要在资产评估管理界面中进行操作。执行“固定资产”|“卡片”|“资产评估”命令，可进入资产评估管理界面。

【例 7-5】 资产编号为 011 的行政楼，其评估后原值为 200 000 元，评估后净值为 180 000 元，请制作其评估单。

进行资产评估时包括以下 3 个步骤。

(1) 选择要评估的项目。进行资产评估时，每次要评估的内容可能不一样，根据需要从系统给定的可评估项目中选择。选择“固定资产”|“卡片”|“资产评估”命令，在资产评估管理界面工具栏中单击“增加”按钮，弹出“评估资产选择”对话框，在左侧的“可评估项目”列表中选择要评估的项目—原值和净值，如图 7-16 所示。

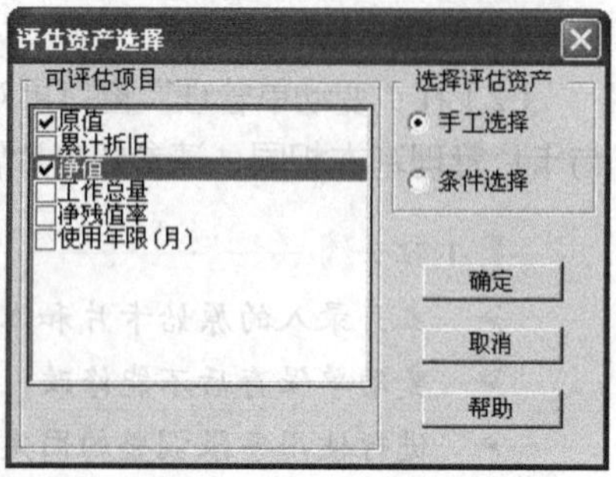

图 7-16 “评估项目选择”对话框

小贴士

➢ 原值、累计折旧和净值三个中只能选两个，并且必须选择两个，另一个通过公式“原值－累计折旧＝净值”推算得到。

(2) 选择要评估的资产。每次要评估的资产也可能不同，可以以手工选择方式或条件选择方式挑选出要评估的资产。选定“手工选择”单选按钮，单击“确定”按钮，进入资产评估管理界面，单击…按钮，选入资产编号为“011”的资产，“计算公式”和“撤销修改”按钮变为可用。

(3) 双击“评估后原值”下的空白处，直接输入“200 000”，同理，输入评估后净值“180 000”，也可以单击“计算公式”按钮，在“评估计算公式”窗口中直接输入。

选择评估项目和评估资产后，必须录入评估后数据或通过自定义公式生成评估后数据，系统才能生成评估单。评估单显示评估资产所评估的项目在评估前和评估后的数据。

(4) 单击工具栏上的“保存”按钮，卡片上的数据根据评估单而改变。

当评估变动表中评估后的原值和累计折旧的合计数与评估前的数据不同时，单击“制单”按钮，通过记账凭证将变动数据传输到总账系统。

小贴士

➢ 评估后的数据必须满足以下公式：原值－净值＝累计折旧≥0；净值≥净残值率×原值；工作总量≥累计工作量。

7.4 期末处理

在所有业务期末处理过程中，固定资产的期末处理是最简单的，其内容比较少，主要包括减值准备、计提折旧、制单、对账和结账等。

7.4.1 减值准备

企业在会计期末对各项固定资产逐项进行检查，如果固定资产可回收金额低于账面价值，则应当将可回收金额低于账面价值的差额作为固定资产减值准备。固定资产减值准备必须按单项资产计提。

具体操作步骤如下。

（1）选择“固定资产”｜“卡片”｜“变动单”｜“计提减值准备”命令，打开“固定资产变动单-计提减值准备”窗口。

（2）直接或参照输入卡片编号，并输入固定资产减值的各项信息。

（3）单击工具栏中的“保存”按钮，完成该变动单的操作。

（4）如果已经计提的固定资产价值又恢复了，则需要在原本已计提的减值准备范围内将其转回。选择“固定资产”｜“卡片”｜“变动单”｜“转回减值准备”命令，在弹出的“固定资产变动单-转回减值准备”窗口中进行设置，其操作步骤可参照计提减值准备变动单的处理进行，这里不再赘述。

7.4.2 计提折旧

自动计提折旧是固定资产管理系统的主要功能之一。系统每期计提折旧一次，根据录入系统的资料自动计算每项资产的折旧，自动生成折旧分配表，然后制作记账凭证，并将本期的折旧费用自动登记入账。

1. 工作量输入

当账套内有一项或几项固定资产选择采用工作量法计提折旧时，为了准确计算本月折旧，每月计提折旧前必须录入这些固定资产当月的工资量，否则该类固定资产将不能计提折旧。输入的本期工作量必须保证使累计工作量小于等于工作总量。

具体操作步骤如下。

（1）选择“固定资产”｜“处理”｜“工作量输入”命令，进入“工作量”对话框，其中显示当月需要计提的折旧。

（2）累计工作量显示了截止到本次工作量输入之后的资产的累计工作量，单击“保存”按钮，完成工作量的输入。

各期间的工作量可以通过在窗口下方的下拉列表中选取期间进行查看。

2. 计提折旧

系统将自动计提各个资产当期的折旧额，并将当期的折旧额自动累加到累计折旧项目中。在计提工作完成后，还需要进行折旧分配，以形成折旧费用。系统除了自动生成折旧清单外，还生成折旧分配表，以完成当期折旧费用的登账工作。

具体操作步骤如下。

（1）选择“固定资产”｜“处理”｜“计提本月折旧”命令，弹出“是否要查看折旧清单？”信息提示框，如图 7-17 所示。

（2）单击“是”按钮，弹出“本操作将计提本月折旧，并花费一定时间，是否继续？”信息提示框，如图 7-18 所示。

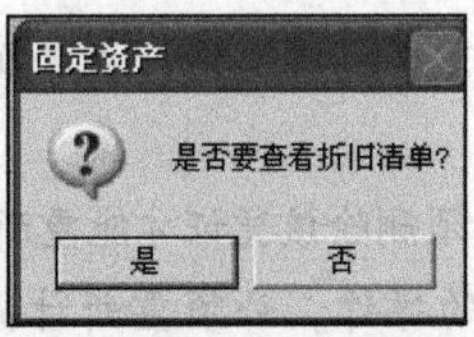

图 7-17　信息提示框 1

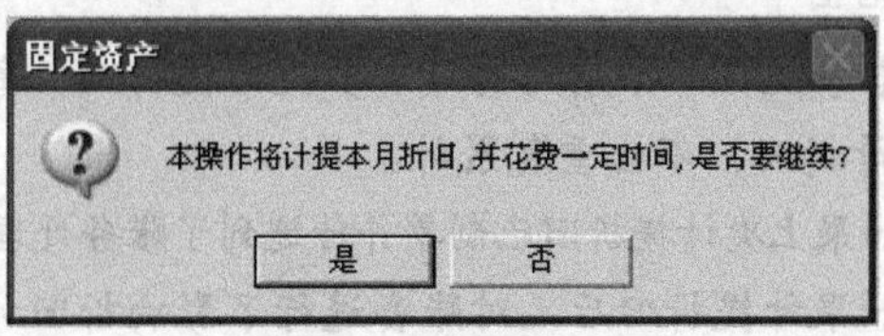

图 7-18　信息提示框 2

（3）单击“是”按钮，弹出计提折旧过程界面，折旧计提完毕，弹出折旧分配表，单击“退出”按钮，弹出“计提折旧完成！”信息提示框，如图 7-19 所示。

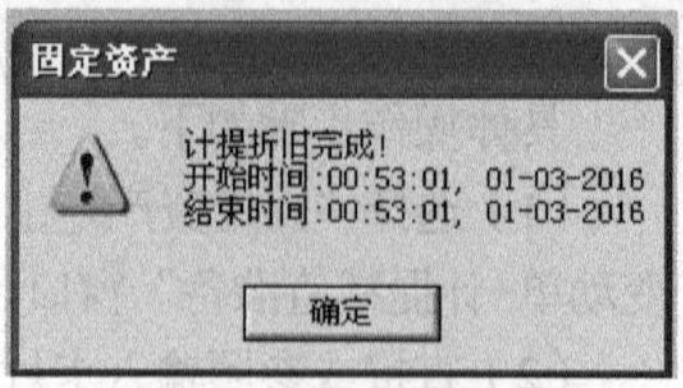

图 7-19　信息提示框 3

3. 折旧清单

折旧清单显示的是所有应提折旧的固定资产所计提折旧数额的数据。单期的折旧清单中列示了固定资产名称、计提原值、月折旧率、单位折旧、月工作量、月折旧额等信息；全年的折旧清单中同时列示了各固定资产在 12 个计提期间中的月折旧额、本年累计折旧额等信息。

（1）选择“固定资产”｜“处理”｜“折旧清单”命令，弹出“折旧清单”窗口，如图 7-20 所示。

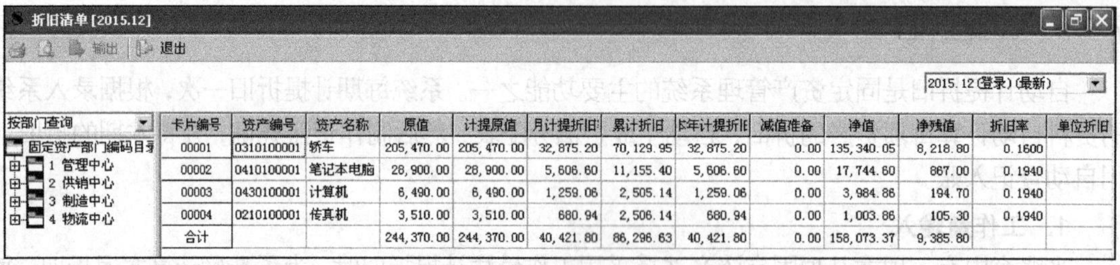

卡片编号	资产编号	资产名称	原值	计提原值	月计提折旧	累计折旧	本年计提折旧	减值准备	净值	净残值	折旧率	单位折旧
00001	0310100001	轿车	205,470.00	205,470.00	32,875.20	70,129.95	32,875.20	0.00	135,340.05	8,218.80	0.1600	
00002	0410100001	笔记本电脑	28,900.00	28,900.00	5,606.60	11,155.40	5,606.60	0.00	17,744.60	867.00	0.1940	
00003	0430100001	计算机	6,490.00	6,490.00	1,259.06	2,505.14	1,259.06	0.00	3,984.86	194.70	0.1940	
00004	0210100001	传真机	3,510.00	3,510.00	680.94	2,506.14	680.94	0.00	1,003.86	105.30	0.1940	
合计			244,370.00	244,370.00	40,421.80	86,296.63	40,421.80	0.00	158,073.37	9,385.80		

图 7-20　“折旧清单”窗口

（2）单击窗口右上角的下拉列表，选择“全年”，将可以查看全年的折旧清单。

（3）单击窗口左上角的下拉列表，可以选择“按部门查询”或“按类别查询”折旧清单。

4. 折旧分配表

（1）选择“固定资产”｜“处理”｜“折旧分配表”命令，弹出“折旧分配表”窗口，如图 7-21 所示，在其中只能选择一种折旧分配表来制作记账凭证。

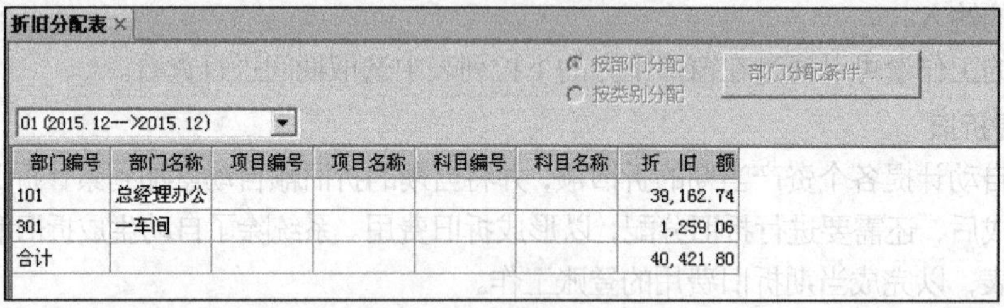

部门编号	部门名称	项目编号	项目名称	科目编号	科目名称	折旧额
101	总经理办公					39,162.74
301	一车间					1,259.06
合计						40,421.80

图 7-21　“折旧分配表”窗口

（2）单击“修改”按钮，则“按部门分配”“按类别分配”和“部门分配条件”选项处于可用状态。

（3）单击“部门分配条件”按钮，可打开“折旧部门汇总”对话框。

小贴士

➢　本系统在一个期间内可以多次计提折旧，每次计提折旧后，只是将计提的折旧累加到月初的累计折旧，不会重复累计。

➢　如果上次计提折旧已制单并传递到了账务处理系统，则必须删除该凭证才能重新计提折旧。

➢　如果计提折旧后又对账套进行了影响折旧计算或分配的操作，必须重新计提折旧，否则系统不允许结账。

7.4.3 制单

如果在“选项”中选取了“业务发生后立即制单”，则在上述变动单完成后，自动调出内容不完整的凭证供修改制单；若没有选取，则可在以后进行批量制单。

批量制单功能可同时将一批需制单的业务连续制作凭证传输到账务系统，避免了多次制单的繁琐。

具体操作步骤如下。

（1）选择“固定资产”｜“处理”｜“批量制单”命令，打开“批量制单”对话框。批量制单表中列示的内容是截止到本次制单为止，所有本系统应制单而未制单的业务。

（2）在“制单选择”选项卡中将每个业务行的“选择”栏选中，添加制单标志“Y”；如要选择所有业务，则可单击工具栏中的“全选”按钮。

（3）切换到“制单设置”选项卡，在此可以根据自己的实际情况和需要选择“科目”和“部门核算”。

（4）单击“制单”按钮，可根据用户的设置进行批量制单，单击“保存”按钮，凭证左上角显示“已制单”字样，所有凭证保存完毕后退出。

（5）选择“处理”｜“凭证查询”命令，打开“凭证查询”对话框，可以查看、修改和删除凭证，如图 7-22 所示。

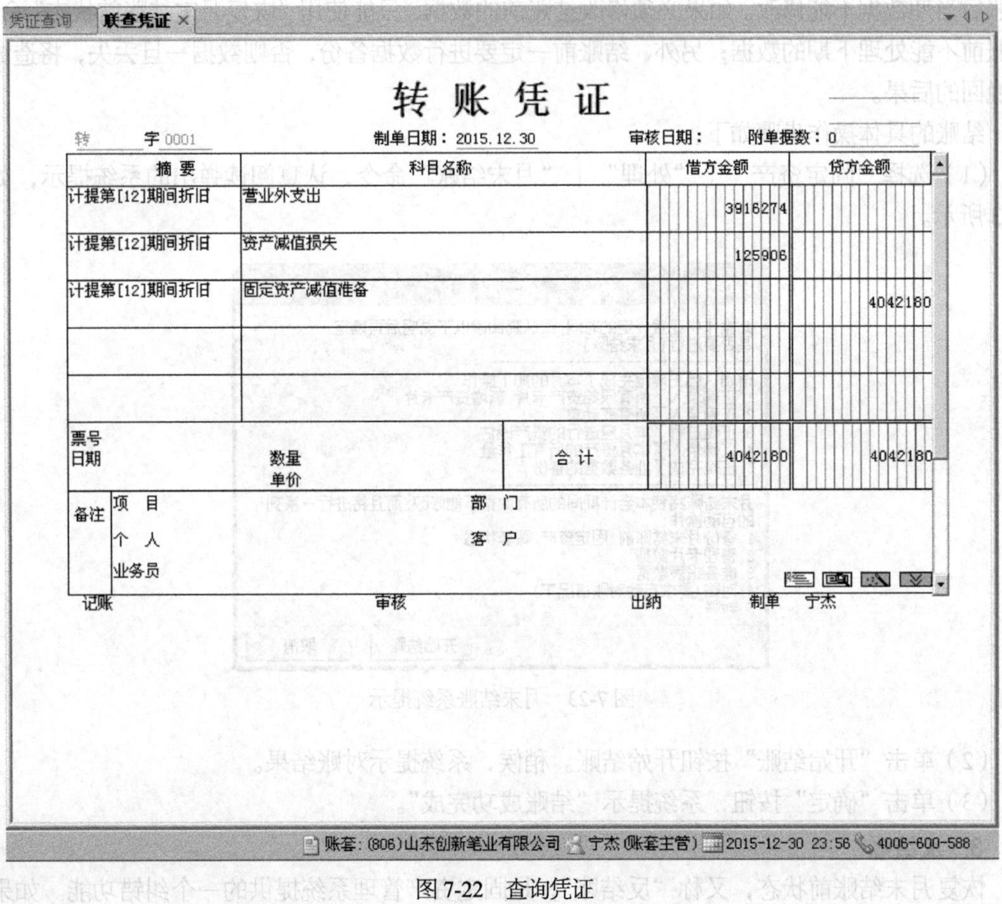

图 7-22　查询凭证

小贴士

➢ 将数据传输到账务系统后，需在账务处理系统中对生成的凭证进行审核、记账，否则固定资产管理系统与账务处理系统中固定资产的数据将不相符。

7.4.4 对账和结账

1. 对账

固定资产管理系统提供的对账功能是指与账务处理系统对账，以保证系统账套的固定资产数值和账务系统中固定资产科目的数值相等。而两个系统的资产价值是否相等，通过执行本系统提供的对账功能来实现。对账操作不限制执行的时间，任何时候均可进行对账。系统在执行月末结账时自动对账一次，给出对账结果，并根据初始化或选项中的判断确定不平情况下是否允许结账。

只有系统初始化或选项中选择了与账务对账，本功能才可操作。操作步骤如下。

单击选择"固定资产" | "处理" | "对账"命令，对账完后显示对账结果，单击"确定"按钮，完成对账。

2. 结账

当固定资产系统完成了本月全部制单业务后，可以进行月末结账。月末结账每月进行一次，结账后当期数据不能修改。如果必须修改结账前的数据，只能使用"恢复月末结账前状态"命令。结账前不能处理下期的数据；另外，结账前一定要进行数据备份，否则数据一旦丢失，将造成无法挽回的后果。

结账的具体操作步骤如下。

（1）选择"固定资产" | "处理" | "月末结账"命令，认真阅读弹出的系统提示，如图7-23所示。

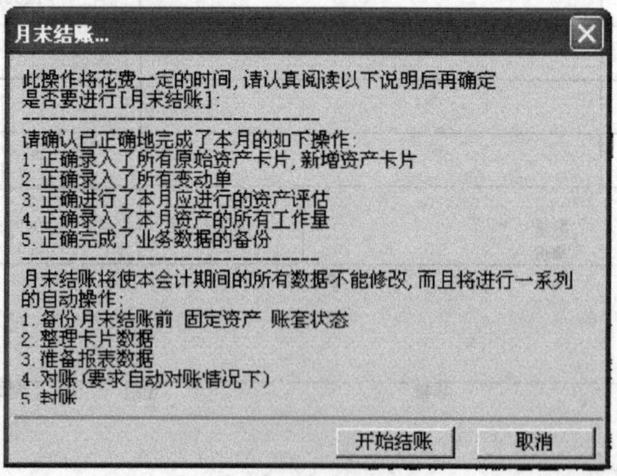

图 7-23　月末结账系统提示

（2）单击"开始结账"按钮开始结账。稍候，系统提示对账结果。

（3）单击"确定"按钮，系统提示"结账成功完成"。

3. 反结账

恢复月末结账前状态，又称"反结账"，是固定资产管理系统提供的一个纠错功能。如果由于某种原因，在结账后发现结账前的操作有误，而结账后不能修改结账前的数据，则可使用此功能恢复到结账前状态去修改错误。具体操作步骤如下。

选择“固定资产”｜“处理”｜“恢复月末结账前状态”命令，系统提示要恢复到的日期，单击“是”按钮，系统即执行本操作，完成后自动以登录日期打开，并提示该日期是否是可操作日期。

项目思考

1. 创新笔业如何通过软件进行固定资产变动？
2. 固定资产管理系统如何将凭证传递到总账系统？

实训八　固定资产管理

实训目的：

（1）掌握用友 ERP-U8 10.1 管理软件中固定资产管理系统的相关内容；

（2）掌握固定资产管理系统初始化、日常业务处理、月末处理的操作。

实训准备：引入“实训二”中的账套数据。

实训内容：

（1）固定资产管理系统参数设置、原始卡片录入；

（2）日常业务：资产增减、资产变动、资产评估、生成凭证、账表查询；

（3）月末处理：计提减值准备、计提折旧、对账和结账。

实训资料与要求

1. 初始设置

（1）控制参数，如表 7-3 所示。

表 7-3　控制参数

控制参数	参数设置
启用月份	2015.12
折旧信息	本账套计提折旧 折旧方法：平均年限法（一） 折旧汇总分配周期：1 个月 当（月初已计提月份 = 可使用月份 - 1）时，将剩余折旧全部提足
编码方式	资产类别编码方式：2112 固定资产编码方式： 按“类别编码 + 部门编码 + 序号”自动编码 卡片序号长度为 3
财务接口	与账务系统进行对账 对账科目： 固定资产对账科目：固定资产（1601） 累计折旧对账科目：累计折旧（1602）

续表

控制参数	参数设置
补充参数	业务发生后立即制单 月末结账前一定要完成制单、登账业务 固定资产缺省入账科目：固定资产（1601） 累计折旧缺省入账科目：累计折旧（1602） 减值准备缺省入账科目：固定资产减值准备（1603）

（2）资产类别，如表 7-4 所示。

表 7-4 资产类别

编码	类别名称	净残值率	单位	计提属性
01	房屋及建筑物	2%		正常计提
011	行政楼	2%		正常计提
012	厂房	2%		正常计提
02	机器设备	3%		正常计提
03	运输设备	4%		正常计提
04	办公设备	3%		正常计提

（3）部门及对应折旧科目，如表 7-5 所示。

表 7-5 部门及对应折旧科目

部门	对应折旧科目
管理中心、采购部	管理费用—折旧费
销售部	销售费用
制造中心	制造费用—折旧费

（4）增减方式的对应入账科目，如表 7-6 所示。

表 7-6 增减方式的对应入账科目

增加方式目录	对应入账科目	减少方式目录	对应入账科目
直接购入	工行存款（100201）	毁损	固定资产清理
捐赠	实收资本	盘亏	待处理固定资产损溢
投资者投入	营业外收入	报废	固定资产清理
盘盈	以前年度损益调整	投资转出	长期股权投资
在建工程转入	在建工程	捐赠转出、出售	固定资产清理

（5）原始卡片，如表 7-7 所示。

表 7-7 原始卡片

卡片编号	固定资产名称	类别编号	固定资产编号	使用部门	增加方式	可使用年限	启用日期	原值	累计折旧
001	轿车	03	0301	总经理办公室	直接购入	6	2015-12-1	205 470.00	37 254.75
002	笔记本电脑	04	0401	总经理办公室	直接购入	5	2015-12-1	28 900.00	5 548.80
003	传真机	04	0402	总经理办公室	直接购入	5	2015-12-1	3 510.00	1 825.20

续表

卡片编号	固定资产名称	类别编号	固定资产编号	使用部门	增加方式	可使用年限	启用日期	原值	累计折旧
004	计算机	02	0201	一车间	直接购入	5	2015-12-1	6 490.00	1 246.08
005	计算机	02	0202	一车间	直接购入	5	2015-12-1	6 490.00	1 246.08
合计								250 860.00	47 120.91

注：净残值率均为4%，使用状况均为“在用”，折旧方法均采用平均年限法（一）。

2. 日常及期末业务

2015年12月份发生的业务如下。

（1）12月5日，一车间新购入一台生产用设备，购入价格为180 000元，预计使用年限为5年，预计净残值率为5%，采用年限平均法（一）计提折旧，2015年12月1日开始使用，录入固定资产卡片。

（2）12月11日，销售部获得外界捐赠的新型计算机一台，价值8 000元，预计使用5年，采用双倍余额递减法（一）计提折旧。

（3）12月20日，发现002卡片原值误录入为“2 980”。

（4）12月21日，总经理办公室的传真机转移到采购部。

（5）12月23日，对轿车进行资产评估，评估结果为原值200 000元，累计折旧45 000元。

（6）12月30日，经核查对“003传真机”计提1 000元的减值准备。

（7）12月30日，计提本月折旧费用。

（8）12月30日，对资产进行盘点，总经理办公室的盘点情况为：只有一辆编号为0301的轿车；一车间毁损计算机一台。

（9）12月31日，总经理办公室的笔记本电脑被找到。

实训要求：以账套主管宁杰的身份登录“企业应用平台”，启用固定资产管理系统，建立固定资产账套，并进行初始设置，对本月发生的固定资产业务进行处理，期末结账。

操作指导

1. 建立固定资产账套

（1）启用系统。以账套主管宁杰的身份登录“企业应用平台”，在“企业应用平台”窗口的“基础设置”选项卡中，选择“基本信息”｜“系统启用”命令，选择“固定资产”，在弹出的“系统启用”对话框中选择日期为“2015-12-1”，单击工具栏上的“退出”按钮，退出“系统启用”对话框。

（2）启用月份设置。在“企业应用平台”窗口的“业务工作”列表框中，选择“财务会计”｜“固定资产”命令，在弹出的信息提示框中单击“是”按钮，进入“固定资产初始化向导”对话框，单击“我同意”按钮，再单击“下一步”按钮，打开“启用月份”界面。

（3）折旧信息设置。单击“下一步”按钮，打开“折旧信息”设置，选中“本账套计提折旧”，在“主要折旧方法”中选择“平均年限法（一）”，“折旧汇总分配周期”为1个月，选中“当（月初已计提月份=可使用月份-1）时将剩余折旧全部提足”。

（4）编码方式设置。单击“下一步”按钮，打开“编码方式”对话框，将资产类别编码设置为2-1-1-2，在“固定资产编码方式”中选择“自动编码”，并在下拉列表中选择“类别编码+

部门编码＋序号”。

（5）财务接口设置。单击“下一步”按钮，进入“财务接口”设置，选中“与账务系统进行对账”复选框，单击“固定资产对账科目”后面的…按钮，在“科目对照”对话框中选择“1601 固定资产”选项，单击“累计折旧对账科目”后面的…按钮，在“科目对照”对话框中选择“1602 累计折旧”，选中“在对账不平情况下允许月末结账”。

（6）单击“下一步”按钮，弹出“初始化账套向导”对话框，单击“完成”按钮，在弹出的信息提示框中单击“是”按钮，最后单击“确定”按钮返回。

（7）补充参数设置。选择“财务会计”｜“固定资产”｜“设置”｜“选项”命令，进入“选项”窗口，打开“与财务系统接口”选项卡，单击“编辑”按钮，选中“业务发生后要立即制单”及“月末结账前一定要完成制单登账业务”，选择缺省入账科目分别为“1601 固定资产”“1602 累计折旧”和“1603 固定资产减值准备”，单击“确定”按钮。

2. 基础信息设置

（1）部门信息。部门信息在实训三中已经设置，这里可以直接引用。

（2）资产类别的设置。

① 选择“固定资产”｜“设置”｜“资产类别”命令，打开“资产类别”窗口，单击“增加”按钮，自动切换到“单张视图”选项卡，类别名称为“房屋及建筑物”，净残值率为“2”，计提属性为“正常计提”，单击“保存”按钮，即可完成对 01 资产类别的设置。

② 在资产类别编码表中，选择“01 房屋及建筑物”，单击工具栏上的“增加”按钮，自动切换到“单张视图”选项卡，录入 011 资产类别的详细信息，单击“保存”按钮，完成对 011 资产类别的设置。

③ 02，03，04 资产类别参照“01 房屋及建筑物”的操作方法设置。012 资产类别参照“011 经营用设备”的操作方法设置。

（3）部门对应折旧科目的设置。

① 选择“财务会计”｜“固定资产”｜“设置”｜“部门对应折旧科目”命令，在弹出的窗口中选择左边列表框中的“财务部”。

② 单击工具栏中的“修改”按钮，自动切换到“单张视图”选项卡，单击“折旧科目”后面的…按钮，弹出“科目参照”对话框，选择折旧科目为“管理费用—折旧费”，单击“保存”按钮，完成采购部对应折旧科目的设置。

③ 用同样的方法完成其他部门的折旧科目设置。

（4）增减方式对应科目的设置。

① 选择“固定资产”｜“设置”｜“增减方式”命令，打开“增减方式”窗口，在增减方式目录表中，选中“直接购入”增加方式。

② 单击“修改”按钮，自动切换到“单张视图”选项卡，单击“对应入账科目”后面的…按钮，弹出“科目参照”对话框，选择对应入账科目为“100201 工行存款”，单击“保存”按钮。

③ 其他增减方式的对应入账科目的设置方法类似。

3. 固定资产原始卡片录入

（1）选择“财务会计”｜“固定资产”｜“卡片”｜“录入原始卡片”命令，弹出“固定资产类别档案”对话框。

（2）选择“03 运输设备”，单击“确定”按钮，进入“固定资产卡片录入”窗口，固定资产编号为“0301”，使用部门为“总经理办公室”，增加方式为“直接购入”，可使用年限为“72”，启用日期为“2015-12-1”，折旧方法为“平均年限法（一）”，净残值率均为4%，使用状况均为“在用”，原值为“205 470.00”，累计折旧为“37 254.75”，单击“保存”按钮，卡片0001输入完毕。

（3）其他固定资产卡片的录入方法类似。

4. 2015年12月份发生的业务处理

业务1：属于固定资产增加业务

（1）录入卡片。选择“固定资产”｜“卡片”｜“资产增加”命令，弹出“固定资产类别档案”对话框，选择“02 机器设备”，单击“确定”按钮，进入“固定资产卡片录入”窗口，固定资产编号为“0203”，固定资产名称为“生产用设备”，使用部门为“一车间”，增加方式为“直接购入”，原值为“180 000”，保存输入的信息。

（2）生成凭证。由于在初始设置时，在“与账务系统接口”选项中选择了“业务发生后立即制单”，保存新增固定资产卡片后，系统弹出“填制凭证”窗口，选择凭证类别为“转账凭证”，修改附单数据并保存。

（3）凭证处理。固定资产系统生成的凭证自动传递到总账系统中，总账系统对传递过来的凭证进行审核和记账。

业务2：

12月11日销售部获赠一台新型计算机。本业务亦属于固定资产增加业务，其处理方法与业务1的处理方法类似。

业务3：本业务通过“卡片修改”功能实现

选择“固定资产”｜“卡片”｜“卡片管理”命令，打开“卡片管理”界面，双击选择“002”卡片，打开“固定资产卡片”窗口，单击“修改”按钮，将原值改为“28 900”即可。

业务4：本业务属于“固定资产变动管理—部门转移”业务

选择“固定资产”｜“卡片”｜“变动单”｜“部门转移”命令，打开“固定资产变动单-部门转移”窗口，在卡片编号中选择或直接输入“003”，单击“变动后部门”按钮，选择“采购部”，单击工具栏中的“保存”按钮，弹出信息提示框，单击“确定”按钮。

业务5：本业务属于固定资产变动评估业务

（1）选择“固定资产”｜“卡片”｜“资产评估”命令，进入资产评估管理界面。

（2）在工具栏中单击“增加”按钮，进入“评估资产选择”窗口，在左侧的“可评估项目”列表中选择要评估的项目——原值和累计折旧，选择“手工选择”按钮，单击“确定”按钮，进入“资产评估管理”界面，单击“资产编号”后面的…按钮，选入资产编号“0301 轿车”，“计算公式”和“撤销修改”按钮变为可用。

（3）双击“评估后原值”下的空白处，直接输入“200 000”，双击“评估后累计折旧”下的空白处，直接输入“45 000”。

（4）单击工具栏上的“保存”按钮，系统弹出“填制凭证”窗口，选择凭证类别为“转账凭证”，修改附单数据并保存。

（5）凭证处理。固定资产系统生成的凭证自动传递到总账系统中，总账系统对传递过来的凭证进行审核和记账。

业务6：固定资产减值处理

（1）填制固定资产变动单。选择“固定资产”｜“卡片”｜“变动单”｜“计提减值准备”命令，打开“固定资产变动单-计提减值准备”设置窗口，选择卡片编号“003”，输入减值准备金额“1 000”，单击“保存”按钮。

（2）生成凭证。保存固定资产变动单后，弹出“填制凭证”窗口，选择凭证类型为转账凭证，其中借记“营业外支出—计提的固定资产减值准备”，贷记“固定资产减值准备”，并保存。

（3）凭证处理。固定资产系统生成的凭证自动传递到总账系统中，总账系统对传递过来的凭证进行审核和记账。

业务 7：计提本月折旧

（1）计提折旧。选择“固定资产”|“处理”|“计提本月折旧”命令，弹出“是否查看折旧清单？”信息提示框，单击“否”按钮，系统继续弹出“本操作将计提本月折旧，并花费一定时间，是否要继续？”信息提示框，选择“是”按钮，系统自动计提本月折旧。

（2）生成凭证。保存固定资产变动单后，弹出“填制凭证”窗口，选择凭证类型为“转账凭证”，并保存。

（3）凭证处理。固定资产系统生成的凭证自动传递到总账系统中，总账系统对传递过来的凭证进行审核和记账。

业务 8：固定资产减少

（1）总经理办公室盘亏笔记本电脑一台。

具体操作步骤如下。

① 选择“固定资产”|“卡片”|“资产减少”命令，打开“资产减少”窗口，在“卡片编号”文本框中输入“002”，单击“增加”按钮，将其添加到减少资产的列表中，双击“减少方式”下的空白处，单击弹出的▭按钮，打开“固定资产减少方式”选择框，选择“盘亏”，单击工具栏中的“确定”按钮，返回“资产减少”窗口。

② 单击工具栏中的“保存”按钮，弹出“填制凭证”窗口，选择凭证类型为“转账凭证”，并保存。

（2）一车间毁损计算机一台，具体操作与总经理办公室盘亏笔记本电脑类似，其固定资产减少方式为“毁损”。

业务 9：撤销减少固定资产处理

（1）由于已制单，需要先将对应的凭证删除。选择“固定资产”|“处理”|“凭证查询”命令，打开“凭证查询”窗口，选择相应的凭证，单击工具栏中的“删除”按钮，系统提示“确实要删除吗？删除后不可恢复!”，单击“是”按钮，删除成功。

（2）选择“固定资产”|“卡片”|“卡片管理”命令，进入卡片管理界面，在下拉列表中选择“已减少的资产”选项，窗口中显示所有已减少的固定资产，选中“笔记本电脑”。

（3）执行“卡片”|“恢复减少”命令，系统提示“确实要恢复该资产吗？”，单击“是”按钮，即恢复被减少的固定资产。

5. 月末对账、结账

（1）对账。选择“固定资产”|“处理”|“对账”命令，系统弹出“与账务系统对账”提示对话框，单击“确定”按钮。

（2）结账。选择“固定资产”|“处理”|“月末结账”命令，打开“月末结账”对话框，单击“开始结账”按钮，系统弹出“月末结账成功！”提示对话框，单击“确定”按钮。

项目八

往来账款管理

面向岗位

- ✧ 会计信息化主管
- ✧ 财务主管
- ✧ 往来会计

技能要求

- ✧ 了解往来账款核算管理的含义、任务及管理方式
- ✧ 掌握往来账款核算初始化的内容和往来账款业务处理的内容和方法
- ✧ 熟悉往来科目的管理方式
- ✧ 了解往来款项账表分析的内容

项目导入

目前，创新笔业公司尽管主营业务收入连年增长，同期应收、应付账款的数额在不断增长，但坏账也在增加，而且账龄结构越来越糟糕，所以加强往来账款的管理势在必行。于是，创新笔业开始启用应收应付系统。但这里的期初余额与总账里应收应付科目的期初有什么关联呢？和总账是什么关系呢？往来单据如何处理？账款如何核销？本项目将详细介绍往来系统的初始流程、日常业务、凭证处理、期末处理过程。

项目学习

8.1 往来账款管理认知

往来账款核算管理是指对因赊销、赊购商品或提供、接受劳务而发生的将要在一定时期内收回或支付的款项的核算管理。它包括应收账款和应付账款两部分。其中，应收账款核算管理主要用于核算和管理客户往来的款项；应付账款核算管理主要用于核算和管理供应商往来的款项。

8.1.1 往来账款的内涵

在财务管理软件系统中提到的“往来”与手工核算系统中的“往来”是两个不同的概念。在财务管理软件系统中，也引用了“往来”的概念，但它并不是指所有与资金有关的往来科目，而是指根据企业会计核算与财务管理的具体要求，在会计科目初始设置时，设置为往来辅助核算的会计科目的“往来管理”。

往来辅助核算包括个人往来核算和单位往来核算。由于个人往来核算与单位往来核算的处理基本相同，所以本项目主要介绍单位往来核算与管理模块。

往来账款的核算管理是以发票、费用单及其他应收应付单等原始单据为依据，记录采购与销售业务以及其他业务形成的往来款项，可以正确地反映往来账款的形成、收回或偿还以及坏账处理等情况。

8.1.2 往来账款管理系统的任务

1. 应收账款系统的任务

（1）完成对应收账款业务的日常核算，能全面反映企业各项债权的实时状况。

（2）及时反映和监督各项赊销业务的货款收回情况，尽量减少坏账损失，并对可能的坏账数目进行估计。

（3）按照规定比例和方法计提坏账准备，及时处理确定无法收回的坏账。

（4）及时记录并反映客户资料及其欠款情况和信用程度，评价客户的偿还能力和信用，准确地完成账龄分析。

2. 应付账款系统的任务

（1）完成对应付账款业务的日常核算，能全面反映企业各项债务的实时状况。

（2）及时反映和监督采购业务中资金的支出和应付情况，以便企业加强对采购过程的控制和监督，保证及时、准确地得到供货，并尽可能地享受最大折扣。

（3）及时提供应付账款的明细账情况，以便企业制定详细的分期还款计划。

（4）及时记录和提供供应商的有关情况。

8.1.3 往来账款管理系统的功能结构

往来账款管理系统应提供系统初始、单据处理、票据管理、转账处理、账表管理等功能。其功能结构如图 8-1 所示。

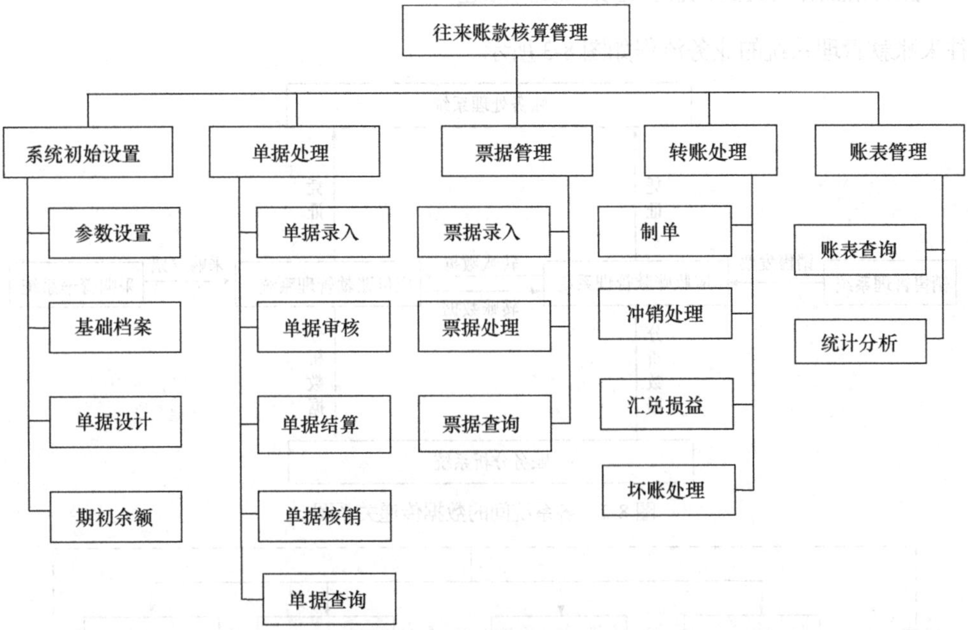

图 8-1 往来账款管理系统的功能结构图

（1）系统初始设置：提供系统参数的定义，用户结合企业管理要求进行参数设置、基础档案设置、单据设计、期初余额等。

（2）单据处理：提供各种原始单据的录入、审核、结算、核销、查询等功能。

（3）票据管理：提供各类票据的录入、处理、查询等功能，满足票据核算管理的要求。

（4）转账处理：提供各类单据的制单、冲销、汇兑损益、坏账处理等功能，与总账衔接。

（5）账表管理：提供总账、余额表、明细账等多种账表查询功能。提供各种分析统计功能，提供全面的账龄分析功能，支持多种分析模式，帮助企业强化对往来款项的管理和控制，满足企业决策分析的要求。

（6）其他处理：其他处理提供用户进行远程数据传递的功能；提供用户对核销、转账等处理进行恢复的功能；提供月末结账等处理功能；提供总公司和分销处之间数据的导入、导出及其服务功能，为企业提供完整的远程数据通信方案；提供各种预警，及时进行到期账款的催收，以防止发生坏账；提供信用额度的控制，有助于随时了解客户的信用情况。

8.1.4 往来账款管理系统与其他子系统的关系

应收账款管理系统主要与账务处理系统、销售管理系统、应付账款管理系统、财务分析系统等有数据接口关系。应收账款管理系统能接收销售管理系统录入的发票，由此生成凭证，并对发票进行收款结算处理，销售中的现结业务不在应收账款管理系统中处理，而应在销售管理系统中处理。

应收账款管理系统、应付账款管理系统、账务处理系统、采购管理系统、销售管理系统、财务分析系统之间的数据传递关系，如图 8-2 所示。

8.1.5 往来账款管理系统的业务处理流程

往来账款管理系统的业务流程如图 8-3 所示。

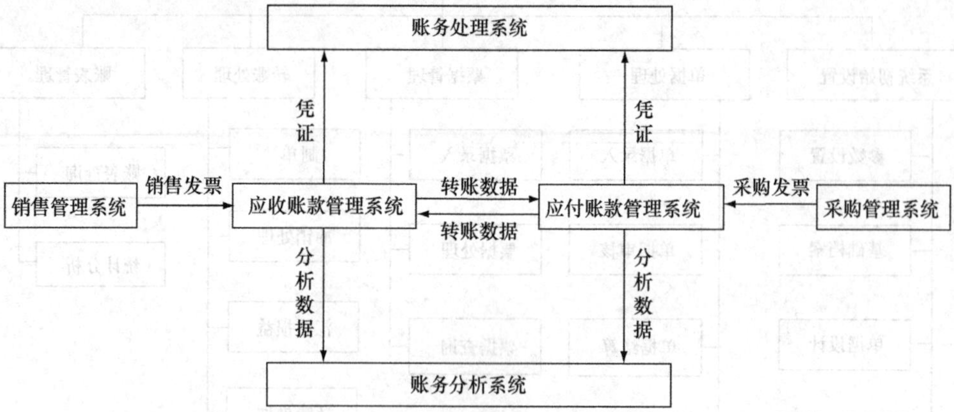

图 8-2 各系统间的数据传递关系图

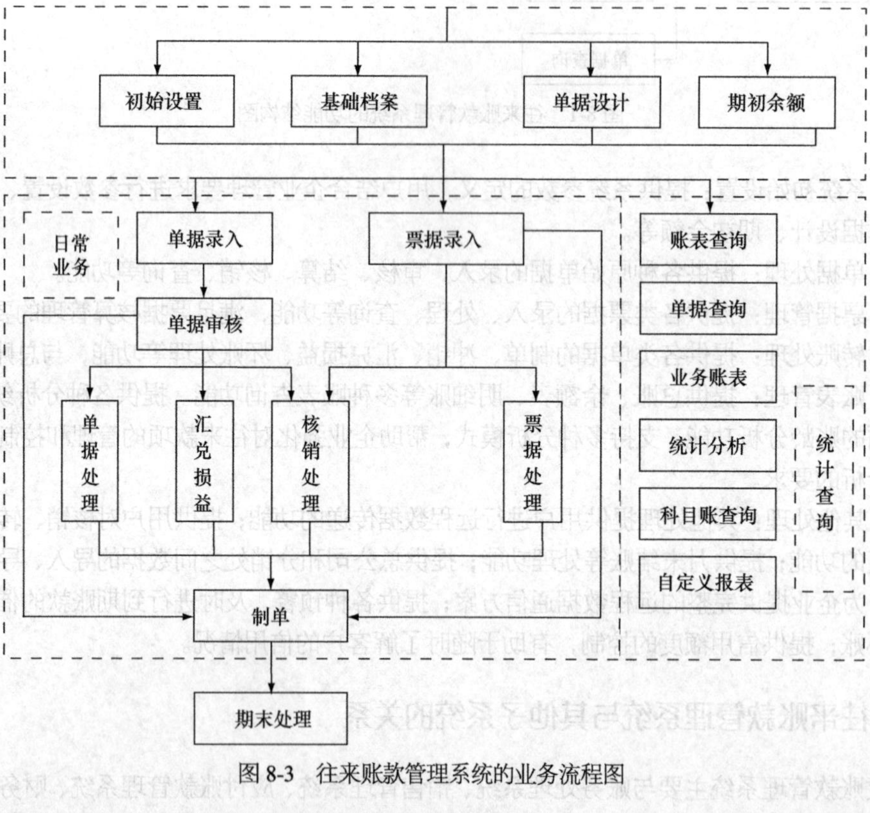

图 8-3 往来账款管理系统的业务流程图

应收款管理系统与应付款管理系统在业务处理上非常相似，本项目将以应收款管理系统为例来阐述系统的具体应用。

8.2 系统初始化

系统初始化设置工作，就是根据企业的实际情况，将一个通用的系统转化为一个专用的系统，以适合企业核算管理的要求。

8.2.1　业务参数设置

1. 常规参数设置

常规参数设置包括应收账款核算模型、汇兑损益方式、坏账处理方式、代垫费用类型、核算管理类型、是否自动计算现金折扣等。

（1）单据审核日期依据：系统提供了两种确认单据审核日期的依据，即单据日期和业务日期。

（2）汇兑损益方式：系统提供了两种汇兑损益的方式，即外币余额结清时计算和月末处理。

外币余额结清时计算是指仅当某种外币余额结清时才计算汇兑损益。在计算汇兑损益时，界面中仅显示外币余额为0且本币余额不为0的外币单据。月末计算是指每个月末计算汇兑损益。在计算汇兑损益时，界面中显示所有外币余额不为0或者本币余额不为0的外币单据。汇兑损益方式在账套使用过程中可以随时进行修改。

（3）坏账处理方式：坏账处理的方式有备抵法和直接转销法两种。企业会计制度规定，企业只能采用备抵法核算坏账损失。备抵法核算坏账损失有三种方法，即应收余额百分比法、销售余额百分比法和账龄分析法。

在账套使用过程中，如果当年已经计提过坏账准备，则此参数不可以修改，只能在下一年度修改。

（4）代垫费用类型：代垫费用类型是指从销售系统传递过来的代垫费用单在应收系统中用何种单据类型进行接收的功能。系统默认为其他应收单，用户也可在单据类型设置中自行定义单据类型，然后在系统选项中进行选择。该选项随时可以更改。

（5）应收账款核算模型：系统提供了简单核算和详细核算两种应收系统的应用模型，用户必须选择其中一种，系统默认选择详细核算方式。

（6）是否自动计算现金折扣：可以选择自动计算现金折扣和不自动计算现金折扣两种方式。在账套使用过程中，该参数可以修改。

【例 8-1】　山东创新笔业有限公司应收款管理系统的账套控制参数为：按应收账款余额百分比进行坏账处理。

操作步骤如下。

(1) 注册登录“企业应用平台”。

(2) 在“企业应用平台”窗口中选择“业务工作”|“财务会计”|“应收款管理”|“设置”|“选项”双击，进入“账套参数设置”对话框。

(3) 在“常规”选项卡中，单击“编辑”按钮，然后将“坏账处理方式”选为“应收余额百分比”，选择完毕后，单击“确定”按钮，如图8-4所示。

2. 凭证参数设置

凭证参数设置包括受控科目制单方式、非控科目制单方式、控制科目依据、销售科目依据、制单选项等，如图8-5所示。

（1）受控科目制单方式：受控科目制单方式有两种可供选择，即明细到客户和明细到单据。

明细到客户是指当将一个客户的多笔业务合并生成一张凭证时，如果核算这多笔业务的控制科目相同，则系统自动将其合并成一条分录。明细到单据是指当将一个客户的多笔业务合并生成一张凭证时，系统会将每一笔业务形成一条分录。

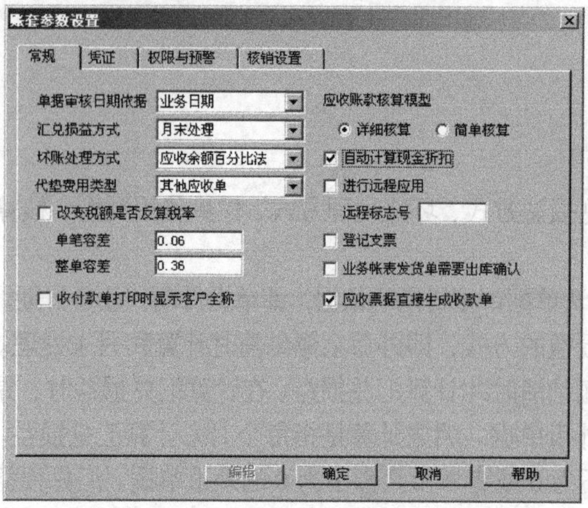

图 8-4 “常规”选项卡

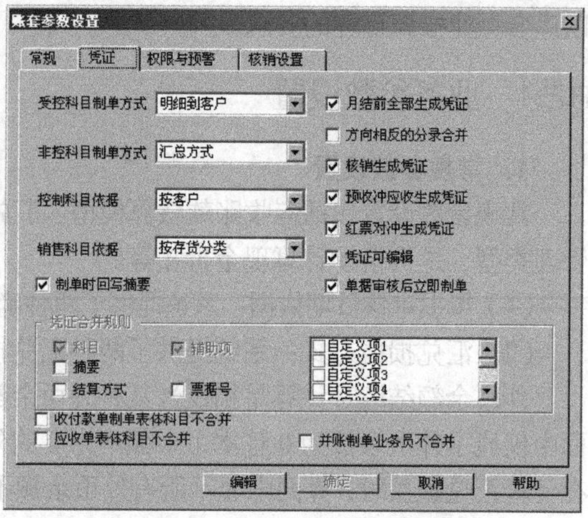

图 8-5 “凭证参数设置”对话框

（2）非控科目制单方式：非控科目制单方式有三种可供选择，即明细到客户、明细到单据和汇总制单。

（3）控制科目依据：控制科目在应收款管理系统中是指所有带有客户往来辅助核算的科目。系统提供了三种设置控制科目的依据，即按客户分类、按客户、按地区分类。

（4）销售科目依据：系统提供了两种设置存货销售科目的依据，即按存货分类和按存货。在此设置的销售科目，是系统自动制单科目取值的依据。

按存货分类设置是指根据存货的属性划分存货的大类，可以针对这些存货分类设置不同的科目。

账套使用过程中，可以随时修改该参数的设置。

（5）制单选项：凭证生成有多种选项：月前是否全部生成凭证、方向相反的分录是否合并、核销是否生成凭证、预收冲应收是否生成凭证、红票对冲是否生成凭证等。

① 方向相反的分录是否合并。方向相反的分录是否合并是指科目相同、辅助项相同、方向相反的凭证分录是否合并。需要注意的是，即使选择合并分录，在坏账处理制单时也不合并应收账款科目，即该选项对坏账处理制单无效。

② 核销是否生成凭证。如果选择不生成凭证，则不管核销双方单据的入账科目是否相同均不需要对这些记录进行制单；如果选择生成凭证，则需要判断核销双方的单据当时的入账科目是否相同，不相同时，需要生成一张调整凭证。

③ 预收冲应收是否生成凭证。如果选择生成凭证，则对于预收冲应收业务，当预收、应收科目不相同时，需要生成一张转账凭证，月末结账时需要对预收冲应收进行分别检查有无制单的记录。

④ 红票对冲是否生成凭证。如果选择生成凭证，则对于红票对冲处理，当对冲单据所对应的受控科目不相同时，需要生成一张转账凭证，月末结账时需要对红票对冲处理分别检查制单情况。

3. 权限与预警设置

权限与预警设置包括权限启用、自动报警设置、信用额度控制设置等，如图 8-6 所示。

（1）权限启用：权限启用包括是否启用客户权限和是否启用部门权限两个方面。

（2）自动报警设置：自动报警设置包括是否根据单据自动报警和是否根据额度自动报警两个方面。

（3）信用额度控制：如果选择了进行信用控制，则在应收款管理系统中保存录入的发票和应收单时，当票面金额＋应收借方余额－应收贷方余额>信用额度时，系统会提示用户本张单据不予保存处理；如果选择了不进行信用额度的控制，则在保存发票和应收单时不会出现控制信息。

该参数仅限于在应收款管理系统中增加发票和应收单时有效。信用额度控制值选自客户档案的信用额度。

4. 核销设置

核销设置主要包括应收款核销方式、核销规则及规则控制方式等，如图 8-7 所示。

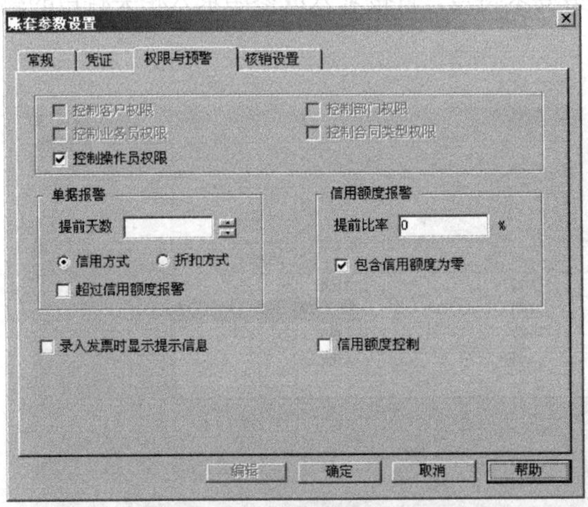

图 8-6 “权限与预警”选项卡

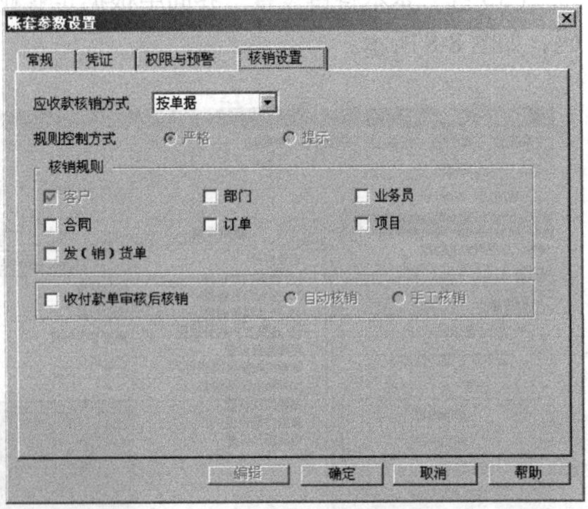

图 8-7 “核销设置”选项卡

（1）应收款核销方式：系统提供了两种应收款的核销方式，即按单据和按产品。

如果企业收款时，没有指定具体是收取哪种存货的款项，则可以采用按单据核销。对于单位价值较高的存货，企业可以采用按产品核销，即收款指定到具体存货上。一般情况下按单据核销即可。

（2）规则控制方式：规则控制方式分严格和提示两种，系统默认为严格控制。

（3）核销规则：系统提供了多种核销处理机制，其中按客户核销是系统默认的核销规则。在具体使用时，需要根据企业控制的特点，在按客户核销规则的基础上，添加其他核销方式，构成以客户核销为主的组合式核销规则，即按客户＋其他项进行组合设置。

（4）收付款单据审核后核销：此项参数主要用于控制收付款单据在进行审核时，是否立即进行核销处理。

8.2.2 科目设置

由于应收业务类型较固定，生成的凭证类型也较固定，因此为简化凭证生成操作，可以预先设置各业务类型凭证中常用的会计科目。凭证科目设置包括基本科目、控制科目、产品科目、结算方式科目设置等。

1. 基本科目设置

基本科目是在核算应收款项时经常用到的科目，可以作为常用科目设置，科目必须是最末级科目。“应收账款”和“预收账款”是最常用的核算本位币赊销欠款和预收款的科目，可以作为应收款管理系统基本科目进行设置。

销售收入科目、应交税金（应交增值税销项税额）科目、销售退回科目是最常用的核算销售业务的科目，可以作为核算销售收入、销项税额及销售退回的基本科目，在应收款管理系统中进行设置，销售退回也可并入销售收入科目核算。

操作步骤如下。

（1）在“企业应用平台”窗口中选择“业务工作”|“财务会计”|“应收款管理”|“设置”|“初始设置”双击，进入“初始设置”窗口。

（2）单击“设置科目”|“基本科目设置”，进入“基本科目设置”界面。

（3）在“基本科目设置”界面中根据企业业务要求特点，直接录入或参照录入相关科目的编码，如图 8-8 所示。

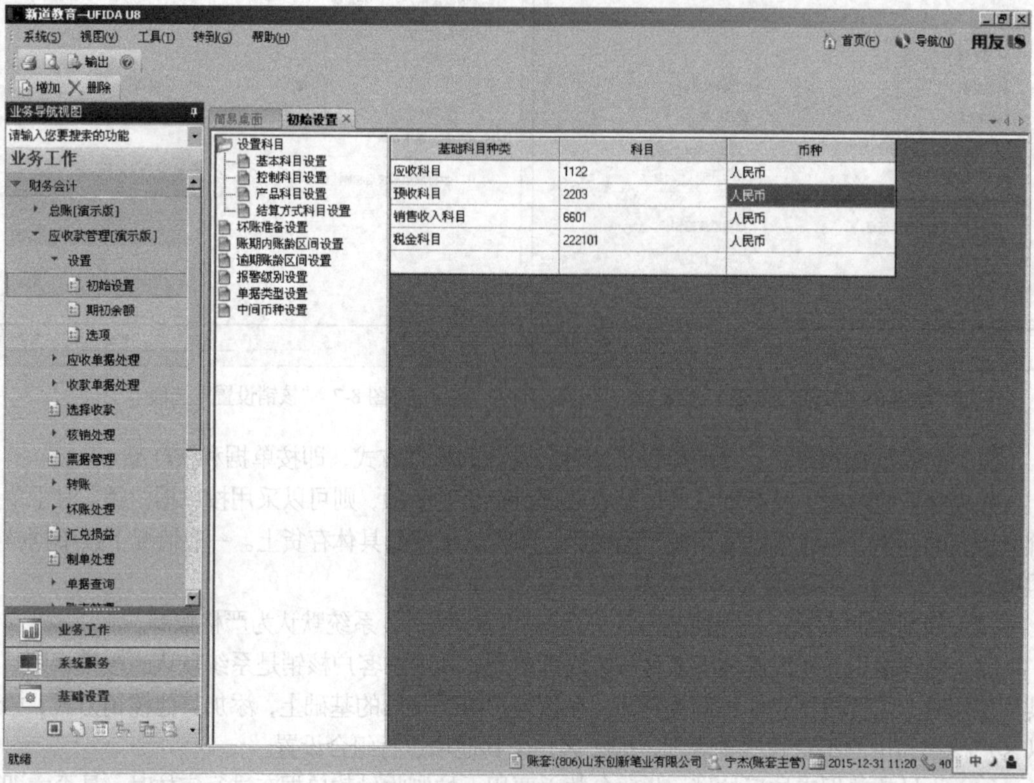

图 8-8 “基本科目设置”界面

2. 控制科目设置

在核算客户的赊销欠款时，如果针对不同的往来单位分别设置了不同的应收账款科目和预收账款科目，则应先根据账套参数设置选项，即选择是针对不同的客户设置，还是针对不同的客户分类设置，还是按不同的地区分类设置，然后依次进行往来单位按客户分类或地区分类的编码、名称、应收科目、预收科目等内容的设置。

操作步骤如下。

（1）在“初始设置”窗口中，单击“设置科目”|“控制科目设置”进入“控制科目设置”界面。

（2）为每个客户设置“应收科目”和“预收科目”，如图 8-9 所示。

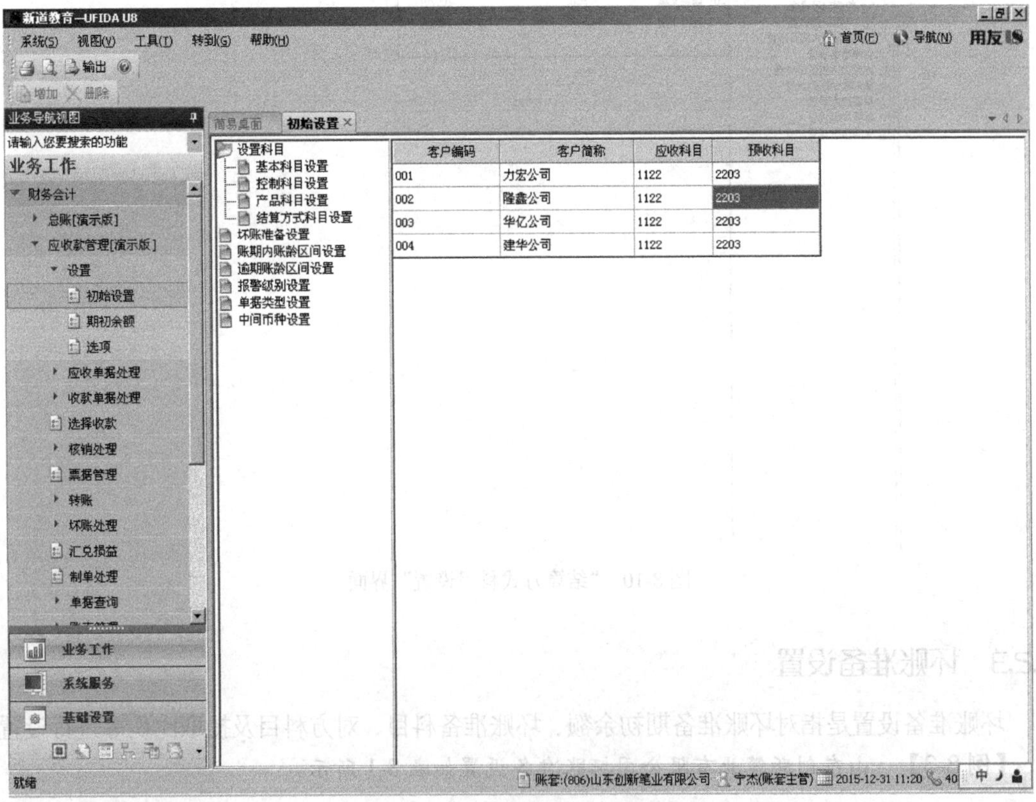

图 8-9 “控制科目设置”界面

3. 产品科目设置

如果要针对不同的存货或存货分类分别设置不同的销售收入科目、应交销项税额科目和销售退回科目，则应先在账套参数中选择设置依据。

4. 结算方式科目设置

不仅可以设置常用科目，还可以为每种结算方式设置一个默认的科目，以便在应收账款核销时，直接按不同的结算方式生成相应的账务处理中所对应的会计科目。

【例 8-2】 山东创新笔业有限公司结算方式科目设置如下。

结算方式：现金支票；币种：人民币；科目：100201。

结算方式：转账支票；币种：人民币；科目：100201。

操作步骤如下。

(1) 在“初始设置”窗口中，单击“设置科目”|“结算方式科目设置”进入“结算方式科目设置”界面。

(2) 为每种结算方式和币种设置对应的入账科目，如图 8-10 所示。

小贴士

- 科目所核算的币种必须与所输入的币种一致。
- 科目必须是最明细科目。
- 结算科目不能是已经在科目档案中指定为应收系统或者应付系统的受控科目。

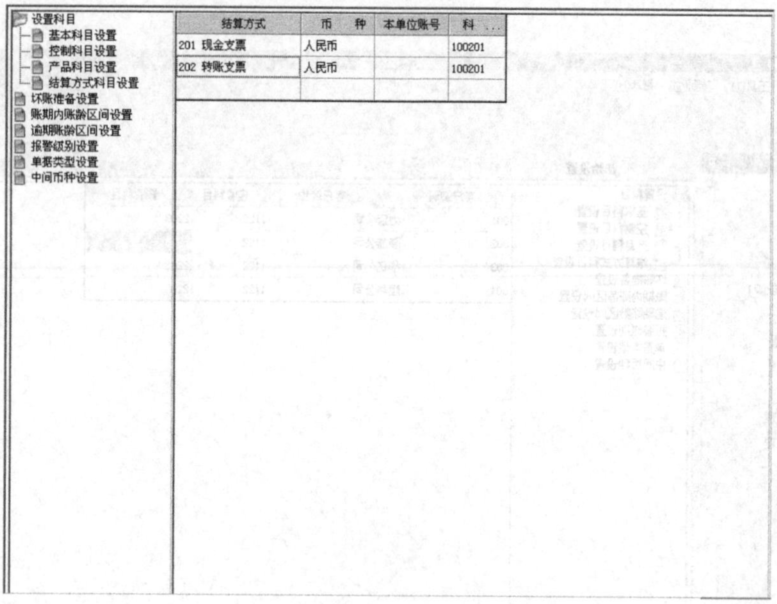

图 8-10 “结算方式科目设置”界面

8.2.3 坏账准备设置

坏账准备设置是指对坏账准备期初余额、坏账准备科目、对方科目及提取比例等进行设置。

【例 8-3】 山东创新笔业有限公司坏账准备设置如表 8-1 所示。

表 8-1 山东创新笔业有限公司坏账准备设置

控制参数	参数设置
提取比例	0.5%
坏账准备期初余额（元）	800
坏账准备科目	1 231
对方科目	6 602

操作步骤如下。

(1) 在“初始设置”窗口中，单击“设置科目”|“坏账准备设置”进入“坏账准备设置”界面。

(2) 按照例题中的要求修改坏账准备设置，如图 8-11 所示。

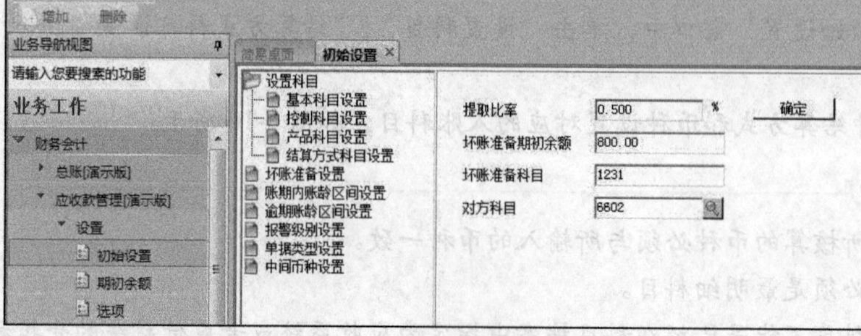

图 8-11 “坏账准备设置”界面

8.2.4 账龄区间设置

账龄区间设置是指用户定义应收账款或收款时间间隔的功能。在进行账龄区间的设置时，直接输入账龄区间总天数，系统根据输入的总天数自动生成相应的区间。账龄区间设置分账期内账龄区间设置和逾期账龄区间设置两种，其设置方法相同，在此以账期内账龄区间设置为例进行说明。

【例 8-4】 山东创新笔业有限公司账期内账龄区间设置如表 8-2 所示。

表 8-2 账期内账龄区间设置

序号	起止天数	总天数
1	0～30	30
2	31～60	60
3	61～90	90
4	90～120	120
5	121 以上	

操作步骤如下。

(1) 在“初始设置”窗口中，单击“账期内账龄区间设置”，进入“账龄区间设置”界面。

(2) 录入总天数“30”，然后回车，系统设置起止天数，并且自动追加一行。

(3) 以同样的方式录入其他区间的总天数，如图 8-12 所示。

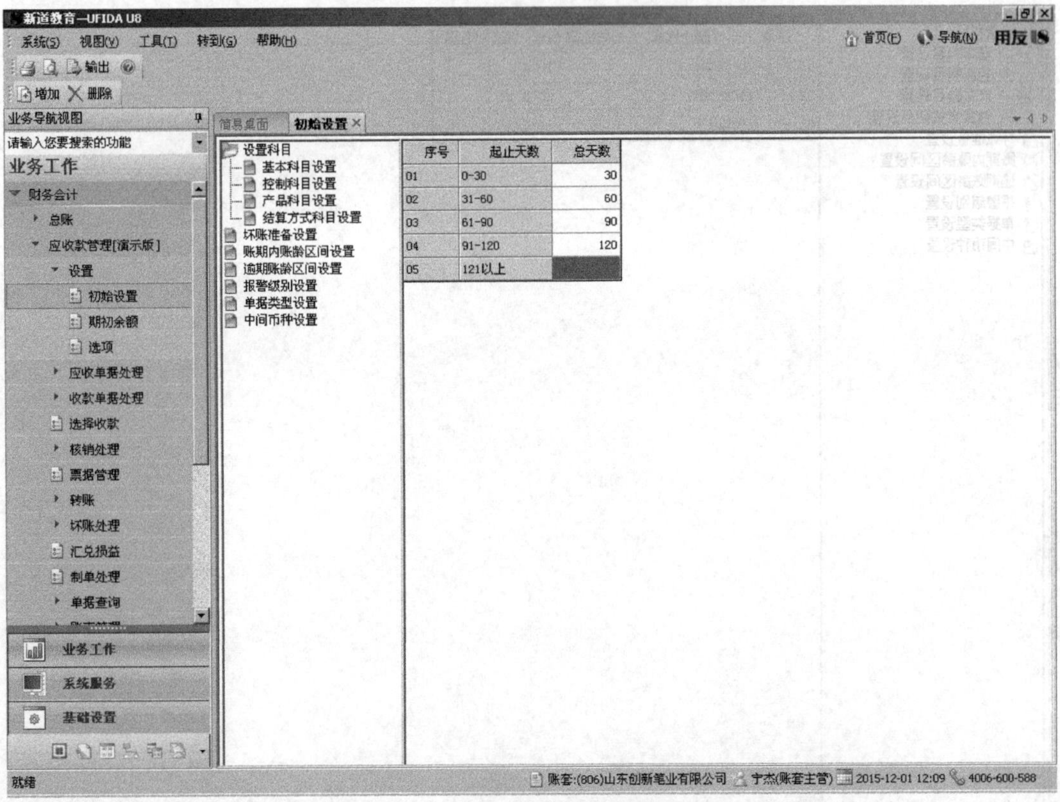

图 8-12 “账期内账龄区间设置”界面

8.2.5 报警级别设置

可以通过对报警级别的设置将客户按照客户欠款余额与其授信额度的比例分为不同的类型，以便于掌握各个客户的信用情况。如果企业要对应收账款的还款期限做出一定规定，则可使用超期报警功能。在进行报警级别设置时，直接输入级别名称和各区间比率。其中，级别名称可以采用编号或其他形式，但名称最好能上下对应。

【例 8-5】 山东创新笔业有限公司实施报警设置，报警级别设置方案如表 8-3 所示。

表 8-3 报警级别设置方案

序号	总比率（%）	级别名称
01	10	A
02	20	B
03	20 以上	C

操作步骤如下。

(1) 在“初始设置”窗口中，单击“报警级别设置”，进入“报警级别设置”界面。

(2) 录入总比率“10”和级别名称“A”，然后回车，系统设置起止比率，并且自动追加一行。

(3) 以同样的方式录入其他级别的总比率和级别名称，如图 8-13 所示。

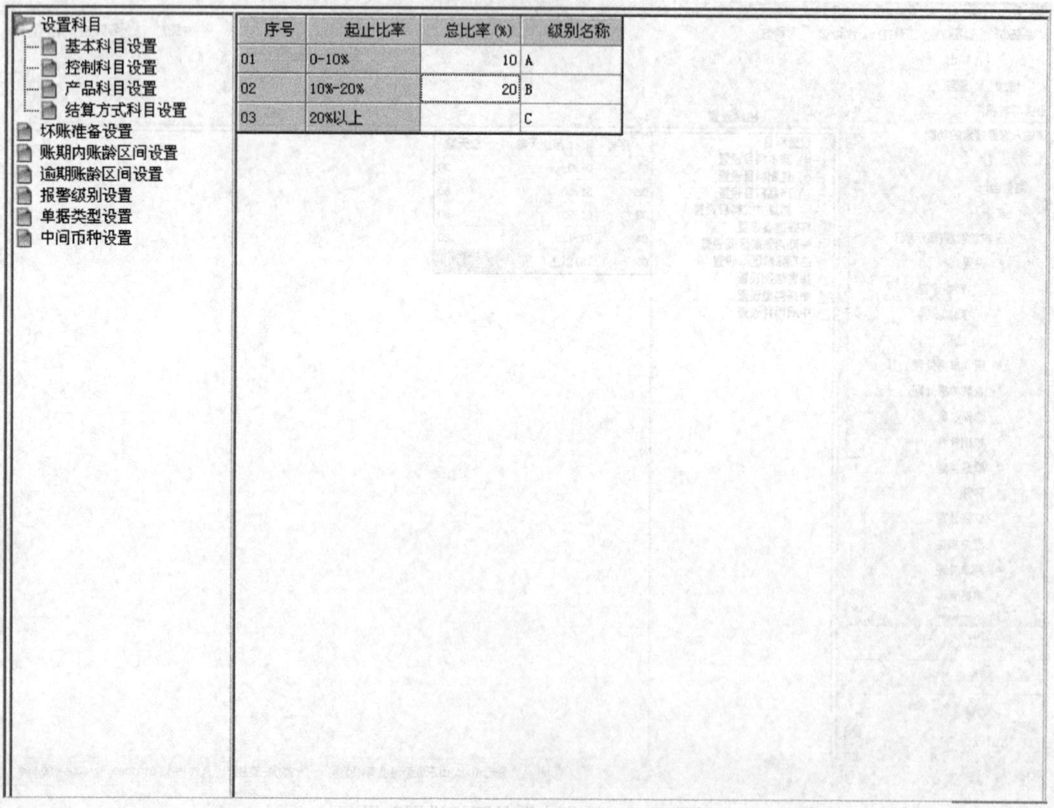

图 8-13 “报警级别设置”界面

8.2.6　单据类型设置

单据类型设置是指用户将应收、应付、收付款及收款单据与各自的单据模板建立对应关系的工作。系统提供了发票和应收单两大类型的单据。

8.2.7　付款优惠条件

企业在销售商品的同时，还要面临资金能否及时、安全回笼，资金周转率是否变化等问题。企业通过在赊销过程中制定相应的现金折扣政策（即付款条件），以向客户提供购买商品价格上的扣减，鼓励客户为享受优惠而提前付款，进而缩短平均收款期。付款条件的表达式为：扣除百分点/货款回笼期。

8.2.8　期初余额录入

1．期初新增单据业务规则

在应收款管理系统中，录入期初余额应遵循以下规则。

（1）期初发票是指还未核销的应收账款，在系统中以单据的形式列示，已核销部分金额不显示。

（2）期初应付单是指还未结算的其他应付单，在系统中以单据的形式列示，已核销部分金额不显示。

（3）期初预收单是指提前收取的客户款项。

（4）期初票据是指还未结算的票据。

（5）年结时，系统将所有单据的原始单据编码结转到下年，使用系统内置的 ID 号来作为单据的唯一标识。新增的期初单据其单据编码根据编码方案自动生成。

（6）期初余额与总账对账：根据客户＋受控科目进行一一对账，即一个客户是一个科目显示一条记录。

（7）数据权限：如果系统选项中设置了启用数据权限，则在查询、编辑期初余额数据时均需要根据登录用户的对应数据权限进行相应的限制。单据中的部门为空时，相当于该单据的部门权限不受控制。

（8）如果系统中设置了不允许修改、删除其他人填制的单据，则在编辑期初单据时需要查看当前单据的制单人是否为当前登录的用户，若不相同则不允许编辑当前单据。

2．增加期初余额

系统通过录入期初单据的形式建立期初数据。在启用应收系统之前，将账套启用会计期间以前的未处理完的应收、收款、预收单据录入到系统中，系统对其可进行后续处理。目的是详细记录每一笔往来业务，加强往来款项的处理。

【例 8-6】　山东创新笔业有限公司应收账款期初余额的资料如表 8-4 所示。

表 8-4　　应收账款期初余额设置

开票日期	客户	推销部门	科目	货物名称	数量（支）	单价（元）	金额（元）
2015-8-25	力宏公司	销售部	1122	单色圆珠笔	199 200	0.5	99 600

操作步骤如下。

(1) 在“企业应用平台”窗口中选择“业务工作”|“财务会计”|“应收款管理”|“设置”|“期初余额”双击，进入“期初余额-查询”对话框。

(2) 采取默认设置，单击“确定”按钮，进入“期初余额”窗口。

(3) 单击工具栏上的“增加”按钮，弹出“单据类别”选择对话框，如图 8-14 所示。

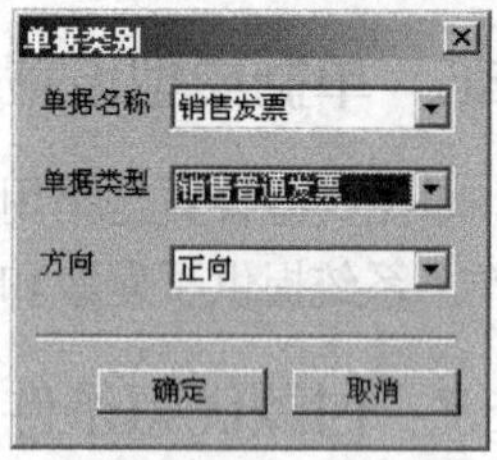

图 8-14 “单据类别”选择对话框

小贴士

- 方向为正向表示蓝字单据，为负向表示红字单据。
- 销售发票分普通发票和专用发票两种。

(4) 选择“单据名称”如销售发票、“单据类型”如销售专用发票和“方向”如正向后，单击“确定”按钮，弹出“期初销售发票”窗口。

(5) 单击工具栏上的“增加”按钮，录入发票有关信息，如开票日期、客户名称、付款条件、税率、销售部门、业务员等基本信息后，在“货物编号”栏中双击，然后输入货物名称、数量、价税合计金额等销货信息，系统自动根据所设税率进行价税分离处理，输入完毕后，单击“保存”按钮，系统自动检测信息是否完整，如果完整，则自动对输入信息进行保存；不完整将提示相关信息，如图 8-15 所示。

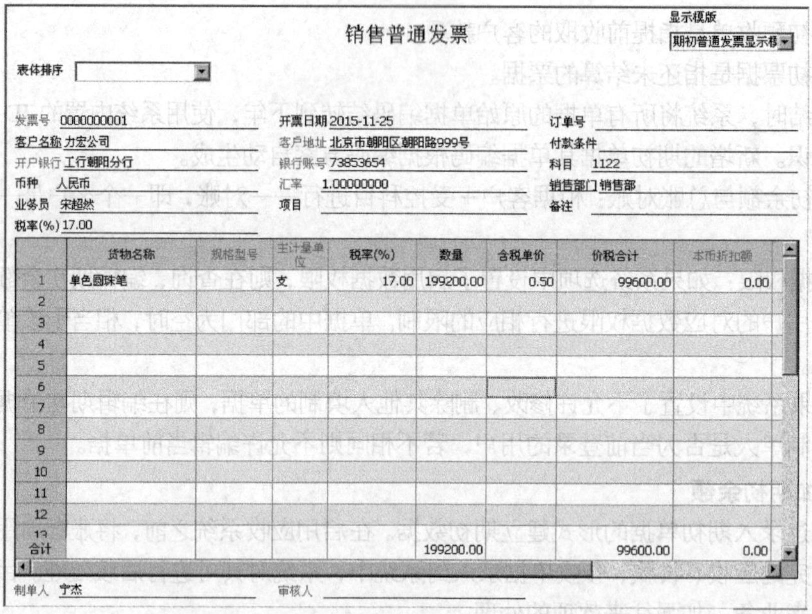

图 8-15 “期初票据录入”对话框

(6) 以同样的方式完成其他期初单据余额信息的录入。

8.3 日常业务处理

日常业务处理是应收款管理系统的重要组成部分，是经常性的应收业务处理工作。日常业务主要完成企业日常的应收／收款业务录入、应收／收款业务核销、应收并账、汇兑损益以及坏账的处理，及时记录应收、收款业务的发生，为查询和分析往来业务提供完整、正确的资料，加强对往来款项的监督管理，提高工作效率。

8.3.1　单据处理

单据处理是应收款管理系统业务处理的起点，可以录入销售业务中各类发票以及销售业务之外的应收单据。

1. 应收单据处理

（1）应收单据录入：应收单据录入是对未收款项的单据进行录入，录入时首先用代码录入客户名称，与客户相关的内容由系统自动填列。

【例 8-7】 12 月 2 日，销售部售给建华公司单色圆珠笔 100 箱，含税单价 300 元，税率 17%，开出普通发票，货已发出。

操作步骤如下。

① 执行“应收款管理”|“应收单据处理”命令，打开“单据类别”对话框。

② 选择单据名称“销售发票”，单据类型“普通发票”。

③ 单击“确认”按钮，进入“销售普通发票”窗口。

④ 单击“增加”按钮，输入开票日期“2015-12-02”，客户简称“建华公司”，销售部门“销售部”。

⑤ 选择货物；输入数量和单价，金额自动算出，单击“保存”按钮，如图 8-16 所示。

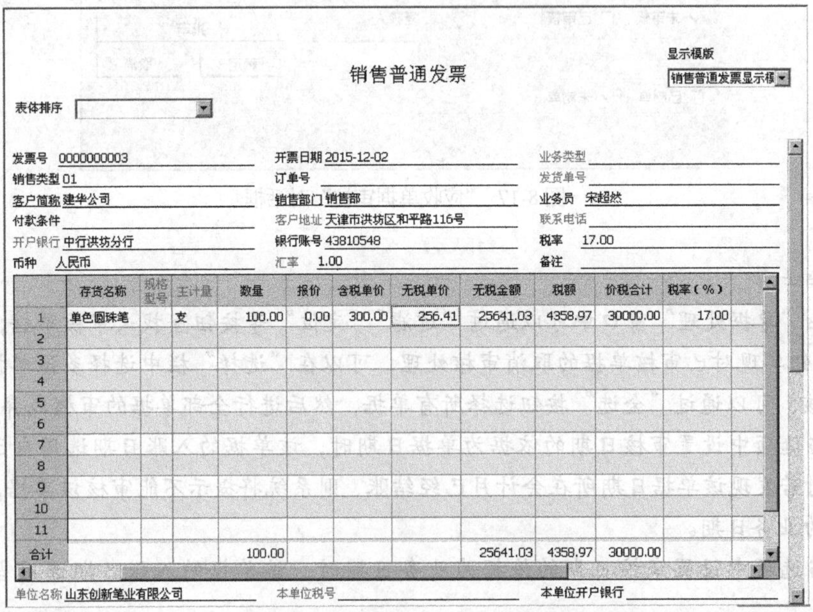

图 8-16　“应收单据录入”对话框

（2）应收单据审核：应收单据审核是在单据保存后对单据正确性进一步审核确认。审核人和制单人可以是同一操作员。单据审核后，将从单据处理功能中消失，但可以通过单据查询功能查看。系统提供了手工审核和自动批量审核两种审核方式，其中手工审核又分为单张审核与批量审核。

操作步骤如下。

① 在“企业应用平台”窗口中选择“业务工作”|“财务会计”|“应收款管理”|“应收单据处理”|“应收单据审核”双击，弹出“应收单过滤条件”设置对话框。

② 单击对话框中的“批审”按钮，系统根据当前的过滤条件将所有符合条件的未审核单据自动进行一次性审核处理。如果未设定条件，将对所有未审核单据进行审核。设置过滤条件或保持默认设置，然后单击“确定”按钮，进入“单据处理”窗口，如图 8-17 所示。

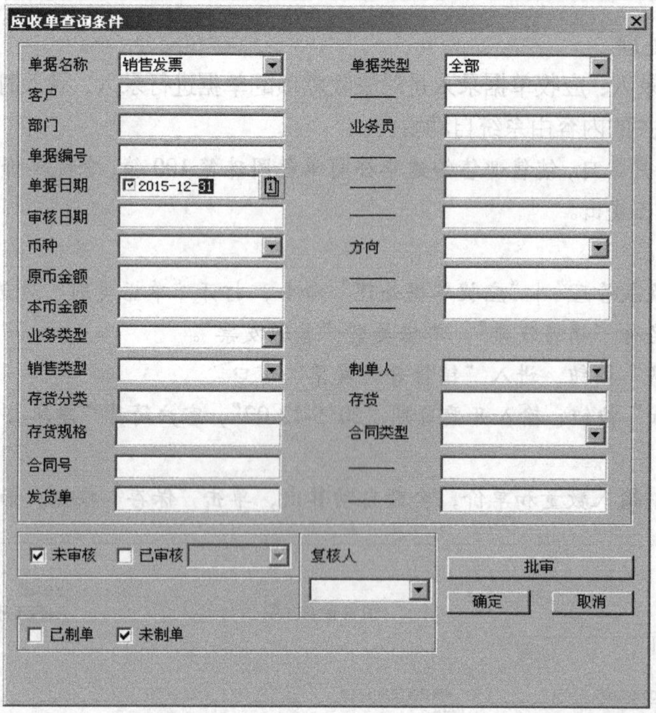

图 8-17 “应收单据审核”对话框

小贴士

➢ 在“单据处理”窗口中可以通过“过滤”“定位”等按钮查找未审核单据；可以通过“弃审”按钮实现对已审核单据的取消审核处理；可以在“选择”栏中选择多张单据，然后进行批量审核；可以通过“全选”按钮选择所有单据，然后进行全部单据的审核或弃审处理。

➢ 当选项中设置审核日期的依据为单据日期时，该单据的入账日期选用自己的单据日期。审核时若发现该单据日期所在会计月已经结账，则系统将提示不能审核该单据，除非修改审核方式为业务日期。

➢ 当选项中设置审核日期的依据为业务日期时，该单据的入账日期选用当前的登录日期。

➢ 在销售系统中增加的发票也在应收系统中审核入账。

➢ 在销售系统中录入的发票若未经复核，则不能在应收系统中审核。

➢ 不能在已结账月份中进行审核或弃审处理。

➢ 已经审核过的单据不能进行重复审核；未经审核的单据不能进行弃审处理。已经做过后续处理（如核销、转账、坏账、汇兑损益等）的单据不能进行弃审处理。

> ➢ 如果审核的发票已经做过现结处理，则系统在审核记账的同时，将自动进行相应的核销处理。对于收款单有剩余的部分，自动做预收款处理；对于发票有剩余的部分，再做应收账款处理。

2. 收款单据处理

收款单据处理主要是对收款单据（收款单、红字收款单）进行管理，包括收款单、红字收款单的录入、审核。

应收款管理系统中付款单用来记录发生销售退货时，企业开具的退付给客户的款项，该付款单可与应收、预收性质的收款单、红字应收单、红字发票进行核销。当发生销售退货支付客户款项时，同样需要指明红字收款单是应收款项退回、预收款退回，还是其他费用退回。

（1）收款单据录入：收款单据录入是将已收回的款项作为收款单录入到应收款管理系统中。

【例 8-8】 12 月 5 日，收到建华公司交来转账支票一张，金额 30 000 元，支票号 ZZ001，用以归还前欠货款。

操作步骤如下。

① 执行“应收款管理”|“收款单据处理”|“收款单据录入”命令，进入“收款单据录入”窗口。

② 单击“添加”按钮，输入日期“2015-12-05”，客户“建华公司”，结算方式“转账支票”，金额“30 000.00”，支票号“ZZ001”，单击“保存”按钮，如图 8-18 所示。

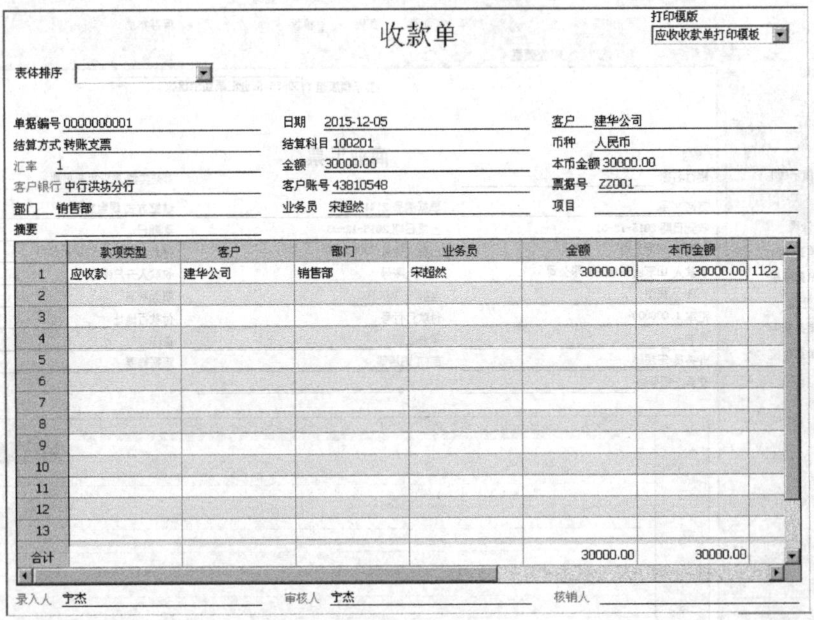

图 8-18 “收款单据录入”窗口

（2）收款单据审核：收款单据审核主要完成收款单的自动审核、批量审核。它是对收款单信息的再确认，目的是保证录入信息的准确性。

操作步骤如下。

① 在“企业应用平台”窗口中选择“业务工作”|“财务会计”|“应收款管理”|“收款单据处理”|“收款单据审核”双击，弹出“收款单过滤条件”设置对话框。

② 设置过滤条件或保持默认设置，然后单击“确定”按钮，进入“收付款单列表”窗口。

③ 在“选择”栏中双击添加审核标志“Y”。选中此张单据，然后单击工具栏上的“审核”按钮，系统开始审核，并弹出“审核结果信息”对话框，单击“确定”按钮，完成该收款单的审核处理。

8.3.2 票据管理

应收票据是指企业因销售商品、产品、提供劳务等而收到的商业汇票，包括银行承兑汇票和商业承兑汇票。票据管理主要包括对票据进行计息、贴现、转出、结算、背书转让等处理。

1. 票据录入

当企业销售商品、产品或提供劳务而收到客户开出、承兑的商业汇票时，应根据票据所记载的信息将该汇票录入到应收款管理系统的票据管理中。

【例 8-9】 收到力宏公司签发承兑的商业承兑汇票一张，票据号 2141，面值 550 000 元

操作步骤如下。

(1) 在“企业应用平台”窗口中选择“业务工作”|“财务会计”|“应收款管理”|“票据管理”双击，弹出“过滤条件选择”设置对话框。

(2) 单击“增加”按钮，进入“商业汇票”界面进行录入，如图 8-19 所示。

图 8-19 “商业汇票”界面

2. 票据贴现

在票据管理模块中提供了票据贴现功能以满足用户票据贴现处理的要求。

小贴士

➢ 贴现净额：系统会根据输入的贴现率、贴现日期自动计算出贴现净额以供参考输入，可以在此基础上进行修改。

➢ 费用：如果贴现净额小于票据余额，则系统自动将其差额作为费用，用户不能修改。

➢ 结算科目：结算科目即发生贴现业务时所对应的科目，可以直接输入或者参照输入。结算科目一般为银行存款科目，此栏目可以为空。

8.3.3 坏账处理

坏账处理的内容包括坏账计提、坏账发生、坏账收回、坏账业务查询等。

1. 计提坏账准备

应收款管理系统提供的计提坏账的方法主要有销售收入百分比法、应收账款百分比法和账龄分析法。

操作步骤如下。

（1）执行“应收款管理”|“坏账处理”|“计提坏账准备”命令，进入“应收款项百分比法”窗口。

（2）系统根据收款余额、坏账准备余额、坏账准备初始情况自动计算出本次计提金额。

（3）单击“确认”按钮，弹出“是否立即制单？”信息提示框。

（4）单击“否”按钮，暂不生成凭证，如图 8-20 所示。

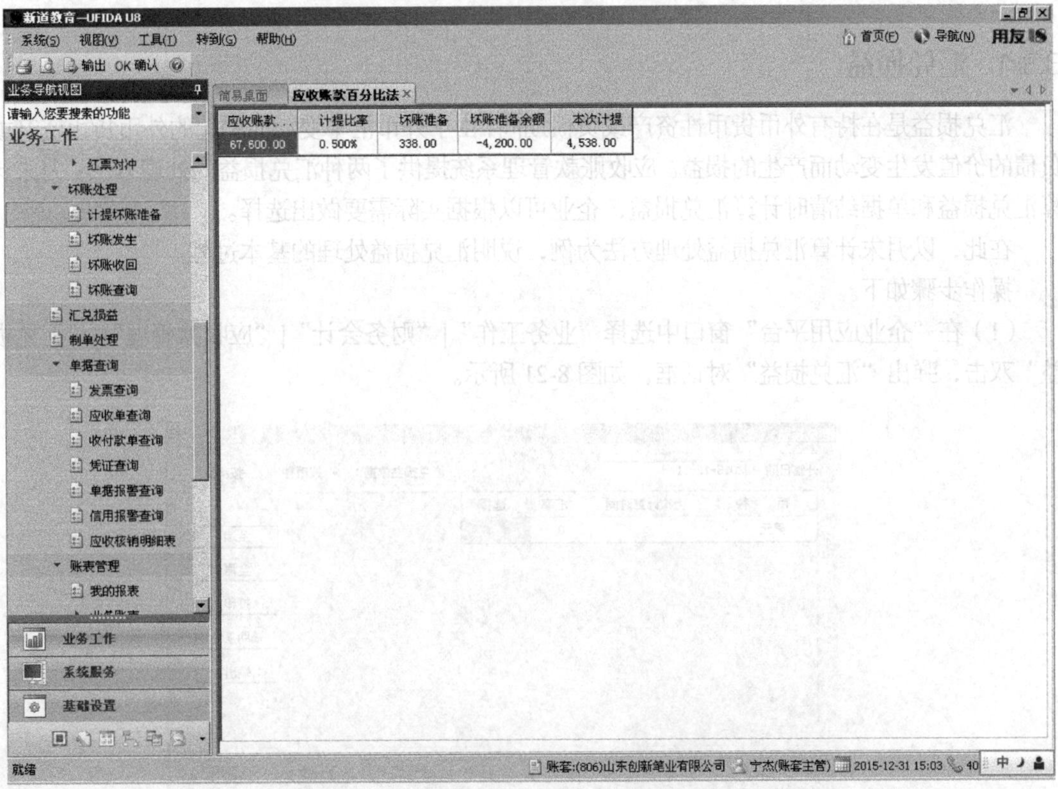

图 8-20　计提坏账准备

2. 坏账发生

坏账发生是指用户确定某些应收账款为坏账的工作。通过坏账发生功能用户可选定发生坏账的应收业务单据，确定一定期间内应收款发生的坏账，便于及时用坏账准备进行冲销，避免应收款长期呆滞的现象。

【例 8-10】 12 月 17 日，确认本月 4 日为华亿公司代垫运费 5 000 元，作为坏账处理。

操作步骤如下。

(1) 执行“应收款管理”|“坏账处理”|“坏账发生”命令，打开“坏账发生”对话框。

(2) 选择客户，输入日期，选择币种。

(3) 单击“确认”按钮，进入“坏账发生单据明细”窗口，系统列出该客户所有未核销的应收单据。

(4) 双击其他应收单据的选择标志栏，单击“确认”按钮。

(5) 系统弹出“是否立即制单？”信息提示框，单击“否”按钮，暂不生成凭证，单击“退出”按钮。

3. 坏账收回

坏账收回是指系统提供的对应收款已确定为坏账后又被收回的业务处理功能。

小贴士

➢ 在录入一笔坏账收回的款项时，应该注意不要把该客户的其他收款业务与该笔坏账收回业务录入到同一张收款单中。例如，客户支付了一笔货款，同时还支付了一笔以前的坏账款项，此时应录入两张收款单，分别记录收到的货款和收到的坏账款项。

8.3.4 汇兑损益

汇兑损益是在持有外币货币性资产或负债期间，由于外币汇率变动而引起的外币货币资产或负债的价值发生变动而产生的损益。应收账款管理系统提供了两种汇兑损益的处理方法：月末计算汇兑损益和单据结清时计算汇兑损益，企业可以根据实际需要做出选择。

在此，以月末计算汇兑损益处理方法为例，说明汇兑损益处理的基本过程。

操作步骤如下。

(1) 在“企业应用平台”窗口中选择“业务工作”|“财务会计”|“应收款管理”|“汇兑损益”双击，弹出“汇兑损益”对话框，如图 8-21 所示。

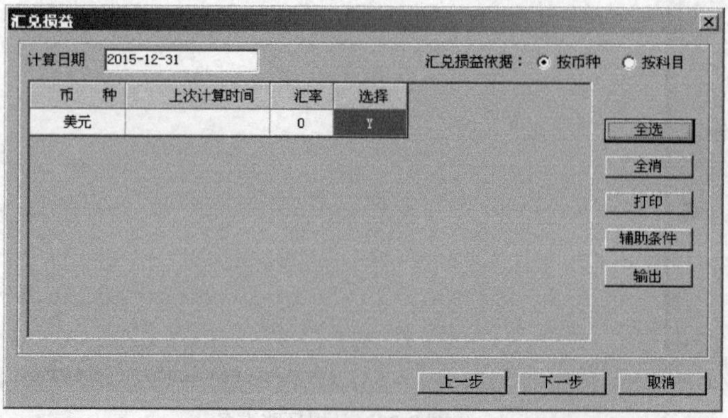

图 8-21 “汇兑损益”对话框

屏幕列示了所有的外币币种和本月内该币种上次计算汇兑损益的时间。如果要选择某种币种，可以在该币种的选择标志一栏内双击，系统会自动在此处添加标志“Y”；如果想取消该次选择，可以在有标志的栏目内再次双击，系统会取消选择；也可以单击“全选”或“全消”按钮进行选择或取消选择。

（2）根据要求进行选择，然后单击“下一步”按钮进入“汇兑损益”界面。

小贴士

➢ 屏幕显示所选择的所有币种的汇兑损益的计算情况，包括币种的外币余额、本币余额、调整后的本币金额及两者的差额。

➢ 可以通过单击左下角的下拉列表框，实现按单据、客户、币种的查看。

（3）选定要进行汇兑损益处理的单据后，单击“完成”按钮，系统弹出“是否立即制单”信息提示对话框，单击“是”按钮，立即生成凭证；单击“否”按钮，可在系统集中制单模块中进行凭证的生成。

8.3.5　核销处理

单据结算是指用户日常进行的核销应收款的工作。应收款管理系统提供了两种核销处理方式：手工核销与自动核销。

1. 手工核销操作步骤

（1）在“企业应用平台”窗口中选择“业务工作”|“财务会计”|“应收款管理”|“核销处理”|“手工核销”双击，弹出“核销条件”设置对话框。

（2）设置核销条件，然后单击“确定”按钮，进入“单据核销”窗口。

（3）在“收款单列表”窗口中单击“本次结算金额”栏，录入结算金额；在“专用发票”窗口中单击“本次结算”栏，录入结算金额。两个窗口的结算金额合计应相等。

（4）单击“保存”按钮，系统自动保存结算核销信息。

2. 自动核销操作步骤

（1）在“企业应用平台”窗口中选择“业务工作”|“财务金计”|“应收款管理”|“核销处理”|“自动核销”双击，弹出“核销条件”设置对话框。

（2）单击“确定”按钮，完成自动核销处理。

小贴士

➢ 核销记账的规则是，一个客户是一张收款单给一个处理号。允许在取消操作中按客户分别取消处理。

➢ 自动核销完成后系统显示一份核销报告，内容包括客户编码、客户名称、核销币种、原币金额、对冲本币金额。

➢ 自动核销按下列顺序进行核销处理。

第1步：用收款单核销蓝字应收单和发票，此时的发票需要先进行单据内部冲销。

第2步：用收款单核销红字预收款。

第3步：用预收款冲销蓝字应收单和发票，此时的发票也需要先进行单据内部冲销（该种情况在过滤条件中包含了预收款时进行）。

第4步：最后核销的是单据中的预收、付款记录。

8.3.6 转账处理

应收账款管理系统的转账处理包括预收款冲抵应收款、应收款冲抵应付款、应收款冲抵应收款、红字单据冲抵正向单据等方式。

1. 预收款冲抵应收款

操作步骤如下。

（1）执行“应收款管理”|“转账”|“预收冲应收”命令，弹出“预收冲应收”对话框，输入日期。

（2）打开“预收款”选项卡，选择客户。单击“过滤”按钮，系统列出该客户的预收款，输入转账金额。

（3）打开“应收款”选项卡，选择客户。单击“过滤”按钮，系统列出该客户的应收款，输入转账金额。

（4）单击“确认”按钮，系统弹出“是否立即制单？”信息提示框。

（5）单击“否”按钮，暂不生成凭证，如图 8-22 所示。

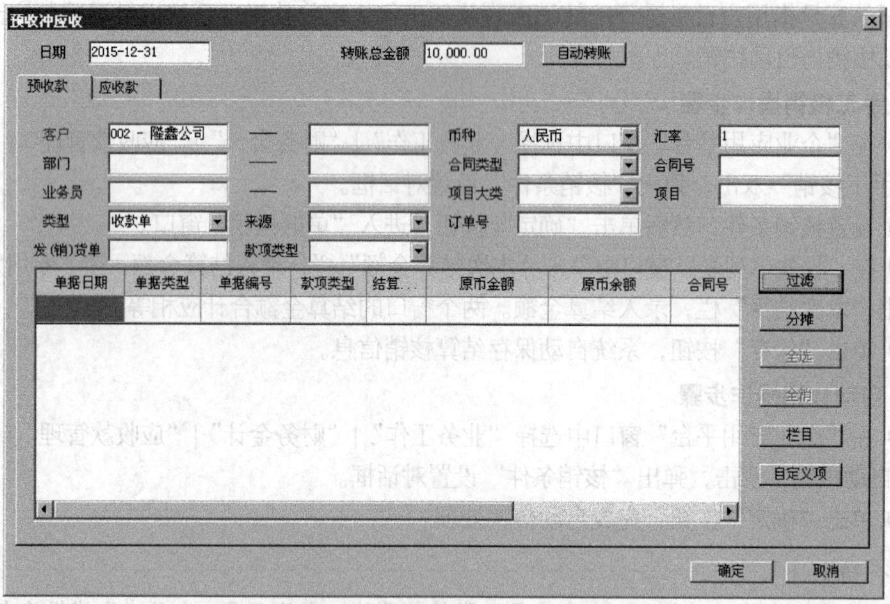

图 8-22 “预收冲应收”对话框

小贴士

> 每一笔应收款的转账金额不能大于其余额。

> 应收款的转账金额合计应该等于预收款的转账金额合计。

> 可手工录入转账金额，也可以使用“分摊”按钮对当前各单据的转账金额根据输入的转账总金额进行分摊和取消分摊处理。

> 无论是手工输入的转账金额还是自动分摊添入的转账金额，均不能大于该单据的余额。

> 最终确认的转账金额以单据上输入的转账金额为准。

2. 应收款冲抵应付款

应收款冲抵应付款是指用某客户的应收账款冲抵某供应商的应付款项。

操作步骤如下。

（1）执行“应收款管理”|“转账”|“应收冲应收付”命令，弹出“应收冲应付”对话框。

（2）输入日期，选择转出客户与转入客户。

（3）单击“过滤”按钮。

（4）双击专用发票单据行，单击“确认”按钮，系统弹出“是否立即制单？”信息提示框。

（5）单击“否”按钮，暂不生成凭证，如图 8-23 所示。

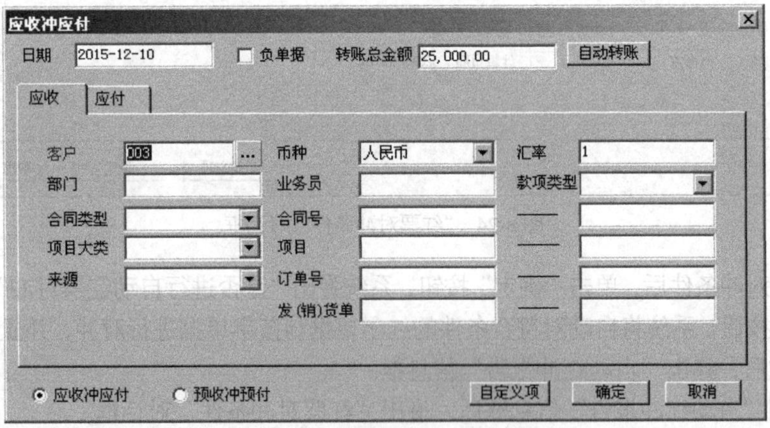

图 8-23 “应收冲应付”对话框

3. 应收款冲抵应收款

应收款冲抵应收款是指将一家客户的应收款转到另一家客户中，通过该功能将应收款业务在客户之间进行转入、转出，实现应收业务的调整，解决应收款业务在不同客户间入错户或合并户问题。

小贴士

➢ 每一笔应收款的转账金额不能大于其金额。

➢ 每次只能选择一个转入单位。

➢ 可手工输入或双击选择并账金额，金额大于 0，小于等于余额，双击本行则并账金额自动填充余额。

➢ 如果核算已经精确到了个人，则需要在此输入业务员。可以直接输入业务员的编号和名称，也可以单击右边的参照框或者按 F2 键参照输入。如果不输入业务员，系统会将所选客户的所有业务员单据列出。

➢ 如果进行了部门核算，在此输入部门。可以直接输入部门的编号和名称，也可以单击右边的参照框或者按 F2 键参照输入。如果不输入部门，系统会将所选客户的所有部门的单据列出。

4. 红票对冲

红票对冲是指用某客户的红字发票与其蓝字发票进行冲抵，该功能可以进行红字单据冲销正向单据的处理。系统提供了两种处理方式：系统自动冲销和手工冲销。本项目主要介绍自动对冲的操作过程。

操作步骤如下。

（1）在“企业应用平台”窗口中选择“业务工作”|“财务会计”|“应收款管理”|“转账”|“红票对冲”|“自动对冲”双击，进入“红票对冲条件”对话框，如图 8-24 所示。

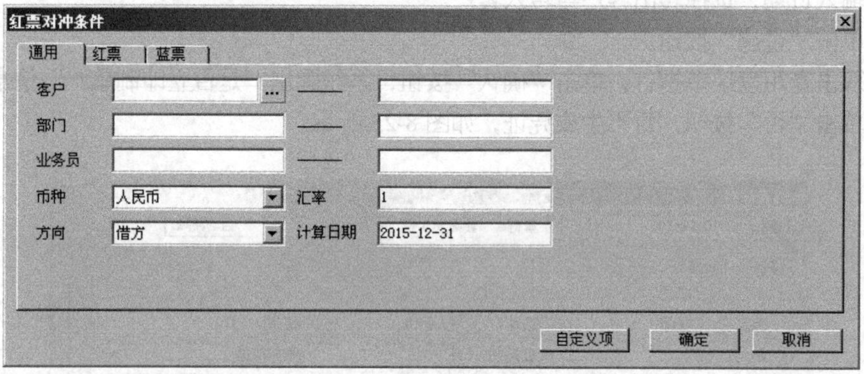

图 8-24 “红票对冲条件”对话框

（2）设置对冲条件后，单击“确定”按钮，系统弹出“是否进行自动红票对冲”信息提示框，单击“确定”按钮，系统将自动对符合条件的红字单据与蓝字单据进行对冲，并显示自动对冲进程。对冲完成后，弹出“自动红冲报告”信息框。

（3）关闭“自动红冲报告”信息框后，退出“红票对冲条件”对话框。

小贴士

➢ 自动对冲时提供两条进度条。上面一条进度条显示自动对冲保存的客户（供应商）进程，即把本次自动对冲的单位个数作为 100%来处理；下面一条进度条显示当前处理单位的数据保存进程，即对应一个单位的对冲数据作为 100%来处理，每处理完一个单位的数据即从 0%开始。

8.4 期末处理

期末处理是指用户进行的期末结账工作。如果当月业务已全部处理完毕，就需要执行月末结账功能，只有月末结账后，才可以开始下月的业务处理。如果已经确认本月的各项处理已经结束，则可以选择执行月末结账功能。当执行了月末结账功能后，该月将不能再进行任何处理。

在进行月末结账前，应先登录账务处理系统，凭证进行审核记账后，才能在应收款管理系统中执行月末结账处理，否则系统结账检查有未记账凭证将不允许结账。

8.4.1 月末结账

以山东创新笔业有限公司 12 月份为例进行讲解。操作步骤如下。

（1）在“企业应用平台”窗口中选择“业务工作”|“财务会计”|“应收款管理”|“期末处理”|“月末结账”双击，进入“月末处理”对话框，如图 8-25 所示。

（2）在要结账的月份“结账标志”栏中双击，添加结账标志“Y”，然后单击“下一步”按钮，系统将进行结账检查，并显示检查结果，如图 8-26 所示。

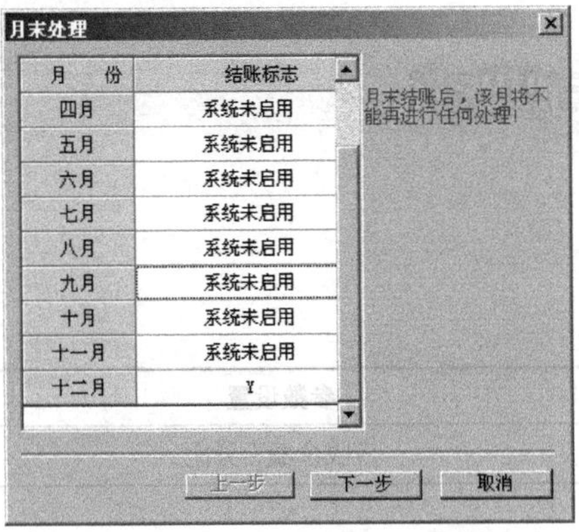

图 8-25 “月末处理”对话框

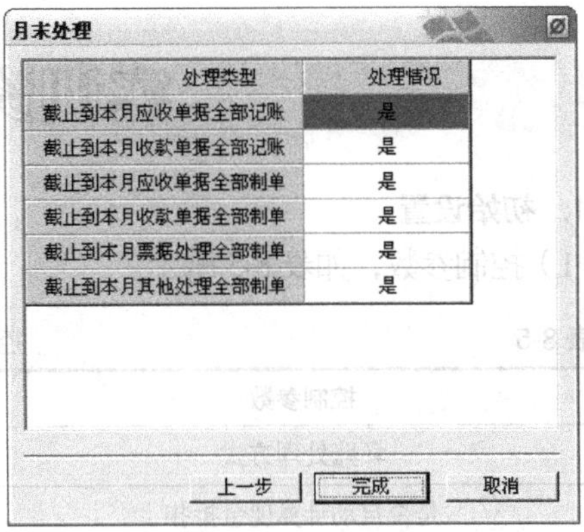

图 8-26 月末检查结果

（3）单击“完成”按钮，系统开始结账，并弹出“12 月份结账成功”信息提示框，单击“确定”按钮，结束本次结账处理。

8.4.2 取消结账

系统提供了取消结账的处理功能，以避免误操作而引起业务处理中断。

操作步骤如下。

（1）在“企业应用平台”窗口中选择“业务工作”|“财务会计”|“应收款管理”|“期末处理”|“取消月结”双击，进入“取消结账”对话框。

（2）选择要取消结账的月份，然后单击“确定”按钮，系统弹出“取消结账成功”信息提示框，单击“确定”按钮，完成取消结账处理。

小贴士

➢ 取消结账必须按倒序取消。

项目思考

1. 假设创新笔业在科目设置时设置了应收、应付受控科目，对总账有什么有影响？

2. 创新笔业应收、应付的期初余额与总账里面的客户往来、供应商往来的余额之间有什么关系？

实训九 应收、应付款管理系统

实训目的：

（1）掌握用友 ERP-U8 V10.1 管理软件中应收、应付款管理系统的相关内容；

（2）掌握应收款管理系统初始化、日常业务处理及月末处理的操作；

（3）理解应收款在结账核算与应收款管理系统核算的区别。

实训内容（以应收为主）：

（1）初始化 设置账套参数、初始设置；

（2）日常处理 形成应收款结算、应付款结算、转账处理、坏账处理、制单、查询统计；

（3）期末处理 月末结账；

实训准备：引入“实训五”中的账套数据。

实训资料与要求

1. **初始设置**

（1）控制参数，如表 8-5 所示。

表 8-5 控制参数

控制参数	参数设置
坏账处理方式	应收余额百分比
是否自动计算现金折扣	√

（2）设置科目，如表 8-6 所示。

表 8-6 设置科目

科目类别	设置方式
基本科目设置	应收科目（本币）：1122 预收科目（本币）：2203 销售收入科目：6601 税金科目：22210102
控制科目设置	所有客户的控制科目： 应收科目：1122 预收科目：2203
结算方式科目设置	结算方式：现金支票；币种：人民币；科目：100201 结算方式：转账支票；币种：人民币；科目：100201

（3）坏账准备设置，如表 8-7 所示。

表 8-7 坏账准备设置

控制参数	参数设置
提取比例	0.5%
坏账准备期初余额（元）	800
坏账准备科目	1231
对方科目	6701

（4）账龄区间，如表 8-8 所示。

表 8-8 账龄区间

序号	起止天数	总天数
01	0～30	30
02	31～60	60
03	61～90	90
04	91～120	120
05	121 以上	

（5）存货分类，如表 8-9 所示。

表 8-9　　存货分类

存货类别编码	存货类别名称
01	原材料
02	半成品类
03	成品类
04	劳务类

（6）计量单位组，如表 8-10 所示。

表 8-10　　计量单位组

计算单位组编号	计算单位组名称	计算单位组类别
01	无换算关系	无换算

（7）计量单位，如表 8-11 所示。

表 8-11　　计量单位

计算单位编号	计算单位名称	所属计量单位组名称
01	盒	无换算关系
02	箱	无换算关系
03	支	无换算关系
04	元	无换算关系

（8）存货档案，如表 8-12 所示。

表 8-12　　存货档案

存货编码	存货名称	主计量单位	税率	存货属性
01	原材料		17%	
0101	笔芯	支	17%	外购、生产耗用
0102	笔壳	支	17%	外购、生产耗用
0103	笔帽	支	17%	外购、生产耗用
0104	弹簧	支	17%	外购、生产耗用
02	半成品类		17%	
0201	笔身组件	支	17%	自制、销售
03	成品类		17%	
0301	单色圆珠笔	支	17%	自制、销售
0302	双色圆珠笔	支	17%	自制、销售
0303	三色圆珠笔	支	17%	自制、销售
04	劳务类			
0401	运输费	元	7%	外购、销售、应税劳务

（9）期初余额。

会计科目：应收账款（1122）　　余额：借方 157 600 元

（10）普通发票，如表 8-13 所示。

表 8-13　　普通发票

开票日期	客户	推销部门	科目	货物名称	数量（支）	单价（元）	金额（元）
2015-11-25	力宏公司	销售部	1122	单色圆珠笔	199 200	0.5	99 600.00

（11）增值税发票，如表 8-14 所示。

表 8-14　　增值税发票

开票日期	客户	销售部门	科目	货物名称	数量（支）	单价（元）	税率	金额（元）
2015-11-10	华亿公司	销售部	1122	三色圆珠笔	29 250	1.8	17%	52 650.00

（12）其他业务，如表 8-15 所示。

表 8-15　　其他业务

单据日期	科目编号	客户	销售部门	金额（元）	摘要
2015-11-10	1122	华亿公司	销售部	5 350.00	代垫运费

2. 2015年12月份经济业务

（1）12 月 2 日，销售部售给建华公司单色圆珠笔 100 箱，含税单价 300 元，开出普通发票，税率 17%，货已发出。

（2）12 月 4 日，销售部售给隆鑫公司三色圆珠笔 20 箱，含税单价 1 000 元，开出增值税发票。货已发出，同时代垫运费 5 000 元。

（3）12 月 5 日，收到建华公司转账支票一张，金额 30 000 元，支票号 ZZ001，用以归还前欠货款。

（4）12 月 7 日，收到华亿公司转账支票一张，金额 100 000 元，支票号 ZZ002，用以归还前欠货款及代垫运费，剩余款转为预收账款。

（5）12 月 9 日，力宏公司交来转账支票一张，金额 10 000 元，支票号 ZZ003，作为预购笔身组件的定金。

（6）12 月 10 日，将隆鑫公司的应收款 20 000 元转给建华公司。

（7）12 月 11 日，用力宏公司交来的 10 000 元定金冲抵其期初应收款项。

（8）12 月 17 日，确认本月 4 日为隆鑫公司代垫运费 5 000 元，作为坏账处理。

（9）12 月 31 日，计提坏账准备。

实训要求：以账套主管宁杰的身份进行应收款业务的处理。

操作指导

1. 启动与注册应收款管理系统

2. 初始设置

（1）设置存货分类和存货档案。

① 选择“基础设置”|“存货”|“计量单位”，根据要求进行添加。

② 选择“基础设置”|“存货”|“存货分类”，根据要求进行添加。

③ 选择“基础设置”|“存货”|“存货档案”，根据要求进行添加。

（2）输入期初余额。

（3）输入期初销售发票。

① 在“业务工作”窗口中，选择“应收款管理”|“设置”|“期初余额”命令，打开“期初余额-查询”对话框。

② 单击“确认”按钮，进入“期初余额明细表”窗口。

③ 单击“增加”按钮，打开“单据类别”对话框，在“单据名称”中选择“销售发票”，“单

据类型”为“销售普通发票”。

④ 单击“确定”按钮，进入“销售普通发票”期初录入窗口。

⑤ 在“开票日期”中输入“2015-11-25”，发票号“F001”，客户名称“力宏公司”，销售部门“销售部”，科目“1122”。

⑥ 选择货物名称“单色圆珠笔”，输入数量“1 992”，金额自动算出，单击“保存”按钮。

⑦ 同理，录入增值税发票。

（4）输入期初其他应收账单。

① 在“期初余额明细表”窗口中，单击“增加”按钮，打开“单据类别”对话框。

② 选择单据名称“应收单”，单据类型“其他应收单”，单击“确认”按钮，进入“期初录入-其他应收单”窗口。

③ 输入单据日期，科目编号“1122”，选择客户“华亿公司”，销售部门“销售部”，金额 5 350.00，摘要“代垫运费”，单击“保存”按钮。

3. 日常处理

（1）增加应收款。

业务 1：输入并审核普通发票

① 执行“应收款管理”|“应收单据处理”命令，打开“单据类别”对话框。

② 选择单据名称“销售发票”，单据类型“普通发票”。

③ 单击“确认”按钮，进入“销售普通发票”窗口。

④ 单击“增加”按钮，输入开票日期“2015-12-02”，客户名称“建华公司”，销售部门“销售部”。

⑤ 选择货物“单色圆珠笔”，输入数量“100”，单价“300”，税率“17%”，金额自动算出，单击“保存”按钮。

⑥ 单击“审核”按钮，系统弹出“是否生成凭证？”信息提示框。

⑦ 单击“否”按钮，暂不生成凭证，单击“退出”按钮。

业务 2：

A、输入并审核专用发票。

① 执行“应收款管理”|“应收单据处理”命令，打开“单据类别”对话框。

② 选择单据发票名称“销售发票”，单据类型“专用发票”，单击“确认”按钮，进入“销售专用发票”窗口。

③ 输入开票日期“2015-12-04”，客户名称“隆鑫公司”，销售部门“销售部”。

④ 选择货物名称“三色圆珠笔”，输入数量“20”，单价“1 000”，税率“17%”，金额自动算出，单击“保存”按钮。

⑤ 单击“审核”按钮，系统弹出“是否生成凭证？”信息提示框。

⑥ 单击“否”按钮，暂不生成凭证，单击“退出”按钮。

B、输入并审核应收单据。

① 执行“应收款管理”|“应收单据处理”命令，打开“单据类别”对话框。

② 选择单据名称“应收单”，单据类型“其他应收单据”，单击“确认”按钮，进入“其他应收单据”窗口。

③ 输入单据日期“2015-12-04”，客户“隆鑫公司”，金额“5 000”，部门“销售部”，摘要

"代垫运费"。

④ 选择对应科目"100201",单击"保存"按钮。

⑤ 单击"审核"按钮，系统弹出"是否生成凭证？"信息提示框。

⑥ 单据"否"按钮，暂不生成凭证，单击"退出"按钮。

业务 3：输入一张收款单据并完全核销应收款

① 执行"应收款管理"|"收款单据处理"|"收款单据录入"命令，进入"结算单录入"窗口。

② 单击"添加"按钮，输入日期"2015-12-05"，选择客户"建华公司"，结算方式"转账支票"，金额 30 000.00，支票号"ZZ001"，单击"保存"按钮。

③ 单击"审核"按钮，系统弹出"是否生成凭证？"信息提示框。

④ 单击"否"按钮，暂不生成凭证。

⑤ 单击"核销"按钮，在 12 月 2 日的发票中输入本次结算金额"30 000"。

⑥ 单击"保存"按钮。

业务 4：输入一张收款单据，部分核销应收款，部分形成预收账款

① 在"收付款单录入"窗口中，选择客户"华亿公司"，单击"增加"按钮。

② 输入日期"2015-12-07"，结算方式"转账支票"，金额"100 000"，支票号"ZZ002"，单击"保存"按钮。

③ 单击"审核"按钮，系统弹出"是否生成凭证？"信息提示框，单击"否"按钮，暂不生成凭证。

④ 单击"核销"按钮，在结算单据中，输入专用发票本次结算金额"52 650"，其他应收单据本次结算金额"5 350"，收款单据本次结算金额"58 000"，单击"保存"按钮。

业务 5：输入一张收款单据全部生成预收款

① 在"收付款单录入"窗口，单击"增加"按钮。

② 收入表头项目：选择客户"力宏公司"，输入日期"2015-12-09"，结算方式"转账支票"，金额 10 000.00，支票号"ZZ003"。输入表题项目：款项类型"预收款"。

③ 单击"保存"按钮，系统弹出"是否生成凭证？"信息提示框，单击"否"按钮，暂不生成凭证，单击"退出"按钮。

（2）转账处理。

业务 6：应收冲应收

① 执行"应收款管理"|"转账"|"应收冲应收"命令，进入"应收冲应收"窗口。

② 输入日期"2015-12-10"，选择转出客户"隆鑫公司"与转入客户"建华公司"。

③ 单击"过滤"按钮，系统列出转出客户"隆鑫公司"未核销的应收款。

④ 双击专用发票单据行，单击"确认"按钮，系统弹出"是否立即制单？"信息提示框。

⑤ 单击"否"按钮，暂不生成凭证。

业务 7：预收冲应收

① 执行"应收款管理"|"转账"|"预收冲应收"命令，进入"预收冲应收"窗口，输入日期"2015-12-11"。

② 打开"预收款"选项卡，选择客户"力宏公司"。单击"过滤"按钮，系统列出该客户的预收款，输入转账金额"10 000"元。

③ 打开"应收款"选项卡，单击"过滤"按钮，系统列出该客户的应收款，输入转账金额"10 000"元。

④ 单击“确认”按钮，系统弹出“是否立即制单？”信息提示框。

⑤ 单击“否”按钮，暂不生成凭证。

（3）坏账处理。

业务8：发生坏账

① 执行“应收款管理”|“坏账处理”|“坏账发生”命令，打开“坏账发生”对话框。

② 选择客户“隆鑫公司”，输入日期“2015-12-17”；选择币种“人民币”。

③ 单击“确认”按钮，进入“坏账发生单据明细”窗口，系统列出该客户所有未核销的应收单据。

④ 双击其他应收单据的选择标志栏，单击“确认”按钮。

⑤ 系统弹出“是否立即制单？”信息提示框，单击“否”按钮，暂不生成凭证，单击“退出”按钮。

业务10：计提坏账准备

① 执行“应收款管理”|“坏账处理”|“计提坏账准备”命令，进入“应收款项百分比法”窗口。

② 系统根据收款余额、坏账准备余额、坏账准备初始情况自动算出本次计提金额。

③ 单击“确认”按钮，系统弹出“是否立即制单？”信息提示框。

④ 单击“否”按钮，暂不生成凭证。

（4）制单。

立即制单：在单据进行完相应的操作后，系统弹出“是否立即制单？”信息提示框。单击“是”按钮，便可立即生成一张凭证，修改后，单击“保存”按钮，此凭证可传递到总账管理系统。

（5）批量制单。

① 执行“应收款管理”|“制单处理”命令，打开“制单查询”对话框。

② 选中“发票制单”复选框，单击“确认”按钮，进入“销售发票制单”窗口。

③ 选择凭证类别为“转账凭证”，单击“全选”按钮。

④ 单击“制单”按钮，进入“填制凭证”窗口。

⑤ 单击“保存”按钮，凭证左上方出现“已生成”字样，表明此凭证已传递至总账管理系统。

⑥ 单击“上张”“下张”按钮，保存其他需保存的凭证。

⑦ 完成应收单据制单、核销制单、转账制单、并账制单、坏账处理制单。

4. 期末处理

（1）结账。

① 执行“应收款管理”|“期末处理”|“月末结账”命令，打开“月末处理”对话框，双击8月份的结账标志栏。

② 单击“下一步”按钮，屏幕显示各类型的处理情况。

③ 在处理显示都是“是”的情况下，单击“确认”按钮，结账后，系统弹出“月末结账成功!”信息提示框。

④ 单击“确认”按钮，系统自动在对应的结账月份的“结账标志”栏中标记“已结账”字样。

（2）取消结账。

① 执行“应收款管理”|“期末处理”|“取消结账”命令，打开“取消结账”对话框。

② 选择“已结账”月份。

③ 单击“确认”按钮，系统弹出“取消结账成功!”信息提示框。

④ 单击“确认”按钮，当月结账标志即被取消。

附　录

附录一　综合训练

附1.1　综合案例分析

1. 企业简介

企业名称：某化工集团有限责任公司

企业性质：大型国营工业企业

企业概况：该集团是一家大型企业，分子公司遍布全国各地，主要由总裁办、财务处（会计核算科、资金管理科、预算科、材料核算科）、审计处、销售中心、供应中心、仓管中心、设备管理处、计算机中心、劳资等部门组成，有盐厂、碱厂、电厂、磷铵厂等二级单位 50 多家，在职职工 3 万人，以生产化肥、纯碱、磷铵等产品为主，集团资产种类多，金额达 80 亿元，每年采购资金 10 亿元，销售收入 30 亿元，应收账款 6 亿多元，应付账款 3 亿多元。

2. 企业目前存在的问题

（1）该集团对于异地分子公司的业务难控制，业务信息不能及时传递给总公司。

（2）该集团实行统购统销，管理众多的供应商和客户是一个难题。

（3）如何做到有效利用采购资金，货比三家，及时掌握库存信息，减少盲目采购是该集团采购中心一直想要解决的问题。

（4）该集团有多个本地和异地的仓库，上万种存货，存货管理比较混乱，账账不符现象严重，调拨混乱，存货的成本核算差错多。

（5）目前无法灵活地制定销售价格，客户信用不能有效地控制，呆账、坏账较多。

（6）目前集团的管理费用、销售费用居高不下，难以将预算与会计核算相结合，不能及时控制。

（7）由于信息不能及时共享，领导层很难及时得到关于销售、采购、预算执行、费用的汇总分析，此问题希望通过信息化解决。

问题思考：

（1）假如你是该公司的财务主管，集团想购买一套完整的、满足企业需要的管理软件，派你去国内软件公司调研，你会选择哪家公司的哪个产品？为什么？

（2）根据本书所学的知识，结合该集团的特点，为该企业建立功能结构和应用体系结构。结合各部门的特点，给出各部门应该使用哪些子系统的应用方案。

附1.2 综合实训资料及要求

实训说明：本套试题共4道大题，考核时间150分钟，满分110分。

实训要求：

（1）本套试题考查学生对U8-V10.1系统中总账、报表、薪资、固定资产等模块的应用。

（2）考试用友软件系统为用友U8-V10.1版本。

（3）请考生认真审题，然后按要求完成从完善账套到日常账务处理及财务报表编制的操作。

（4）在考试过程中如果遇到题中未提供的信息或未作要求的内容可以不填写或使用系统默认值。

（5）请在D盘根目录下建立“备份账套”文件夹。

（6）该企业为工业企业一般纳税人，税务局核定增值税税率17%，运费抵扣率7%，营业税税率5%，城建税税率7%，教育费附加3%。

一、单位基本资料

用户：默认用户为demo。

账套如下。

（1）账套号：001；账套名称：宏腾软件有限公司；启用期间：2015年3月；单位名称：宏腾软件有限公司。

（2）企业类型：工业；行业性质：2007年新会计准则（按行业性质预置科目）；账套主管：demo。

（3）基础信息：存货、供应商无分类，客户有分类，有外币核算。

（4）编码方案：科目编码4-2-2-2，部门编码1-2，客户编码2-2，其他编码规则默认。数据精度均为两位小数。

（5）启用模块：总账；启用日期：2015年3月1日；固定资产，启用日期：2015年3月1日；薪资管理，启用日期：2015年3月1日。

二、基础档案

1. 增加操作员（见附表1-1）

附表 1-1　增加操作员

编号	姓名	密码
ZCM	张成明	空
LY	李云	空
FJ	冯晶	空

2. 公用信息

（1）部门设置，如附表 1-2 所示。

附表 1-2　　部门设置

部门编码	部门名称	部门编码	部门名称
1	综合管理部	5	生产部
2	财务部	501	一车间
3	采购部	502	二车间
4	销售部	6	仓管部

（2）职员档案，如附表 1-3 所示。

附表 1-3　　职员档案

代码	姓名	部门	职员类别	是否业务员
001	张成明	财务部	企业管理人员	
002	李云	财务部	企业管理人员	
003	冯晶	财务部	企业管理人员	
004	王小刚	综合管理部	企业管理人员	
005	王波	综合管理部	企业管理人员	
006	成邢	销售部	经营人员	是
007	李言	销售部	经营人员	是
008	杨明	采购部	经营人员	是
009	李风	一车间	车间管理人员	
010	张平	二车间	生产人员	

（3）地区分类，如附表 1-4 所示。

附表 1-4　　地区分类

地区分类	分类名称
01	东北地区
02	华北地区
03	华东地区
04	华南地区
05	西北地区
06	西南地区

（4）客户分类，如附表 1-5 所示。

附表 1-5　　客户分类

分类编号	分类名称
01	批发商
02	代理商
03	零售商

（5）客户档案，如附表 1-6 所示。

附表 1-6　客户档案

客户编号	客户名称	客户简称	所属分类码	所属地区	税号	开户银行	银行账号	地址	邮政编码	发展日期
001	北京世纪华联学校	世纪华联	01	02	1111	工行	123456	北京市海淀区上地路 1 号	100077	2012.01.01
002	天津海达公司	海达公司	02	02	2222	工行	123457	天津市南开区花苑路 1 号	300000	2012.01.01
003	上海万邦公司	万邦公司	03	03	3333	工行	123458	上海市徐汇区天平路 8 号	200032	2012.01.01
004	哈尔滨市飞机制造厂	哈飞	01	01	4444	建行	123459	哈尔滨市平房区和平路 116 号	150008	2012.01.01

（6）供应商档案，如附表 1-7 所示。

附表 1-7　供应商档案

编号	名称/简称	分管部门	分管业务员
001	北京科技印刷厂	采购部	杨明
002	华金科技有限公司	采购部	杨明

（7）结算方式设置，如附表 1-8 所示。

附表 1-8　结算方式设置

结算方式编码	结算方式名称	票据管理标志	对应票据类型
1	现金结算		
2	支票		
201	现金支票	是	现金支票
202	转账支票	是	转账支票

（8）凭证类别，如附表 1-9 所示。

附表 1-9　凭证类别

类别字	类别名称	限制类型	限制科目
收	收款凭证	借方必有	1001，1002
付	付款凭证	贷方必有	1001，1002
转	转账凭证	凭证必无	1001，1002

三、固定资产模块系统参数（见附表1-10）

附表 1-10　　固定资产模块系统参数

控制参数	参数设置
折旧信息	本账套计提折旧 折旧方法：平均年限法（一） 折旧汇总分配周期：1 个月 当（月初已计提月份 = 可使用月份 - 1）时，将剩余折旧全部提足
编码方式	资产类别编码方式：2112 固定资产编码方式： 按“类别编码 + 部门编码 + 序号”自动编码 卡片序号长度为 3
财务接口	与财务系统进行对账 对账科目： 固定资产对账科目：固定资产（1601） 累计折旧对账科目（1602）
补充参数	当业务发生后立即制单 月末结账前一定要完成制单登账业务 固定资产默认入账科目：1601 累计折旧默认入账科目：1602 减值准备默认入账科目：1603

附1.3　操作要求

请按照以下要求在 U8 V10.1 系统中进行操作。

请将电脑的系统时间设置为 2015 年 3 月 31 日，每道业务题目在没有特殊要求的情况下只做一张凭证。

请以账号“ZCM 张成明”登录 U8 V10.1 系统完成系统管理及基础设置操作。

一、系统管理

设置用户权限，如附表 1-11 所示。

附表 1-11　　设置用户权限

编号	姓名	岗位	权限
ZCM	张成明	账套主管	账套主管全部权限
LY	李云	会计员	公用目录设置“总账”中除了“记账”“出纳签字”“出纳”以外的所有权限；固定资产，薪资管理所有权限
FJ	冯晶	出纳员	总账中的“出纳签字”“出纳”等权限

二、基础设置

1．增加会计科目及期初余额

（1）科目设置及科目余额表，如附表 1-12 所示。

附表 1-12　　科目设置及科目余额

科目编码	科目名称	辅助核算（单位、外币）	账页格式	余额方向	期初余额
1001	库存现金		金额式	借	6 000
1002	银行存款		金额式	借	170 000
100201	建行		金额式	借	120 000
100202	工行		金额式	借	50 000
10020201	工行人民币账户		金额式	借	50 000
10020202	工行美元账户		金额式	借	
		美元	金额式	借	
1121	应收票据		金额式	借	
1122	应收账款	客户往来	金额式	借	35 000
1123	预付账款	供应商往来	金额式	借	
1403	原材料		金额式	借	25 000
140301	光盘		数量金额式	借	5 000
		包	数量金额式	借	50
140302	使用说明书		数量金额式	借	20 000
		本	数量金额式	借	2 000
1404	材料成本差异		金额式	借	
1405	库存商品		数量金额式	借	1 300 000
		套	数量金额式	借	100
140501	会计电算化实训软件			借	200 000
		套	数量金额式	借	20
140502	网络考试系统			借	500 000
		套	数量金额式	借	50
140503	ERP 学习中心			借	600 000
		套	数量金额式	借	30
1601	固定资产		金额式	借	165 000
1602	累计折旧		金额式	贷	51 167.5
1603	固定资产减值准备		金额式	贷	
1801	长期待摊费用		金额式	借	900
1811	递延所得税资产		金额式	借	
1821	独立账户资产		金额式	借	
1901	待处理财产损溢		金额式	借	
2001	短期借款		金额式	贷	100 000
2201	应付票据		金额式	贷	
2202	应付账款	供应商往来	金额式	贷	20 000
2203	预收账款	客户往来	金额式	贷	
2211	应付职工薪酬		金额式	贷	
221101	应付工资		金额式	贷	
221102	应付福利费		金额式	贷	
2221	应交税费		金额式	贷	

续表

科目编码	科目名称	辅助核算（单位、外币）	账页格式	余额方向	期初余额
222101	应交增值税		金额式	贷	
22210101	进项税		金额式	贷	
22210102	销项税		金额式	贷	
4001	实收资本		金额式	贷	1 409 951.5
4002	资本公积		金额式	贷	
4101	盈余公积		金额式	贷	
4102	一般风险准备		金额式	贷	
4103	本年利润		金额式	贷	120 781
4104	利润分配		金额式	贷	
4201	库存股		金额式	借	
5001	生产成本		金额式	借	
500101	直接材料		金额式	借	
500102	直接人工		金额式	借	
500103	直接福利费		金额式	借	
500104	制造费用		金额式	借	
5101	制造费用		金额式	借	
510101	折旧费		金额式	借	
510102	工资		金额式	借	
510103	办公费		金额式	借	
510104	福利费		金额式	借	
6001	主营业务收入		数量金额式	贷	
		套	数量金额式	贷	
600101	会计电算化实训软件			借	
		套	数量金额式	借	
600102	网络考试系统			借	
		套	数量金额式	借	
600103	ERP 学习中心			借	
		套	数量金额式	借	
6301	营业收入		金额式	贷	
6401	主营业务成本		数量金额式	借	
		套	数量金额式	借	
640101	会计电算化实训软件			借	
		套	数量金额式	借	
640102	网络考试系统			借	
		套	数量金额式	借	
640103	ERP 学习中心			借	
		套	数量金额式	借	
6402	其他业务成本		金额式	借	
6403	营业税金及附加		金额式	借	

续表

科目编码	科目名称	辅助核算（单位、外币）	账页格式	余额方向	期初余额
6601	销售费用		金额式	借	
660101	工资	部门核算	金额式	借	
660102	福利费	部门核算	金额式	借	
660103	差旅费	部门核算	金额式	借	
660104	折旧费	部门核算	金额式	借	
660105	办公费	部门核算	金额式	借	
6602	管理费用		金额式	借	
660201	工资	部门核算	金额式	借	
660202	福利费	部门核算	金额式	借	
660203	差旅费	部门核算	金额式	借	
660204	折旧费	部门核算	金额式	借	
660205	办公费	部门核算	金额式	借	
6603	财务费用		金额式	借	

（2）辅助明细。

① 应付账款期初余额明细（会计科目：2202 应付账款），如附表 1-13 所示。

附表 1-13 应付账款期初余额明细

日期	供应商	摘要	方向	金额
2015-1-23	北京科技印刷厂	采购原材料	贷	20 000
		合计	贷	20 000

② 应收账款期初余额明细（会计科目：1122 应收账款），如附表 1-14 所示。

附表 1-14 应收账款期初余额明细

日期	客户	摘要	方向	金额
2015-1-29	北京世纪华联公司	销售商品	借	20 000
2015-1-6	天津海达公司	销售商品	借	15 000
		合计	借	35 000

2. 指定科目

（1）指定“库存现金”为现金科目； 指定“银行存款”为银行科目。

（2）指定“库存现金”“建行”“工行人民币账户”“工行美元账户”为现金流量科目。

（3）外币设置 。外币名称：“美元”；外币符号：USD；固定汇率：6.82。

3. 固定资产期初设置

（1）资产类别，如附表 1-15 所示。

附表 1-15 资产类别

类别编码	类别名称	使用年限（月）	净残值率（%）	计量单位	计提属性	折旧方法	卡片样式	不允许转回减值准备
01	办公设备	36	3.00	台	正常计提	平均年限法（一）	通用样式（二）	是

续表

类别编码	类别名称	使用年限（月）	净残值率（%）	计量单位	计提属性	折旧方法	卡片样式	不允许转回减值准备
02	机械设备	120	5.00	台	正常计提	平均年限法（一）	通用样式（二）	是
03	交通工具	60	5.00	辆	正常计提	平均年限法（一）	通用样式（二）	是

（2）部门及对应折旧科目，如附表 1-16 所示。

附表 1-16　　部门及对应折旧科目

部门编码	部门名称	折旧科目
1	综合管理部	660204，折旧费
2	财务部	660204，折旧费
3	采购部	660204，折旧费
4	销售部	660104，折旧费
5	生产部	510101，折旧费
501	一车间	510101，折旧费
502	二车间	510101，折旧费
6	仓管部	660204，折旧费

（3）增减方式的对应入账科目，如附表 1-17 所示。

附表 1-17　　增减方式的对应入账科目

增加方式	对应入账科目	减少方式	对应入账科目
直接购入	100201	报废	固定资产清理（1606）
投资者投入	4001		

（4）原始卡片，如附表 1-18 所示。

附表 1-18　　原始卡片

卡片编号	00001	00002	00003	00004	00005	00006	00007
固定资产名称	联想电脑	联想电脑	联想电脑	联想电脑	联想电脑	2 台装订机	运输车
使用状况	在用	在用	在用	在用	在用	在用	在用
增加方式	直接购入	直接购入	直接购入	直接购入	直接购入	直接购入	直接购入
类别名称	办公设备	办公设备	办公设备	办公设备	办公设备	机械设备	交通工具
折旧方法	平均年限法（一）						
是否多部门使用	否	否	否	否	否	是	是
使用部门	综合管理部	财务部	采购部	销售部	仓管部	一车间 50% 二车间 50%	销售部 60% 采购部 40%
开始使用日期	2013.01.01	2014.01.01	2014.01.01	2014.01.01	2014.01.01	2013.12.01	2013.01.01
使用年限（月）	36	36	36	36	36	120	60
原值（元）	5 000	5 000	5 000	5 000	5 000	50 000	90 000
净残值率	0.03	0.03	0.03	0.03	0.03	0.05	0.05
累计折旧（元）	3 093.5	1 748.5	1 748.5	1 748.5	1 748.5	5 350.0	3 550.0

4. 薪资管理期初设置

（1）工资选项设置，如附表 1-19 所示。

附表 1-19　　工资选项设置

工资类别	多工资类别
扣税设置	从工资中代扣所得税
	按照“实发合计”扣缴所得税
	税率基数 1 600

（2）工资类别设置，如附表 1-20 所示。

附表 1-20　　工资类别设置

类别编码	类别名称	部门
001	在职人员	全部部门
002	退休人员	生产部门

（3）“在职人员”需增加的工资项目，如附表 1-21 所示。

附表 1-21　　需增加的工资项目

工资项目名称	类型	长度	小数	增减项
基本工资	数字	8	2	增项
岗位工资	数字	8	2	增项
奖金	数字	8	2	增项
福利费	数字	8	2	减项
事假天数	数字	8	0	其他
事假扣款	数字	8	2	减项
病假天数	数字	8	2	其他
病假扣款	数字	8	2	减项
加班费	数字	8	2	增项
加班天数	数字	8	0	其他
通信费	数字	8	0	增项

（4）人员附加信息设置，如附表 1-22 所示。

附表 1-22　　人员附加信息设置

信息名称	参照档案
性别	男、女
学历	本科、专科

（5）在职人员档案，如附表 1-23 所示。

附表 1-23　　在职人员档案

代码	姓名	部门	性别	职员类别	学历	中方人员	计税	现金发放
004	王小刚	综合管理部	男	企业管理人员	本科	是	是	是
005	王波	综合管理部	男	企业管理人员	本科	是	是	是
001	张成明	财务部	男	企业管理人员	本科	是	是	是

续表

代码	姓名	部门	性别	职员类别	学历	中方人员	计税	现金发放
002	李云	财务部	女	企业管理人员	本科	是	是	是
003	冯晶	财务部	女	企业管理人员	本科	是	是	是
006	成邢	销售部	男	经营人员	本科	是	是	是
007	李言	销售部	女	经营人员	专科	是	是	是
008	杨明	采购部	女	经营人员	专科	是	是	是
009	李风	一车间	女	车间管理人员	专科	是	是	是
010	张平	二车间	男	生产人员	专科	是	是	是

（6）“在职人员”工资计算公式。

① 通信费：销售部和采购部人员 200 元/月，其他部门 100 元/月。

公式：IFF（部门＝“销售部”，200，IFF（部门＝“采购部”，200，100））

② 事假扣款＝事假天数×40

病假扣款＝病假天数×40

加班费＝加班天数×100

三、企业3月发生如下经济业务

运行“U8-V10.1”，由操作员 LY 登录 001 账套，密码无，操作日期为 2015-3-31。

要求：凭证由操作员 LY 李云填制、记账、对账并结账；FJ 冯晶进行出纳签字；ZCM 张成明审核。

（1）3 月 1 日，收到投资方投资资金 100 000 美元（转账票号：Z001，现金流量项目：17）。

借：银行存款—工行—工行美元账户　　100 000

　贷：实收资本　　100 000

（2）3 月 2 日，销售部成邢向北京世纪华联公司销售网络考试系统 10 套，无税单价 15 000 元/套，增值税税额按增值税税率 17%计算。货已发出，货款尚未收回。

借：应收账款　　175 500

　贷：主营业务收入　　150 000

　　应交税费—应交增值税—销项税额　　25 500

（3）3 月 3 日，销售部李言向零售客户上海万邦公司销售一套网络考试系统，无税单价 20 000 元/套，增值税税额按增值税税率 17%计算，货已发出，款项建行转账支票全额支付（转账票号：Z002，现金流量项目：01）。

借：银行存款—建行　　23 400

　贷：主营业务收入—网络考试系统　　20 000

　　应交税费—应交增值税—销项税额　　3 400

（4）3 月 5 日，购入装订机一台交生产一部使用，价值 30 000 元，增值税税额按增值税税率 17%计算，建行转账支票支付（转账票号：Z003，现金流量项目：13）。

借：固定资产　　30 000

　应交税费—应交增值税—进项税额　　5 100

　贷：银行存款—建行　　35 100

（5）3 月 6 日，收到北京世纪华联公司建行转账支票一张，面值 200 000 元，抵付所欠货款，剩余部分作为预收账款处理（转账票号：Z004，现金流量项目：01）。

借：银行存款—建行 200 000
　　贷：应收账款 175 500
　　　　预收账款 24 500

（6）3 月 9 日，采购部杨明向北京科技印刷厂订购使用说明书 500 本，含税单价 11 元/本，建行转账支票支付货款，包含前欠北京科技印刷厂所有货款一并支付。注：保留两位小数（转账票号：Z005，现金流量项目：04）。

借：原材料—使用说明书 4 565
　　应付账款—北京科技印刷厂 20 000
　　应交税费—应交增值税—进项税额 935
　　贷：银行存款—建行 25 500

（7）3 月 11 日，销售部李言向批发商哈尔滨飞机制造厂销售 20 套 ERP 学习中心，无税单价 30 000 元/套，增值税税额按增值税税率 17%计算，货已发出，货款尚未收到。注：增加新增客户信息。

借：应收账款 702 000
　　贷：主营业务收入—ERP 学习中心 600 000
　　　　应交税费—应交增值税—销项税额 102 000

（8）3 月 15 日，综合管理部购买办公用品，现金支付 1 000 元，并于当天发送各部门使用，财务部分摊办公费用，分摊明细如附表 1-24 所示（现金流量项目：07）。

附表 1-24 分摊明细

部门	金额
综合管理部	300
财务部	100
销售部	300
采购部	200
仓管部	100

借：管理费用—办公费 300（综合管理部）
　　管理费用—办公费 100（财务部）
　　管理费用—办公费 200（采购部）
　　管理费用—办公费 100（仓管部）
　　销售费用—办公费 300（销售部）
　　贷：库存现金 1 000

（9）3 月 20 日，收到哈尔滨飞机制造厂前欠货款 702 000 元，工行转账支票支付（转账票号：Z006，现金流量项目：01）。

借：银行存款—工行 702 000
　　贷：应收账款 702 000

（10）3 月 22 日，综合管理部电脑损坏，采购部 2014.01.01 启用的联想电脑转入综合管理部使用（变动单-部门转移）。

（11）3 月 25 日，计提本月工资，工资明细表如附表 1-25 所示。

附表 1-25 工资明细

代码	姓名	基本工资（元）	岗位工资（元）	事假天数	病假天数	奖金（元）	加班天数
004	王小刚	5 000	1 000	1		1 000	5
005	王波	2 000	800		2	800	4
001	张成明	3 000	500		1	500	7
002	李云	2 000	500			500	
003	冯晶	1 500	500	1		500	
006	成邢	3 000	800		1	800	
007	李言	2 500	500			800	2
008	杨明	2 500	500			500	3
009	李风	3 000	600	1		500	
010	张平	1 500	500		1	600	2

（12）3 月 25 日，分摊构成设置（按工资总额的 14% 计提福利费）如附表 1-26 所示。

附表 1-26 分摊构成设置

计提类型名称	部门名称	人员类别	项目	借方科目	贷方科目
应付工资	综合管理部、财务部、仓管部、采购部	管理人员、行政人员、采购人员、仓管人员	应发合计	管理费用-工资（660201）	应付工资（221101）
	销售部	营销人员、管理人员	应发合计	销售费用-工资（660101）	应付工资（221101）
	生产一部、生产二部	生产人员	应发合计	生产成本-直接人工（500102）	应付工资（221101）
	生产一部、生产二部	管理人员	应发合计	制造费用-工资（510102）	应付工资（221101）
应付福利费	综合管理部门、财务部、仓管部、采购部	管理人员、行政人员、采购人员、仓管人员	应发合计	管理费用-福利费（660202）	应付福利费（221102）
	销售部	营销人员、管理人员	应发合计	销售费用-福利费（660102）	应付福利费（221102）
	生产一部、生产二部	生产人员	应发合计	生产成本-直接福利费（500103）	应付福利费（221102）
	生产一部、生产二部	管理人员	应发合计	制造费用-福利费（510104）	应付福利费（221102）

（13）3 月 26 日，计提本月折旧费，并生成折旧凭证（固定资产模块自动生成）。

（14）3 月 28 日，建行现金支票提取现金，并于当天发放工资（票号：X001；分两张凭证）。

借：库存现金　　43 662

　　贷：银行存款—建行　　43 662

借：应付职工薪酬—应付工资　　38 300

　　应付职工薪酬—应付福利费　　5 362

　　贷：库存现金　　43 662

（15）3 月 28 日，对总账所有凭证进行出纳签字、审核、记账等操作。

注意

以下业务题每生成一张凭证都要对凭证进行审核、记账操作。

（16）3 月 29 日，生产部领取原料，包括光盘 50 包，使用说明书 200 本，用于生产产品，结转材料成本（使用自定义结转）。

借：生产成本—直接材料

贷：原材料—光盘

原材料—使用说明书

（17）3 月 31 日，结转制造费用，结转到生产成本—制造费用科目（使用自定义结转）。

借：生产成本—制造费用

贷：制造费用—折旧费

制造费用—工资

制造费用—办公费

制造费用—福利费

（18）3 月 31 日，产成品入库，明细表如附表 1-27 所示。全额结转生产成本（使用自定义结转）。

附表 1-27　　　　产成品明细

产品名称	入库数量
会计电算化实训软件	60
网络考试系统	60
ERP 学习中心	90

借：库存商品—会计电算化实训软件

库存商品—网络考试系统

库存商品—ERP 学习中心

贷：生产成本—直接材料

生产成本—直接人工

生产成本—直接福利费

生产成本—制造费用

（19）3 月 31 日，结转销售成本（使用销售成本结转）。

借：主营业务成本—会计电算化实训软件

主营业务成本—网络考试系统

主营业务成本—ERP 学习中心

贷：库存商品—会计电算化实训软件

库存商品—网络考试系统

库存商品—ERP 学习中心

（20）3 月 31 日，汇兑损益结转，汇率调整为 6.826 3（汇兑损益科目设置为“财务费用”，现金流量项目：23）。

（21）3 月 31 日，期间损益结转。

（22）3 月 31 日，对薪资管理结账。

（23）3 月 31 日，对固定资产管理结账。

（24）3 月 31 日，总账凭证进行出纳签字、审核、记账、结账操作。

四、报表业务处理

运行 U8-V10.1，由操作员 ZCM 登录 001 账套，操作日期为 2015 年 3 月 31 日。进入财务报表。

（1）调用报表模板，生成资产负债表，要求资产负债表平衡。保存在考生文件夹“%testdir%”下，文件名称为“资产负债表”。

（2）调用报表模板，生成现金流量表，设置现金流量公式，计算当月现金流量数据。保存在考生文件夹“%testdir%”下，文件名称为“现金流量表”。

附1.4 操作指导

一、系统管理

1. 启动系统管理

执行“开始”|“程序”|“用友 ERP-U8-V10.1”|“系统服务”|“系统管理”命令，启动系统管理。

2. 以系统管理员身份登录系统管理

（1）执行“系统”|“注册”命令，打开“登录”系统管理对话框。

（2）系统中预先设定了一个系统管理员 admin，第一次运行时，系统管理员密码为空，选择系统默认账套（default），单击“确定”按钮，以系统管理员身份进入系统管理。

3. 修改操作员权限

（1）执行“权限”|“权限”命令，进入“权限”窗口。

（2）选中列表中相应的用户，单击工具栏上的“修改”按钮，按列表中所示资料修改操作员权限。

（3）单击“保存”按钮结束，再单击工具栏上的“退出”按钮，返回“系统管理”窗口。

二、基础设置

1. 增加会计科目及期初余额

执行“开始”|“程序”|“用友 ERP-U8-V10.1”|“企业应用平台”命令，打开“登录”对话框。输入操作员“demo”；输入密码“DEMO”；在“账套”下拉列表框中选择“004 宏腾软件有限公司”；更改操作日期为“2015-03-31”；单击“确定”按钮，进入“用友 ERP-U8”窗口。

（1）增加会计科目。

① 在“企业应用平台”|“基础设置”选项卡中，执行“基础档案”|“财务”|“会计科目”命令，进入“会计科目”窗口，显示所有“按新会计制度”预置的科目。

② 单击“增加”按钮，进入“会计科目-新增”窗口，输入实验资料中所给的明细科目。

③ 输入明细科目相关内容。输入编码“100201”、科目名称“建行”；选择“日记账”“银行账”，单击“确定”按钮。

④ 继续单击“增加”按钮，输入实验资料中其他明细科目的相关内容。

⑤ 全部输入完成后，单击“关闭”按钮。

（2）修改会计科目。

① 在“会计科目”窗口中，单击要修改的会计科目“1001”。

② 单击“修改”按钮或双击该科目，进入“会计科目-修改”窗口。

③ 单击“修改”按钮，选中“日记账”复选框，单击“确定”按钮。

④ 按实验资料内容修改其他科目的辅助核算属性，修改完成后，单击“返回”按钮。

（3）输入期初余额。

① 在总账管理系统中，执行“设置”|“期初余额”命令，进入“期初余额录入”窗口。

② 直接输入末级科目（底色为白色）的累计发生额和期初余额，上级科目的累计发生额和期初余额自动填列。

③ 设置了辅助核算的科目底色显示为淡黄色，其累计发生额可直接输入，但期初余额的录入要到相应的辅助账中进行。其操作方法是：双击设置了辅助核算属性的科目的期初余额栏，进入相应的辅助账窗口，按明细输入每笔业务的金额，完成后单击“退出”按钮，辅助账余额自动转到总账。

④ 输完所有科目余额后，单击“试算”按钮，打开“期初余额试算平衡表”对话框。

⑤ 若期初余额不平衡，则对照数据修改期初余额；若期初余额试算平衡，单击“退出”按钮。

（4）指定会计科目。

① 在“会计科目”窗口中，执行“编辑”|“指定科目”命令，进入“指定科目”窗口。

② 选择“现金科目”单选按钮，将“库存现金（1001）”由待选科目选入已选科目。

③ 选择“银行科目”单选按钮，将“银行存款（1002）”由待选科目选入已选科目。

④ 选择“现金流量科目”单选按钮，将“库存现金（1001）”“建行（100201）”“工行（100202）”等由待选科目选入已选科目。

⑤ 选择“确定”按钮。

2. 固定资产期初设置

（1）资产类别的设置。

① 选择“固定资产”|“设置”|“资产类别”命令，打开“资产类别”窗口，单击“增加”按钮，自动切换到“单张视图”选项卡，在“类别名称”中输入“办公设备”，“净残值率”中输入“3”，“计提属性”选择“正常计提”，单击“保存”按钮，即可完成对“01”资产类别的设置。

②“02”“03”资产类别参照“01 办公设备”的操作方法设置。

（2）部门对应折旧科目的设置。

① 选择“财务会计”|“固定资产”|“设置”|“部门对应折旧科目”命令，在弹出的窗口中选择左边列表框中的“财务部”。

② 单击工具栏中的“修改”按钮，自动切换到单张视图选项卡，单击“折旧科目”后面的⋯按钮，弹出“科目参照”对话框，选择折旧科目为“660204 管理费用|折旧费”，单击“保存”按钮，完成采购部对应折旧科目的设置。

③ 以同样的方法完成其他部门的折旧科目设置。

（3）增减方式对应科目的设置。

① 选择“固定资产”|“设置”|“增减方式”命令，打开“增减方式”窗口，在增减方式目录表中，选中“直接购入”增加方式。

② 单击“修改”按钮，自动切换到“单张视图”选项卡，单击“对应入账科目”后面的⋯按钮，弹出“科目参照”对话框，选择对应入账科目为“100201 建行”，单击“保存”按钮。

③ 其他增减方式的对应入账科目的设置方法类似。

（4）固定资产原始卡片录入。

① 选择“财务会计”|“固定资产”|“卡片”|“录入原始卡片”命令，弹出“固定资产类别档案”对话框。

② 选择“01 办公设备”，单击“确定”按钮，进入“固定资产卡片录入”窗口，在使用部

门中选择或输入“综合管理部”，增加方式为“直接购入”，可使用年限为“36”，启用日期为“2008-01-01”，折旧方法为“平均年限法（一）”，净残值率均为 3%，使用状况均为“在用”，原值为“5 000”，累计折旧为“3 093.5”，单击“保存”按钮，卡片 0001 输入完毕。

③ 其他固定资产卡片的录入操作方法类似。

3. 薪资管理期初设置

（1）扣税设置。在“企业应用平台”窗口的“业务工作”列表框中，选择“人力资源”|“薪资管理”|“设置”|“选项”命令，单击“编辑”按钮，在“扣税设置”选项卡的“税率设置”按钮左边的下拉列表中进行选择“扣税基数”工资项目，单击“税率设置”后，将“基数”调整为“1 600”。

（2）人员类别设置。在“企业应用平台”窗口的“基础设置”列表框中，选择“基础档案”|“机构人员”|“人员类别”，进入“人员类别”窗口，单击工具栏上的“增加”按钮，“档案编码”中输入“001”，“档案名称”中输入“在职人员”，单击“确定”按钮，可继续增加其他人员类别。

（3）工资项目设置。

① 在“企业应用平台”窗口的“业务工作”列表框中，选择“人力资源”|“薪资管理”|“设置”|“工资项目设置”命令，进入“工资项目设置”对话框。

② 单击“增加”按钮，在“名称参照”中选择“基本工资”，双击“类型”，在下拉列表中选择“数字”，双击“长度”，微调至“8”，采用“小数”默认值“2”，采用“增加项”默认值“增项”。

在“名称参照”中若没有该工资项目，单击“增加”按钮，在工资项目列表中增加一空白行，输入“纳税基数”即可。可参照以上两个工资项目来对其他工资项目进行设置，使其与案例中要求的一致。

③ 增加完毕后，可通过“上移”“下移”对工资项目的位置进行调整。

（4）人员附加信息设置。选择“人力资源”|“薪资管理”|“设置”|“人员附加信息设置”命令，单击“增加”按钮，在“信息名称”文本框中输入“性别”，单击“确定”按钮，勾选“是否参照”，单击“参照档案”，输入“男”，单击“增加”按钮即可继续添加内容。

人员附加信息“学历”的设置方法与之类似。

（5）人员档案设置。

① 在“企业应用平台”窗口的“业务工作”列表框中，选择“人力资源”|“薪资管理”|“工资类别”|“打开工资类别”命令，选择“基本人员”工资类别，单击“确定”按钮。

② 执行“薪资管理”|“设置”|“人员档案”命令，打开“人员档案”对话框，单击“增加”按钮，在“人员档案明细”对话框中，参照案例资料逐个输入“人员编号”“人员姓名”等资料。

（6）计算公式设置。选择“薪资管理”|“设置”|“工资项目设置”|“公式设置”，单击“增加”按钮，从下拉列表中选择“事假扣款”，然后单击“事假扣款公式定义”输入框，单击“工资项目”中的“事假天数”，选择“公式输入参照运算符”中的乘号，然后输入“40”，单击“公式确认”，完成事假扣款的自定义公式设置。

其他工资项目的公式设置可参照“事假扣款”工资项目进行。

三、企业3月份发生如下经济业务

运行“U8-V10.1”，由操作员 GJ 登录 004 账套，密码无，操作日期为 2015-3-31。

1. 业务1～业务9 填制凭证

（1）以制单员 GJ 的身份注册登录"企业应用平台"。

（2）在"企业应用平台"窗口中选择"业务工作"中的"财务会计"|"总账"|"凭证"|"填制凭证"双击，打开"填制凭证"设置窗口。

（3）单击工具栏上的按钮或者按 F5 键，激活凭证填制界面。在凭证类别框中直接输入凭证类别字"收"或参照选择"收 收款凭证"，系统自动进行凭证编号。单击制单日期处，直接录入制单日期。

（4）输入摘要；科目名称"银行存款/中行存款"，由于涉及外币核算，系统自动弹出"辅助项"对话框，录入有关结算方式"202"，票号"Z001"。

（5）在"外币"栏中录入金额"100 000"后回车，借方金额自动计算得出结果。

（6）回车自动转到下一行，摘要栏信息自动复制填入，录入科目名称"实收资本"，贷方金额"682 000"。全部输入完毕后，单击工具栏上的按钮，弹出对话框显示"凭证已成功保存"，如果想修改辅助内容，可以直接在凭证界面下方对应的辅助栏中双击。

其他凭证的增加方法与此类似。

2. 业务10 固定资产变动单

本业务属于"固定资产变动管理-部门转移"业务

选择"固定资产"|"卡片"|"变动单"|"部门转移"命令，打开"固定资产变动单-部门转移"窗口，在卡片编号中选择或直接输入"00003"，单击"变动后部门"按钮，选择"综合管理部"，单击工具栏中的"保存"按钮，弹出信息提示框，单击"确定"按钮，完成。

3. 业务11 工资变动处理

（1）在"企业应用平台"的"业务工作"列表框中，打开"人力资源"|"薪资管理"|"业务处理"|"工资变动"命令，显示"工资变动"窗口。

（2）可以根据表中的数据直接录入，也可以单击"工资变动"窗口中工具栏上的"编辑"按钮，打开"工资数据录入-页编辑"对话框，录完一个员工，单击"保存"按钮进行保存后，自动切换到下一个员工，录入完毕后保存，然后关闭本对话框即可。

（3）录入完成后，单击工具栏上的"汇总"按钮，就可对本月发放的工资数据进行汇总。

4. 业务12 工资分摊及福利费计提

（1）在"企业应用平台"的"业务工作"列表框中，双击"人力资源"|"薪资管理"|"业务处理"|"工资分摊"命令，在"工资分摊"对话框中，单击"工资分摊设置"按钮，单击"增加"按钮，在"分摊计提比例设置"对话框中输入"福利费"，分摊计提比例为"14%"。

（2）单击"下一步"按钮后，进行"分摊构成设置"，其中"管理人员、行政人员、采购人员、营销人员、生产人员、仓管人员"借方科目为"管理费用—福利费"，"销售人员"借方科目为"销售费用—福利费"，贷方科目均为"应付职工薪酬—应付职工福利费"。

（3）按照同样的步骤，设置"应付职工工资"的计提类型。

（4）选择"薪资管理"|"业务处理"|"工资分摊"，选中全部"计提费用类型"和全部"选择核算部门"，选择一种"计提分配方式"，选择"明细到工资项目"，单击"确定"后，得到工资分摊明细表。

（5）单击"制单"按钮，系统提示设置凭证类别，选择"转账凭证"，单击"保存"按钮，凭证左上角显示"已生成"字样，即可将凭证传递到总账系统中。

用同样的操作，可生成应付福利费的转账凭证。

5. 业务13 计提本月折旧

（1）计提折旧。选择“固定资产”|“处理”|“计提本月折旧”命令，弹出“是否查看折旧清单？”信息提示框，单击“否”按钮，系统继续弹出“本操作将计提本月折旧，并花费一定时间，是否要继续”信息提示框，选择“是”按钮，系统自动计提本月折旧。

（2）生成凭证。保存固定资产变动单后，弹出“填制凭证”窗口，选择凭证类型为“转账凭证”，并保存。

6. 业务14 填制凭证（略）

7. 业务15 出纳签字、审核、记账

分别以具有相应权限的操作员的身份登录“企业应用平台”进行如下操作。

（1）出纳签字。

① 执行“凭证”|“出纳签字”命令，打开“出纳签字”查询条件对话框。

② 输入查询条件，选择“全部”单选按钮。

③ 单击“确认”按钮，进入“出纳签字”的凭证列表窗口。

④ 双击某一要签字的凭证或者单击“确定”按钮，进入“出纳签字”的签字窗口。

⑤ 单击“签字”按钮，凭证底部的“出纳”位置被自动签上出纳人姓名。

⑥ 单击“下张”按钮，对其他凭证签字，最后单击“退出”按钮。

（2）审核凭证。

① 执行“凭证”|“审核凭证”命令，打开“凭证审核”查询条件对话框。

② 输入查询条件，单击“确认”按钮，进入“凭证审核”的凭证列表窗口。

③ 双击要审核的凭证或单击“确定”按钮，进入“凭证审核”的审核凭证窗口。

④ 检查要审核的凭证，无误后，单击“审核”按钮，凭证底部的“审核”处自动签上审核人姓名。

⑤ 单击“下张”按钮，对其他凭证签字，最后单击“退出”按钮。

（3）记账。

① 执行“凭证”|“记账”命令，进入“记账”窗口。

② 选择要进行记账的凭证范围。在凭证的“记账范围”栏中单击“全选”按钮，选择所有凭证，单击“下一步”按钮。

③ 显示记账报告，如果需要打印记账报告，可单击“打印”按钮。如果不打印记账报告，单击“下一步”按钮。

④ 记账，单击“记账”按钮，打开“期初试算平衡表”对话框，单击“确认”按钮，系统开始登录有关的总账和明细账、辅助账。登记完后，弹出“记账完毕”信息提示框。

⑤ 单击“确定”按钮，记账完毕。

8. 业务16～业务18 自定义结转

（1）自定义结转设置。

① 在业务工作界面的总账系统中，执行“期末”|“转账定义”|“自定义转账”命令，进入“自定义转账设置”窗口。

② 单击“增加”按钮，打开“转账目录”设置对话框。

③ 输入转账序号，转账说明“生产部领取原料”；选择凭证类别“转账凭证”。

④ 单击“确定”按钮，继续定义转账凭证分录信息。

⑤ 确定分录的借方信息。选择科目编码“500101”，方向“借”；输入金额公式“QM（500101，月）”。

⑥ 单击“增行”按钮，确定分录的贷方信息。选择科目编码“160101”，方向“贷”；输入金额公式“QM（160101，月）”，输入正确后保存。

⑦ 单击“增行”按钮，确定分录的贷方信息。选择科目编码“160102”，方向“贷”；输入金额公式“QM（160102，月）”，输入正确后保存。

（2）自定义转账生成。

① 执行“期末”|“转账生成”命令，进入“转账生成”窗口。

② 选择“自定义转账”单选按钮，单击“全选”按钮。

③ 再单击“确定”按钮，生成转账凭证。

④ 单击“保存”按钮，凭证左上角显示“已生成”字样，系统自动将当前凭证追加到未记账凭证中。

⑤ 生成的转账凭证仍需审核才能记账。

其他自定义转账业务的操作步骤与此类似。

9. 业务19 销售成本结转

销售成本结转，是将月末库存商品（或产成品）销售数量乘以库存商品（或产成品）的平均单价计算各类商品销售成本并进行结转。

此项结转涉及3个会计科目——“库存商品”“主营业务收入”和“主营业务成本”，要求其科目结构设置必须相同且一一对应，同时均设置为数量核算。若想对带往来辅助核算的科目结转成本，需要通过自定义结转的方式进行定义。

10. 业务20 汇兑损益结转

用于期末自动计算外币账户的汇兑损益，并在转账生成中自动生成汇兑损益转账凭证，汇兑损益只处理外汇存款账户、外币现金账户、外币结算的各项债权和债务，不包括所有者权益类账户、成本类账户和损益类账产。

11. 业务21 期间损益结转

（1）期间损益结转设置。

① 执行“期末”|“转账定义”|“期间损益”命令，进入“期间损益结转设置”窗口。

② 选择凭证类别“转账凭证”，选择本年利润科目“4103”，单击“确定”按钮。

（2）期间损益结转生成。

① 执行“期末”|“转账生成”命令，进入“转账生成”窗口。

② 选择“期间损益结转”单选按钮，选择所有收入类科目，生成转账凭证；然后选择成本费用类科目生成另一张。

12. 业务22～业务24 薪资管理系统、固定资产管理系统、总账结账（步骤略）

四、报表业务处理

1. 调用资产负债表模板

（1）在格式状态下，执行“格式”|“报表模板”命令，打开“报表模板”对话框。

（2）选择所在的行业“新会计制度科目”，财务报表“资产负债表”。

（3）单击“确认”按钮，系统弹出“模板格式将覆盖本表格式！是否继续？”信息提示框。

（4）单击“确定”按钮，即可打开“资产负债表”模板。

2. 调整报表模板

（1）单击“数据/格式”按钮，将“资产负债表”处于格式状态。

（2）根据本单位的实际情况，调整报表格式，修改报表公式。

（3）保存调整后的报表模板。

3. 生成资产负债表数据

（1）在数据状态下，执行“数据”|“关键字”|“录入”命令，打开“录入关键字”对话框。

（2）输入关键字“2015 年 03 月 31 日”。

（3）单击“确认”按钮，系统弹出“是否重算第 1 页？”信息提示框。

（4）单击“是”按钮，系统会自动根据单元公式计算 3 月数据；单击“否”按钮，系统不计算 3 月数据，以后可利用“表页重算”功能生成 3 月数据。

（5）单击工具栏上的“保存”按钮，将生成的报表数据保存。

注意

以同样的方法生成 2015 年 3 月现金流量表。

附录二 企业会计信息化工作规范

2013 年 12 月 6 日，财政部以财会〔2013〕20 号印发《企业会计信息化工作规范》。该《工作规范》分总则、会计软件和服务、企业会计信息化、监督、附则 5 章 49 条，自 2014 年 1 月 6 日起施行。1994 年 6 月 30 日财政部发布的《商品化会计核算软件评审规则》（财会字〔1994〕27 号）和《会计电算化管理办法》（财会字〔1994〕27 号）予以废止。

一、基本信息

财政部关于印发《企业会计信息化工作规范》的通知

财会〔2013〕20 号

各省、自治区、直辖市、计划单列市财政厅（局），新疆生产建设兵团财务局，有关企业。

为推动企业会计信息化，节约社会资源，提高会计软件和相关服务质量，规范信息化环境下的会计工作，我部制定了《企业会计信息化工作规范》（以下简称《工作规范》）。现予印发，请遵照执行。

《工作规范》施行前已经投入使用的会计软件不符合工作规范要求的，应当自《工作规范》施行之日起 3 年内进行升级完善，达到要求。

财政部

2013 年 12 月 6 日

二、工作规范

企业会计信息化工作规范

第一章 总则

第一条 为推动企业会计信息化，节约社会资源，提高会计软件和相关服务质量，规范信息化环境下的会计工作，根据《中华人民共和国会计法》《财政部关于全面推进我国会计信息化工作的指导意见》（财会〔2009〕6 号），制定本规范。

第二条 本规范所称会计信息化，是指企业利用计算机、网络通信等现代信息技术手段开展会计核算，以及利用上述技术手段将会计核算与其他经营管理活动有机结合的过程。

本规范所称会计软件，是指企业使用的，专门用于会计核算、财务管理的计算机软件、软件系统或者其功能模块。会计软件具有以下功能。

（1）为会计核算、财务管理直接采集数据。

（2）生成会计凭证、账簿、报表等会计资料。

（3）对会计资料进行转换、输出、分析、利用。

本规范所称会计信息系统，是指由会计软件及其运行所依赖的软、硬件环境组成的集合体。

第三条 企业（含代理记账机构，下同）开展会计信息化工作，软件供应商（含相关咨询服务机构，下同）提供会计软件和相关服务，适用本规范。

第四条 财政部主管全国企业会计信息化工作，主要职责如下。

（1）拟订企业会计信息化发展政策。

（2）起草、制定企业会计信息化技术标准。

（3）指导和监督企业开展会计信息化工作。

（4）规范会计软件功能。

第五条 县级以上地方人民政府财政部门管理本地区企业会计信息化工作，指导和监督本地区企业开展会计信息化工作。

第二章 会计软件和服务

第六条 会计软件应当保障企业按照国家统一会计准则制度开展会计核算，不得有违背国家统一会计准则制度的功能设计。

第七条 会计软件的界面应当使用中文并且提供对中文处理的支持，可以同时提供外国或者少数民族文字界面对照和处理支持。

第八条 会计软件应当提供符合国家统一会计准则制度的会计科目分类和编码功能。

第九条 会计软件应当提供符合国家统一会计准则制度的会计凭证、账簿和报表的显示和打印功能。

第十条 会计软件应当提供不可逆的记账功能，确保对同类已记账凭证的连续编号，不得提供对已记账凭证的删除和插入功能，不得提供对已记账凭证日期、金额、科目和操作人的修改功能。

第十一条 鼓励软件供应商在会计软件中集成可扩展商业报告语言（XBRL）功能，便于企业生成符合国家统一标准的XBRL财务报告。

第十二条 会计软件应当具有符合国家统一标准的数据接口，满足外部会计监督需要。

第十三条 会计软件应当具有会计资料归档功能，提供导出会计档案的接口，在会计档案存储格式、元数据采集、真实性与完整性保障方面，符合国家有关电子文件归档与电子档案管理的要求。

第十四条 会计软件应当记录生成用户操作日志，确保日志的安全、完整，提供按操作人员、操作时间和操作内容查询日志的功能，并能以简单易懂的形式输出。

第十五条 以远程访问、云计算等方式提供会计软件的供应商，应当在技术上保证客户会计资料的安全、完整。对于因供应商原因造成客户会计资料泄露、毁损的，客户可以要求供应商承担赔偿责任。

第十六条 客户以远程访问、云计算等方式使用会计软件生成的电子会计资料归客户所有。

软件供应商应当提供符合国家统一标准的数据接口供客户导出电子会计资料，不得以任何理由拒绝客户导出电子会计资料的请求。

第十七条　以远程访问、云计算等方式提供会计软件的供应商，应当做好本厂商不能维持服务的情况下，保障企业电子会计资料安全以及企业会计工作持续进行的预案，并在相关服务合同中与客户就该预案做出约定。

第十八条　软件供应商应当努力提高会计软件相关服务质量，按照合同约定及时解决用户使用中的故障问题。

会计软件存在影响客户按照国家统一会计准则制度进行会计核算问题的，软件供应商应当为用户免费提供更正程序。

第十九条　鼓励软件供应商采用呼叫中心、在线客服等方式为用户提供实时技术支持。

第二十条　软件供应商应当就如何通过会计软件开展会计监督工作，提供专门教程和相关资料。

第三章　企业会计信息化

第二十一条　企业应当充分重视会计信息化工作，加强组织领导和人才培养，不断推进会计信息化在本企业的应用。

除本条第三款规定外，企业应当指定专门机构或者岗位负责会计信息化工作。

未设置会计机构和配备会计人员的企业，由其委托的代理记账机构开展会计信息化工作。

第二十二条　企业开展会计信息化工作，应当根据发展目标和实际需要，合理确定建设内容，避免投资浪费。

第二十三条　企业开展会计信息化工作，应当注重信息系统与经营环境的契合，通过信息化推动管理模式、组织架构、业务流程的优化与革新，建立健全的、适应信息化工作环境的制度体系。

第二十四条　大型企业、企业集团开展会计信息化工作应当注重整体规划，统一技术标准、编码规则和系统参数，实现各系统的有机整合，消除“信息孤岛”。

第二十五条　企业配备的会计软件应当符合本规范第二章要求。

第二十六条　企业配备会计软件，应当根据自身技术力量以及业务需求，考虑软件功能、安全性、稳定性、响应速度、可扩展性等要求，合理选择购买、定制开发、购买与开发相结合等方式。

定制开发包括企业自行开发、委托外部单位开发、企业与外部单位联合开发。

第二十七条　企业通过委托外部单位开发、购买等方式配备会计软件，应当在有关合同中约定操作培训、软件升级、故障解决等服务事项，以及软件供应商对企业信息安全的责任。

第二十八条　企业应当促进会计信息系统与业务信息系统的一体化，通过业务的处理直接驱动会计记账，减少人工操作，提高业务数据与会计数据的一致性，实现企业内部信息资源共享。

第二十九条　企业应当根据实际情况，开展本企业信息系统与银行、供应商、客户等外部单位信息系统的互联，实现外部交易信息的集中自动处理。

第三十条　企业进行会计信息系统前端系统的建设和改造，应当安排负责会计信息化工作的专门机构或者岗位参与，充分考虑会计信息系统的数据需求。

第三十一条　企业应当遵循企业内部控制规范体系要求，加强对会计信息系统规划、设计、开发、运行、维护全过程的控制，将控制过程和控制规则融入会计信息系统，实现对违反控制规则情况的自动防范和监控，提高内部控制水平。

第三十二条　对于信息系统自动生成且具有明晰审核规则的会计凭证，可以将审核规则嵌入会计软件，由计算机自动审核。未经自动审核的会计凭证，应当先经人工审核再行后续处理。

第三十三条　处于会计核算信息化阶段的企业，应当结合自身情况，逐步实现资金管理、资产管理、预算控制、成本管理等财务管理信息化。

处于财务管理信息化阶段的企业，应当结合自身情况，逐步实现财务分析、全面预算管理、风险控制、绩效考核等决策支持信息化。

第三十四条　分公司、子公司数量多、分布广的大型企业、企业集团应当探索利用信息技术促进会计工作的集中，逐步建立财务共享服务中心。

实行会计工作集中的企业以及企业分支机构，应当为外部会计监督机构及时查询和调阅异地储存的会计资料提供必要条件。

第三十五条　外商投资企业使用的境外投资者指定的会计软件或者跨国企业集团统一部署的会计软件，应当符合本规范第二章要求。

第三十六条　企业会计信息系统数据服务器的部署应当符合国家有关规定。数据服务器部署在境外的，应当在境内保存会计资料备份，备份频率不得低于每月一次。境内备份的会计资料应当能够在境外服务器不能正常工作时，独立满足企业开展会计工作的需要以及外部会计监督的需要。

第三十七条　企业会计资料中对经济业务事项的描述应当使用中文，可以同时使用外国或者少数民族文字对照。

第三十八条　企业应当建立电子会计资料备份管理制度，确保会计资料的安全、完整和会计信息系统的持续、稳定运行。

第三十九条　企业不得在非涉密信息系统中存储、处理和传输涉及国家秘密，关系国家经济信息安全的电子会计资料；未经有关主管部门批准，不得将其携带、寄运或者传输至境外。

第四十条　企业内部生成的会计凭证、账簿和辅助性会计资料，同时满足下列条件的，可以不输出纸面资料。

（1）所记载的事项属于本企业重复发生的日常业务。

（2）由企业信息系统自动生成。

（3）可及时在企业信息系统中以人类可读形式查询和输出。

（4）企业信息系统具有防止相关数据被篡改的有效机制。

（5）企业对相关数据建立了电子备份制度，能有效防范自然灾害、意外事故和人为破坏的影响。

（6）企业对电子和纸面会计资料建立了完善的索引体系。

第四十一条　企业获得的需要外部单位或者个人证明的原始凭证和其他会计资料，同时满足下列条件的，可以不输出纸面资料。

（1）会计资料附有外部单位或者个人的、符合《中华人民共和国电子签名法》的可靠的电子签名。

（2）电子签名经符合《中华人民共和国电子签名法》的第三方认证。

（3）满足第四十条第（1）项、第（3）项、第（5）项和第（6）项规定的条件。

第四十二条　企业会计资料的归档管理，遵循国家有关会计档案管理的规定。

第四十三条　实施企业会计准则通用分类标准的企业，应当按照有关要求向财政部报送XBRL财务报告。

第四章　监督

第四十四条　企业使用会计软件不符合本规范要求的，由财政部门责令限期改正。限期不改的，财政部门应当予以公示，并将有关情况通报同级相关部门或其派出机构。

第四十五条　财政部采取组织同行评议，向用户企业征求意见等方式对软件供应商提供的会计软件遵循本规范的情况进行检查。

省、自治区、直辖市人民政府财政部门发现会计软件不符合本规范规定的，应当将有关情况报财政部。

任何单位和个人发现会计软件不符合本规范要求的，有权向所在地省、自治区、直辖市人民政府财政部门反映，财政部门应当根据反映开展调查，并按本条第二款规定处理。

第四十六条　软件供应商提供的会计软件不符合本规范要求的，财政部可以约谈该供应商主要负责人，责令限期改正。限期内未改正的，由财政部予以公示，并将有关情况通报相关部门。

第五章　附则

第四十七条　省、自治区、直辖市人民政府财政部门可以根据本规范制定本地区具体实施办法。

第四十八条　自本规范施行之日起，《会计核算软件基本功能规范》（财会字〔1994〕27号）、《会计电算化工作规范》（财会字〔1996〕17号）不适用于企业及其会计软件。

第四十九条　本规范自 2014 年 1 月 6 日起施行，1994 年 6 月 30 日财政部发布的《商品化会计核算软件评审规则》（财会字〔1994〕27 号）、《会计电算化管理办法》（财会字〔1994〕27 号）同时废止。

三、解读

信息技术的发展已经使电子资料能够代替纸面资料，然而受过去文件规定以及习惯和观念的束缚，企业不得不将电子会计资料输出为纸面文件，造成纸张、设备、能源、人力、储存空间的消耗。据某大型国企反映，该企业每年因会计资料打印所带来的各种成本耗费超过 3 000 万元。由此估算全国企业的耗费，保守的数字也达数亿元。平均计算，我国企业每天因会计资料打印而发生的成本超过 100 万元。

信息化的价值和目标之一是取代手工作业和纸面文件。如果没有充分的理由，仅仅因为会计资料是电子形式而不予认可，则信息化的优势就大打折扣，也会挫伤企业开展会计信息化的积极性，阻碍会计信息化的深入发展。而且，会计资料的纸面要求，会进一步导致企业间交易摆脱不了纸面文件的传递，整个经济体系交易环节的信息化发展也受到制约，从而阻碍社会产品和服务模式的创新。

从政策制度层面认可电子会计资料的有效性，免除企业对一定范围内会计资料的打印责任，是建设社会主义生态文明、促进社会整体信息化水平进一步提高的现实要求。《企业会计信息化工作规范》（以下简称《工作规范》）的制定过程中，企业对会计资料无纸化的呼声十分强烈和急迫。为此，《工作规范》第四十条、第四十一条做了相应规定。尽管内容不多，但这两条规定却在政策层面实现了无纸化的破冰，是《工作规范》的重要突破之一，对企业提高会计工作效率，乃至对整个社会的信息化应用的深入都将带来深刻的影响条文解读

尽管无纸化是方向，但从会计资料作为会计核算结果的证据和线索具有保存价值来讲，会计资料无纸化也不是无条件的。《工作规范》第四十条、第四十一条的规定有两层含义：一是会计资料可以无纸化管理；二是只有在保证会计事项可追述、可证明的条件下，才能对会计资料进行无纸化管理。

两条规定的区别在于：第四十条是关于内部生成会计资料，而第四十一条是关于外部获取会计资料。

（一）内部生成会计资料《工作规范》第四十条规定

企业内部生成的会计凭证、账簿和辅助性会计资料，同时满足下列条件的，可以不输出纸面资料。

（1）所记载的事项属于本企业重复发生的日常业务。

（2）由企业信息系统自动生成。

（3）可及时在企业信息系统中以人类可读形式查询和输出。

（4）企业信息系统具有防止相关数据被篡改的有效机制。

（5）企业对相关数据建立了电子备份制度，能有效防范自然灾害、意外事故和人为破坏的影响。

（6）企业对电子和纸面会计资料建立了完善的索引体系。

1. 会计资料的范围

该条明确规定，可以无纸化管理的内部生成会计资料有会计凭证、账簿和辅助性会计资料。这里的会计凭证包括原始凭证和记账凭证；会计账簿包括总账、明细账和日记账；而辅助性会计资料则含义宽泛，包括固定资产卡片、项目辅助账、银行存款余额调节表等各种会计资料。

2. 业务范围

对第（1）项条件，要注意准确理解“重复发生的日常业务”。这里的“重复发生”是指在一年内反复发生；这里的“日常”是指在企业的经营循环中可以预期将会发生的事项。

例如，购销业务、固定资产折旧、货币资金收付，这些业务比较明显属于重复发生的日常业务，相关的会计资料如凭证、分类账、日记账、固定资产卡片、银行存款余额调节表，都属于满足该项条件的会计资料。企业每月结账，相关记账凭证同样满足这里的“重复发生的日常业务”条件。

利润分配一般是每年进行一次，每次发生的内容不完全相同，也不能预期一定会发生，因此不满足该项条件。债务重组、企业并购等事项，尽管有可能在一年内重复发生，但这种重复并不是企业经营循环中必然发生的事项，不可能预期，因此也不符合该项条件。

做出该项规定的主要考虑是，企业会计资料绝大多数与重复发生的日常业务有关，这些资料实现无纸化，就能达到节省社会资源的主要目的。而除此之外的业务，不仅数量少，而且一般来说风险大、重要程度高，在会计监督中，相关资料被查阅的可能性大；同时，由于这类业务没有固定规则，一般不可能由信息系统自动生成，而是以人工处理为主，因此应当留有纸面资料，以便查证。需要指出的是，如果一项会计业务同时涉及多种会计资料，则应当分别判断各种会计资料是否满足该项条件。例如，债务重组是非日常业务，其原始凭证和记账凭证中记载的内容不属于“重复发生的日常业务”。但有关记账凭证的内容需要登记分类账，可能涉及财务费用总账和明细账。财务费用的发生对于分类账来说，则应当属于“重复发生的日常业务”。

3. 电子会计资料的“原生”性

第（2）项条件，本意是指“原生”电子会计资料。所谓“原生”是与“从纸面转换”相对应的。原生会计资料一般都与重复发生的日常业务相关。例如，对于电信企业，确认话费收入的分录是由业务结算系统传递数据，会计软件根据既定业务规则自动生成的，这种情况下的记账凭证就是原生电子资料。

而如果一项原始凭证从纸面扫描为电子影像，或者将手工填写的记账凭证（如利润分配）输入到会计软件中，这些电子资料就是“从纸面转换”的，而不是由信息系统自动生成的。这些会计资料在归档前，应当保留原纸面资料，至于归档可以采取的形式，则属于归档管理问题，应遵循《工作规范》第四十二条。

需要注意的是，上述“从纸面转换”是指直接转换，如果纸面会计资料转换为电子资料后，又经过进一步处理，继续转换为其他资料，则其他资料应当视为“原生”而非“转换”的。例如，将一张纸面销售单录入到信息系统中，则这张销售单属于“转换”的原始凭证，但如果系统根据录入的销售数据自动生成了记账凭证，则该记账凭证就应当视为“原生”电子资料。

4. 可查询性

第（3）项条件要求无纸化会计资料必须可供查询输出。这里的输出包括显示和打印。对于该项条件，要把握好“及时”以及“人类可读”两项要求。

“及时”是指电子会计资料应当随时处于“在线”状态，打开终端设备就可以访问到，而不需要复杂的技术准备过程。例如，有的企业转换会计软件后，由于原有软件中的数据不能迁移到新软件系统中，就将原有软件系统及相关服务器等保留在线运行。这一做法符合及时性要求。如果企业停止系统运行，将服务器关闭，脱离企业网络并闲置，这种情况下，资料的查询就需要重新上线，而且不能确保原有系统能够正常运行，也就不符合及时性要求。

“人类可读”是相对于“计算机可读”而言的，它包括两层含义。一是资料要以人类可以理解的形式呈现，而不是一堆计算机代码和纯数据，也就是说不仅要有数据，还要有能对这些数据进行解析的应用软件。这里的应用软件一般就是会计软件或者文档处理软件。例如，有的企业对于过去的会计资料只以刻录光盘的形式留存了数据库文件，而没有保留相关的会计软件，那么这些会计资料将无法查询并以正确的形式呈现，这就不符合该项条件。二是呈现的方式应当符合会计领域约定俗成的内容和格式，而不是体现特殊业务逻辑的内容格式。

5. 防篡改机制

防止篡改是确保会计资料的证据和轨迹价值的基本要求。防篡改数据的机制是信息系统层面的问题，它不仅涉及会计软件功能，还涉及诸如系统安全、职责分工和流程设计等问题。但对企业而言，首先是选用的会计软件应当遵循《工作规范》第二章要求。此外，会计软件本身在设计上应当有防篡改机制，包括对数据库的加密，对各类系统操作权限的分离控制等。

由于会计软件评审制度的取消，对会计软件的监管一度比较薄弱，造成目前市面上的一些商品化会计软件并不完全满足上述要求。例如，有的会计软件对数据库没有任何加密措施，完全开放，任何具备一定知识的人员都可以绕过会计软件直接对数据库进行编辑修改。有的会计软件提供反结账、反记账、反审核等各种逆向操作功能，且没有对操作内容进行详细的日志记录，这种情况下，如果缺乏纸面资料制约，企业就可以为所欲为，失去了会计工作起码的严肃性。

因此，实施会计资料无纸化管理，企业首先要对其会计软件进行评估，只有满足了本项规定条件，才能进行。

6. 备份制度

第（5）项条件，建立电子会计资料的备份制度，是保证会计资料安全的基本要求。电子资料相对纸面资料有更多的灭失风险因素。在会计资料打印输出的情况下，纸面资料与电子资料实际上形成了一种相互备份关系。而一旦不打印了，对于电子资料的备份要求就应当增强。

备份的方法有很多，包括异地热备份、磁盘阵列、刻制光盘等，主要是技术层面问题，这里不做过多讨论。

需要指出的是，该项提出的“有效防范自然灾害、意外事故和人为破坏的影响”，对企业的要求是比较高的。例如，要防止人为破坏，需要建立对会计资料存储设备的物理保护措施，防止无关人员对设备的接触。对于小微企业来说，这些条件一般是达不到的。小微企业要实行会计资料的无纸化管理，可以采用大型会计软件厂商提供的会计软件云服务，以满足上述要求。大型会计软件厂商具有较强的实力和规模优势，一般具备完善的数据库备份体系。具备一定规模的会计代理记账机构也可能具备上述条件。

7. 建立索引

建立会计资料索引体系，目的是保证会计资料的线索性和相互关联性。会计资料的量达到一定程度后，可检索性就成为与安全性、真实性同等重要的一个问题。无法检索的资料，和没有资料没什么区别。所谓信息垃圾，就是这个意思。

建立索引体系的要求，有三层含义：一是每类会计资料要有系统的编码措施，通过编码形成各类会计资料间的交叉索引，即通过一类资料可以向前、向后追溯其他相关资料，保证线索不断；二是通过索引能够找到会计资料，对于纸面资料，索引必须包含资料的物理空间位置信息，而对于电子资料，信息系统应能通过索引（编码）访问到资料数据；三是对电子资料和纸面资料要建立统一的索引体系。尽管储存方式不同，电子资料和纸面资料内在是有机联系的整体。在电子资料中，应当含有相关纸面资料的索引信息；在纸面资料索引中，也应当包含相关电子资料的索引信息，从而实现电子资料和纸面资料的互查。企业应当制定会计资料索引体系的总体检索规则，明确哪些资料是纸面存储，应当如何检索，哪些资料是电子存储，应当通过信息系统的何种功能路径访问。

总之，企业实施会计资料无纸化不是随意的、无条件的，既要保证会计资料作为证据和轨迹的留存价值，同时也需要在会计资料保管效率要求和查询使用需求两者之间找到平衡。这就是《工作规范》做出上述规定的基本考虑。

（二）外部获取会计资料

工作规范第四十一条规定：企业获得的需要外部单位或者个人证明的原始凭证和其他会计资料，同时满足下列条件的，可以不输出纸面资料。

（1）会计资料附有外部单位或者个人的、符合《中华人民共和国电子签名法》的可靠的电子签名。

（2）电子签名经符合《中华人民共和国电子签名法》的第三方认证。

（3）满足第四十条第（1）项、第（3）项、第（4）项和第（5）项规定的条件。

1. 会计资料范围

外部获取会计资料是指所记载内容需要企业外部人员或者机构认可的会计资料。这类资料的范围比较广，主要是原始凭证，如发票、银行回单等；此外，还包括银行对账单、购销合同等其他外部获取资料。需要注意的是，外部获取资料不等于外部制作的资料，一份会计资料由本企业制作，但经过了外部认可，也属于这里所说的外部获取会计资料。例如，产品订购单，一般来说其格式和项目由本企业设计，但如果需要客户的签章确认，就属于外部获取会计资料。

2. 电子签名

外部人员或者机构对会计资料的确认，在形式上体现为签字或者盖章。对于电子资料来说，也就是要有电子签名。因此，《工作规范》第四十一条大部分引用了第四十条规定，与之不同的是加入了两项关于电子签名的条件。

（1）什么是电子签名

根据我国《电子签名法》第二条，电子签名“是指数据电文中以电子形式所含、所附用于识别签名人身份并表明签名人认可其中内容的数据”。该法第十四条还规定，“可靠的电子签名与手写签名或者盖章具有同等的法律效力”。

简单地理解，电子签名就是电子文件上的签章。由于其效力得到法律的确认，电子签名使需要相关方认可的电子文件能够代替纸面文件成为证据使用。这正是外部获取会计资料无纸化的法律依据。

事实上，电子签名不仅可以达到纸面签章的效果，而且其可靠性是纸面签章以及任何纸面防伪技术所不可比的。电子签名技术能确保经签名的电子数据一旦被篡改即能被发现，从而保证了电子数据的真实性和完整性。这也是第四十一条未引用第四十条第（4）项条件的原因。

《电子签名法》施行后，电子签名在国内电子金融、电子政务和电子商务领域得到广泛应用。支持会计资料无纸化的成熟技术和市场环境已经形成。

电子商业汇票是人民银行主导的一项电子签名应用。目前，相当一部分商业汇票从出票、承兑、背书到兑付全程都已实现电子化，整个汇票生命周期没有任何纸质文件生成。截止到 2012 年 10 月底，接入电子商业汇票系统的机构共有 338 家，2009 年 10 月 28 日至 2012 年 10 月 31 日，电子商业汇票系统处理电子商业汇票业务总数为 2 183 090 笔，金额达 61 449.44 亿元。这充分说明了电子签名技术的高可靠性。同时，电子汇票的案例也说明，目前在一些领域实务中，纸面凭证已不复存在。

电子签名在政务领域也有多项成功应用。例如，北京、海南、广西、甘肃等多地国家税务局和地方税务局将电子签名用于无纸化税务申报工作。这些地区企业向税务局的纳税申报完全通过网络进行，不再报送纸面材料。部分地方还将此项工作进一步延伸，实现了网上实时缴税。

在商务和其他社会应用方面，电子签名也大显身手，在很多领域实现了无纸化。联想等一批公司将电子签名应用于销售订货业务中，实现了销售订单管理的无纸化。不少医院利用电子签名实现了病历档案管理的完全无纸化。一些保险公司利用电子签名，通过移动电子设备实现了保单销售无纸化，大大提高了保单销售处理的速度。

（2）《工作规范》对电子签名的要求

《工作规范》第四十条第（1）项规定，无纸化管理的外部获取会计资料必须附有电子签名。这里要注意两个要求：一是电子签名应当是对会计资料进行认可的外部个人或者机构的，而不是企业自身的；二是电子签名应当是“可靠的”。

根据《电子签名法》第十三条，可靠的电子签名必须同时符合以下条件：“①电子签名制作数据用于电子签名时，属于电子签名人专有；②签署时电子签名制作数据仅由电子签名人控制；③签署后对电子签名的任何改动能够被发现；④签署后对数据电文内容和形式的任何改动能够被发现。”

《工作规范》第四十条第（2）项进一步规定，电子签名应当经第三方认证。所谓第三方认证，是指用于电子签名的数字证书（即《电子签名法》中所说的“电子签名制作数据”）由独立于交易双方的第三方中介机构签发，所生成的电子签名的真实性由该第三方进行鉴定的机制。提出第三方认证要求是为了进一步提高电子会计资料的公信力。例如，目前银行普遍开展电子银行服务，客户通过互联网发出转账、付款等各项指令，就附有电子签名。其中，有的银行使用的是第三方认证，有的银行是自己认证。对于自己认证的情况，如果银行与客户之间就某笔业务存在争议，则银行依据自己的认证结论为自己提供证据就显得公信力不足。对于电子银行业务来说，如果采用第三方认证，则银行和客户企业双方所得到的交易凭据数据的公信力都能得到保证。

《工作规范》要求电子签名经符合《电子签名法》的第三方认证，也就是要由依据该法设立的电子认证服务机构来提供证书发放和签名鉴定等服务。根据《电子签名法》，电子认证服务机构的设立要由国务院信息产业主管部门审批。公众可以通过中华人民共和国工业和信息化部网站查询依法设立的电子认证服务机构名录。

《工作规范》第四十一条规定，对银行等具有广泛客户群体的企业来说，不仅可以提高自身工作效率，而且，还为其改进客户服务、进一步提高竞争力提供了契机。例如，银行可以在电子回单中加入第三方认证的电子签名，使客户企业不再需要纸面回单，提高了客户企业会计工作效率。

四、相关问题

企业开展会计资料无纸化管理，还应当注意以下问题。

（一）会计监督与无纸化

符合条件的企业对会计资料进行无纸化管理，意味着对企业开展会计监督，包括注册会计师审计和政府监管机构的检查，都不能要求企业提供全套纸面会计资料。但是，企业应当对会计监督工作提供必要的帮助和支持，对于监督人员需要查阅和输出的电子资料，包括需要作为证据带走的电子会计资料，企业仍应当根据要求查询、打印，必要时进行签章确认。

（二）电子会计资料的格式

《工作规范》中所说的电子会计资料，并未限定其格式。无论其是以数据库、XBRL 等结构化形式存在，还是以 HTML，PDF，Excel，Word 等非结构化形式存在；无论其是由会计信息系统管理，还是由专门的档案系统管理，只要符合《工作规范》规定的条件，都可以不输出纸面资料。

例如，一张自动生成的记账凭证，最初以数据库形式存放于会计信息系统中，后来按照企业档案管理的统一要求转换为 PDF 文件存放于企业档案管理系统中并能通过该系统随时查询和打印，则可以视为满足第四十条第（3）项规定的条件。

（三）与会计档案管理规定的衔接

应当指出的是，会计资料和会计档案是不同的概念。会计资料的范围比会计档案更广，会计档案是会计资料，但不是所有的会计资料都是会计档案，只有具有长期保存价值并归档保存的会计资料才属于会计档案。《工作规范》第四十条、第四十一条规定的是会计资料无纸化条件，而对于哪些会计资料属于会计档案、何时归档、归档应当采取何种形式，则应当按照《工作规范》第四十二条，“遵循国家有关会计档案管理的规定”。

这里的“会计档案管理的规定”，是指财政部和国家档案局制定的《会计档案管理办法》。目前，该办法正在修订中，对于会计档案的电子化管理问题，将采取与《工作规范》一致的原则。按照现行的《会计档案管理办法》第六条规定，当年形成的会计档案，在会计年度终了后，可暂由会计机构保管一年，一年之后再归档。因此，企业对于电子会计资料归档管理的时点问题，可暂按上述规定执行，归档前，电子会计资料的管理遵循《工作规范》的规定。

参考文献

[1] 王新玲．会计信息系统实验教程．北京：清华大学出版社，2015.

[2] 王新玲，刘春梅，王大山．会计信息化应用教程（用友 ERP-U8 8.72 版）．北京：清华大学出版社，2014.

[3] 徐文杰，施卓晨．会计信息化（用友 ERP-U872）．北京：高等教育出版社，2014.

[4] 陈福军，孙芳．会计信息系统（第 2 版）．北京：清华大学出版社，2010.

[5] 孙莲香．会计信息系统应用（第 2 版）．北京：清华大学出版社，2010.

[6] 张芳丽，武静．会计信息系统基础与实务．上海：上海交通大学出版社，2011.

[7] 张瑞君．会计信息系统（第 2 版）．北京：中国人民大学出版社，2009.

[8] 陈立新．会计电算化．北京：清华大学出版社，2009.

[9] 赵立群，周梅．财务会计信息技术应用．北京：清华大学出版社，2009.

[10] 范凤香，任晓红．会计电算化实用教程．北京：科学出版社，2005.

[11] G. H. Bodnar，W. S. Hopwood．卢俊译．会计信息系统．北京：清华大学出版社，2003.

[12] 石炎，杨武岐．会计信息系统实用教程．北京：中国水利水电出版社，2006.

[13] 陈福军，孙芳．会计信息系统实务教程（第 2 版）．北京：清华大学出版社，2010.

[14] 王新玲，陈利霞，汪刚．会计信息系统实验教程．北京：清华大学出版社，2010.

[15] 桂爱东．会计电算化．北京：北京邮电大学出版社，2009.

[16] 夏萍，王薇．会计电算化教程．北京：航空工业出版社，2010.

[17] 毛华扬．会计电算化原理与应用．北京：清华大学出版社，2005.